narr **STUDIENBÜCHER**

Natascha Müller / Laia Arnaus Gil / Nadine Eichler /
Jasmin Geveler / Malin Hager / Veronika Jansen /
Marisa Patuto / Valentina Repetto / Anika Schmeißer

Code-Switching

Spanisch, Italienisch, Französisch

Eine Einführung

Prof. Dr. Natascha Müller ist Professorin für Romanische Sprachwissenschaft an der Bergischen Universität Wuppertal.

Dr. Laia Arnaus Gil lehrt Spanische Sprachwissenschaft an der Bergischen Universität Wuppertal.

Dr. Nadine Eichler, **Jasmin Geveler**, **Dr. Malin Hager**, **Dr. Veronika Jansen**, **Dr. Marisa Patuto** und **Anika Schmeißer** waren wissenschaftliche Mitarbeiterinnen im Bereich Romanische Sprachwissenschaft an der Bergischen Universität Wuppertal.

Dott.ssa Valentina Repetto lehrt Didaktik der Italienischen Grammatik an der Università degli Studi di Pavia.

Bibliografische Information der Deutschen Nationalbibliothek

Die Deutsche Nationalbibliothek verzeichnet diese Publikation in der Deutschen Nationalbibliografie; detaillierte bibliografische Daten sind im Internet über http://dnb.dnb.de abrufbar.

© 2015 · Narr Francke Attempto Verlag GmbH + Co. KG
Dischingerweg 5 · D-72070 Tübingen

Das Werk einschließlich aller seiner Teile ist urheberrechtlich geschützt. Jede Verwertung außerhalb der engen Grenzen des Urheberrechtsgesetzes ist ohne Zustimmung des Verlages unzulässig und strafbar. Das gilt insbesondere für Vervielfältigungen, Übersetzungen, Mikroverfilmungen und die Einspeicherung und Verarbeitung in elektronischen Systemen.
Gedruckt auf chlorfrei gebleichtem und säurefreiem Werkdruckpapier.

Internet: http://www.narr-studienbuecher.de
E-Mail: info@narr.de

Printed in the EU

ISSN 0941-8105
ISBN 978-3-8233-6433-7

Inhaltsverzeichnis

Vorwort 9

1 Code-Switching: Eine Begriffsdefinition 11
1.1 Code-Switching und andere Sprachkontaktphänomene 11
1.2 Code-Switching und Transfer: wirklich unterschiedlich? 22
1.3 Zusammenfassung..24
1.4 Aufgaben...25

2 Methoden der Datenerhebung 29
2.1 Beobachtung, Experiment, Befragung – Longitudinal- und
       Querschnittstudie 29
2.2 Die Longitudinalstudie 33
2.2.1 Methodisches Vorgehen..34
2.2.2 Analysierte Kinder...38
2.3 Die Querschnittstudie 41
2.4 Zusammenfassung..42
2.5 Aufgaben...43

3 Code-Switching und Sprachdominanz 45
3.1 Sprachdominanz bedingt durch die Familien- bzw.
       Umgebungssprache..45
3.2 Kriterien zur Bestimmung der Sprachdominanz 47
3.3 Sprachdominanz als Ursache für Sprachmischungen 57
3.4 Sprachdominanz und Spracheneinfluss..62
3.5 Sprachdominanz in den bilingualen Longitudinalstudien.................63
3.5.1 Der MLU in den Longitudinalstudien..63
3.5.2 Der Lexikonanstieg in den Longitudinalstudien 64
3.5.3 Die durchschnittliche Redeflussdifferenz in den bilingualen
       Longitudinalstudien...67
3.5.4 Sprachmischungen von funktionalen und lexikalischen Kategorien....68
3.6 Zusammenfassung..72
3.7 Aufgaben...73

4	**Code-Switching und monolinguale vs. bilinguale Gesprächsstrategien**	75
4.1	Beschreibung der einzelnen Gesprächsstrategien	78
4.2	Datenanalyse der Longitudinalstudie	82
4.2.1	Gesprächsstrategien der Erwachsenen in den Longitudinalstudien	82
4.2.2	Gesprächsstrategien der Erwachsenen und kindliches Mischen	85
4.3	Zusammenfassung	92
4.4	Aufgaben	93
5	**Bedingende Faktoren für das Code-Switching am Beispiel einer Querschnittstudie**	97
5.1	Die Elizitationsstudie	99
5.1.1	Vorstellung der Elizitationsstudie	99
5.1.2	Testsätze	100
5.1.3	Die kindlichen Reaktionen auf die Testitems	102
5.2	Code-Switching und Sprachdominanz	104
5.3	Code-Switching und Setting der Aufnahme	108
5.4	Code-Switching und die Methode der bilingualen Sprecherziehung	109
5.5	Code-Switching und die Umgebungssprache	110
5.6	Zusammenfassung	111
5.7	Aufgaben	112
6	**Diskurspragmatische Funktionen des Code-Switching**	115
6.1	Formen der Textualisierung	120
6.1.1	Kontextualisierung und Entextualisierung	120
6.1.2	Code-Switching zum Ausdruck implikatierter illokutionärer/propositionaler Sprechakte: Kontextualisierung	121
6.1.3	Code-Switching als Hervorhebungsfunktion von Textstrukturen und einzelnen Diskursbestandteilen: Entextualisierung	133
6.2	Diskurspragmatische Funktionen des Code-Switching im Entwicklungsverlauf	137
6.2.1	Aus funktionaler Perspektive: Der Erwerb des CS im Kind	137
6.2.2	Aus funktionaler Perspektive: Der gesellschaftliche Wandel	143
6.3	Zusammenfassung	152
6.4	Aufgaben	152
7	**Syntaktische Beschränkungen des Code-Switching**	157
7.1	Syntaktisches Repetitorium	157
7.1.1	Lexikalische Kategorien	157
7.1.2	Funktionale Kategorien	164

7.1.3	Ausblick auf das Deutsche	176
7.2	Die einzelnen syntaktischen Beschränkungen	179
7.2.1	Die Beschränkung über funktionale Köpfe	179
7.2.2	Die Beschränkung über Elemente der geschlossenen Klasse	187
7.2.3	Die Beschränkung über freie Morpheme	194
7.2.4	Die Äquivalenzbeschränkung	197
7.2.5	Die Rektionsbeschränkung	198
7.3	Zusammenfassung	202
7.4	Aufgaben	203
8	**Code-Switching und funktionale Kategorien**	**205**
8.1	MOD/AUX und C im Deutschen, Französischen, Italienischen und Spanischen	205
8.1.1	Die Syntax von MOD/AUX und C	206
8.1.2	Der Erwerb von MOD/AUX und C	209
8.2	CS-Beschränkungen und die funktionalen Kategorien T (MOD/AUX) und C	210
8.2.1	Grammatikalität der Sprachmischungen mit T (MOD/AUX) und C	210
8.2.2	Wortstellung in Sprachmischungen mit T (MOD/AUX) und C	215
8.3	Datenanalyse	221
8.3.1	Code-Switching zwischen T und VP bzw. *v*P	224
8.3.2	Code-Switching zwischen C und TP	236
8.4	Die Rolle der funktionalen Kategorie C im Code-Switching	244
8.5	Zusammenfassung	250
8.6	Aufgaben	251
9	**Code-Switching zwischen Adjektiv und Nomen**	**253**
9.1	Adjektivstellung in den Zielsystemen: Deutsch, Französisch, Italienisch und Spanisch	253
9.1.1	Adjektivstellung und Interpretation	253
9.1.2	Die semantische Klassifikation der Adjektive unabhängig von der syntaktischen Position	257
9.1.3	Die Struktur von DPn mit attributivem Adjektiv im Deutschen, Französischen, Italienischen und Spanischen	262
9.2	Code-Switching zwischen den lexikalischen Kategorien A und N	269
9.3	Die empirischen Daten	271
9.3.1	Code-Switching zwischen A und N in den Longitudinalstudien	271
9.3.2	Code-Switching zwischen A und N in den Querschnittstudien	279
9.4	Bewertung der Ergebnisse mit Hinblick auf die Beschränkungen für Code-Switching	283

9.5	Zusammenfassung	288
9.6	Aufgaben	289

10 Die Äquivalenzbeschränkung am Beispiel von wh-in-situ- und wh-ex-situ-Fragesätzen 291

10.1	Die Äquivalenzbeschränkung: Definition und Kritik	291
10.1.1	Die Äquivalenzbeschränkung nach Poplack	291
10.1.2	Bisherige Studien zur Äquivalenzbeschränkung	293
10.2	Wh-ex-situ und Wh-in-situ im Deutschen und Französischen	296
10.2.1	Die syntaktische Struktur der Wh-Fragesätze	297
10.2.2	Der bilinguale Spracherwerb der Wh-Fragesätze	305
10.3	Vorhersagen für Sprachmischungen auf Basis der Äquivalenzbeschränkung	309
10.4	Die Datenanalyse	311
10.4.1	Sprachmischungen in Wh-in-situ-Fragen	311
10.4.2	Sprachmischungen in Wh-ex-situ-Fragen	313
10.4.3	Die zugrunde liegende Sprache der Sprachmischungen	314
10.5	Modifikation der Äquivalenzbeschränkung	316
10.6	Zusammenfassung	317
10.7	Aufgaben	318

11 Code-Switching und Psycholinguistik 319

11.1	Zur autonomen und integrierten Genusrepräsentation im bilingualen Individuum	322
11.2	Studien zum Genus in der gemischten DP	327
11.3	Datenanalyse	335
11.3.1	Übersetzungsäquivalente Nomen	336
11.3.2	Kategorien und Genus in der gemischten DP	339
11.4	Ergebnisse	344
11.5	Diskussion und Ausblick	348
11.6	Aufgaben	349

12 Literaturverzeichnis 351

Namenregister 365

Sachregister 369

Vorwort

Ohne das große Engagement einer Gruppe von Forschern wäre die vorliegende Einführung nicht zustande gekommen.

Als wissenschaftliche Mitarbeiterinnen waren seit 2005 die folgenden Personen für die Mehrsprachigkeitsforschung in Wuppertal tätig: Lastenia Arencibia Guerra, Dr. Laia Arnaus Gil, Dr. Nadine Eichler, Jasmin Geveler, Dr. Malin Hager, Nicole Hauser-Grüdl, Dr. Veronika Jansen, Estelle Leray, Dr. Marisa Patuto, Anika Schmeißer, Dr. Valentina Repetto, Dr. Silvana Rizzi, Franziska Witzmann. Als studentische Hilfskräfte haben die folgenden Personen in Projekten zur Mehrsprachigkeit gearbeitet: Julie Arabie, Jezabel d'Argenzio, Alban Beysson, Alice Billand, Solenn Bruce, Tanja Bruno, Katia Carbone, Vanessa Colado Miguel, Mònica Còrdoba Larrosa, Elsa Deniset, Riccarda Fasanella, Silvia Fuentes Cañadas, Marie-Tiphaine François-Dainville, Franziska Gojani, Annette Ingelberg, Veronika Jansen, Mayte Jiménez López, Saskia Koch, Vanessa Lebeis, Melanie Le Bihan, Nawel Mameche, Cécile Marsille, Adeline Monnet, Tina Patuto, Antje Pillunat, Maëva Pratlong, Antoine Rivière, Dunja Stachelhaus, Tobias Stallknecht, Carmen Stratmann, Elisa Turano, Rebekka Wanka, Frederike Willing und Iris Wenders.

Die erfolgreiche Durchführung von Langzeituntersuchungen ist sehr kostenintensiv. Wir danken der DFG für die finanzielle Unterstützung in all den Jahren. Unser besonderer Dank gilt unserer Ansprechpartnerin bei der DFG, Dr. Susanne Anschütz, die jede unserer Fragen stets kompetent beantwortet hat. Wir bedauern sehr, dass sie dieses Buch nicht mehr in den Händen halten kann.

Das Rektorat der Bergischen Universität Wuppertal hat uns stets finanziell unterstützt, wofür wir uns herzlich bedanken möchten. Es hat über die gesamte Laufzeit des Projektes 1,5 Stellen für wissenschaftliche Mitarbeiter finanziert. Wir möchten Karen Wimmel und Kathrin Heyng für die sorgfältige Durchsicht und Karin Burger und Thomas Westphal für die technische Bearbeitung des Manuskriptes herzlich danken.

Die untersuchten Kinder wurden allesamt in der Interaktion mit Erwachsenen beobachtet bzw. von Erwachsenen getestet. Sicherlich gehört zu einem umfassenden Bild der Sprachentwicklung auch das Interaktionsverhalten in der Peer-group, ganz besonders dann, wenn, wie in dieser Einführung, auch die pragmatische Kompetenz und ihre Entwicklung betrachtet wird (vgl. u. a. Grunert und Krüger 2006:232).

Wir widmen diese Einführung den Kindern, die die Studie möglich gemacht haben. Für die stete Unterstützung danken wir den Eltern.

1 Code-Switching: Eine Begriffsdefinition

Natascha Müller

Code-Switching (CS) wird oft als der sanfte Wechsel zwischen zwei oder mehreren Sprachen angesehen, welcher durch mehrsprachige Personen vollzogen wird. Als sanft wird er deshalb bezeichnet, weil er ohne Häsitationen – z. B. *ähm, hm, ah* – und Pausen vonstatten geht. CS ist ein Sprachstil (vgl. u. a. MacSwan 2000:38), d. h. eine Ausdrucksweise, die linguistisch beschrieben werden sollte, wie viele andere Sprachstile auch. Wohingegen Linguisten CS als Indiz für einen hohen Beherrschungsgrad der Sprachen ansehen, wird es in weiten Teilen der Bevölkerung als Effekt des Sprachverfalls und als Beleg für einen Kompetenzmangel gewertet. Linguisten gehen bei der Analyse von Sprachdaten rein beschreibend, d. h. deskriptiv vor; sie versuchen zunächst zu beschreiben, an welchen Stellen im Satz, in der Äußerung bzw. im Gespräch der Sprachenwechsel auftritt. Präskriptive, d. h. vorschreibende, Vorstellungen von CS finden sich oft bei mit Sprache befassten Personenkreisen wie Pädagogen. Der geäußerte Verdacht ist, dass mehrsprachige Personen, die die Sprachen wechseln, dies aufgrund von Kompetenzlücken tun. Die negativ behafteten Begriffe wie *franglais*, *portinglês* und *ingleñol* bzw. *Spanglish* unterstreichen die Abwertung des Sprachenwechsels. Für den Linguisten ist CS als das Sprachkontaktphänomen *par excellence* eine Art Fernglas, durch welches die strukturellen Besonderheiten erfasst werden können, welche die Sprachkontaktsituation mit sich bringt. Wir werden in unserer Einführung auch versuchen, aus der Perspektive des CS Vermutungen über die Architektur eines Grammatikmodells anzustellen.

Im vorliegenden Kapitel werden wir den Begriff *Code-Switching* definieren und ihn von anderen verwandten Begriffen wie beispielsweise der Entlehnung abgrenzen.

1.1 Code-Switching und andere Sprachkontaktphänomene

Man unterscheidet in der Literatur zwischen dem *language shifting* bzw. *code shifting* einerseits und dem CS andererseits. Der Ausdruck *language shifting* wird in Abgrenzung zum CS gebraucht, z. B. von Silva-Corvalán (1983). Das *language shifting* erfüllt eine wichtige Funktion: Es wird von mehrsprachigen Sprechern dazu eingesetzt, unzureichende Kenntnisse in einer der beiden Sprachen zu kompensieren.

> 📖 Mit **language shifting** wird ein Wechsel zwischen Sprachen bezeichnet, der aufgrund von Kompetenzlücken in einer der beiden Sprachen erfolgt. Da dieser Wechsel auch zwischen Dialekt (vgl. weiter unten und Kapitel 6) und Hochsprache oder zwischen mehreren Dialekten erfolgen kann, ist auch der allgemeinere Begriff *code shifting* üblich.

In diesem Zusammenhang beschreibt Silva-Corvalán (1983) die Situation der mexikanischen Einwanderer in den USA im 19. Jahrhundert. U. a. Straßennamen wie *Santa Monica Freeway* (neben *4th Street*) und Werbung wie in Abbildung 1.1 zeugen von großen Einwanderungswellen.

Abbildung 1.1:
Zweisprachige Werbung, The Huffington Post, 24.10.2013[1]

Die Eltern der hispano-amerikanischen Gemeinde im Westen von Los Angeles sind in der Regel einsprachig spanisch-sprechend. Der Vater verfügt über genügend Englischkenntnisse, um sich auf dem Arbeitsplatz zurechtzufinden. Die Kinder lernen Spanisch als ihre Erstsprache, aber sie wachsen in einer englischsprachigen Umgebung auf, die in begrenztem Umfang Spanisch unterstützt. Die Schulzeit dieser Kinder wird durch das Englische bestimmt, weshalb sie eine bilinguale Lebensphase mit den beiden Sprachen Spanisch und Englisch durchlaufen. Am Ende der Schulausbildung haben viele dieser Kinder ihre Fähigkeit verloren, auf Spanisch zu kommunizieren. Silva-Corvalán (1983) hat das Sprachverhalten solcher spanischen Jugendlichen (acht Probanden, acht Stunden Tonbandaufzeichnung) in der Interaktion mit ihren Spanisch-dominanten Eltern untersucht. Sie arbeitet sowohl quantitative als auch qualitative Unterschiede zwischen CS und *code-shifting* heraus. Uns soll es zunächst um das *code-shifting* und dessen Charakterisierung gehen.

Im Gegensatz zu Studien, die CS behandeln, findet Silva-Corvalán (1983) beim *code-shifting* Häsitationen und Pausen. Die Daten lassen eine Generalisierung zu, nämlich dass die Struktur des gemischten Materials beim *code-shifting* immer aus dem Englischen stammt. Im Beispiel (1) stammt die Struktur *ya they* aus dem Englischen; im Spanischen müsste das Adverb *ya* dem Subjekt folgen. Der Sprecher macht im Beispiel (1) eine Pause, bevor er den Wechsel ins Englische vollzieht (Silva-Corvalán 1983:79).

(1)   Un amigo mío, le pegaron, después que ya ... *they blew the whistle*[2]

---

[1] TheHuffingtonPost.com
[2] Die gemischten Elemente sind jeweils kursiv gesetzt.

Code-Switching: Eine Begriffsdefinition

Die syntaktische Struktur wird beim *code-shifting* durch die dominante Sprache bestimmt, durch diejenige Sprache also, in der der Sprecher eine größere Kompetenz aufweist bzw. über mehr Wissen verfügt (vgl. Kapitel 3). Welche Funktionen hat das *code-shifting*? Silva-Corvalán (1983) zählt als erste Funktion (1) das Füllen von lexikalischen und syntaktischen Kompetenzlücken auf (vgl. in (2)); diese Funktion hatten wir bereits genannt. Eine zweite Funktion ist, etwaige Erinnerungslücken zu kompensieren (vgl. in (3)). In den Beispielen fragen die Sprecher ein spanisches Wort nach oder sie korrigieren ein englisches Wort innerhalb einer spanischen Äußerung sofort mit dem spanischen Äquivalent. Eine weitere Funktion ist, eine Aussage zu verdeutlichen bzw. zu präzisieren; hierfür wird der Sachverhalt in zwei Sprachen angegeben (vgl. in (4)). In (5) wird eine Nachricht mit Hilfe des Sprachenwechsels bewertet. Zur Funktion (4) kann festgehalten werden, dass die Sprecher in das Englische wechseln, wenn ein höherer Grad an persönlicher Beteiligung vorliegt oder die Nachricht bewertet werden soll. Alle Funktionen sind auf die geringe Sprachkompetenz der Sprecher im Spanischen zurückzuführen. Für jede Funktion wollen wir zwei Beispiele aus der Arbeit von Silva-Corvalán (1983:82f.) anführen.

(2) a. Exito para mí es no más, este, este .... *to obtain*. ¿Cómo se dice? *To obtain* lo que yo quiera (Funktion 1)
 b. Porque es muy celoso y .... *How do you say „temper"? He has a bad temper*. No más yo – No, era, era muy simpático y todo (Funktion 1)

(3) a. Todos son más *older* de yo ... más mayores (Funktion 2)
 b. Yo creo que *sociology* ... sociología. *How do you say it?* (Funktion 2)

(4) a. Y luego salió del *hospital ... He escaped from hospital* (Funktion 3)
 b. Los zapatos eran blancos, pero .... Un poquito ... *I had them off-white, just a little bit*. Y compramos –(Funktion 3)

(5) a. Cuando me iba a subir a decir la, la, *the speech*, si dijo que se iba a reír-porque, nosotros estábamos riendo de pla- cuando íbamos, cuando estábamos platicando y todo eso. *Oh, ay, it was embarrassing! It was really nice, though, but I was embarrassed*! (Funktion 4)
 b. Una cosa que yo quise hacer cuando fui a Acapulco ... me subí en ... Ese *parachute ride*, arriba del agua. Me subí en eso. *Oh! I loved that*! (Funktion 4)

Den Unterschied zwischen CS und *code-shifting* formuliert Silva-Corvalán (1983:85) wie folgt:

> Code-switching appears to require a large degree of linguistic competence in the two languages and is largely motivated by social and discourse/pragmatic factors. Code-shifting, on the other hand, fulfills basically a linguistic function and is motivated by a specific sociolinguistic situation: the need to communicate in the language in which the speaker has a limited degree of competence.

Code-shifting setzt also gerade einen ungleichen Grad an Sprachbeherrschung voraus, wohingegen CS bei solchen mehrsprachigen Personen beobachtet werden kann, die ihre beiden Sprachen sehr gut beherrschen.

Der Sprachenwechsel, ganz gleich ob nun als CS oder *code-shifting*, erfolgt meist in Abhängigkeit von Domänen wie Arbeitswelt, Freunden, Privatsphäre (vgl. Heller 1995 für das Französische Kanadas). Die eine Sprache wird ausschließlich am Arbeitsplatz gesprochen, die andere ausschließlich zu Hause. So ergeht es auch den in die USA eingewanderten Mexikanern, die zu Hause Spanisch und am Arbeitsplatz Englisch sprechen.

Die Sprachwahl kann auch vom Thema der Konversation abhängen (vgl. Harding-Esch und Riley 2003²:114f). Affektive Faktoren spielen ebenso eine Rolle, unabhängig davon, ob es sich um CS oder *code-shifting* handelt.

> Dans les „couples mixtes" bilingues, la relation amoureuse se forge généralement dans une langue (celle de l'un des deux partenaires) qui sera gardée quelles que soient les circonstances. Chrystelle est française, elle s'est mariée en France avec un Espagnol. Ils se sont connus en français, pourrait-on dire, car au départ elle ne parlait pas la langue de son mari. Petit à petit de légers clins d'œil en espagnol ont fait leur apparition pour sceller la connivence et l'originalité du couple vis-à-vis du milieu français. Ils utilisent le français en présence de Français et l'espagnol en présence d'Espagnols quand ils sont en Espagne par exemple. Mais lorsqu'ils se retrouvent seuls, ils se parlent de nouveau en français : c'est la langue de l'intimité, revendiquée paradoxalement plus par le mari espagnol comme la langue qu'il parle avec sa femme. (Deprez 1999:174)

Auch die Anwesenheit bestimmter Personen kann die Sprachwahl beeinflussen. Das folgende Beispiel entstammt einem Interview mit der Mutter eines deutsch-italienisch bilingualen Kindes (Marta). Die Familie lebt in Frankreich, die Mutter ist bilingual mit Deutsch und Italienisch aufgewachsen, der Vater ist Deutscher.

> E adesso anche marta ogni tanto viene, m-comincia a parlarmi in tedesco ma di solito mi pa- quando vedono solo ME mi parlano in italiano/quando siamo tutti insieme parlano in tedesco.

Obwohl der Ausdruck *Kode* in den Begriffen *Code-Switching* und *code-shifting* nicht nur Sprachen, sondern Sprachvarietäten allgemein umfasst, verwendet die Forschungsliteratur einen weiteren Begriff, um die Tatsache zu beschreiben, dass auch monolinguale Personen zwischen verschiedenen Sprachregistern – von der Gesprächssituation abhängigen Varietäten – und Dialekten – vom Sprachraum abhängigen Varietäten – wechseln können, nämlich den des *style shifting*. Wir kennen die Situation, dass am Arbeitsplatz mit Kollegen anders sprachlich umgegangen wird als zwischen Arbeitnehmer und Vorgesetztem. Und sicherlich wird man bei der Vorstellung des Hausarbeitsthemas mit der Professorin nicht Dialekt sprechen, sondern versuchen, sich hochsprachlich auszudrücken. Sobald man das Büro verlassen hat, kann das Gespräch einem Kommilitonen im Dialekt wiedergegeben werden. Beim *style shifting* spielen also die weiter oben genannten außersprachlichen Faktoren eine große Rolle, wenn es um die Beschreibung der Wahl unterschiedlicher Sprachregister und Dialekte geht.

Bilinguale Personen verfügen oft nicht nur über unterschiedliche Register und Dialekte in einer ihrer Sprachen, sondern beherrschen zwei Sprachen. Man hört sie oft sanft, also ohne Häsitationen oder Pausen, von der einen in die andere Sprache wechseln. Einer der wichtigsten Artikel zu dem Thema CS zwischen

Englisch und Spanisch von Poplack (1980) enthält im Titel eine gemischtsprachliche Äußerung, nämlich

(6)   Sometimes I'll start a sentence in Spanish [sic] *y termino en español*

Man unterscheidet das inter-sententiale von dem intra-sententialen CS.

> 📖 Inter-sententiales CS geschieht an der Satzgrenze. Ein Beispiel ist (7).

(7)   Amélie, 2;9,12 (zwei Jahre ; 9 Monate, 12 Tage) im Gespräch mit einer deutschsprachigen Erwachsenen in Amélies Zimmer

Erwachsene: was – was willst du denn da holen?
Amélie: etwas
Erwachsene: etwas/ ah ! / ich warte auf dich, ja↑
Amélie: ja ja (geht aus dem Zimmer)
Erwachsene : okay
Amélie: *je dois chercher quelque chose*
(spricht mit französischsprachiger Mutter außerhalb des Zimmers)

> 📖 Beim intra-sententialen CS erfolgt der Wechsel innerhalb eines Satzes. Ein Beispiel dafür ist (8).

Die Kombination von Sprachelementen aus dem Deutschen und Französischen in Beispiel (8) erfolgt innerhalb eines Satzes und verletzt keine der Grammatikregeln beider Sprachen. Während der Aufnahme zeigt Amélie, ein deutsch-französischsprachiges Mädchen mit 2;11,14 auf eine Verletzung. Sie spricht mit einer deutschsprachigen Erwachsenen.

(8)   nein *bobo* is das (Amélie, 2;11,14)

Im Beispiel (7) stellt der französische Satz auch gleichzeitig eine separate Äußerung dar. Man könnte für dieses Beispiel auch vom Wechsel sprechen, der an der Äußerungsgrenze geschieht und den Wechsel als *inter-utterance code-switching* bezeichnen. (6) ist ein sehr gutes Beispiel für den Wechsel, der an der Satzgrenze vollzogen wird. Die Äußerung umfasst hier zwei Sätze, nämlich den englischen und den spanischen. Der Sprachenwechsel geschieht an der Satzgrenze. In der Literatur wird nur selten zwischen dem *inter-sentential code-switching* und dem *inter-utterance code-switching* unterschieden. Dies ist wohl schon deshalb der Fall, da weder an der Satz- noch an der Äußerungsgrenze die Grammatikregeln beider Sprachen verletzt werden können, da sich diese Regeln auf die Sprachstruktur innerhalb von Sätzen beziehen. Der gängige Begriff für CS über die Satz- bzw. Äußerungsgrenze hinweg ist der des inter-sententialen CS. Zusammenfassend zeigen die Beispiele, dass CS einzelne Wörter, aber auch Wortgruppen und ganze Sätze bzw. Äußerungen umfassen kann.

Wir haben den Ausdruck *bilingual* bereits häufiger verwendet. Was genau versteht man unter einem bilingualen Individuum? Bloomfield (1933) hatte vor vielen Jahren die Vorstellung, dass ein bilinguales Individuum zwei monolinguale in einer Person darstellt. Die muttersprachliche Beherrschung beider (oder mehrerer) Sprachen war gefordert, um von einer bilingualen (oder multilingualen) Person sprechen zu können. Taeschner (1983) spricht von „truly bilingual" aus einer Entwicklungsperspektive, wenn das bilinguale Kind neben den Grammatiken und den Lexika auch die Sprachverwendung differenzieren kann. Darunter versteht sie, dass das bilinguale Individuum beide Sprachen mit allen Personen und in allen Situationen verwenden kann, wo dieser Sprachgebrauch angemessen wäre, und eben nicht das Deutsche der Mutter als „Muttersprache", das Italienische des Vaters als „Vatersprache" kategorisiert: „only [...] when the tendency to categorize people in terms of their languages decreases, can one say that a child is truly bilingual" (Volterra und Taeschner 1978:311). Die meisten mehrsprachigen Personen erfüllen diese Anforderungen nicht, aus ganz unterschiedlichen Gründen. Viele bilinguale Personen haben beide Sprachen nicht von Geburt an erworben. Ferner können sich im Laufe der Zeit Sprachdominanzen entwickeln, da eine der Sprachen häufiger im Alltag benutzt wird als die andere, oder weil mit der einen Sprache ein höheres Sozialprestige verbunden ist (vgl. Kapitel 3). Für viele Bilinguale gab es nicht die Möglichkeit, eine Zeit lang in den beiden Sprachgemeinschaften zu leben, so dass die Schulausbildung nur in einer der beiden Sprachen erfolgt ist. Grosjean (2010:20) spricht von einem Mythos bei der Vorstellung, dass Bilinguale solche Individuen sind, die gleiches und perfektes Wissen in ihren Sprachen haben.

> [...] most bilinguals use their languages for different purposes, in different situations, with different people. They simply do not need to be equally competent in all their languages. The level of fluency they attain in a language (more specifically, in a language skill) will depend on their need for that language and will be domain specific. Hence, many bilinguals are dominant in one language, some do not know how to read and write one of their languages, and others have only passive knowledge of a language. (Grosjean 2010:21)

Bilingual bedeutet also erst einmal nur, dass eine Person zwei Sprachen benutzt. Informationen über den Migrationshintergrund, Auslandsaufenthalte, Schulsprachen, linguistisches Wissen über die Sprachen u. a. werden benötigt, um den Begriff zu konkretisieren. Die aktuelle Forschungslage macht es erforderlich, die simultane Mehrsprachigkeit, wie sie sich im Kleinkind vollzieht, von der sukzessiven Mehrsprachigkeit zu unterscheiden, bei der der Erwerb einer ersten Sprache bereits abgeschlossen ist, wenn der Erwerb einer zweiten Sprache beginnt. Diese Unterscheidung ist deshalb von Bedeutung, da bis heute diskutiert wird, ob das nach einem bestimmten Alter erworbene linguistische Wissen – über das genaue Alter ist sich die Forschung nicht einig – von derselben Qualität ist wie das Wissen, welches wir als Kleinkind beim muttersprachlichen Erwerb erlangen. Die simultane Mehrsprachigkeit ist häufig in Migrationskontexten anzutreffen.

Weil es schwierig ist, CS so zu charakterisieren, dass es eindeutig von anderen Sprachkontaktphänomenen abgegrenzt werden kann, unterscheidet Muysken (1997) drei Unterkategorien bei der Analyse von Äußerungen, welche einen Sprachenwechsel beinhalten:

    (a) Alternation („alternation")
    (b) Insertion („insertion")
    (c) kongruente Lexikalisierung („congruent lexicalization")

Die erste Unterkategorie ist die Alternation.

> 📖 Mit Alternation wird ein Wechsel zwischen Sprachen bezeichnet, der sowohl die Grammatik als auch die Lexik der Sprachen umfasst.

Alternation ist also gegeben, wenn „there is a true switch from one language to the other, involving both grammar and lexicon" (Muysken 2000:5; vgl. hierzu auch Kapitel 6.2.2). Das Beispiel (6) und die Beispiele in (9) zeigen den Sprachenwechsel innerhalb einer Äußerung unter Berücksichtigung der Syntax und Lexik beider Sprachen. Zum Beispiel ist das spanische Satzsegment in (9b) weder in das Englische integriert noch umgekehrt.

(9)   a. Das ist gut so *et n'oubliez pas le livre dont on a parlé* (Müller, Kupisch, Schmitz und Cantone 2011³:190)
       b. Andale. Pues. *And do come again.* Mm? (Gumperz und Hernández-Chavez 1969:7)
       c. Ich habe es dir so oft gesagt *e tu l'hai dimenticato di nuovo*

Die Alternation mit Hilfe eher formelhafter Ausdrücke — z. B. *ya know, d'accord, vero, verdad* — wird in der Literatur auch als *tag-switching* bezeichnet, da es sich bei dem Sprachmaterial, welches gemischt wird, um einen *tag* handelt (engl. Ausdruck für Anhängsel wie z. B. *can't we*), der in der Psycholinguistik als unanalysierte Spracheinheit angesehen wird. Diese Art des Mischens erfordert, im Gegensatz zu den Alternationen in (9), nur sehr wenig Kompetenz von Seiten des Sprechers in derjenigen Sprache, aus der der *tag* stammt (vgl. Gumperz und Hernández-Chavez 1969:7); vgl. z. B. ,… mais ça c'est juste comme payer *you know* pour une femme c'est pas vraiment', bei dem das Einfügen von *you know* nicht die französische Grammatik betrifft (Heller 1995:395). Poplack (1981:171) kommt bei ihrer Untersuchung der hispanophonen Bewohner eines Blocks in der 102ten Straße von New York City zu dem Ergebnis, dass der Grad der Zugehörigkeit zur ethnischen Gruppe eine entscheidende Rolle dabei spielt, welche Art von Sprachmaterial gemischt wird. So mischt Juan in 82% seiner Sprachenwechsel sogenannte *tags*, wie *you know* und *right* ins Englische. Hiervon bleibt die spanische Grammatik unberührt. Ein solches Mischverhalten findet sich laut Poplack bei Sprechern mit einer positiven Einstellung zum Gebrauch und Erhalt des Spanischen.

Die zweite Unterkategorie ist die Insertion. Hier liegt gerade die Integration von Sprachmaterial — einem Wort oder einer Phrase — vor.

> 📖 Mit Insertion wird ein Wechsel zwischen Sprachen bezeichnet, bei dem das Sprachmaterial der Sprache A in die Sprache B integriert wird.

Die Insertion zeigen die Beispiele in (10).

(10) a. Chay-ta *las dos de la noche*-ta chaya mu-yk (Muysken 2000:63)
Das-AKK die zwei von der Nacht-AKK ankommen-CIS-1PL[3]
Da um zwei Uhr morgens kommen wir an
b. Lo puso *under arrest* (Pfaff 1979:296)
c. *So spät abends* je l'ai jamais vu ici
d. nounours il a *reit*é *ne*? (Veh 1990:98, 2;0,29)

In (10a) wurde die spanische Wortgruppe *las dos de la noche* in einen Satz im Quechua eingebettet, den wir übersetzen wollen. Hier wird von einer A$_{Quechua}$-B$_{Spanisch}$-A$_{Quechua}$ Einbettungsstruktur ausgegangen, d. h. *noche* ist in das Quechua integriert, erkennbar am Akkusativaffix. In (10b) wird der idiomatische Ausdruck *to put somebody under arrest* ins Spanische integriert. Das Beispiel (10c) zeigt eine adverbiale Bestimmung der Zeit auf Deutsch, die in das Französische integriert wurde, da der Satz die französische und nicht die deutsche Wortstellung aufweist. Das Beispiel (10d) stammt von einem deutsch-französisch bilingualen Kind namens Ivar, das im französischen Teil einer Sprachaufnahme den deutschen Wortstamm *reit-* mit dem französischen Flexionsaffix für die Bildung des Partizip Perfekts *-é* kombiniert. Das Beispiel (10d) enthält zusätzlich die deutsche bestätigende Partikel *ne*.

Die Insertion ähnelt der Entlehnung, einem häufig auftretenden Phänomen in der Sprachkontaktsituation (vgl. Gumperz und Hernández-Chavez 1969:8). Auch bei der Entlehnung wird Sprachmaterial aus der Sprache A (Gebersprache) in die Grammatik bzw. in das Lexikon der Sprache B (Nehmersprache) integriert, im Unterschied zur Insertion muss der Sprecher bei der Entlehnung aber nicht in beiden Sprachen kompetent sein. Oft werden bei der Entlehnung die Lexeme sowohl phonologisch als auch morphologisch in die Nehmersprache integriert. Dies ist aber nicht zwingend erforderlich. Da eine Unterscheidung zwischen Insertion und Entlehnung nur dann möglich ist, wenn die Sprachkompetenz der Sprecher bekannt ist, muss bei der Analyse von Sprachbeispielen häufig offen bleiben, um welche Art von Sprachkontaktphänomenen es sich handelt. Wer an den zugrunde liegenden verantwortlichen Prozessen interessiert ist, wird voraussichtlich keine Unterschiede zwischen Insertion und Entlehnung aufdecken können (vgl. hierzu auch Kapitel 6.2.2).

---

[3] Die Kürzel stehen für: AKK=Akkusativkasusmarkierung, CIS='cislocative' ('near or toward speaker'), 1PL=1. Person Plural.

Code-Switching: Eine Begriffsdefinition 19

Entlehnt wird nicht immer nur die Sprachform, sondern manchmal auch die Übersetzung von Sprachausdrücken. Diese Entlehnungen bezeichnet man als *loan translations* oder *calques*. Sie transportieren die Bedeutung und/oder die Struktur aus der Gebersprache unter Beibehaltung der nehmersprachlichen Morpheme. Auch Bedeutungserweiterungen sind zu beobachten, bei denen die Semantik eines Wortes in Sprache A durch den Kontakt mit der Sprache B ausgedehnt wird. Dieses sehen wir in den Beispielen in (11).

(11) a. *Escuela alta* engl. *high school*, *secundaria* im Spanischen, US Amerikan. Chicano Spanisch (Bullock und Toribio 2009:5)
b. *Étudiant gradué* eng. *graduate student*, *étudiant de troisième cycle* im Französischen, Amerikan. Französisch (Bullock und Toribio 2009:5)
c. *Enregistrer* engl. *register for a course*, *s'inscrire* im Französischen, Amerikan. Französisch (Bullock und Toribio 2009:6)

Die dritte CS-Unterkategorie nach Muysken ist die kongruente Lexikalisierung. Sie findet Anwendung in folgender Situation:

> The term congruent lexicalization refers to a situation where the two languages share a grammatical structure which can be filled lexically with elements from either language. The mixing of English and Spanish could be interpreted as a combination of alternations and insertions, but the going back and forth suggests that there may be more going on [...], and that the elements from the two languages are inserted, as constituents or as words, into a shared structure. (Muysken 1997:362)

> Mit kongruenter Lexikalisierung wird ein Wechsel zwischen Sprachen bezeichnet, bei dem sich beide Sprachen dieselbe grammatische Struktur teilen, welche teilweise durch Sprachmaterial aus der Sprache A und der Sprache B gefüllt wird.

Beispiele für die kongruente Lexikalisierung finden sich in (12). In (12a) sehen wir den Wechsel zwischen Katalanisch und Spanisch, in (12b) zwischen Spanisch und Englisch, in (12c) zwischen Standarditalienisch und Dialekt (Molise/Abbruzzo) und in (12d) zwischen Französisch und Englisch im Rap der Montrealer Hip-Hop Gemeinschaft.

(12) a. Això *a el* a ell no li l (m)porta (Vila i Moreno 1996:402)
This he he doesn't care
b. Bueno, *in other words*, el *flight* que sale de Chicago *around three o'clock* (Pfaff 1979:305)
c. Ti ho detto *ch' m[ə] n[ə] vai* (Standard: Ti ho detto che me ne vado)
d. ... tu *feel* pas c'qu'on *spit* (Low, Sarkar und Winer 2009:75)

Diese Art des Mischens findet insbesondere bei typologisch ähnlichen Sprachen oder zwischen Dialekt und Standardsprache statt, d. h es wird eine einheitliche

Struktur der beiden gemischten Sprachen gefordert. Es existiert hier, im Unterschied zur Alternation, ein syntaktischer Rahmen, den sich beide Sprachen teilen; dieser Rahmen wird durch Sprachelemente aus beiden Sprachen gefüllt. Den Wechsel zwischen Standardsprache und Dialekt illustrieren auch die Beispiele in (13), hier zwischen Standardspanisch und Andalusisch.[4] Die Dialektformen sind kursiv hervorgehoben.

(13) a. Como dice la gente: ¿pero es que ustedes no *veis* que eso va a ser un estorbo mortal de necesidad para todo el mundo?, ¿es que ustedes no *veis* que, en cuanto esto se nos llene de veraneantes, el Paseo Marítimo va ser intransitable?, ¿es que ustedes no *veis* que [...]? (Mendicutti 2008:27)
 b. Me pongo a hablar como una *arradio* (Mendicutti 2008:28) (a una radio)
 c. [...] entre lo que ella chapurreaba y lo que yo me ponía a chapurrear también, como si fuera más norteamericano que ella, nos pegábamos una *pechá* de reír que daba gloria. Qué gracia tenía la *pajolera* (Mendicutti 2008:36) (una pechá=una cantidad, la pajolera=una persona simpática)

Die drei von Muysken geprägten Begriffe bilden ein Kontinuum, auf dem die Alternation der Typ mit dem minimalen Grad an Integriertheit beider Sprachen darstellt, die kongruente Lexikalisierung mit dem höchsten Integriertheitsgrad. Die Insertion befindet sich zwischen diesen beiden. Fassen wir die Alternation, die Insertion und die kongruente Lexikalisierung als Prozesse auf, welche einer stärkeren oder weniger starken Kontrolle von Seiten der Sprachbenutzer bedürfen, so erhalten wir ebenso ein Kontinuum mit der Alternation und der kongruenten Lexikalisierung als Extreme. Der Bezug auf kontrollierte Prozesse könnte auch den Unterschied zwischen *flagged* und *smooth* Switching ausmachen. Während das *flagged* Code-Switching mit Häsitationen, Wiederholungen und metalinguistischen (über Sprache erfolgenden) Kommentaren einhergeht, ist der Wechsel, der als *smooth* bezeichnet wird, gerade durch den sanften Übergang von der einen zur anderen Sprache gekennzeichnet.

CS muss von dem aus vielen Einführungen bekannten Begriff der *Diglossie* abgegrenzt werden (z.B. Ferguson 1959). Bei der Diglossie wird jeder der beiden Sprachen eine soziale Funktion zugewiesen. In Paraguay ist dies beispielsweise mit Spanisch und Guaraní der Fall. Das Spanische wird in offiziellen und institutionellen Kontexten gebraucht. Das Guaraní ist für informelle Kontexte reserviert. Bei der Diglossie ist die Sprachwahl also durch soziale Normen festgelegt. CS ist im Gegensatz dazu ein individuell geprägtes Phänomen.

> In diglossic settings, the selection of which language to use is not free, but determined by community norms; that is, diglossia is socially imposed. In contrast, CS is understood as an individual phenomenon wherein a speaker chooses when, why, and how to alternate between languages. (Bullock und Toribio 2009:6)

---

[4] Für die Beispiele bedanken wir uns bei Dr. Emilia Merino-Claros (Bergische Universität Wuppertal).

Code-Switching: Eine Begriffsdefinition

Bilinguale Personen wechseln die Sprachen aus diversen Gründen u. a aus Prestigegründen (CS kann die Zugehörigkeit zu einer Gruppe anzeigen und Solidarität ausdrücken) und auf Grund von diskursiven Faktoren. Zu letzteren zählen laut Gumperz (1982) der Ausdruck von kommunikativen Absichten von Seiten des Sprechers, z. B. um die direkte Rede zu markieren (vgl. 14a) oder einen Rollenwechsel (Agierende Person vs. Person, über die etwas berichtet wird) anzuzeigen (vgl. 14b). Diese Funktionen werden wir im fünften Kapitel kennenlernen.

(14) a. *Elle m'a dit, 'il pleuve [sic] maintenant.'* It's raining now. That's not good French, isn't it? Frenchville, PA, Französisch-Englisch (Bullock und Toribio 2009:10)
b. Lolita nimmt erst die Rolle ihrer Mutter als Interviewer ein, dann wendet sie sich an ihre Schwester, um sie zu interviewen
My- *mi nombre es Lourdes*. Now we're going to my sister. Spanisch-Englisch (Zentella 1997:94)

Nicht immer ist der Sprachenwechsel mit einer kommunikativen Absicht verbunden: "[....] for many bilinguals, CS merely represents another way of speaking." (Bullock und Toribio 2009:11) Auch gilt umgekehrt, dass, obwohl zum Ausdruck bestimmter kommunikativer Absichten CS angemessen wäre, Bilinguale hiervon nicht immer Gebrauch machen. CS bleibt auch nicht notwendigerweise über Generationen hinweg konstant. Bentahila und Davies (1995) zeigen für Marokko, dass sich die Art des CS über einzelne Generationen verändert, je nach Gewicht der jeweiligen Sprache. Bei der älteren Generation von ausgeglichen bilingualen Sprechern zeigt sich die Fähigkeit, längere Diskurse in französischer Sprache zu produzieren. Im Gegensatz dazu sprechen Bilinguale der jüngeren Generation vornehmlich Arabisch, welches mit einigen Lexemen aus dem Französischen durchsetzt ist. Die Autoren führen dies auf einen veränderten geringeren Status des Französischen gegenüber dem Arabischen innerhalb der marokkanischen Sprachgemeinschaft zurück, welcher mit einer Arabisierung einhergeht. Heller (1995) beschreibt die gegenläufige Tendenz für das Französische in Quebec, welches im Laufe der Zeit immer mehr an Prestige gewonnen hat, und dass es deshalb heutzutage nicht mehr als negativ bewertet wird, wenn Französisch und Englisch gemischt werden.

Wir gehen in unserer Einführung nicht auf CS im gesteuerten Fremdsprachenerwerb ein. In diesem Zusammenhang sollte erwähnt werden, dass der Sprachenwechsel im Kontext des Fremdsprachenunterrichts verpönt ist, da er als eine Art Semilinguismus wahrgenommen wird. Der Ausdruck semilingual bezieht sich auf die Annahme, dass manche Personen keine der beiden Sprachen wirklich muttersprachlich beherrschen. Die Studie von Causa (2002) kommt zu ganz anderen Ergebnissen, kann jedoch aus Platzgründen hier nicht vorgestellt werden.

1.2 Code-Switching und Transfer: wirklich unterschiedlich?

Auf eine Abgrenzung wollen wir noch etwas näher eingehen, nämlich die zwischen CS und Transfer. Sowohl beim CS als auch beim Transfer handelt es sich um Sprachkontaktphänomene. Im Gegensatz zum CS ist der Transfer, ganz besonders derjenige, welcher sich syntaktisch auswirkt, der Kontrolle seitens des Sprechers entzogen. Dies könnte darauf hindeuten, dass unterschiedliche psycholinguistische Prozesse involviert sind.

Im Gegensatz zu CS tritt Transfer nicht spontan auf. Autoren wie Paradis (1993) und Grosjean (2001) unterscheiden zwischen zwei Formen des Spracheneinflusses: die dynamische und die statische Interferenz. Die dynamische Interferenz wird als eine Performanzerscheinung gewertet und findet bei solchen Sprachdaten Anwendung, bei denen ein Sprachelement spontan in der jeweils anderen, gerade nichtaktivierten Sprache auftaucht. Bei der statischen Interferenz handelt es sich um Sprachelemente, die in die Grammatik des Sprechers integriert sind. Oftmals wird diese statische Interferenz auch als Transfer bezeichnet.

Ganz wichtig hervorzuheben ist, dass Transfer auch ohne die Nutzung von Wörtern aus der anderen Sprache nachgewiesen werden kann. Beim CS handelt es sich aber gerade um die gleichzeitige Nutzung von Wörtern aus zwei Sprachen innerhalb eines Satzes/einer Äußerung/eines Gesprächs. Die folgenden Beispiele von mit Französisch, Spanisch oder Italienisch und Deutsch aufwachsenden Kindern sollen zeigen, dass sich grammatische Eigenschaften der einen Sprache auf die andere Sprache auswirken können, ohne dass die Äußerung auch Wörter aus beiden Sprachen enthält. Ob der Einfluss dieser grammatischen Eigenschaften spontan oder dauerhaft ist, soll hierbei außer Acht gelassen werden.

(15) a. et mami avait la jeté dans le jardin (Céline 4;7,30, deutsche Wortstellung des Pronomens in einer aus französischen Wörtern bestehenden Äußerung)
 b. je va te montrer comment bien il a (Céline 4;6,18, deutsche Struktur wird ins Französische übersetzt)
 c. und dann wenn der kalt hat dann muss – wenn der warm hat kann man – dann müssen wir die – das ausziehen (Teresa 3;3,19, Übersetzung ins Deutsche von span. *tener frío* und *tener calor*)
 d. jetzt habe ich vier jahre (Alexander 4;3,0, Übersetzung ins Deutsche von frz. *avoir quatre ans*)
 e. erst, is es an mir spielen / und danach is an DIR spieln okay (Emma, 4;6,13, Übersetzung von frz. *c'est à toi/à moi* ins Deutsche)
 f. vamo a caramelo comer (Teresa 4;4,28 für „vamos a comer caramelos", übernimmt die dt. Stellung „Direktes Objekt-Infinitiv" ins Spanische)
 g. tú no puedes nada hacer (Teresa, 4;4,28 dt. Wortstellung des Indefinitpronomens *nada*)
 h. mio papá ha detto posso la cioccolata mangiare tutto (Jan Philip, 3;7,1, übernimmt die dt. Stellung „Direktes Objekt-Infinitiv" ins Italienische)

i. ich – dann zauber ich, von wirklichkeit (Teresa, 4;0,3, übersetzt *de verdad* ins Deutsche)

Bei den Beispielen in (15) könnte es sich um die dynamische Interferenz oder um Transfer handeln. Um dies entscheiden zu können, müssen weitere Informationen hinzugezogen werden. Im folgenden Beispiel von Emma mit 4;7,12 wird deutlich, dass sie gar nicht bemerkt, welchen Aspekt ihrer Äußerung die Mutter korrigiert; sie wiederholt die Äußerung der Mutter brav. Die Übersetzung von *à toi* ins Deutsche für den Spielzug vom nächsten Spieler wird von Emma beharrlich durchgesetzt, mit einer kleinen Kasusänderung.

(16) Emma: an dich mama
 Mutter: du bist dran/ DU bist dran, heißt das
 Emma: du bist dran mama
 Mutter: okay du bist dran
 Emma: an dir

Aus der Interaktion in (16) zwischen Mutter und Kind könnte man ablesen, dass es sich bei der Verwendung von *an dir* um einen Transfer aus dem Französischen handelt. Die Beispiele in (15) und (16) möchten wir in jedem Fall nicht als CS bezeichnen, da das gesamte lexikalische Material nur aus einer Sprache stammt. Dennoch gilt sicher, dass mit Hinblick auf die Sprachverarbeitung Transfer und CS sehr schwer voneinander abgegrenzt werden können: „The position that CS and transfer are manifestations of the same phenomenon, i.e. the influence of one language on another, is an attractive null hypothesis that can be tested in experimental settings" (Treffers-Daller 2009:73). So besteht allgemein Konsens darüber, dass bilinguale Sprecher niemals eine der beiden Sprachen wirklich gänzlich deaktivieren können (Grosjean 2001; vgl. Kapitel 11). Selbst wenn Bilinguale mit Monolingualen interagieren, ist die jeweils nicht geforderte Sprache – wenn auch wenig – aktiviert. Diese Eigenschaft teilen sich beide Phänomene, CS und Transfer.

Obwohl mit Hinblick auf die Aktivierung der nicht-geforderten Sprache wohl Ähnlichkeiten zwischen CS und Transfer bestehen, wollen wir beide Begrifflichkeiten getrennt voneinander halten. Transfer impliziert nämlich eine gewisse Direktionalität, d. h. sprachliches Wissen wird von der einen in die andere Sprache transferiert. CS ist gerade nicht gerichtet. Weiterhin ist CS im Gegensatz zum Transfer vermutlich mit einem erhöhten Arbeitsaufwand von Seiten des Sprechers verbunden (vgl. Kapitel 11). Es „kostet etwas", eine gemischtsprachige Äußerung, welche als CS kategorisiert wird, zu produzieren. Auf die Komplexität des CS werden wir in dieser Einführung noch eingehen und aufzeigen können, dass es beim Kleinkind mit Aufwand verbunden ist (vgl. Kapitel 5 und 11). Dies ist auch der Grund dafür, weshalb es unplausibel ist, CS als Simplifizierung anzusehen. Der Transfer hingegen wird in der Zweitspracherwerbsforschung oft als eine Art Simplifizierungsstrategie angesehen.

> 📖 Mit Transfer wird die „Übertragung von Sprachwissen aus Sprache A in Sprache B auf Kompetenzebene [bezeichnet]. Der Transferbegriff wird besonders in der Zweitspracherwerbsforschung gebraucht, d. h. bei Spracherscheinungen von solchen Personen, die eine zweite Sprache nach bereits erfolgtem Abschluss des Erwerbs einer Erstsprache lernen. Negativer Transfer entsteht, wenn die grammatischen Bereiche der Erst- und Zweitsprache unterschiedlich sind und sich der Transfer aus der Muttersprache negativ auf den Erwerb der Zweitsprache auswirkt. Positiver Transfer entsteht, wenn die Sprachen hinsichtlich eines grammatischen Bereiches gleich sind und der Lerner die Regularitäten aus seiner Erstsprache für die Zweitsprache positiv nutzen kann." (Müller et al. 20113:251)

Transfererscheinungen sind aber nicht auf den Zweitspracherwerb beschränkt (vgl. u. a. Müller 1998 zu simultan bilingualen Kindern). Eine mögliche Sicht auf den Transfer bei bilingualen Kindern ist, dass er auftritt, wenn die beteiligten Sprachen unterschiedlich komplexe syntaktische Analysen für ein grammatisches Phänomen bereitstellen und die weniger komplexe Analyse der Sprache A auch für die Sprache B genutzt wird, obwohl letztere in der Erwachsenensprache eine komplexe Analyse erfordern würde.

Wenn CS einen Sprachstil von bilingualen Personen darstellt, dann muss dieser von Kindern, die mit zwei oder mehr Sprachen aufwachsen, erworben werden. Wenn bilinguale Kinder die Sprachen mischen, kann man nicht sicher sein, ob sie diesen für Bilinguale charakteristischen Sprachstil anwenden oder aber aus Kompetenzmangel oder anderen Gründen, welche mit der Tatsache zusammenhängen, dass die Grammatiken noch vollständig entwickelt werden, die Sprachen mischen. Deshalb hat man für die Spracherwerbsforschung den Begriff des *Code-Mixing* geprägt.

> 📖 Mit Code-Mixing wird das Mischen zweier oder mehrerer Sprachen bezeichnet. Der Begriff bezieht sich auf die Mischung an sich und abstrahiert von den Gründen hierfür. In der Spracherwerbsforschung wird er deshalb oft als Oberbegriff benutzt.

1.3 Zusammenfassung

In diesem Kapitel haben wir das Code-Switching von anderen Sprachkontaktphänomenen abgegrenzt. Wir können aus dem bisher Gesagten die folgende Definition ableiten:

> 📖 Mit Code-Switching wird der sanfte Sprachenwechsel bezeichnet, so wie er bei bilingualen Personen vorkommt, welche beide Sprachen sehr gut beherrschen. Das Code-Switching ist ein Sprachstil, welcher auf struktureller, pragmatischer, psycholinguistischer und soziolinguistischer Ebene be-

> schrieben werden muss. Es ist eine Erscheinungsform dessen, dass sich Sprecher bilingual verhalten. Hierbei sind beide Grammatiken im Prinzip voneinander getrennt. Sprecher, die vom Code-Switching Gebrauch machen, können sich auch in den beteiligten Sprachen ‚monolingual' verhalten. Das Code-Switching entsteht nicht aufgrund eines Kompetenzmangels.

Es ist die Aufgabe des vorliegenden Einführungsbuches, CS näher zu spezifizieren. Wir wollen hierfür das bilinguale Kind in den Vordergrund stellen. Unsere Einführung gliedert sich in vier Teile. Der erste Teil, zu dem das vorliegende und das zweite Kapitel gehören, behandelt Definitionen und Methoden. Den zweiten Teil umfassen die Kapitel 3, 4, 5, und 6. Sie behandeln die Faktoren und Funktionen des CS. Der dritte Teil widmet sich den syntaktischen Beschränkungen des CS und beinhaltet die Kapitel 7, 8, 9 und 10. Der vierte und letzte Teil widmet sich psycholinguistischen Studien. Er wird durch das Kapitel 11 getragen.

1.4 Aufgaben

1. Der nachfolgende Gesprächsausschnitt stammt von einem bilingual französisch-italienischen Kind, welches bei der Interaktion mit dem italienischsprachi französisch gen Vater beobachtet wurde. Das Mädchen heißt Juliette und wächst mit ihrer sprachigen Mutter und ihrem Vater in Paris auf. Analysieren Sie die Sprachenwechsel des Kindes und diskutieren Sie, ob es sich um Code-Switching handelt oder ob Gründe wie ein Kompetenzmangel für das Mischen verantwortlich sind. Die im Transkript verwendeten Sonderzeichen werden im Kapitel 2 erläutert. Sie sind für die Bewältigung der Aufgabe nicht wichtig (Platz-Schliebs, Schmitz, Müller und Merino Claros 2012:48f.).

Nicht-sprachlicher Kontext Interaktionspartner (IP)	Äußerung IP	Äußerung Kind	Nicht-sprachlicher Kontext Kind
	è un cane / hai ragione / sì ↑ / cosa nefai con le forchette ? /		
		maniae /	
	ah per mangiare sì /		
		maniae /	meint *mangiare*
zeigt Messer	brava / come si chiama questo juliette ? / come si chiama questo ? /		guckt zur Kamera
		cotu /	frz. *couteau*
	e in italiano si chiama il coltello / sai dirlo ? /		
		coltone /	meint *coltello*
	coltello sì / brava /		
		coltole /	meint *coltello*
	coltello /		

		a tête /	meint entweder frz. *tête* oder it. *testa*
	ah la testa / sai che la forchetta non si mette sulla testa ? / là non serve per pettinare i capelli / la forchetta serve per mangiare /		
zieht Gabel weg			
		maniae /	meint *mangiare* führt das Besteck zum Teller
	mangiare /		
		fi /	meint vermutlich frz. *fille* sieht Vater an
	cosa c' è ? /		
		fi /	sieht zur Kamera
	non capisco /		
		fi /	sieht in den Raum
	fi cos' è ? /		
	cosa significa ? /	fi / fi / fi /	
		mais si ↑ /	frz.

2. Sie kennen sicher mehrsprachig aufwachsende Kinder in Ihrem Bekanntenkreis oder haben schon einmal bei mehrsprachigen Erwachsenen Äußerungen gehört, bei denen die Sprachen nicht getrennt voneinander waren. Sammeln Sie Beispiele und stellen Sie diese mit Hinblick auf die einzelnen Termini, die im Kapitel angesprochen wurden, vor. Hier einige Beispiele aus der Literatur oder aus dem Sprachkorpus, welcher im folgenden Kapitel vorgestellt wird.

Der Sprecher ist italienisch-deutsch bilingual (vgl. Auer 1984:313)
   a. M: Di ch' di che cosa parlate generalmente?
      A: Tutte cose / della scuola
      M: Della scuola
      A: *Was wir werde wolle*

Der Sprecher ist arabisch-französisch bilingual (vgl. Bentahila und Davies 1992:449)
   b. Waned nuba kunt ana w thami / *On s'est arrêté jusque au feu rouge, on parlait*
      'Da waren Thami und ich'

Der Sprecher ist italienisch-französisch bilingual (Di Sciullo, Muysken und Singh 1986:1)
   c. Perché è *mauvais*

Der Sprecher ist arabisch-französisch bilingual (vgl. Bentahila und Davies 1992:449)
>   d. Le dix-septième étage *f dak* le feu rouge
>   'Im 17. Stockwerk an dieser der Ampel'

Emma ist ein in Frankreich mit Französisch und Deutsch aufwachsendes Kind. Das Alter ist 2;8,1.
>   e. Je veux *nehm' bane*   (=Banane)

Teresa ist ein in Deutschland mit Spanisch und Deutsch aufwachsendes Kind. Das Alter ist 2;6,26.
>   f. Aquí *auf*

3. Lesen Sie das Kapitel 5 aus Grosjean (2010).

2 Methoden der Datenerhebung

Valentina Repetto

Im ersten Kapitel haben wir das Code-Switching definiert und es von anderen Sprachkontaktphänomenen abgegrenzt. Im Folgenden wollen wir behandeln, wie CS ganz besonders bei Kindern untersucht werden kann, welche Methoden in diesen Untersuchungen zur Anwendung kommen (vgl. Albert und Koster 2002, Albert und Marx 2014, Gnahs 2011 für Methoden zur Kompetenzmessung) und welche Daten in die Analysen einfließen.

2.1 Beobachtung, Experiment, Befragung – Longitudinal- und Querschnittstudie

Seit nunmehr einem Jahrhundert sind Untersuchungen zum Erwerb zweier Sprachen im Kindesalter dokumentiert. Die Anfänge nahm diese Forschung mit Studien, bei denen die Forscher die Sprache ihrer eigenen Kinder über mehrere Jahre analysiert haben (z. B. Ronjat 1913). Untersuchungen, welche die Sprachentwicklung von Kindern über einen längeren Zeitraum dokumentieren, nennt man Längsschnittstudien oder Longitudinalstudien. Diese werden wir in der vorliegenden Einführung kennenlernen.

> Mit Longitudinalstudie wird eine Untersuchung bezeichnet, die über mehrere Erhebungszeitpunkte hinweg durchgeführt wird.

In Longitudinalstudien wird über längere Zeitabschnitte eine vergleichsweise große Datenmenge gesammelt, die später hinsichtlich vieler unterschiedlicher Schwerpunkte untersucht werden kann. Die Datensammlung enthält in der Regel spontane Sprachäußerungen, die im Falle von Kinderdaten in Spielsituationen erhoben werden. Die Longitudinalstudie gehört als Verfahren der Datenerhebung zu der Beobachtung (vgl. Albert und Koster 2002:17ff.).

Studien, die zu einem ganz bestimmten Entwicklungsmoment eine Gruppe von Personen im Hinblick auf eine bestimmte Fragestellung untersuchen, nennt man dagegen Querschnittstudien. Diese Studien basieren auf einer möglichst repräsentativen Stichprobe aus der zu untersuchenden Population. Das erhobene Material kann sich aus Spontandaten oder aus Testdaten, wozu auch Elizitationstests zählen, zusammensetzen.

> Mit Querschnittstudie wird eine Untersuchung bezeichnet, die zu einem Erhebungszeitpunkt durchgeführt wird.

Der Elizitationstest (oder das Experiment) gehört als Verfahren der Datenerhebung der experimentellen Forschung an (vgl. Albert und Koster 2002:46ff.). Für den Spracherwerb bedeutet dies, dass (Psycho-)Linguisten zu einer ganz bestimmten Fragestellung (z. B. Gebrauch des CS) einen Test entwickeln, der mit Kindern durchgeführt wird, um diesen bestimmte Sprachdaten zu entlocken. Bei jungen Kindern bestehen solche Tests meist aus Bildergeschichten oder vorgespieltem (simuliertem) Sprachverhalten oder Situationen, sodass die Kinder die Fragen spielerisch beantworten. Die Antworten wiederum geben Hinweise auf den Erwerbsstand für dasjenige Alter, welches untersucht wird. Man unterscheidet Produktions- und Verstehenstests. Produktionstests überprüfen die Sprachproduktion von Kindern; Verstehenstests untersuchen das Sprachverstehen. Viele Elizitationsverfahren bestehen auch aus einer Kombination von Produktions- und Verstehenstests. CS wird als ein Sprachproduktionsphänomen angesehen und auch dementsprechend getestet. Bis heute sind experimentelle Untersuchungen, die CS untersuchen, selten. Obwohl das Experiment auf den ersten Blick als die objektivere Methode erscheint, muss bei solchen Verfahren darauf geachtet werden, dass tatsächlich das betrachtete linguistische Phänomen (also hier CS) gemessen wird, also dass die Ergebnisse des Elizitationstests nicht nur das Sprachverhalten im Experiment messen: „[…] even though naturalistic data have their limits, experiments can never fully replicate or replace observations of naturalistic CS" (Bullock und Toribio 2009:39).

Eine bisher häufig angewandte Forschungsmethode beim CS ist die Beobachtung. Bei jungen Kindern ist diese Methode optimal, da diese im frühen Kindesalter nicht bemerken, wenn sie beobachtet werden. Man spricht dann auch von der verdeckten Beobachtung (Albert und Koster 2002:17). Diese hat gegenüber der offenen Beobachtung den Vorteil, dass die Beobachteten ihr Verhalten nicht auf Grund der Tatsache, dass sie beobachtet werden, verändern. Beim CS wird die Methode der Beobachtung angewandt, um gesprochene Sprachdaten zu erhalten. Gesprochene Sprache muss allerdings vor der Analyse verschriftet werden. Hierfür fertigt man sogenannte Transkripte an:

> 📖 Ein Transkript ist die Verschriftung von Sprachaufnahmen, wobei oft auch der außersprachliche Kontext (Gesten, Aktivitäten) miteinbezogen wird.

Mit Aufzeichnungen in schriftlicher Form sind Schuchardt (1890) und Weinreich (1953) vorgegangen. Später sind dann Sprachkorpora, Sammlungen von Sprachdaten, in den unterschiedlichsten Konstellationen erhoben worden, wie in *peer group* Gesprächen (in einer Gruppe von gleichaltrigen Personen), in Familiengesprächen oder bei der Interaktion im Klassenzimmer. Diese Art der Datenerhebung ist jedoch sehr kostspielig, keines der Korpora ist öffentlich zugänglich, so dass es nicht möglich ist, verschiedenen Fragestellungen an ein und demselben Korpus nachzugehen. Außerdem birgt die spontane Sprache die Gefahr, dass das Nicht-Auftreten eines Sprachenwechsels dahingehend interpretiert wird, dass dieser nicht existiere bzw. ungrammatisch sei.

Im Gegensatz zum Experiment und zur Beobachtung gilt die Befragung mit Blick auf die Durchführbarkeit als einfachste Art der Datenerhebung. Bei der persönlichen Befragung (in Form eines Interviews) antwortet die interviewte Person mündlich. Die gängigste Form der Datenerhebung im Bereich des CS ist die schriftliche Befragung. Dabei bekommen Personen einen Fragebogen vorgelegt, den sie (manchmal auch unter Zeitdruck) bearbeiten müssen. Oft geht es hierbei um die Beurteilung der Grammatikalität bzw. der Akzeptabilität von vorgegebenem CS (Cantone und MacSwan 2009). Manchmal werden die Versuchspersonen auch aufgefordert, die Sprachmischung zu korrigieren. Dies kann unter Zeitdruck erfolgen. Dabei werden die Antwortzeiten mit der Verarbeitungskomplexität gleichgesetzt. Je schwieriger ein Sprachenwechsel zu verarbeiten ist, desto mehr Zeit ist für die Verarbeitung oder Beurteilung nötig.

Die Unterscheidung zwischen Grammatikalität und Akzeptabilität geht auf Chomsky zurück (vgl. Platz-Schliebs, Schmitz, Müller und Merino Claros 2012, Kap. 6.1.2). Die Grammatikalität einer Sprachform ist auf der Ebene der Kompetenz, die Akzeptabilität auf der Ebene der Performanz angesiedelt. In seiner Arbeit aus dem Jahre 1965 führt Chomsky die wichtige Unterscheidung zwischen Kompetenz und Performanz ein (vgl. auch Gabriel und Müller 2013²:5).

> We thus make a fundamental distinction between competence (the speaker's knowledge of his language) and performance (the actual use of language in concrete situations). Only under the idealization [...] is performance a direct reflection of competence. In actual fact, it obviously could not directly reflect competence. A record of natural speech will show numerous false starts, deviations from rules, changes of plan in mid-course, and so on. (Chomsky 1965:4)

Mit Kompetenz bezeichnen wir also das Sprachwissen, mit Performanz den Gebrauch dieses Wissens (vgl. Kapitel 3.2).

So kann ein Satz grammatisch, aber nicht akzeptabel sein, z. B. wenn er zu viele Relativsätze enthält; derartige Sätze überfordern das Arbeitsgedächtnis (engl. *short term memory*) des Hörers.

> The more acceptable sentences are those that are most likely to be produced, more easily understood, less clumsy, and in some sense more natural. (Chomsky 1965:1)

Die Unterscheidung zwischen grammatischen und akzeptablen Sätzen wird ganz besonders im Sprachverstehensprozess deutlich, wenn dieser einmal nicht so funktioniert, wie er sollte (vgl. Platz-Schliebs et al. 2012, Kap. 6.1.2). Sätze, die den Hörer „auf den Holzweg führen", werden in der Literatur als *garden-path*-Sätze bezeichnet, der Effekt bei der Satzanalyse wird *garden-path*-Effekt genannt. Mit Hinblick auf die Grammatikalität ist an den *garden-path*-Sätzen nichts auszusetzen. Sie bereiten aber dem Hörer, der die Äußerungen des Sprechers interpretieren muss, Schwierigkeiten bei der Verarbeitung, weshalb sie als wenig akzeptabel eingestuft werden. Ein Beispiel für den *garden-path*-Effekt ist der Satz (1) (vgl. Ferreira und Henderson 1991):

(1)   When the gardener bathes his poodle joins him

Bei der Satzanalyse, dem *Parsing*, analysiert der Hörer die NP *his poodle* zu dem Verb *bathes* gehörig als Objekt, bis sein Satzanalysesystem beim Verb *joins* feststellen muss, dass *his poodle* nicht Objekt von *bathes* sein kann, sondern als Subjekt von *joins* fungieren muss, da ansonsten kein Subjekt für *joins* zur Verfügung stehen würde. Dieser Schritt erfordert syntaktisches Wissen. Im Englischen können Subjekte nur unter ganz eingeschränkten Bedingungen ausgelassen werden, wie zum Beispiel im sogenannten Tagebuchstil oder aber in Imperativsätzen. Wenn ein Nebensatz (im Beispiel durch *when* eingeleitet) einem Hauptsatz vorangestellt ist, ist das Subjekt obligatorisch. Der Parser, unser Satzanalysesystem, erkennt den genannten Fehler bei der Analyse des Wortes *joins* und korrigiert ihn. *Garden-path*-Sätze sind grammatisch, sie sind aber wegen ihres erhöhten Analyseaufwandes wenig akzeptabel.

Nach diesem Exkurs zu grundlegenden Begrifflichkeiten kommen wir auf die unterschiedlichen Datenerhebungsverfahren beim CS zurück. Sicher ist bei Kindern das beste Verfahren dasjenige, welches möglichst spontane Sprache hervorlockt, weil wir aufgrund dieser Daten auf das Kompetenzniveau der Kinder schließen wollen. Hier würde die Beobachtung als beste Datenerhebungsmethode gewinnen. Doch hat die Beobachtung auch Nachteile, von denen wir einen hier nennen wollen. Sollte bei der spontanen Interaktion zwischen Kind und Erwachsenem eine bestimmte Sprachform nicht auftreten, so dürfen die Forscher aus diesem Fehlen nicht den Schluss ziehen, dass diese Sprachform vom Kind nicht geäußert worden wäre, wenn es Gelegenheit dazu gehabt hätte.

Das Experiment als Datenerhebungsmethode hat ganz besonders bei Kindern die Schwierigkeit, dass bei der Interpretation der gesammelten Daten sicherzustellen ist, dass es nicht etwa das Verhalten der Kinder im Experiment testet, sondern tatsächlich Rückschlüsse auf den eigentlichen Kompetenzstand im Bereich des untersuchten Phänomens zulässt. Der Vorteil des Experiments ist, dass eine bestimmte Fragestellung gezielt untersucht werden kann und dabei alle Variablen kontrolliert werden können. Im Bereich des CS sind experimentelle Verfahren mit Erwachsenen selten, mit Kindern kaum existent.

Die Befragung als Datenerhebungsmethode hat den großen Vorteil, dass sie relativ einfach zu realisieren ist. Im Bereich des CS gilt sie als das Standardverfahren, bei dem Versuchspersonen gemischtes Sprachmaterial vorgelegt wird und sie dann nach dessen Grammatikalität bzw. Akzeptabilität befragt werden. Diese Methode legt allerdings die Annahme zugrunde, dass Urteile über die Grammatikalität oder die Akzeptabilität von beispielsweise einem Sprachenwechsel keinen externen Einflussfaktoren unterliegen. Dass der Bildungsgrad Einfluss auf Grammatikalitätsurteile hat, zeigt eine Studie von Dąbrowska (1997). In ihrer Studie weist sie einen Zusammenhang zwischen dem Bildungsgrad und der Möglichkeit nach, bestimmte syntaktische Strukturen zu beurteilen.

Weitere Faktoren spielen bei Grammatikalitätsurteilen eine Rolle. Chipere (2001) trainiert eine Probandengruppe auf einen größeren Arbeitsspeicher und zeigt, dass das Training zur Verbesserung des Verstehens der komplexen Satzkonstruktion führt. Diese Resultate bedeuten für die Nutzung von Grammatikalitäts- bzw. Akzeptabilitätsurteilen bei der Erforschung des CS erhebliche Ein-

Methoden der Datenerhebung 33

schränkungen. Die Fähigkeit, über Sprache zu urteilen, wird in der Sprachwissenschaft zu den metalinguistischen Fähigkeiten gezählt. Ihr Grad hängt von der sprachlichen Erfahrung ab, weshalb mehrsprachige Personen bei Aufgaben, welche metalinguistische Fähigkeiten testen, in der Regel besser abschneiden als einsprachige. Die genannten Ergebnisse lassen auch den Schluss zu, dass diese Erfahrung reich und häufig genug sein muss, damit bestimmte Konstruktionen beurteilt werden können.

Kretschmer (2013) weist — einer Arbeit von Adli (2004, 2006) zu nichtvorangestellten W-Wörtern in französischen Fragesätzen wie *il est arrivé quand?* folgend — einen Zusammenhang zwischen der Beurteilung von Ausnahmeregeln für die Partizipkongruenz im Französischen und dem Lebensstil nach. Den Lebensstil erfasst die Forscherin mit Hilfe einer Clusteranalyse. Die 64 Probanden wurden einem Typ (1) *vielseitig interessierter, unternehmungsfreudiger Typ mit großer Vorliebe für schriftliche Medien*, einem Typ (2) *vielseitig interessierter, unterhaltungssuchender Typ* und einem Typ (3) *vielseitig interessierter, introvertierter Typ ohne besondere Interessensschwerpunkte* zugeordnet. „Die Unterteilung erfolgte in: soziale Aktivitäten vorwiegend außer Haus, soziokulturelle, intellektuelle und künstlerische Aktivitäten sowie neue Medien und auf klassische Medien zentrierte Aktivitäten vorwiegend in häuslicher Umgebung sowie Sportinteresse." (S. 56) Die Befragung als Untersuchungsmethode für CS ist vor dem Hintergrund, dass CS gerade nicht zum (präskriptiv) normativen Sprachverhalten von bilingualen Personen gehört, sehr problematisch und soll in unserer Einführung deshalb auch eine untergeordnete Rolle spielen.

Wir dürfen aus dem bisher Gesagten schließen, dass die Beobachtung mit all ihren Nachteilen vermutlich die beste Methode darstellt, um spontan auftretendes CS zu untersuchen. Ist man an der Entwicklung des CS im bilingualen Kind interessiert, ist die Longitudinalstudie die beste Möglichkeit, Entwicklungsaspekten gerecht zu werden.

2.2 Die Longitudinalstudie

Wir werden im Folgenden ein Projekt der Wuppertaler Bilinguismus Gruppe (WuBiG) vorstellen, welches CS bei bilingualen Kindern mit verschiedenen Sprachkombinationen erforscht und analysiert. Das Projekt „Code-Switching bei bilingual aufwachsenden Kindern in Deutschland, Italien, Frankreich und Spanien: Italienisch-Deutsch, Französisch-Deutsch, Spanisch-Deutsch, Italienisch-Französisch, Italienisch-Spanisch, Französisch-Spanisch" ist das dritte Projekt zur frühkindlichen Mehrsprachigkeit und wurde an der Bergischen Universität Wuppertal durchgeführt.[1] In diesem Rahmen hat es sowohl Longitudinal- als

---

1   Alle Projekte wurden von der DFG (Deutsche Forschungsgemeinschaft) finanziert. Die Projektleitung hatte Natascha Müller. Das Projekt „Code-Switching" wurde im Jahr 2013 abgeschlossen. Einige Daten entstammen Projekten an der Universität Hamburg. Für weitere Informationen zu den Hamburger Projekten vgl. Cantone, Kupisch, Müller und Schmitz (2008), Müller, Kupisch, Schmitz und Cantone (2011[3]). Zu den Forschungen der

auch Querschnittstudien von bilingual deutsch-italienischen, deutsch-französischen, deutsch-spanischen, französisch-italienischen, französisch-spanischen, spanisch-italienischen und trilingualen Kindern gegeben.[2] Der Schwerpunkt der Forschungsarbeit lag dabei auf dem intra-sententialen CS.

2.2.1 Methodisches Vorgehen

Will man Daten im Rahmen einer Longitudinalstudie erheben, so ist es zunächst wichtig, die Probanden entsprechend der jeweiligen Forschungshypothesen auszuwählen. Da relativ wenige Kinder untersucht werden können, ist es bei Longitudinalstudien wichtig, möglichst vergleichbare Versuchspersonen zu haben, die dieselben oder ähnliche Eigenschaften aufweisen. Im genannten Projekt wurden deshalb die Bedingungen, unter denen die Kinder ihre beiden Sprachen lernen, konstant gehalten. Alle Kinder hatten Eltern, die für die beiden zu erwerbenden Sprachen Muttersprachler sind.

In der Literatur werden verschiedene Sprecherziehungsmethoden genannt, die wir hier auch vorstellen wollen (vgl. Döpke 1992). In ihrem Buch „Bilingualism" stellt Romaine verschiedene Sprecherziehungsmethoden für mehrsprachige Kinder vor, d. h. Methoden dafür, wie Kinder bilingual aufwachsen können (1995^2:181ff.). Die Kriterien, die sie für diese Unterteilung benutzt, sind die folgenden: die Sprachen, die die Eltern sprechen, welche Sprachen sie wählen, um mit dem Kind zu sprechen, und die Sprache, die in der Umgebung gesprochen wird. Wir wollen im Folgenden die Methoden zusammenfassen, sodass die Unterschiede deutlich werden.

Alle Kinder der WuBiG Studie sind nach dem Prinzip EINE PERSON – EINE SPRACHE (vgl. Ronjat 1913) aufgewachsen, d. h. Mutter und Vater sprechen jeweils ihre Muttersprache mit dem Kind. Für den Fall, dass alle Familienmitglieder anwesend sind, wählt die Familie eine Familiensprache (vgl. Kapitel 3.1). Viele Eltern wählen gerade nicht die Landessprache als Familiensprache, um ihren Kindern die Möglichkeit zu geben, häufiger die „andere" Sprache zu hören. Die Sprecherziehungsmethode EINE PERSON – EINE SPRACHE wurde deshalb in der WuBiG Studie ausgewählt, da sie in der Literatur als die erfolgreichste gilt, um zwei Sprachen simultan zu erwerben (vgl. Müller, Kupisch, Schmitz und Cantone 2011^3, Kap. 3.1). Diese Methode geht auf den französischen Phonetiker Maurice Grammont zurück, der dem in Frankreich lebenden Ronjat (1913) diese für seinen Sohn empfahl. Ronjat hat eine Monographie zu der Sprachentwicklung seines bilingual mit Deutsch und Französisch aufwachsenden Sohnes Louis verfasst. Er selbst hat mit Louis Französisch, seine Frau Deutsch gesprochen.

Die zweite Methode könnte man mit EINE SPRACHE – EINE UMGEBUNG umschreiben (vgl. Fantini 1985, wobei das dort untersuchte Kind Mario nicht nur

---

WuBiG vgl. Hauser-Grüdl, Arencibia Guerra, Witzmann, Leray und Müller (2010), Schmeißer, Arnaus Gil, Eichler, Geveler, Hager, Jansen, Patuto und Müller (2015).
[2] Die Daten, die in den nächsten Kapiteln diskutiert werden, stammen aus den drei Projekten.

dem Spanischen und Englischen, sondern auch, wenn auch viel weniger, dem Italienischen ausgesetzt war (Tracy und Gawlitzek-Maiwald 2005). Bei dieser Sprecherziehungsmethode verfügen die Eltern über eine gemeinsame Muttersprache oder über unterschiedliche Muttersprachen, in letzterem Fall spricht ein Elternteil die Sprache der die Familien umgebenden Sprachgemeinschaft, die Umgebungssprache (vgl. Kapitel 3.1). Beide Elternteile sprechen die Nicht-Umgebungssprache in der Familie und mit dem Kind. Dies soll die Nicht-Umgebungssprache unterstützen. Im Kindergarten, beim Einkaufen etc. wird die Umgebungssprache gesprochen, d. h. außerhalb der familiären Umgebung. Die Methode EINE SPRACHE – EINE UMGEBUNG ist oft in Migrantenfamilien vorzufinden, d. h. in Familien, die aus anderen Ländern zugewandert sind.

Bei weiteren Sprecherziehungsmethoden erwirbt das Kind simultan nicht zwei, sondern drei Sprachen. Bei der Variante ZWEI SPRACHEN ZU HAUSE – EINE ANDERE SPRACHE AUS DER UMGEBUNG haben die Eltern unterschiedliche Muttersprachen und leben in einer Umgebung, in der keine der beiden Sprachen gesprochen wird. Das bedeutet, dass die Kinder zu Hause zwei Sprachen und außerhalb eine dritte erwerben. Hoffman und Stavans (2007) berichten von zwei Kindern, die Englisch aus der Umgebung und Spanisch bzw. Hebräisch von ihren Eltern erwerben.

Eine weitere Sprecherziehungsmethode soll hier erwähnt werden, da sie auch bei einsprachigen Familien Anwendung finden kann: NICHT MUTTERSPRACHLICHE ELTERN. Sie beschreibt eine relativ monolinguale Lebenssituation. Die Umgebung ist monolingual, die Eltern auch (und zwar mit der Umgebungssprache), ein Elternteil beschließt jedoch, eine Sprache, die er/sie gut beherrscht, mit dem Kind zu sprechen. Döpke (1992) stellt eine solche Studie für die Sprachen Englisch und Deutsch vor. Mittlerweile gilt als gesichert, dass der erwachsene Zweitspracherwerb, auch wenn er natürlich erfolgt, im Ergebnis sehr oft mit dem muttersprachlichen Erwerb nicht übereinstimmt (vgl. Hinkel 2011). Vor diesem Hintergrund stellt sich die Frage, ob es sinnvoll ist, dass Eltern eine Fremdsprache mit ihren Kindern sprechen, die sie selbst nicht muttersprachlich beherrschen. Nun ist aus Sicht der Europäischen Union die Beherrschung mehrerer Fremdsprachen erwünscht und förderungswürdig. Wenn Eltern also mit ihren Kindern Fremdsprachen sprechen wollen, so ist diesem Wunsch nichts entgegenzusetzen, wenn von Beginn an klar ist, dass das vom Kind erreichte Niveau aller Voraussicht nach nicht dem von Muttersprachlern entsprechen wird.

Eine letzte Sprecherziehungsmethode soll hier Erwähnung finden, da sie ausgeprägt bilingual ist. Sie wird als GEMISCHTE SPRACHEN bezeichnet. Diese Methode kann unterschiedliche Ausprägungen haben. Die Eltern sind bilingual und die Umgebung kann mit derselben Sprachkombination bilingual sein, wie in der Studie von Tabouret-Keller (1963) für die Sprachen Deutsch und Französisch, welche das untersuchte Kind Ève nicht nur von den Eltern, sondern auch in der Umgebung hört. Beide Elternteile sprechen beide Sprachen mit dem Kind.

Beim Erwerb mehrerer Sprachen im Kindesalter spielen generell neben den formalsprachlichen u. a. psychologische und soziale Aspekte eine wichtige Rolle. In diesem Zusammenhang ist es wichtig, auch Einflussfaktoren aus dem sozialen

Kontext, die auf das Erlernen und Verhalten im sprachlichen Bereich einwirken, zu berücksichtigen. Dazu zählen die Einstellungen und Persönlichkeit der Eltern und des näheren Umfeldes. Es ist plausibel davon auszugehen, dass dabei auch der Sprecherziehungsmethode eine bedeutende Rolle zukommt. Von den meisten Autoren auf dem Gebiet der frühkindlichen Mehrsprachigkeit wird angenommen, dass die konsequente Umsetzung einer bestimmten Sprecherziehungsmethode für die Entwicklung aktiver Fähigkeiten in beiden Sprachen wichtig ist. Besonders gelobt wird dabei die Methode EINE PERSON – EINE SPRACHE. Diese Annahmen wurden zumeist auf der Basis von Einzelstudien durch Beobachtung und Tagebucheinträge aufgestellt. Die Studie von Akoda (2009) strebt eine differenziertere Betrachtungsweise an. Sie untersucht die Beziehungen der Rahmenbedingungen ethnische Identität des ausländischen Partners, Einstellungen der Eltern und Umgebung zur Zweisprachigkeit sowie Sprecherziehungsmethode untereinander (vgl. hierzu Mahlstedt 1996) und wendet sie dann auf 20 Familien an, deren Kinder hinsichtlich ihrer im Rahmen von Forschungsarbeiten der WuBiG untersucht wurden. Zu diesem Zweck wurde ein Fragebogen für die Eltern erstellt. Die verwendete Definition der Rahmenbedingungen ist vergleichbar mit der von Kielhöfer und Jonekeit (2002[11]), die die Familiensituation, Sprecherziehung und soziale Umgebung der Kinder beschreiben. Die von den meisten Autoren vielfach vorausgesetzte Annahme, die praktische Sprecherziehungsmethode stehe in direktem Zusammenhang mit dem Kompetenzniveau der Kinder in der Nichtumgebungssprache, wird entgegen aller Erwartung von Akoda (2009) nicht bestätigt, da in diesem Fall keine statistisch bedeutsame Korrelation nachgewiesen wurde. Bei der Betrachtung der elterlichen Einstellungen zur Zweisprachigkeit deuten die Ergebnisse bemerkenswerterweise auf einen möglichen Einfluss insbesondere der Haltungen der Väter auf die relative Sprachentwicklung. Besonders hervorheben wollen wir mit Blick auf die Ergebnisse von Akoda (2009), dass die ersten Tagebücher über bilinguale Kinder von den Vätern dieser Kinder verfasst wurden; diese Fälle berichten über positive Erfahrungen bei der Entwicklung der Mehrsprachigkeit. Mit der Arbeit von Akoda (2009) dürfen wir vorsichtig behaupten, dass dies kein Zufall ist.

Zusammenfassend lässt sich sagen, dass es viele Methoden gibt, die zur simultanen Mehrsprachigkeit führen können, von denen einige (v. a. die von Romaine aufgeführten Methoden) vielfach angewandt und manchmal auch als solche untersucht wurden.

Die Kinder aus der WuBiG wuchsen, wie bereits erwähnt, mit der Sprecherziehungsmethode EINE PERSON – EINE SPRACHE auf. Die Nennung weiterer Faktoren ist wichtig, um die Vergleichbarkeit der Sprachdaten zu garantieren: (1) Alle Kinder entstammen derselben sozialen Schicht, dem Mittelstand. (2) Alle Kinder und alle Familien pflegen den Kontakt zu dem Land, in dem Verwandte oder Freunde eines Elternteils wohnen, die die zweite Sprache sprechen und mit dem Kind Kontakt in dieser Sprache haben.

Die WuBiG hat Kinder im Alter von zirka anderthalb bis fünf Jahren beobachtet. Um die Sprachentwicklung der Kinder in beiden Muttersprachen erforschen zu können, wurden sie in regelmäßigen, meist zweiwöchigen Abständen unter-

Methoden der Datenerhebung

sucht. Dies geschah in Form von Videoaufnahmen in spielerischer Interaktion mit monolingualen Personen, die ihre jeweilige Muttersprache mit dem Kind gesprochen haben. Einige Aufnahmen wurden von ProjektmitarbeiterInnen oder StudentInnen, andere direkt von den Eltern gemacht, wobei dies immer in spontanen und familiären Kontexten geschah. Die Sprachaufnahmen haben jeweils eine Dauer von ca. 30-45 Minuten pro Sprache und wurden in Form von Transkripten mit Hilfe des Computers verschriftet. Hierfür wurden bestimmte Konventionen eingeführt, die eine einheitliche Sprachanalyse gewährleisten. Alle Transkripte wurden anschließend von MuttersprachlerInnen kontrollgehört. Für ein besseres Verständnis der Kodierung wird im Folgenden ein Teil einer Transkription wiedergegeben. Der folgende Transkriptausschnitt stammt aus einer Aufnahme eines deutsch-italienischen Kindes (Carlotta) im Alter von 2;3,2.

Nicht-sprachlicher Kontext IP	Äußerung Interaktionspartner (IP)	Äußerung Kind	Nicht-sprachlicher Kontext Kind
	wolln wir was andres angucken ? /		
		ein roter / *ein roter katze /*	
der Erwachsene korrigiert das Kind	eine rote katze ja /		
		eine roter katze /	imitiert und versucht, sich selbst zu korrigieren

Der nachfolgende Transkriptausschnitt ist einer Aufnahme eines deutsch-italienischen Kindes (Jan Philip) im Alter von 2;10,8 entnommen.

Nicht-sprachlicher Kontext IP	Äußerung IP	Äußerung Kind	Nicht-sprachlicher Kontext Kind
	oben hast du noch welche ? /		
		den altn ei /	= das alte Ei
	hä ↑ /		
		ja altn / das [a] altn ei / das [a] altn ei /	

Das Zeichen „/" steht für das Ende einer Äußerung, „?" für eine Frage, „[ ]" für Sprachelemente in phonetischer Umschrift, „↑" für Stimmanhebung. Wie aus den Abbildungen hervorgeht, werden jeweils beide Interaktionspartner, der Erwachsene (zweite Spalte von links) und das Kind (dritte Spalte von links), transkribiert und zusätzlich einige Notizen über den Kontext gemacht (ganz links für den Erwachsenen, ganz rechts außen für das Kind). Diese Informationen über den Kontext sind wichtig, um die Äußerungen und ihre Funktionen verstehen und analysieren zu können. Die Wiedergabe der kindlichen Äußerungen erfolgt nur dann phonetisch, wenn das vom Kind geäußerte Wort von der Erwachsenenform abweicht.

Alle Transkripte wurden pro Sprache gesammelt und bilden insgesamt ein Korpus. Für jede Aufnahme wird nicht nur das Alter des Kindes genannt, sondern auch andere wichtige Informationen, die später für die Interpretation der Sprachdaten relevant sein können. Hierzu gehören Protokolle über die allgemeine Entwicklung des Kindes. So ist es für die spätere Analyse beispielsweise wichtig zu wissen, ob sich das Kind während der Ferien im romanisch- bzw. deutschsprachigen Ausland aufgehalten hat. Andere Veränderungen im Leben des Kindes betreffen die Bereiche Kindergarten, Babysitter und Besuch von Verwandten.

In den Longitudinalstudien wurden insgesamt 47 Kinder beobachtet. Die Tabelle 2.1 enthält nähere Informationen zu den untersuchten Kindern.

2.2.2 Analysierte Kinder

Die folgende Tabelle 2.1 von Malin Hager führt die analysierten bilingualen Kinder, ihre Sprachkombination, das Geburtsland, den Aufnahmezeitraum, die Anzahl der in einer Sprache gebrauchten Äußerungen (hier als Basis bezeichnet), die Sprache der Eltern und die Familiensprache auf. Die Tabelle enthält auch einige monolingual und trilingual aufwachsende Kinder. Wenige Sprachaufnahmen werden zurzeit noch transkribiert. Bei den Studien, die sich noch fast vollständig in der Transkription befinden, bleiben die Einträge bei der Basis leer.

Methoden der Datenerhebung

Kind	Sprach-kombination	Geburtsland	Aufnahme-zeitraum	Basis Sprache A	Basis Sprache B	Basis Sprache C	Sprache der Mutter	Sprache des Vaters	Familien-sprache
Alexander	Dt.-Fr.	Deutschland	2;2-5;2	8.866	9.775		Fr.	Dt.	Dt. / Fr.
Amélie	Dt.-Fr.	Deutschland	1;6-5;0	12.978	13.343		Fr.	Dt.	Dt. / Fr.
Caroline	Dt.-Fr.	Deutschland	1;8-3;7	2.471	3.039		Fr.	Dt.	
Céline	Dt.-Fr.	Deutschland	2;0-5;4	13.369	5.780		Dt.	Fr.	
Elina	Dt.-Fr.	Frankreich	3;7-7;4	800	-		Fr.	Dt.	Fr.
Elisa	Dt.-Fr.	Frankreich	1;8-4;5	1.673	2.155		Dt.	Fr.	Fr.
Emma	Dt.-Fr.	Frankreich	1;4-4;11	8.845	8.518		Dt.	Fr.	Fr.
Julie	Dt.-Fr.	Deutschland	1;7-4;11	10.960	348		Dt.	Fr.	Fr.
Marie	Dt.-Fr.	Frankreich	1;9-5;1	1.571	5.449		Dt.	Fr.	Fr.
Paul-Edouard	Dt.-Fr.	Deutschland	2;6-5;0	-	-		Fr.	Dt.	Dt.
Alex	Dt.-It.	Italien	1;11-5;4	-	-		Dt.	It.	It.
Antonio	Dt.-It.	Deutschland	1;7-5;1	-	-		Dt.	It.	Dt. / It.
Aurelio	Dt.-It.	Deutschland	1;9-4;0	4.628	7.043		It.	Dt.	It.
Carlotta	Dt.-It.	Deutschland	1;8-5;7	12.910	9.802		It.	Dt.	It.
Franziska	Dt.-It.	Deutschland	1;4-2;7	-	-		It.	Dt.	It.
Jan Philip	Dt.-It.	Deutschland	2;0-5;0	9.437	6.577		It.	Dt.	Dt.
Lilli	Dt.-It.	Deutschland	2;0-4;11	6.054	4.220		It.	It.	Dt.
Luca Daniele	Dt.-It.	Deutschland	1;6-5;0	8.077	3.797		Dt.	It.	It.
Lukas	Dt.-It.	Deutschland	1;7-5;0	11.768	6.742		It.	Dt.	Dt.
Marta	Dt.-It.	Deutschland	1;6-5;0	9.828	7.781		It. / Dt.	Dt.	It.
Valentin	Dt.-It.	Italien	1;11-5;4	3.069	8.063		Dt.	It.	It.
Alexander	Dt.-Sp.	Deutschland	1;4-4;7	-	-		Sp.	Dt.	Sp.
Arturo	Dt.-Sp.	Deutschland	2;3-5;3	6.681	4.923		Sp.	Dt.	Sp.
Carla	Dt.-Sp.	Spanien	1;6-2;2	-	-		Dt. / Sp.	Sp.	Sp.
Erik	Dt.-Sp.	Spanien	1;6-4;5	667	6.184		Sp.	Dt.	Sp.
Juan	Dt.-Sp.	Spanien	2;0-2;11	-	-		Dt.	Sp.	Sp.
Lucas	Dt.-Sp.	Spanien	1;7-4;9	5.360	5.922		Dt.	Sp.	Sp.

Name	Sprachen	Land	Alter						
Manuel	Dt.-Sp.	Deutschland	1;4–3;2	–	–		Dt./Sp.	Dt.	Dt.
Max	Dt.-Sp.	Deutschland	1;6–5;0	–	–		Sp.	Dt.	Dt.
Nina	Dt.-Sp.	Deutschland	2;3–5;7	1.874	1.295		Sp.	Dt.	Sp.
Nora	Dt.-Sp.	Spanien	1;4–4;7	9.265	6.857		Dt./Sp.	Sp.	Sp.
Teresa	Dt.-Sp.	Deutschland	1;5–5;0	–	–		Sp.	Dt.	Sp.
Alexandre	Fr.-It.	Frankreich	1;9–5;0	–	–		It.	Fr.	Fr.
Dominique	Fr.-It.	Italien	2;1–4;11	–	–		Fr.	It.	It.
Gabriella	Fr.-It.	Frankreich	1;8–4;6	8.015	6.108		Fr.	Fr./It.	Fr.
Juliette	Fr.-It.	Frankreich	1;8–4;11	3.799	9.482		Fr.	Fr./It.	Fr.
Siria	Fr.-It.	Italien	1;6–5;0	–	–		Fr.	It.	It.
Veronica	Fr.-It.	Italien	2;0–4;5	–	–		Fr.	It.	It.
Rafael	Fr.-Sp.	Frankreich	1;7–2;8	–	–		Sp.	Fr.	Fr.
Syca-Inès	Fr.-Sp.	Frankreich	2;2–5;2	5.819	6.627		Sp.	Fr.	Fr.
Samuel	Sp.-It.	Italien	2;1–4;1				Sp.	It.	
Eric	Dt.-Sp.-Kat.	Spanien	1;9–4;3	2.690	213	4.491	Dt.	Sp./Kat.	Sp.
Frank	Dt.-Sp.-Kat.	Spanien	1;11–4;9	1.156	8.768	–	Sp.	Dt.	Sp.
Kilian	Dt.-Sp.-Kat.	Spanien	2;3–5;1	1.190	1.651	–	Sp./Kat.	Dt.	Kat.
Milena	Dt.-Sp.-Kat.	Spanien	1;6–3;8	384	–	4.196	Sp./Kat.	Dt.	Dt./Engl.
Sebastian	Dt.-Sp.-Kat.	Spanien	1;9–2;4	–	–	–	Sp.	Dt.	Dt.
Diego	Fr.-It.-Sp.	Frankreich	2;8–4;9	–	–	–	Sp.	It.	Sp./It.
Chantal	Dt.	Deutschland	1;10–5;0	16.703			Dt.	Dt.	Dt.
Alba	It.	Italien	1;8–3;5	–			It.	It.	It.
Giorgia	It.	Italien	1;10–3;6	11.820			It.	It.	It.

Tabelle 2.1:
Überblick über die Kinder der WuBiG

Methoden der Datenerhebung

2.3 Die Querschnittstudie

Longitudinalstudien ermöglichen die Analyse einer nur sehr begrenzten Anzahl an Probanden. Sie sind zu teuer und zeitaufwändig, um sie an einer repräsentativen Stichprobe durchzuführen. Durch die Kombination mit Querschnittstudien kann dieser Nachteil abgemildert werden. Auf diese Weise kann ein umfangreiches Bild der zweisprachigen Entwicklung erlangt werden. Im Folgenden wollen wir einige Informationen über und Beispiele von Querschnittstudien aufführen.

Die von der WuBiG durchgeführten Querschnittstudien basieren auf Elizitationstests, die bei Kindern Sprachdaten in Produktion und/oder Verstehen entlocken, also elizitieren sollen. Diese Studien werden von Muttersprachlern in einer dem Kind vertrauten Umgebung durchgeführt. Bevor der eigentliche Test beginnt, wird das Kind im spontanen Gespräch mit der das Experiment durchführenden Person vertraut gemacht (vgl. Abbildung 2.1). Diese Daten werden im Anschluss hinsichtlich des Fortschritts der Sprachentwicklung ausgewertet.

Abbildung 2.1:
Erwachsene im Gespräch mit zu testendem Kind

Zur Veranschaulichung soll der Verlauf eines Tests beispielhaft vorgestellt werden. Hierbei handelt es sich um eine Querschnittstudie zu den Reflexivpronomina. Damit die Kinder im Test gesprächig sind, wurde dieser in Form eines Spiels durchgeführt: Die Forscher haben bunte Karten vorbereitet, auf denen eine kurze Geschichte von einem Jungen und einem Mädchen erzählt wird. Das Kind sollte nun mit den Karten spielen und diese beschreiben. Auf den Karten werden Kinder beim Ausführen von Aktionen dargestellt, die in der Erwachsenensprache durch ein reflexives Verb wiedergegeben werden. Das methodische Vorgehen ist erforderlich, damit die Kinder nicht bemerken, dass sie getestet werden, und um die Erwartung zu vermeiden, dass möglichst gute Antworten gegeben werden müssen. Es kann selbstverständlich trotz allem zu Problemen kommen, z. B.

wenn die Kinder nicht teilnehmen wollen oder mit etwas anderem spielen möchten. Der beschriebene Test war sehr erfolgreich und hat Konstruktionen von Seiten der Kinder hervorgebracht, die bisher unbekannt waren: *Après il a se coupé* (Pierre 3;8,12).

Abbildung 2.2:
Bilder aus einem Elizitationstest zu Reflexivpronomina

Der für das CS durchgeführte Elizitationstest bestand aus „sprechenden" Handpuppen (vgl. Abbildung 2.3). Der Test und die Ergebnisse sollen in unserer Einführung in Kapitel 5 vorgestellt werden. Die kleinen Tierfiguren lassen die Testsituation für die untersuchten Kinder möglichst natürlich aussehen.

Abbildung 2.3:
Bild zum Elizitationstest Code-Switching

2.4 Zusammenfassung

In diesem Kapitel haben wir unterschiedliche Methoden der Datenerhebung kennengelernt, mit denen man bestimmte Forschungsfragen klären kann. Für das Forschungsgebiet CS ist die Befragung nicht gut geeignet, da gemischtsprachliche Äußerungen gerade spontan auftreten und nicht zum normierten

Sprachgebrauch zählen. Sowohl die Beobachtung als auch das Experiment eignen sich gut, um CS bei Kindern zu analysieren, wobei die Beobachtung die beste Methode ist, da CS spontan erfolgt. Die Beobachtung als Forschungsmethode haben wir am Beispiel von Longitudinalstudien vorgestellt. Das Experiment haben wir in Form einer Querschnittstudie kennengelernt.

2.5 Aufgaben

1. Nennen Sie Vor- und Nachteile der Longitudinalstudie.
2. Entwerfen Sie einen Fragebogen für gemischtsprachliche Äußerungen von erwachsenen bilingualen Sprechern. Diskutieren Sie die Probleme.
3. Stellen Sie dar, für welchen grammatischen Bereich (Nebensatzgebrauch, Subjekt-Verb-Kongruenz, Entlehung) welche Datenerhebungsmethode die beste wäre, und begründen Sie Ihre Wahl.
4. Für interessierte Studierende empfehlen wir die Einführung von Albert und Marx (2014^2). Die Kapitel 2, 3 und 4 stellen die wichtigsten Forschungsmethoden vor. Die Einführung enthält die Lösungen zu den am Ende der Kapitel gestellten Aufgaben.
5. CS erfolgt spontan. Weshalb stellt diese Eigenschaft ein Problem für die Datenerhebung dar?
6. Manuel wächst in Deutschland mit Deutsch und Spanisch auf. Während der Interaktion mit der spanischsprachigen Erwachsenen spricht er konsequent deutsch. Er ist zum Zeitpunkt der Datenerhebung 1;4,0 und es stellt den ersten Kontakt mit dem spanischsprachigen Erwachsenen überhaupt dar. Diskutieren Sie den Sprachgebrauch von Manuel.

Nicht-sprachlicher Kontext IP	Äußerung IP	Äußerung Kind	Nicht-sprachlicher Kontext Kind
Manuels Mutter und die spanischsprachige Interaktionspartnerin sind im Wohnzimmer, die Interaktionspartnerin spielt mit Manuel	¿la quieres? / ¡venga! / uh / oh que se escapa qu se escapa / oh se ha ido / es la pelota / oh los pies / oh el pie / oh para ní para manuel / uy gracias / uy que se cae / ¿ dónde está -?/ uy que se va muy lejos /		
		kumma /	=guck mal
	uy la pelota /		
		kumma /	
	la pelota uy /		
		kumma /	
	¿ qué tienes ahí ? / a ver / ¿te la escondemos? /		

3 Code-Switching und Sprachdominanz

Marisa Patuto

In diesem Kapitel sollen Sprachdominanz definiert werden und ihre Auswirkungen auf Sprachmischungen bei simultan bilingual aufwachsenden Kindern im Vordergrund stehen. Wir wollen zunächst absichtlich auf die Verwendung des Begriffs Code-Switching verzichten, da bilinguale Kinder im Laufe der Sprachentwicklung ihr Wissen stetig vermehren und deshalb geprüft werden muss, ob die kindlichen Sprachmischungen tatsächlich mit dem erwachsenen CS gleichzusetzen sind. Das Kernstück des Kapitels bilden die Nennung der Kriterien zur Bestimmung der Sprachdominanz und die Erläuterung der in den Longitudinalstudien beobachteten Sprachmischungen.

3.1 Sprachdominanz bedingt durch die Familien- bzw. Umgebungssprache

Eine alltägliche Beobachtung bei mit zwei Muttersprachen aufwachsenden Kindern ist, dass sie nicht in beiden Sprachen gleich „gut" sprechen können. Auch die Forschung hat dieses Ungleichgewicht wahrgenommen und dafür den Ausdruck der Sprachdominanz geprägt.

> **Sprachdominanz**: Dieser Begriff wird verwendet, wenn eine der beiden Sprachen eines bilingualen Individuums besser beherrscht oder schneller erworben wird als die andere Sprache. Man spricht auch von einer unbalancierten Sprachentwicklung.

Erste Studien, die das Phänomen der Sprachdominanz vordergründig thematisieren, wurden in den späten 50er und den 70er Jahren des vergangenen Jahrhunderts angefertigt. Die Arbeiten von Burling (1959), Leopold (1970) und Berman (1979) beruhen auf detaillierten Dokumentationen des bilingualen Erstspracherwerbs und berichten von einer unausgeglichenen Sprachentwicklung der untersuchten Kinder. Die drei genannten Arbeiten stellen die Sprachdominanz anhand eines bestimmten Sprachphänomens heraus. Burling (1959) hat die Sprachentwicklung seines in den USA zunächst monolingual mit Englisch aufwachsenden Sohnes Stephen beobachtet. Ein Umzug in die Garo-Berge im Nordosten Indiens hat die sprachliche Entwicklung des Kindes insofern beeinflusst, als es bereits nach kurzem Aufenthalt erste Wörter in seiner neuen Umgebungssprache produziert hat. Obwohl das Englische seine Erstsprache gewesen und das Garoische erst später hinzugekommen ist, hat sich im Laufe der Entwicklung eine Dominanz zugunsten des Garoischen herausgestellt. In diesem Fall ist die wechselnde Umgebungssprache für die sprachliche Entwicklung des Kindes ausschlaggebend gewesen.

> **Umgebungssprache**: Mit der Umgebungssprache wird in der Mehrsprachigkeitsforschung die Landessprache bezeichnet, also diejenige Sprache, die im außerfamiliären Umfeld gesprochen wird. Die Umgebung kann auch mehrere Sprachen enthalten, wie zum Beispiel in Québec, wo die Sprachgemeinschaft neben dem Französischen auch das Englische verwendet.

Burlings Sohn war zirka 16 Monate alt, als die sprachliche Umgebung gewechselt hat. Leopold (1970) dokumentiert den Spracherwerb seiner in den USA bilingual deutsch-englisch aufwachsenden Tochter Hildegard und beobachtet eine Präferenz für das Englische, welche sich nach Leopolds Ansicht auf die Aussprache und die Wortstellung im Deutschen negativ auswirkt. Erst zwei längere Deutschlandaufenthalte im ersten und fünften Lebensjahr führen zu einem größeren Input im Deutschen und somit zu einem verstärkten Gebrauch dieser Sprache seitens des Kindes, der positiven Einfluss auf Aussprache und syntaktische Entwicklung hat.

> **Input**: Hiermit wird zunächst eine Datenmenge bezeichnet, die die Grundlage für einen Prozess bildet. Im Erstspracherwerb sind der Input die sprachlichen Produktionen, die ein Kind in seiner Umgebung hört.

Die Rückkehr in den englischsprachigen Raum hat die gleichen sprachlichen Auswirkungen gehabt, die Leopold zu Beginn des Spracherwerbs seiner Tochter feststellen konnte: Während sie im Deutschen eine nichtzielsprachliche Aussprache bestimmter Laute (man spricht auch von einem Akzent) und nichtzielsprachliche Strukturen im Bereich der Verbstellung zeigt, wird das Englische trotz einer kurzen Dominanz im Deutschen als ihre starke Sprache klassifiziert.

> **Starke/Schwache Sprache**: **Starke Sprache** ist eine geläufige Bezeichnung für die (zeitweise) dominante Sprache eines bilingualen Kindes oder Erwachsenen. **Schwache Sprache** eine geläufige Bezeichnung für die (zeitweise) weniger gut beherrschte oder seltener gebrauchte Sprache eines bilingualen Individuums.

Der von Leopold dokumentierte Fall stellt die Relevanz der Umgebungssprache und den Einfluss außersprachlicher Faktoren in den Vordergrund. Basierend auf Leopolds Beobachtungen wird im Rahmen der Mehrsprachigkeitsforschung angenommen, dass die Umgebungssprache für eine zeitweise auftretende Sprachdominanz ausschlaggebend ist. Außerdem zeigt die Studie auf, dass die starke oder auch dominante Sprache kontinuierlich die andere, schwächere beeinflusst.

Berman (1979) hat in ihrer englisch-hebräischen Studie die Sprachentwicklung des bilingualen Kindes Shelly untersucht und eine Sprachdominanz im Bereich der Sprachproduktion und des Sprachverstehens feststellen können. Auch in diesem Fall hat die wechselnde Umgebungssprache großen Einfluss auf den Erwerb der beiden Sprachen genommen. Während Shelly in der ersten Phase des Spracherwerbs noch als hebräisch-dominantes Kind eingestuft worden ist, hat sich im Laufe der sprachlichen Entwicklung eine Dominanz zugunsten des Englischen eingestellt. Auch aus dieser Studie kann geschlussfolgert werden, dass die Herausbildung einer Sprachdominanz an Faktoren geknüpft ist, die außerhalb der Sprachentwicklung zu suchen sind.

Oft wird nicht nur der Umgebungssprache, sondern auch der Familiensprache eine bestimmende Rolle bei der Sprachdominanz eingeräumt. Schlyter (1999) kommt bei der Untersuchung von sechs französisch-schwedischen Kindern, welche in Schweden aufwachsen, zu dem Ergebnis, dass vier die Umgebungssprache als starke Sprache entwickeln. Für zwei Kinder könnte die Familiensprache als Grund für eine Sprachdominanz vermutet werden.

> **Familiensprache**: Sprache, die im Familienkreis gesprochen wird. Sie kann mit der Umgebungssprache identisch sein.

Weitere Forschungsarbeiten, in denen als Grund für die zeitweise auftretende Sprachdominanz bei bilingualen Kindern ein unausgewogener Input angesehen wird, sind u. a. Ferguson (1985, das deutsch-englische Kind Zak ist im Deutschen dominant und wächst in Deutschland auf), Kielhöfer und Jonekeit (2002[11], die deutsch-französischen Kinder Olivier und Jens wachsen in Deutschland auf und für beide ist Deutsch die Familiensprache), Padilla und Liebman (1975:39, die englisch-spanischen Kinder Joaquin, Bobby und Michelle haben bilinguale Eltern, „the children's language input consists of an environment where both Spanish and English were used with consistency" im häuslichen Umfeld, dennoch entwickeln die in den USA aufgewachsenen Kinder eine Sprachdominanz), Bergman (1976, das englisch-spanische Kind Mary), Volterra und Taeschner (1978, zwei deutsch-italienische Geschwisterkinder Lisa und Giulia, deren Sprachdaten aufgrund der italienischen Umgebungssprache Anzeichen für eine unausgeglichene Entwicklung zugunsten des Italienischen enthalten). Doch wie wird eine Sprachdominanz überhaupt ermittelt?

3.2 Kriterien zur Bestimmung der Sprachdominanz

Die Vorstellung, dass die Umgebungssprache für die Sprachdominanz ausschlaggebend ist, fügt sich in eine Ansicht über den Spracherwerb, welche der Umgebung, in der das Kind aufwächst, die wichtigste Rolle beimisst (vgl. Hart und Risley 1995, 1999). Eine unbalancierte Sprachentwicklung könnte aber auch Gründe haben, die mit den zu erwerbenden Sprachen zu tun haben (vgl. Gawlitzek-Maiwald und Tracy 1996) oder aber mit den Verarbeitungskapazitäten bei Kindern generell (Grosjean 2001). Aus diesem Grund haben Forscher nicht allein die Anzahl der Stunden berücksichtigt, denen bilinguale Kinder der einen oder der anderen Sprache ausgesetzt sind, sondern auch linguistische Kriterien für eine quantitative Darstellung des unbalancierten Spracherwerbs entwickelt. Wie stark ist die starke Sprache? Spricht das bilinguale Kind die eine Sprache zwar gern und häufig, aber mit einer weniger weit entwickelten Grammatik als die andere? Um diese Fragen beantworten zu können, sind Kriterien entwickelt worden, die die sprachliche Entwicklung in den beiden Erstsprachen eines bilingualen Kindes erfassen. Ziel dieser Kriterien ist es herauszustellen, inwieweit ein bilinguales Individuum als balanciert oder sprachlich unausgeglichen mit einer messbaren Überlegenheit in einer der beiden Sprachen klassifiziert werden kann. Erst die Ermittlung des Balanciertheitsgrads ermöglicht die Beurteilung des Ausmaßes der Sprachdominanz. Auch in der vorliegenden Studie werden die Dominanzverhältnisse der untersuchten bilingualen Kinder ermittelt, um dann im Anschluss den oft vermuteten Zusammenhang zwischen der Sprachdominanz und den Sprachmischungen bestätigen oder widerlegen zu können.

Nach Müller et al. (2011[3]:73) muss auf Kriterien für die Bestimmung der Sprachdominanz zurückgegriffen werden, die sowohl die Sprachkompetenz als auch die Sprachperformanz berücksichtigen. Aus dieser Überlegung heraus ist eine Einteilung in quantitative und qualitative Kriterien erfolgt. Anhand qualitativer Kriterien kann die Sprachkompetenz, anhand quantitativer Kriterien die Sprachperformanz gemessen werden. Obwohl wir beide Begriffe bereits verwendet haben, möchten wir sie hier im Vergleich zueinander herausstellen.

> **Sprachkompetenz**: Dieser Begriff bezeichnet das zugrunde liegende Wissen eines Sprechers über eine oder mehrere Sprachen. In der Spracherwerbsforschung sind zur Messung der Kompetenz qualitative Kriterien entwickelt worden.

> **Sprachperformanz**: Dieser Begriff bezeichnet den tatsächlichen Sprachgebrauch, der anhand von quantitativen Kriterien messbar ist.

Die WuBiG zählt zu den quantitativen Kriterien die absolute Anzahl der vom Kind gebrauchten Äußerungen pro Minute in einer Sprachaufnahme und die Anzahl der benutzten Wörter pro Minute in einer Sprachaufnahme (vgl. Müller et al. 2011[3], Arencibia Guerra 2008). Beide Kriterien messen die Sprachperformanz, in diesem Fall den Redefluss. Der Redefluss ist bereits in anderen Studien untersucht worden (vgl. u.a. Paradis, Nicoladis und Genesee 2000, Loconte 2001, Müller und Kupisch 2003, Kupisch 2006, Hauser-Grüdl und Arencibia Guerra 2007, Cantone, Kupisch, Müller und Schmitz 2008, Müller und Pillunat 2008).

Zu den qualitativen Kriterien gehört der MLU.

> **MLU** (engl. *mean length of utterances*): bezeichnet die durchschnittliche Äußerungslänge. Der MLU wird meistens in Wörtern angegeben, kann aber auch in Morphemen oder Silben gemessen werden.

Der MLU gibt die durchschnittliche Länge einer Äußerung in einer zuvor festgelegten Einheit an. Diese Einheit kann die Silbe, das Morphem (Brown 1973) oder, wie bei den in unserer Einführung untersuchten Kindern, das Wort (Slobin und Bever 1982) sein. Welches die beste Einheit ist, hängt von der Beschaffenheit der zu vergleichenden Sprachen ab. Wenn eine Entscheidung getroffen wurde, muss diese für alle Kinder, die verglichen werden sollen, auch eingehalten werden, da die Größe des MLU von der zugrunde gelegten Einheit abhängt. So besteht das französische Verb *manger* aus zwei Silben und zwei Morphemen (dem Stamm *mang-* und dem Flexionssuffix für Infinitive *-er*), ist aber nur ein einziges Wort. Der italienische Artikel *il* ist einsilbig und ein Wort, welches aus den Morphemen für Genus (maskulin) und Numerus (Singular) besteht. Der spanische Diminutiv *solecito* besteht sogar aus vier Silben, drei Morphemen (einem Stammmorphem *sole*, dem Diminutivaffix *cit-* und der im Spanischen typischen Wortendung *-o*). Das französische Nomen *maison* ist zweisilbig, besteht aber nur aus einem Morphem. Der Hauptkritikpunkt am MLU liegt in der Tatsache begründet, dass die zu vergleichenden Sprachen sich oftmals darin unterscheiden, was als Morphem bzw. Wort ausgedrückt wird, so dass ein direkter Vergleich über den MLU schwierig ist. Müller et al. (2011³:77) haben diesbezüglich Strategien entwickelt, die die sprachspezifischen Unterschiede ausgleichen. Zum Beispiel werden in deutsch-italienischen Studien die italienischen, nicht ausgesprochenen Subjekte wie in it. *scrivo* (ausgesprochen und mit einer Hervorhebung des Subjektes hieße es *io scrivo*) über die Flexionsendung am finiten Verb mitgezählt. Im gesprochenen Italienisch machen Subjektauslassungen zirka 68% aller finiten Sätze aus. In den deutschen Daten würden Subjekte mitgezählt, wenn diese auch realisiert sind (*ich schreibe*). Das gesprochene Deutsch zeichnet sich durch eine sehr geringe Anzahl von Subjektauslassungen aus (sie liegt unter 5% aller finiten Sätze). Für ein deutsch-italienisches Kind gleicht sich der Sprachunterschied somit aus.

Nicht nur im Bereich der Flexion, sondern auch im Bereich der Wortbildung können sich Sprachen radikal voneinander unterscheiden, welche im bilingualen Kind miteinander verglichen werden sollen. Hier müssen ebenso Konventionen eingeführt werden, welche einen Vergleich der beiden Sprachen ermöglichen. Die (meist) aus zwei Teilen bestehenden romanischen Komposita werden oft mit Hilfe einer Präposition miteinander verbunden. Im Gegensatz dazu bestehen deutsche Komposita oft aus zwei oder mehreren lexikalischen Einheiten, ohne dass diese über eine Präposition verbunden werden. Zudem ist im Deutschen das Kompositionsverfahren zur Bildung neuer Wörter außerordentlich produktiv. Diesen Sprachunterschieden kann man gerecht werden, wenn man die Bestandteile von Komposita zählt: dt. *Bügeleisen* besteht aus den zwei Wörtern *Bügel* und *Eisen*; it. *ferro da stiro* aus drei Wörtern. Das Verfahren erlaubt die Vergleichbarkeit der Sprachen auf morphosyntaktischer Ebene, denn über die Zählung der einzelnen Wörter wird der erhöhten Komplexität zusammengesetzter Wörter im Vergleich zu einfachen Wörtern Rechnung getragen und das häufigere Vorkommen von Komposita im Deutschen wird über die Berücksichtigung der „verbindenden" Präposition in den romanischen Sprachen ausgeglichen. Auch wenn der MLU in der Literatur immer wieder kritisch betrachtet wurde, wird er doch mittlerweile von fast allen Forschern eingesetzt und nach Scarborough, Rescorla, Tager-Flusberg, Flower und Sudhalter (1991) sowie Müller und Kupisch (2003) als qualitatives Instrument der Sprachdominanzmessung akzeptiert.

Die Errechnung des MLU in den Sprachdaten dieser Einführung ist nicht auf Morphem- oder Silben-, sondern auf Wortbasis erfolgt. Die Ermittlung des MLU richtet sich nach den von MacWhinney (2000[3]) vorgegebenen Konventionen und schließt daher auswendig gelerntes Sprachmaterial aus. Somit bleiben für die Berechnung des MLU Lieder, Gedichte, Wiederholungen und Imitationen sowie Interjektionen (wie *ähm*) und Onomatopoetika (Lautmalerei, wie *wauwau*) unberücksichtigt. Elisa (2;11,15) wächst mit Deutsch und Französisch in Frankreich auf. Sie erfindet ein Schlaflied (durch Unterstreichung gekennzeichnet) für ihre Tiere, doch dies geht nicht in die Sprachanalyse ein.

Nicht-sprachlicher Kontext IP	Äußerung IP	Äußerung Kind	Nicht-sprachlicher Kontext Kind
	vas y /		
		tout- <u>nana les beaux amis que le loup</u> /	sie singt ein Lied, das sie erfindet
	c' est une chanson / pour dormir ça ?		
		ouais /	
	t' es sûre ? /		
		ouais /	
	d' accord / et elle est déjà finie la chanson ?/		
		non /	
	alors tu continues un peu de chanter ? /		sie liegt auf dem Boden
		ouais / <u>et le loup vit dans la forêt si y aller attraper les filles qu' étaient gentilles</u> /	sie singt ein Lied, das sie erfindet

Des Weiteren gehen Sprachmischungen und abgebrochene Äußerungen nicht in die Erhebung der durchschnittlichen Äußerungslänge ein. Darüber hinaus werden die Partikeln *ja* und *nein* nur einmalig für die gesamte Sprachaufnahme gezählt. Das gleiche gilt für *mama* und *papa* oder Eigennamen in allen Sprachen. Die Verschmelzungen von Artikeln und Präpositionen z. B. bei ital. *nella* für *in la* werden in den betroffenen Sprachen als zwei Wörter gezählt.

Ein weiteres qualitatives Kriterium für die Ermittlung der Sprachdominanz ist der Upper Bound, der anhand derjenigen Äußerung des Kindes pro Sprachaufnahme errechnet wird, welche die höchste Anzahl an Wörtern (also den höchsten Wert für die MLU-Berechnung) hat. Außerdem ist die Anzahl multimorphemischer Äußerungen (Greenfield und Smith 1976) ein von Forschern genutztes Kriterium bei Kindern unter zwei Jahren. Je mehr multimorphemische

Äußerungen die Sprachaufnahme aufweist, desto weiter fortgeschritten ist der Spracherwerb (Brown 1973).

Die Lexikongröße (gemessen in Typen) ist ebenso ein qualitatives Kriterium, welches auf die Sprachkompetenz des bilingualen Kindes schließen lässt und bei der Erfassung der Sprachdominanz aufschlussreich ist. Hierbei wird ermittelt, aus wie vielen unterschiedlichen Wörtern (Typen) das mentale Lexikon des Kindes zu einem bestimmten Zeitpunkt besteht.

> **Mentales Lexikon**: bezeichnet das interne „Nachschlagewerk", das nicht wie ein Wörterbuch alphabetisch die Wörter einer Sprache auflistet, sondern sie danach ordnet, wie sie z. B. von ihrer Bedeutung her zusammenpassen. Ein Kind muss während des Spracherwerbs ein solches Lexikon aufbauen. Im zweiten Lebensjahr durchlaufen Kinder im Spracherwerb Phasen, während der sie zehn oder mehr Wörter am Tag lernen.

Bei einer Typen-Analyse wird die Anzahl semantisch unterschiedlicher Wörter erfasst. So gehören *Auto* und *Autos* zu einem Typ (Singular und Plural zählt zu den grammatischen Merkmalen); es spielt für die Typen-Analyse keine Rolle, wie oft das Lexem auftritt. Bei der Erfassung des Lexikons in beiden Sprachen kann es auch interessant sein, wie oft ein Typ in unterschiedlichen Varianten vorkommt (Token). Bei einer Token-Analyse wird die absolute Häufigkeit einer bestimmten Kategorie, z. B. alle Nomen, erfasst. Nomen kommen aber in unterschiedlichen Formen (z. B. *Auto* und *Autos*) vor, manchmal tritt ein Nomen (z. B. *Auto*) auch doppelt auf. Jedes Auftreten eines Typs zählt jeweils als ein Token. Setzt man das Verhältnis von Typen und Token zueinander in Relation, spricht man von einer Typen-Token-Analyse.

> **Typen-Token**-Analyse: Der Quotient aus der Anzahl der Wörter insgesamt in einer Sprachaufnahme und der Anzahl der verschiedenen Wörter erlaubt eine Einschätzung der Wortschatzvarianz. Je kleiner der Wert ausfällt, desto größer ist die Varianz.

In der Literatur sind noch viele weitere Kriterien für die Bestimmung der starken Sprache vorgestellt worden (vgl. Müller et al. 2011³:75f.). In dieser Einführung werden nur der Redefluss (in Wörtern pro Minute), der (wortbasierte) MLU und der Lexikonanstieg (Nomen- und Verbtypen) als Instrumente der Beurteilung der sprachlichen Entwicklung bilingualer Kinder am Beispiel von Sprachkorpora veranschaulicht.

Die durchschnittliche Äußerungslänge wird für jede Sprachaufnahme und jede Sprache erhoben und kann in Abhängigkeit vom Alter graphisch abgebildet werden. Als Beispiel haben wir das bilingual deutsch-italienische Kind Marta ausgewählt, das in Deutschland aufwächst und als balanciert gilt (vgl. Abbildung 3.1).

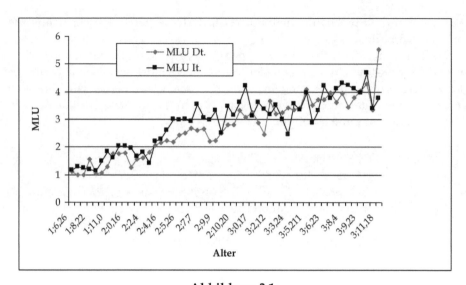

Abbildung 3.1:
MLU-Entwicklung im Deutschen und Italienischen bei dem balanciert bilingualen Kind Marta

Ein Kind mit einer unbalancierten Sprachentwicklung ist Marie, die in Frankreich mit Deutsch und Französisch aufwächst; vgl. Abbildung 3.2, die von Malin Hager erstellt wurde. Maries starke Sprache ist das Französische.

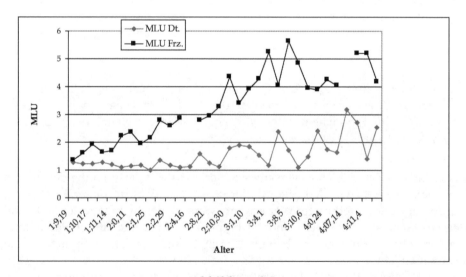

Abbildung 3.2:
MLU-Entwicklung im Französischen und Deutschen bei dem unbalanciert bilingualen Kind Marie

Um eine sprachliche (Un-)Ausgeglichenheit nachzuweisen, werden nach Arencibia Guerra (2008:52) MLU-Differenzen (MLUD oder MLU Diff) ermittelt. Letztere ergeben sich aus der Subtraktion der sprachspezifischen MLU-Werte in den jeweiligen Sprachaufnahmen. Bezogen auf Marie: Für jede Sprachaufnahme wird der französische MLU vom deutschen subtrahiert.

Die Abbildungen werden in einen oberen Bereich mit positiven Werten und einen unteren Bereich mit negativen Werten eingeteilt. Die negativen MLU-Werte spiegeln jedoch keinen negativen Entwicklungsverlauf der jeweils betroffenen Sprachen wider. Dieser Vorgang, MLU-Graphiken in zwei Bereiche einzuteilen, erfolgt lediglich aus Anschauungsgründen. Im zentralen Bereich der Abbildungen verläuft eine Nulllinie, die den oberen, positiven Bereich von dem unteren, negativen abtrennt. Orientiert sich die MLU-Differenzlinie an dieser Nulllinie, so ist das Kind ausgeglichen bilingual, wie bei Marta in der Abbildung 3.3.

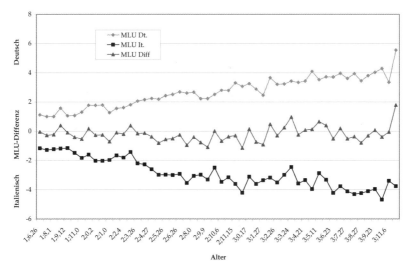

Abbildung 3.3:
MLU-Differenzen bei dem balanciert bilingualen Kind Marta

Eine sprachliche Überlegenheit liegt vor, wenn entsprechende MLU-Differenzen gemessen werden und diese in der graphischen Abbildung in größerer Entfernung von der Nulllinie verlaufen. Um eine Aussage hinsichtlich des Balanciertheitsgrads über den gesamten Untersuchungszeitraum machen zu können, wird die durchschnittliche MLU-Differenz (DMLUD) ermittelt. Hierzu werden die einzelnen MLU-Differenzen addiert und durch die Anzahl der Sprachaufnahmen dividiert. Auf der Basis der DMLUD können bilinguale Kinder nach ihrem Balanciertheitsgrad in Unterkategorien eingeordnet werden. Der aus der Tabelle 3.1 zu entnehmende Wert zur Bestimmung der jeweiligen Unterkategorie von 0,3 wird in Arencibia Guerra (2008:70) begründet (vgl. Hager 2014 für eine Diskussion). Die DMLUD verschleiert, dass es im Laufe der Entwicklung zu einer Änderung mit Hinblick auf die Sprachbalance kommen kann. So gibt es Kinder, die den Spracherwerb balanciert beginnen und im Laufe des Erwerbsprozesses eine dominante Sprache entwickeln. Auch der umgekehrte Fall kann beobachtet werden (vgl. Cantone et al. 2008).

Bezeichnung der Unterkategorie	Balanciertheitsgrad (anhand der durchschnittlichen MLU-Differenz)
stark balanciert	0,00 - 0,29 Wörter
balanciert	0,30 - 0,59 Wörter
balanciert mit Tendenz zu einer Sprache	0,60 - 0,89 Wörter
überlegen	0,90 - 1,19 Wörter
stark überlegen	1,20 - 1,49 Wörter
extrem überlegen	1,50 und mehr Wörter

Tabelle 3.1:
Einstufung bilingualer Individuen anhand der DMLUD auf Basis der Stichprobe
(vgl. Arencibia Guerra 2008:70 und Eichler 2011)

Die von Arencibia Guerra (2008) ursprünglich vorgenommene Einteilung in die Unterkategorien „stark balanciert" bis „stark überlegen" musste für die vorliegenden Kinderdaten um eine Unterkategorie, nämlich „extrem überlegen" erweitert werden (vgl. Eichler 2011, Patuto 2012). Arencibia Guerra (2008) legt fest, dass eine sprachliche Unausgeglichenheit erst dann vorliegt, wenn die MLU-Werte in fünf aufeinander folgenden Aufnahmen um mindestens 0,9 Wörter differieren. Liegen die ermittelten MLU-Werte unter dieser Grenze, kann von einer Tendenz zugunsten bzw. zuungunsten einer Sprache gesprochen werden. Die hier für die MLU-Werte genannten Unterkategorien können analog auch für die anderen Dominanzkriterien erstellt werden.

Der Abbildung 3.4, welche die gemittelten MLU-Differenzen über den gesamten Untersuchungszeitraum darstellt, kann man auf einen Blick entnehmen, wie selten die Kategorie „stark balanciert" ist.

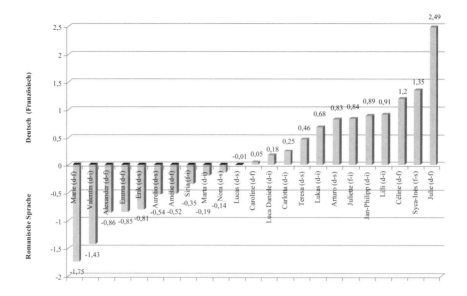

Abbildung 3.4:
DMLUD bei 23 bilingualen Kindern, vgl. Arnaus Gil, Eichler, Jansen, Patuto und Müller (2012), Eichler (2011), Hager (2014), Patuto (2012), Patuto, Hager, Arnaus Gil, Eichler, Jansen, Schmeißer und Müller (2014), Eichler, Hager und Müller (2012)

Wir wollen im Anschluss an die Vorstellung der MLU-Berechnung die Berechnung des Redeflusses erläutern. Die Abbildung 3.5 zeigt die Entwicklung des Redeflusses (gemessen in Wörtern pro Minute) bei dem in Frankreich aufwachsenden französisch-spanischen Kind Syca-Inès.

> **Redefluss**: In unserer Einführung bezeichnet der Redefluss die Leichtigkeit, mit der gesprochen wird. Wir messen den Redefluss über die Anzahl der gesprochenen Wörter pro Minute. Sprecher mit hohen Werten für den Redefluss können gleichzeitig einen kleinen Wortschatz aufweisen, fehlerhaft sprechen und sogar eine eingeschränkte Grammatik aufweisen. Der Redefluss betrifft die Sprachperformanz.

Zur Ermittlung des Redeflusses werden alle Wörter, die ein Kind während einer Sprachaufnahme realisiert hat, addiert und durch die Dauer der Aufzeichnung in Minuten dividiert. Syca-Inès äußert zum letzten Aufnahmezeitpunkt 50 französische Wörter und 37 spanische Wörter pro Minute. Der Redefluss ist über den gesamten Untersuchungszeitraum im Französischen höher als im Spanischen.

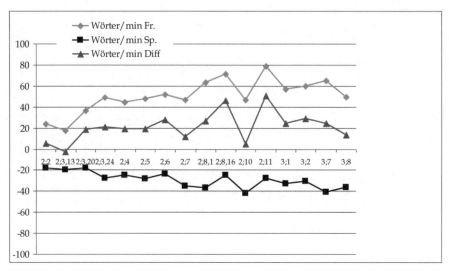

Abbildung 3.5:
Differenz des Redeflusses im Französischen und Spanischen bei Syca-Inès

Auch für den Redefluss kann in Anlehnung an die durchschnittliche MLU-Differenz ein Durchschnitt ermittelt werden. Die Klassifikation der Kinder von stark balanciert bis extrem überlegen erfolgt in Analogie zur durchschnittlichen MLU-Differenz, wobei die Differenz für die Einteilung in die einzelnen Kategorien nicht 0,3, sondern 3,0 Wörter beträgt (vgl. Arencibia Guerra 2008 für eine Begründung und Hager 2014 für eine Diskussion).

Zur Ermittlung der Sprachdominanz haben wir bisher zwei Kriterien herangezogen, die durchschnittliche Äußerungslänge (MLU) und den Redefluss. Ein weiteres Kriterium, auf dessen Basis der Balanciertheitsgrad bilingualer Kinder bestimmt werden kann, ist der inkrementelle („schrittweise") Lexikonanstieg. Hierzu werden alle Nomen- und Verbtypen, die pro Aufnahme neu hinzukommen, gezählt und zur ursprünglichen Basis addiert. Typen, die bereits in älteren Aufnahmen vorkommen, gelten als erworben und werden bei der Auszählung darauffolgender Sprachaufnahmen für den Lexikonanstieg nicht mehr berücksichtigt.

> **Lexikonanstieg**: Mit Lexikonanstieg bezeichnet man die schrittweise erfolgende Vergrößerung des mentalen Lexikons, wie er beim Kleinkind ab zirka zwölf Monaten erfolgt. Obwohl das Lexikon vom Kind schrittweise und zu Beginn sehr langsam (nicht mehr als zwei neue Wörter pro Woche) aufgebaut wird, vermuten viele Forscher, dass der Aufbau nicht kontinuierlich ist. Um das Alter von 18 Monaten (wenn das Kind zirka 50 verschiedene Wörter erworben hat) konnte man bei einer Reihe von Kindern den sogenannten „vocabulary spurt" beobachten, ein wenige Monate andauernder Zeitraum, während der das Kind viel mehr Wörter hinzu erwirbt als vor bzw. nach dieser Zeit (bis zu neun neue Wörter täglich).

Die Lexikonzählung der WuBiG beschränkt sich im Wesentlichen auf den Erwerb von Verben und Nomen, wobei die Untersuchung auch auf weitere Kategorien ausgeweitet werden kann. Im Hinblick auf das Verb-Lexikon werden Partikelverben wie *weggehen, losgehen, abgehen, angehen* als eigene Typen gewertet. Die folgende Abbildung 3.6 liefert einen Überblick über den Lexikonanstieg des französisch-italienischen Kindes Juliette.

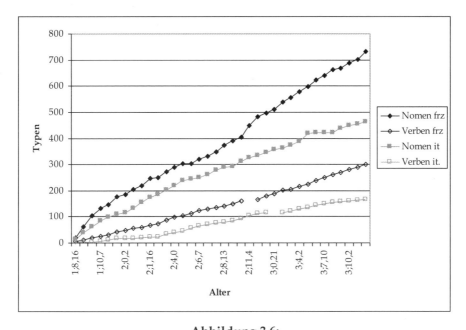

Abbildung 3.6:
Entwicklung des Nomen- und Verblexikons (Typen) beim bilingualen Kind Juliette im Französischen und Italienischen

Nach der Vorstellung der Sprachdominanz und deren Messung wenden wir uns im folgenden Abschnitt dem oft in der Literatur vermuteten Zusammenhang zwischen Sprachdominanz und Sprachmischungen bei Kindern zu.

3.3 Sprachdominanz als Ursache für Sprachmischungen

Im Rahmen der Bilinguismusforschung wird immer wieder vermutet, dass bilinguale Kinder ihre beiden Sprachen oft mischen und dass diese kindlichen Sprachmischungen ein Indiz für eine Unbalanciertheit in der Sprachentwicklung sind. In der Literatur wird die Annahme vertreten, dass die unausgeglichene Sprachentwicklung bilingualer Kinder ein möglicher Auslöser für das Auftreten von Sprachmischungen ist. Die Idee ist hier, dass das unbalanciert bilinguale Kind sowohl im Hinblick auf den Wortschatz als auch auf die Grammatik viel mischt und sich mit der starken Sprache aushilft, wenn ihm die schwache Sprache abverlangt wird. Sprachdominanz wird sowohl als Grund für das Auftreten von Sprachmischungen überhaupt als auch für die Richtung der Sprachmischungen verstanden. Weiter wird oft behauptet, dass Sprachmischungen mit einer unausgeglichenen grammatischen Entwicklung einhergehen und von Kindern als Strategie eingesetzt werden, um ein geringeres Kompetenzniveau in der einen, schwachen Sprache durch ein hohes Kompetenzniveau in der anderen, starken Sprache auszugleichen. Petersen (1988) untersucht das Auftreten von wortinternen Sprachmischungen in Abhängigkeit von der Sprachdominanz und kommt zu dem Ergebnis, dass letztere die Mischrichtung bestimmt:

> The dominant language hypothesis states that in word-internal code-switching, grammatical morphemes of the DOMINANT language may co-occur with lexical morphemes of either the dominant or the non-dominant language. However, grammatical morphemes of the NON-DOMINANT language may co-occur only with lexical morphemes of the non-dominant language. (Petersen 1988:486)

Ihrer *dominant language hypothesis* folgend werden funktionale Kategorien, also grammatische Morpheme, aus der starken in die schwache Sprache gemischt.

> 📖 **Funktionale Kategorie**: bezeichnet eine geschlossene Klasse von gebundenen und freien Morphemen, welche grammatische Informationen ausdrücken (im Gegensatz zu lexikalischen Kategorien; vgl. hierzu Kapitel 7). Zu den funktionalen Kategorien gehören tempusanzeigende Hilfsverben (z. B. it. *essere, avere*), Artikel (z. B. frz. *le, la*), das Flexionsmorphem *–s*, das im Spanischen den Plural ausdrückt (z. B. span. *zapato-s*) und das Derivationsaffix *re-* (z. B. frz. *re-monter*).

Ist also bei einem mit Französisch und Deutsch aufwachsenden Kind das Französische die dominante und das Deutsche die schwache Sprache, so sollten Sprachmischungen, bei denen das Flexionsaffix aus dem Deutschen und der Stamm aus dem Französischen stammt, nicht auftreten. Ein Gegenbeispiel hierfür ist allerdings spectacle*n*, eine Pluralbildung bei dem deutsch-französischen Kind Marie im Alter von 3;11,4 Jahren. Marie hat eine sehr ausgeprägte Sprachdominanz, mit Deutsch als schwacher Sprache. Laut Petersen (1988) sollte eine solche Mischung nicht vorkommen, da das Pluralmorphem aus der schwachen Sprache, dem Deutschen, entnommen ist. Ihre Hypothese ist jedoch auch auf freie grammatische Morpheme übertragen worden. Demnach dürfte Marie auch keinen deutschen Artikel mit einem französischen Nomen verwenden, was aber mit 2;5,27 Jahren vorkommt: *eine kleine souris* (vgl. hierzu Kapitel 11).

Neben Petersen (1988) sind noch die einflussreichen Arbeiten von Schlyter (1993), Lanza (1992, 1997) sowie Genesee, Nicoladis und Paradis (1995) zu erwähnen, die ebenfalls den unausgeglichenen doppelten Erstspracherwerb in Bezug auf Sprachmischungen fokussiert haben. In der von Schlyter (1993) durchgeführten Studie werden bilingual schwedisch-französisch aufwachsende Kinder analysiert und die Eigenschaften der schwachen Sprache charakterisiert. Auch Schlyter schließt sich der Annahme an, dass die zeitweise auftretende Sprachdominanz einen Einfluss auf die gemischten Elemente haben kann. In ihren Ausführungen wird die sich langsamer entwickelnde Sprache als die schwache Sprache definiert, die sich durch das Fehlen von grammatischen Morphemen und eine hohe Anzahl an Sprachmischungen auszeichnet. Darüber hinaus geschieht die Übertragung von sprachlichem Wissen – der Transfer – (vgl. Kapitel 1.2) systematisch von der starken in die schwache Sprache, welche zusätzlich über ein eingeschränktes Lexikon verfügt. Schlyter (1993) beschreibt die Distanz zwischen der starken und der schwachen Sprache im Hinblick auf den Erwerb bestimmter grammatischer Phänomene wie folgt:

> The stronger language exhibits all characteristics of normal L1 development, as regards the central grammatical phenomena such as finiteness, word order, and placement of negation; whereas the weaker language exhibits great variation in these respects, from complete non-existence of the grammatical phenomena mentioned to a lower occurrence of them than in a corresponding sample of the stronger language. (Schlyter 1993:305)

Die Beobachtung, dass unbalanciert bilinguale Kinder funktionale Kategorien aus der starken Sprache und lexikalische Elemente aus der schwachen Sprache verwenden, konnte ebenfalls bei den von Lanza (1992, 1997) untersuchten norwegisch-englisch aufwachsenden Kindern Siri und Tomas bestätigt werden. Auch in diesem Fall hat die Forscherin den Schluss ziehen können, dass die Sprachdominanz die Mischrichtung (hier in Bezug auf funktionale Kategorien) bestimmt.

Einen alternativen Forschungsbeitrag zum Verhältnis zwischen dem Sprachenwechsel und der Sprachdominanz hat die Forschergruppe Genesee et al. (1995) leisten können, die fünf bilingual englisch-französisch aufwachsende Kinder im Alter von 1;10 bis 2;2 Jahren untersucht hat. Ihre Studie berücksichtigt die Auswirkung der Anzahl der Sprachmischungen im elterlichen Input auf das Mischverhalten des Kindes und erforscht die adäquate Sprachwahl der bilingualen Kinder. Die Forscher gehen der Fragestellung nach, ob mehrsprachig aufwachsende Kinder ihre Sprachwahl den situativen Gegebenheiten angemessen anpassen können. Hierzu haben die Autoren die bilingualen Kinder in Interaktion mit monolingualen Sprechern und in spontaner Gesprächssituation mit ihren Eltern beobachtet. Die von Genesee et al. (1995) analysierten Kinder mischen ihre Sprachen. Sie tun dies (wenn auch selten) mit dem monolingualen Sprecher, der ihnen vorher nicht bekannt war. Die Dominanz spielt auch in dieser Studie eine Rolle, denn unbalancierte Kinder mischen in die erwartete Richtung: von der starken in die schwache Sprache. Sie mischen auch insgesamt mehr als balancierte Kinder. Dennoch zeigt die Studie auch, dass die Sprachwahl nicht nur in gewohnten (mit den Eltern), sondern auch in fremden Kommunikationssituationen sehr häufig der Situation angemessen erfolgt. Mit anderen Worten verwenden sprachlich unbalancierte Kinder in der Regel ihre schwache Sprache, wenn diese von der konkreten Kommunikationssituation verlangt wird. Außerdem haben die Autoren beobachtet, dass das systematische Auftreten von Sprachmischungen im elterlichen Input die bilingualen Kinder dazu veranlasst, gemischtsprachliche Äußerungen zu produzieren.

Gawlitzek-Maiwald und Tracy (1996) untersuchen die sprachliche Entwicklung eines deutsch-englischen Mädchens und argumentieren im Hinblick auf den Erwerb einiger grammatischer Phänomene für eine frühe Sprachentrennung. Die empirische Untersuchung hat zum Ergebnis, dass das bilinguale Mädchen Hannah die Sprache A verwendet, um auf syntaktischer Ebene Entwicklungsdefizite in Sprache B zu kompensieren. Die Autorinnen verwenden den englischsprachigen Ausdruck *bootstrap*, um die Idee zu erfassen, dass die starke Sprache als Steigbügel für die Entwicklung der schwachen Sprache fungiert. Die Forscherinnen formulieren die Hypothese, dass bilinguale Kinder von ihrer Sprachkontaktsituation dergestalt profitieren können, dass die weiter entwickelte Sprache die sich langsamer entwickelnde unterstützt, und dass Sprachmischungen somit als temporäre Hilfsstrategie fungieren:

Die aus ihrer deutsch-englischen Studie hervorgegangene *bilingual bootstrapping strategy* besagt, dass sowohl die syntaktische als auch die lexikalische Ebene beim Sprachenwechsel involviert sind. Anhand der untersuchten Daten können Gawlitzek-Maiwald und Tracy trotz einer unausgewogenen Sprachentwicklung einen sprachlichen Profit beobachten. Die Analyse Hannahs monolingualer Äußerungen zeigt, dass sie mit 2;4 Jahren die deutsche und englische Stellung von Objekten in Relation zum Infinitiv (OV also *[den ball]$_{Obj}$ [haben]$_V$* vs. VO also *[throw]$_V$ [the ball]$_{Obj}$*) und finite, d. h. mit dem Subjekt hinsichtlich Person und Numerus übereinstimmende Verben samt der richtigen Stellung im Satz im Deutschen erworben hat (z. B. *gehe, spielt, fängst* in *heute gehe ich zu karin, sie spielt mit dem ball, fängst du jetzt an?*), wobei ähnliche Äußerungen erst im Alter von 2;7 Jahren im englischen Korpus beobachtet werden können. Die Autorinnen kommen zu dem Schluss, dass das Mädchen auf morphosyntaktischer Ebene im Deutschen weiter entwickelt ist als im Englischen. Den asymmetrischen Erwerbsverlauf der beiden Erstsprachen versucht Hannah den Autorinnen zufolge anhand von Sprachmischungen zu bereinigen, indem sie deutsches Sprachmaterial in englische Strukturen einfügt. Die resultierenden gemischtsprachlichen Äußerungen interpretieren die Autorinnen als Evidenz für den Gebrauch der deutschen finiten Struktur in ansonsten englischen Konstruktionen und als Kompensationsstrategie, um Lücken im Englischen durch deutsches Material zu schließen. Das unten stehende Beispiel (1) aus der Arbeit von Gawlitzek-Maiwald und Tracy (1996:915) kann so ausgelegt werden, dass Hannah die englischen Auxiliar- und Modalverben noch nicht erworben hat und die deutschen Äquivalente samt der deutschen Struktur verwendet.

(1)   *Kannst du* move a bit   (Hannah, 2;4,9)

Die Sprachmischung betrifft insbesondere das am linken Satzrand vorkommende Sprachmaterial (im Beispiel kursiv hervorgehoben), dessen sprachspezifische Struktur Hannah zwar im Deutschen, aber noch nicht im Englischen erworben hat. Zum gleichen Zeitpunkt hat Hannah in anderen Bereichen der englischen Grammatik einen deutlichen Vorsprung vor dem Deutschen, welchen sie für den Erwerb des Deutschen wieder nutzt, indem sie englisches Material ins Deutsche mischt. Die Studie von Gawlitzek-Maiwald und Tracy (1996) hat dazu beigetragen, anhand der *bilingual bootstrapping strategy* positive Effekte der kindlichen Zweisprachigkeit aufzudecken. Sie hat zahlreiche Forscher dazu animiert, sprachinternen Gründen für das frühkindliche Sprachenmischen nachzugehen.

Bernardini und Schlyter (2004) untersuchen schwedisch-französisch und schwedisch-italienisch aufwachsende Kinder und kommen zu dem Ergebnis, dass in gemischtsprachlichen Äußerungen die starke Sprache das funktionale Skelett für die schwache Sprache zur Verfügung stellt (zum funktionalen Skelett vgl. Kapitel 7). In Anlehnung an Petersen (1988) gehen sie von einer Unidirektionalität des Mischens bei unbalanciert bilingualen Kindern aus, d. h. das Mischen manifestiert sich ausschließlich in der schwachen Sprache. Die Autorinnen formulieren die *ivy hypothesis*, die der *bilingual bootstrapping strategy* ähnelt, sich aber dahingehend von dieser auch unterscheidet, dass nicht einzelne grammatische Bereiche in den beiden Sprachen des bilingualen Kindes von Sprachmischungen betroffen sind, sondern ein ganzes Sprachsystem, nämlich die schwache Sprache. Bernardini und Schlyter (2004) folgend sind Sprachmischungen das Resultat einer zeitlich versetzten Sprachentwicklung:

> The code-mixing pattern where this Weaker Language, so to speak, 'clings on the tree structure' of the Stronger Language, at the time when both languages are continuously growing, is, in our view, a reflection of what happens when the child tries to supply with items from the Stronger Language that what is not yet developed in the Weaker Language. (Bernardini und Schlyter 2004:67)

In diesem Zusammenhang möchten wir auf das von Cantone (2007) erarbeitete Ergebnis hinweisen, welches die Annahme, dass die starke Sprache die schwache beeinflusst und die Mischrichtung über die Sprachdominanz bestimmt werden kann, relativiert. Die Auswertung einiger der in Kapitel 2.2.2 vorgestellten bilingual deutsch-italienischen Longitudinalstudien hat die vorhergesagte Mischrichtung nicht bestätigen und Sprachmischungen unabhängig von der zeitweise auftretenden Sprachdominanz belegen können. Diese Beobachtung hat die allgemein angenommene These, dass bilinguale Kinder tendenziell in ihrer schwachen Sprache mischen und kindliche Sprachmischungen über eine sprachliche Unausgeglichenheit erklärt werden können, geschwächt. Darüber hinaus haben die untersuchten Kinderdaten individuelle Unterschiede gezeigt, die weder mit dem Balanciertheitsgrad noch mit externen Faktoren (z. B. der Umgebungssprache) erklärbar sind. Vielmehr lässt die in Cantone (2007) aufgeführte Feststellung eine pragmatisch motivierte Interpretation kindlicher Sprachmischungen zu, wie sie bereits Gumperz (1982) für das Sprachenmischen im erwachsenen Individuum vorgeschlagen hat. In diesem Zusammenhang stellt sich die Frage nach der Funktion der dokumentierten Sprachmischungen, die gerade keine Wissenslücken widerspiegeln.

Die Studie von Arencibia Guerra (2008) zur Sprachdominanz bei insgesamt elf der in Kapitel 2.2.2 vorgestellten Longitudinalstudien mit unterschiedlichen Sprachkombinationen zeigt ebenso wie die Arbeit von Cantone (2007) keine Korrelation zwischen dem intra-sententialen Mischen und dem Balanciertheitsgrad der bilingualen Kinder. Dieses Ergebnis wird auch dann erzielt, wenn als Kriterium für die Sprachdominanz die Redebereitschaft des unbalancierten Kindes –

ein mit der grammatischen Entwicklung wahrscheinlich nicht im Zusammenhang stehendes Kriterium – zugrunde gelegt wird. In Kapitel 3.5.4 werden wir zeigen, dass für das intra-sententiale Mischen funktionale im Vergleich zu lexikalischen Kategorien eine wichtige Rolle spielen. Es zeichnet sich ein positiver Zusammenhang zwischen den Mischungen funktionaler Kategorien und der Sprachdominanz ab. Für die Mischungen lexikalischer Kategorien ist die Sprachdominanz unerheblich.

3.4 Sprachdominanz und Spracheneinfluss

In unserer Einführung darf der oft postulierte Zusammenhang zwischen Sprachdominanz und anderen Formen des Spracheneinflusses nicht unerwähnt bleiben. Zahlreiche Forschungsbeiträge beziehen den (un-)ausgeglichenen Spracherwerb und den Spracheneinfluss in einsprachigen Äußerungen von bilingualen Kindern aufeinander. Im Laufe der Forschung haben sich zwei gegenläufige Positionen herausgebildet, die das Verhältnis zwischen der Sprachbalance und dem Spracheneinfluss beschreiben.

Den Grundstein für diese Debatte haben Volterra und Taeschner (1978) sowie Grosjean (1982) gelegt, die den Spracheneinfluss als eine Konsequenz der Sprachdominanz interpretieren. Grosjean (1982) teilt die Ansicht, dass die Sprachdominanz für das Auftreten von Spracheneinfluss verantwortlich ist. Die starke Sprache kann die schwache in phonologischer, morphologischer, syntaktischer und semantischer Hinsicht beeinflussen und den Sprachtrennungsprozess verzögern.

Der Zusammenhang zwischen Sprachdominanz und Spracheneinfluss in einsprachigen Äußerungen von bilingualen Kindern wird nicht von allen Forschern bestätigt. Müller und Hulk (2001), Cantone (2007) sowie Cantone et al. (2008) zeigen, dass der Spracheneinfluss unabhängig von der zeitweise auftretenden Sprachdominanz ist. Kupisch (2006) zeigt am Beispiel der Determinantenauslassung an acht Kindern der in Kapitel 2.2.2 vorgestellten Longitudinalstudien mit unterschiedlicher Sprachkombination auf, dass die schwache Sprache die starke positiv beeinflussen kann. So profitiert das deutsch-französische Kind Céline beim Determinantenerwerb im Deutschen von ihrer schwachen Sprache, dem Französischen. Die Analyse der Objektauslassungen (Italienisch wird beeinflusst) und der Wortstellung (Deutsch wird beeinflusst) bei bilingualen Kindern, die simultan eine romanische und eine germanische Sprache erwerben, zeigt eine entgegengesetzte Richtung des Spracheneinflusses (vgl. Müller und Hulk 2001). Das gemeinsame Ergebnis dieser Forschungsbeiträge besteht darin, dass Spracheneinfluss nicht auf eine mangelnde Kompetenz, sondern vielmehr auf die Beschaffenheit des jeweiligen grammatischen Bereichs zurückzuführen ist. Die Richtung des Spracheneinflusses ist in den durchgeführten Studien nicht an die sprachliche Balanciertheit der bilingualen Kinder gebunden. Sprachdominanz und Spracheneinfluss scheinen also auch im Hinblick auf einsprachige Äußerungen unabhängig voneinander zu sein. Cantone et al. (2008) plädieren dafür, die Sprachdominanz als eine unabhängige Größe aufzufassen, die für sich allein untersucht werden muss und weder der Grund für Sprachmischungen noch für Spracheneinfluss in einsprachigen Äußerungen ist.

3.5 Sprachdominanz in den bilingualen Longitudinalstudien

Im Folgenden wird die Sprachdominanz der untersuchten Longitudinalstudien an einigen ausgewählten Kriterien ermittelt und ihre Relevanz für das kindliche Mischen herausgestellt (vgl. auch Schmeißer et al. 2015). Anhand des MLU, des Lexikonanstiegs und der durchschnittlichen Redeflussdifferenz soll die sprachliche Entwicklung der bilingualen Kinder vorgestellt werden. Alle bilingualen Longitudinalstudien werden ab einem Alter von 1;6 Jahren und bis zur Vollendung des vierten Lebensjahres[1] untersucht. In diesem Abschnitt werden zunächst die Ermittlung der Sprachdominanz und schließlich die Klassifikation der bilingualen Kinder in einer Rangfolge von stark balanciert bis extrem überlegen erfolgen. Abschnitt 3.5.4 wird die Sprachwahl und somit die intra-sententialen Mischungen von funktionalen und lexikalischen Kategorien mit der Sprachdominanz in Verbindung bringen.

3.5.1 Der MLU in den Longitudinalstudien

Die Abbildung 3.4 zeigt die gemittelten MLU-Differenzen für die 23 longitudinal analysierten bilingualen Kinder. Tabelle 3.2 gibt die Einstufung der bilingualen Kinder in die den Balanciertheitsgrad bezeichnenden Kategorien an.

Bezeichnung	Balanciertheitsgrad (anhand der DMLUD)	Kinder
stark balanciert	0,00 - 0,29 Wörter	*Lucas, Carlotta, Caroline, Nora, Luca Daniele, Marta*
balanciert	0,30 - 0,59 Wörter	*Teresa, Amélie, Aurelio, Siria*
balanciert mit Tendenz zu einer Sprache	0,60 - 0,89 Wörter	*Lukas, Erik, Arturo, Juliette, Jan-Philip, Emma, Alexander*
überlegen	0,90 - 1,19 Wörter	*Lilli*
stark überlegen	1,20 - 1,49 Wörter	*Valentin, Céline, Syca-Inès*
extrem überlegen	1,50 und mehr Wörter	*Marie, Julie*

Tabelle 3.2:
Einstufung der bilingualen Kinder anhand der durchschnittlichen MLU-Differenz

---

[1] Eine Ausnahme stellt das französisch-deutsche Mädchen Emma dar, deren Sprachdaten erst bis zum dritten Lebensjahr ausgewertet wurden.

Abbildung 3.4, in Kombination mit den Informationen aus Tabelle 2.1, macht deutlich, dass die starke Sprache nicht immer die Umgebungssprache ist. So erwirbt beispielsweise Alexander das Französische als seine starke Sprache, wobei er in Deutschland aufwächst und vornehmlich dem Deutschen ausgesetzt ist. Das deutsch-italienische Kind Valentin wächst in einer bilingualen Region Italiens (Bozen, Südtirol) auf. Über den gesamten Untersuchungszeitraum hinweg spricht es hauptsächlich Italienisch, was es als starke Sprache entwickelt. Würde die Umgebungssprache die Balanciertheit im bilingualen Kind beeinflussen, so sollte man bei Valentin eine ausgeglichene Sprachentwicklung erwarten.

Zusammenfassend kann für die Beurteilung der sprachlichen Entwicklung der bilingualen Kinder aus den Longitudinalstudien das Ergebnis formuliert werden, dass der balancierte und der unbalancierte Bilinguismus ungefähr gleich häufig vorkommen. Legt man das Kriterium des MLU zugrunde, so entwickeln die meisten bilingualen Kinder die Umgebungssprache als ihre starke Sprache.

3.5.2 Der Lexikonanstieg in den Longitudinalstudien

In diesem Abschnitt werden wir uns den Lexikonanstieg bei den bilingualen Kindern der Longitudinalstudie ansehen. Wir messen ausschließlich Verben und Nomen. Die Abbildungen 3.7 und 3.8 bilden Lexikondifferenzen ab. Abbildung 3.7 liefert einen Überblick über die Lexikonentwicklung der deutsch-französischen Kinder Alexander, Amélie, Céline, Emma und Marie.

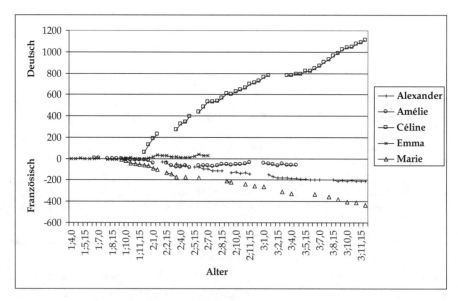

Abbildung 3.7:
Lexikondifferenzen bei den deutsch-französischen Kindern (Typen)

Der Abbildung 3.7 kann entnommen werden, dass das bilinguale Mädchen Céline eine extreme Sprachdominanz im Deutschen entwickelt. Ein sehr balancierter Entwicklungsverlauf kann für das in Frankreich aufwachsende Kind Emma nachgewiesen werden, da sich weder im Deutschen noch im Französischen eine Überlegenheit herauskristallisiert. Dennoch muss an dieser Stelle darauf hingewiesen werden, dass Emmas Entwicklung nur bis zum dritten Lebensjahr untersucht worden ist und somit ein direkter Vergleich mit den anderen deutsch-französischen Kindern nur bis zu diesem Alter möglich ist. Ein sehr ähnliches Bild zeichnet sich für Amélie ab, die anhand der durchschnittlichen MLU-Differenz ebenfalls als balanciertes Kind eingestuft worden ist. Die sprachlich unbalancierten Kinder Alexander und Marie weisen nicht nur im Hinblick auf die durchschnittliche Äußerungslänge, sondern auch auf den Lexikonerwerb eine sprachliche Überlegenheit im Französischen auf.

Schließlich bringt die Auswertung der sprachspezifischen Lexika das interessante Ergebnis eines Vorsprungs in der Nicht-Umgebungssprache hervor. Der deutsch-französische Junge Alexander ist bezüglich der MLU-Auszählung als balanciertes Kind mit einer Tendenz zum Französischen eingestuft worden. Diese Sprachentwicklung spiegelt sich auch im Lexikonerwerb wider und liefert weitere Evidenz dafür, dass sich nicht zwingend die Umgebungs-, sondern unter Umständen die Nicht-Umgebungssprache als die sich schneller entwickelnde Sprache herausstellt.

Die unten stehende Abbildung 3.8 zeigt die Lexikondifferenzen der deutsch-italienischen Kinder über den gesamten Untersuchungszeitraum.

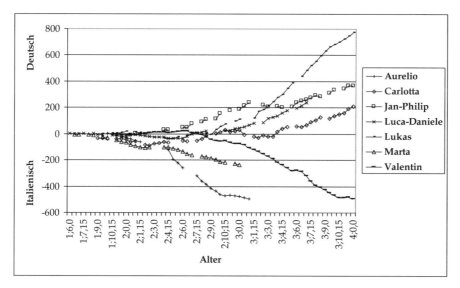

Abbildung 3.8:
Lexikondifferenzen bei den deutsch-italienischen Kindern (Typen)

Die graphische Darstellung der individuellen Lexikonanstiege lassen für den einen oder anderen Verlauf Abweichungen bzw. Übereinstimmungen mit dem Kriterium des MLU erahnen. Zunächst bestätigt die Abbildung den balancierten

Spracherwerb des bilingualen Mädchens Carlotta, dessen Lexikonanstieg erst in fortgeschrittenen Altersphasen zugunsten des Deutschen ausschlägt. Darüber hinaus zeichnet sich die sprachliche Überlegenheit im Italienischen des unbalancierten Kindes Valentin ab, die bereits anhand des MLU ermittelt worden ist. Überraschend ist hingegen Martas Entwicklung, die trotz ihrer sprachlichen Ausgeglichenheit, bezüglich des Lexikons eine sprachliche Überlegenheit im Italienischen entwickelt. Luca-Danieles Entwicklung ist ebenso unerwartet, da er ähnlich wie Marta zwar als balanciert erachtet wird, dennoch ab einem Alter von 3;6 Jahren eine deutliche Überlegenheit im Deutschen herausbildet.

Die nachstehende Abbildung 3.9 gibt die Lexikondifferenzen der deutsch-spanischen Kinder Arturo und Teresa zugunsten des Deutschen wieder.

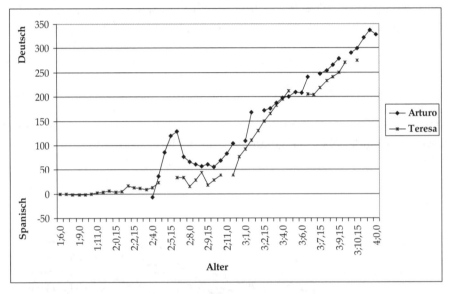

Abbildung 3.9:
Lexikondifferenzen bei den deutsch-spanischen Kindern (Typen)

Für die deutsch-spanische Sprachkombination stimmen die aus der durchschnittlichen MLU-Differenz ermittelten Balanciertheitsgrade mit dem Lexikonerwerb der deutsch-spanischen Kinder Arturo und Teresa nicht überein. Beide Kinder gelten als balanciert (Arturo als balanciert mit einer Tendenz zugunsten des Deutschen). Dennoch weisen beide Kinder im Laufe ihrer Sprachentwicklung eine stetig größer werdende Lexikondifferenz auf, bei der das Deutsche überlegen ist. Für die französisch-italienische Sprachkombination ist bereits der Lexikonanstieg des bilingualen Mädchens Juliette in Abschnitt 3.2 dargestellt worden. Die über die durchschnittliche MLU-Differenz ermittelte Unbalanciertheit des bilingualen Mädchens wird durch die Lexikonentwicklung bestätigt. Zusammenfassend haben die Lexikonauszählungen der bilingualen Kinder also die aus der MLU-Auswertung erbrachten Ergebnisse nur zum Teil bestätigt.

Code-Switching und Sprachdominanz

Im Anschluss an den MLU und den Lexikonanstieg werden wir uns nun dem Redefluss der bilingualen Kinder zuwenden.

3.5.3 Die durchschnittliche Redeflussdifferenz in den bilingualen Longitudinalstudien

In diesem Abschnitt möchten wir uns einem weiteren Instrument der Beurteilung der sprachlichen Entwicklung im bilingualen Erstspracherwerb widmen, dem Redefluss. Dieser soll Auskunft darüber geben, wie viele sprachspezifische Wörter das bilingual aufwachsende Kind in einem bestimmten zeitlichen Umfang produzieren kann. Die folgende Abbildung 3.10, welche von Marisa Patuto und Malin Hager erstellt wurde, gibt den Redefluss, der in Wörtern pro Minute berechnet wird, aller untersuchten bilingualen Longitudinalstudien wieder. Im positiven Bereich der graphischen Darstellung der Kinderdaten ist das Deutsche aller bilingualen Kinder bzw. das Französische der französisch-italienischen Mädchen Juliette und Siria aufgeführt. Der negative Bereich illustriert jeweils die zweite Erstsprache der bilingualen Kinder.

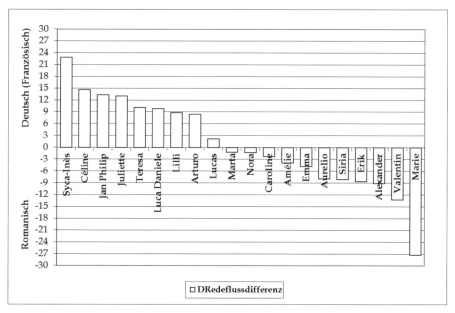

Abbildung 3.10:
Die durchschnittliche Redeflussdifferenz in den bilingualen Longitudinalstudien

In Tabelle 3.3 erfolgt eine Einteilung der erhobenen Redeflussdifferenzen von stark balanciert bis extrem überlegen (nicht vertreten) und die Beurteilung der individuellen Balanciertheit.

Bezeichnung	Balanciertheitsgrad (anhand der durchschnittlichen Redeflussdifferenz)	Kinder
stark balanciert	0,00 - 2,99 Wörter	Marta, Nora, Lucas, Carlotta, Caroline
balanciert	3,00 - 5,99 Wörter	Amélie, Emma
balanciert mit Tendenz zu einer Sprache	6,00 - 8,99 Wörter	Siria, Aurelio, Teresa, Arturo
überlegen	9,00 - 11,99 Wörter	Alexander, Erik, Lilli, Luca-Daniele
stark überlegen	12,00 – 14,99 Wörter	Juliette, Lukas, Jan-Philip, Valentin
extrem überlegen	15,00 und mehr Wörter	Marie, Syca-Inès, Céline

Tabelle 3.3:
Einstufung der bilingualen Kinder anhand der durchschnittlichen Redeflussdifferenz

Ein Vergleich zwischen den durchschnittlichen MLU- und Redeflussdifferenzen führt bezüglich der Klassifikation der bilingualen Kinder zu einer unterschiedlichen Beurteilung der Sprachdominanzverhältnisse. Dies zeigt einerseits, dass die Erfassung der Sprachdominanz ein eigenständiges Forschungsgebiet darstellt. Andererseits muss jeder Forscher vorab Überlegungen dahingehend anstellen, welches Kriterium für den jeweiligen Untersuchungsgegenstand am sinnvollsten ist.

3.5.4 Sprachmischungen von funktionalen und lexikalischen Kategorien

Im Anschluss an die Ermittlung des individuellen Balanciertheitsgrads der bilingualen Kinder wird im vorliegenden Abschnitt der Zusammenhang zwischen der Sprachdominanz und den beobachteten intra-sententialen Mischungen im Vordergrund der empirischen Untersuchung stehen. Es wird zu klären sein, inwieweit der Balanciertheitsgrad Aufschluss darüber geben kann, welche grammatischen Kategorien, lexikalische vs. funktionale Kategorien, von Sprachmischungen im intra-sententialen Bereich betroffen sind. Das Ziel dieses Abschnitts besteht darin festzustellen, ob anhand des Balanciertheitsgrads der Kinder Vorhersagen über das Mischverhalten formuliert werden können: Eine positive Korrelation zwischen den einzelnen Sprachmischungen und dem jeweiligen Balanciertheitsgrad würde die in der Literatur oft vertretene These, dass die Sprachdominanz für das Auftreten von Sprachmischungen ausschlaggebend ist, bestätigen. Darüber hinaus wird versucht, die Auswirkungen eines außersprachlichen Faktors, der Umgebungssprache, und der Sprachkombination zu erfassen. Dieses Forschungsinteresse ergibt sich aus der Tatsache, dass manche der longitudinal untersuchten Kinder in Deutschland und manche im romanischsprachigen Ausland geboren und aufgewachsen sind.

Die gemischten Spracheinheiten werden kursiv gesetzt. Die in (2) aufgeführten Beispiele enthalten lexikalische Mischungen, während die Beispiele in (3) Mischungen funktionaler Kategorien wiedergeben.

(2) a. für *bébé*   (Amélie; 1;10,18; dt. Kontext)
     b. ich *prends* das   (Amélie; 2;8,29; dt. Kontext)
     c. est *kaputt*   (Alexander; 2;2,20; frz. Kontext)
     d. e adesso *vor* la porta   (Aurelio; 3;0,19 ; it. Kontext)
     e. pourquoi elle [ɛ] *capricciosa*? (Juliette; 4;0,13; frz. Kontext)

(3) a. *weil* yo no puedo   (Arturo; 3;8,6; sp. Kontext)
     b. *aber* no tengo uno   (Teresa; 2;10,22 ; sp. Kontext)
     c. *le* haus   (Marie; 2;0,11; dt. Kontext)
     d. [ɛ] *pas* buono   (Juliette; 2;2,29; it. Kontext)
     e. dario *est* fünf jahre alt   (Elina; 3;9,25; dt. Kontext)

Immer wieder wird in der Literatur behauptet, dass bilinguale Kinder viel mischen. Die Abbildung 3.11 aus der Arbeit von Patuto et al. (2014) relativiert diese Annahme für die intra-sententialen Mischungen.

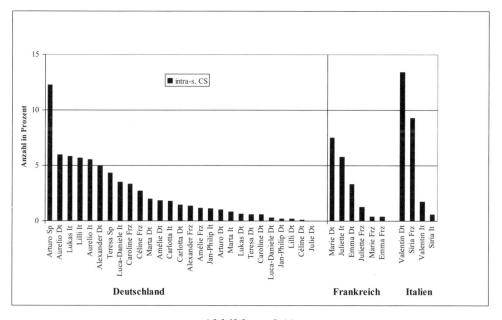

Abbildung 3.11:
Intra-sententiales Mischen im Altersvergleich in %

Die graphische Darstellung der Mischraten der bilingualen Kinder über den analysierten Untersuchungszeitraum in jeweils einer Sprache (Sp., Dt., It., Frz.) zeigt, dass abgesehen von einigen wenigen Einzelfällen bilinguale Kinder vornehmlich bis zu 10% mischen. Die Abbildung 3.12 gibt die intra-sententialen Mischungen und die einsprachigen (monolingualen) Äußerungen im Deutschen der bilingualen Kinder bzw. im Französischen des französisch-italienischen Kindes Juliette wieder, während Abbildung 3.13 die einsprachigen und gemischtsprachlichen Äußerungen jeweils in der zweiten Muttersprache der Kinder vorstellt. Für die einsprachigen Äußerungen wurden zusätzlich die absoluten Zahlen angegeben.

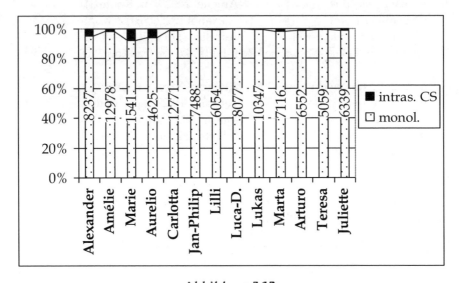

Abbildung 3.12:
Intra-sententiales Mischen im Vergleich zu monolingualen Äußerungen im Deutschen bzw. im Französischen der italienisch-französischen Kinder

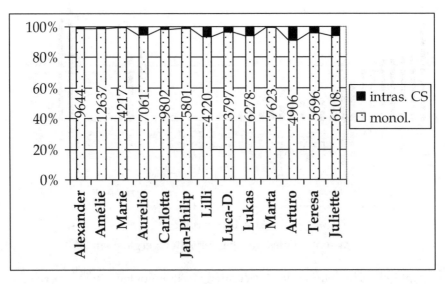

Abbildung 3.13:
Intra-sententiales Mischen im Vergleich zu monolingualen Äußerungen in der romanischen Sprache bzw. im Italienischen der italienisch-französischen Kinder

Code-Switching und Sprachdominanz

Die untersuchten Longitudinalstudien bestätigen den vorläufigen Eindruck des sehr gering ausfallenden Anteils an intra-sententialen Mischungen (vgl. auch Arencibia Guerra 2008) und geben Anlass zur Annahme, dass bilinguale Kinder ihre beiden Erstsprachen kaum mischen, sondern diese der Kommunikationssituation angemessen trennen bzw. auswählen. An dieser Stelle möchten wir darauf hinweisen, dass die analysierten Longitudinalstudien in einem monolingualen Umfeld entstanden sind und die bilingualen Kinder von den Interaktionspartnern einsprachig angesprochen wurden, also das Mischen der beiden Sprachen nicht gewünscht war.

Die dokumentierten, satzinternen Sprachmischungen betreffen sowohl lexikalische als auch funktionale Kategorien. Bei insgesamt sehr niedrigen Mischwerten sind lexikalische Kategorien häufiger betroffen als funktionale Kategorien. Dieser Trend zeigt sich nicht bei allen Kindern. Ein Beispiel ist Arturo: 8,5% aller Äußerungen sind solche mit Mischungen funktionaler Kategorien im Spanischen, seiner schwachen Sprache. Im Folgenden wird untersucht, ob eine Korrelation zwischen den intra-sententialen Mischungen und dem jeweiligen Balanciertheitsgrad der bilingualen Kinder existiert. Zunächst werden die intra-sententialen Mischungen von funktionalen Kategorien in Abhängigkeit von der durchschnittlichen MLU-Differenz in den Abbildungen 3.14 und 3.15 abgebildet. Da hier nur von Interesse ist, dass eine Differenz besteht, unabhängig davon, welche Sprache die höheren bzw. niedrigeren Werte aufweist, wird die Differenz ausschließlich in positiven Werten angegeben.

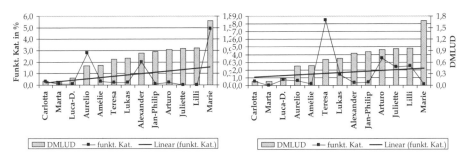

Abbildung 3.14:   **Abbildung 3.15:**
DMLUD und gemischte funktionale Kategorien
Deutsch bzw. Französisch   romanische Sprache bzw. Italienisch

Abbildung 3.14 gibt die intra-sentential gemischten funktionalen Kategorien im Deutschen der bilingualen Kinder bzw. im Französischen des französisch-italienischen Kindes Juliettes wieder. Die intra-sententialen Mischungen in der jeweils anderen Erstsprache werden in Abbildung 3.15 illustriert. Beide Abbildungen führen zu der Beobachtung, dass mit zunehmender Unbalanciertheit die intra-sententialen Mischungen von funktionalen Kategorien zunehmen. Nicht alle Kinder mischen jedoch vornehmlich funktionale Kategorien in ihrer schwachen Sprache. Das bedeutet: je häufiger funktionale Kategorien gemischt werden, desto größer ist die Wahrscheinlichkeit, dass bilinguale Kinder unbalanciert sind. Umgekehrt gilt dies nicht (vgl. hierzu auch Eichler 2011).

Wenden wir uns nun den lexikalischen Mischungen der bilingualen Kinder zu. Analog zu den Mischungen von funktionalen Kategorien illustriert Abbildung 3.16 die lexikalischen Mischungen im Deutschen der bilingualen Kinder bzw. im Französischen des französisch-italienischen Mädchens Juliette. Abbildung 3.17 hingegen stellt die lexikalischen Mischungen in der jeweils zweiten Erstsprache der bilingualen Kinder dar.

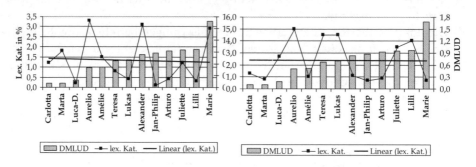

Abbildung 3.16:　　　　　　　　　　　　**Abbildung 3.17:**
DMLUD und gemischte lexikalische Kategorien
Deutsch bzw. Französisch　　　　　romanische Sprache bzw. Italienisch

Während im Bereich der funktionalen Kategorien ein positiver Zusammenhang zwischen den Sprachmischungen und der Sprachdominanz beobachtet werden kann, zeichnet sich bezüglich der intra-sentential gemischten lexikalischen Kategorien ab, dass eine Korrelation zwischen dem prozentualen Anteil von lexikalischen Mischungen und dem individuellen Balanciertheitsgrad ausgeschlossen werden kann.

3.6 Zusammenfassung

In diesem Kapitel ist der Rolle der Sprachdominanz ganz besonders bezüglich der intra-sententialen Mischungen bei bilingual aufwachsenden Kindern nachgegangen worden. Das Konzept der Sprachdominanz wurde erläutert und die individuelle Sprachentwicklung der bilingualen Kinder anhand einiger ausgewählter Kriterien untersucht. Die Umgebungssprache scheint keinen absolut gültigen Einfluss auf den Balanciertheitsgrad der Kinder zu nehmen, da sich sowohl die Umgebungs- als auch die Nicht-Umgebungssprache (wenngleich weniger oft) als die sich schneller entwickelnde Sprache herausstellen kann. Das erste wichtige Ergebnis ist, dass bilingual aufwachsende Kinder selten ihre beiden Erstsprachen mischen. Das zweite Ergebnis ist, dass eine erhöhte Anzahl an Mischungen funktionaler Kategorien auch die Wahrscheinlichkeit vergrößert, dass bilinguale Kinder unbalanciert sind. Bei lexikalischen Mischungen kann kein Zusammenhang mit der Sprachdominanz nachgewiesen werden.

Warum mischen die bilingualen Kinder so selten? Mit Sicherheit können anhand der empirischen Untersuchungen Kompetenzlücken als Grund ausgeschlossen werden. Nun erfordern Sprachmischungen die Kontrolle über die beiden Sprachen. Wenn sich das Kind aufgrund der Sprachsituation bilingual verhalten soll, sind beide Erstsprachen aktiviert. Wenn es sich monolingual verhalten soll, wie bei den hier untersuchten Longitudinalstudien, muss eine von beiden Sprachen unterdrückt werden. Die vorgestellten Ergebnisse sind mit einer Sichtweise auf die kindlichen Sprachmischungen kompatibel, welche die Mischung als eine Art Kompetenz ausweist, die das bilinguale Kind im Laufe der Sprachentwicklung erwerben muss. Die Kinder der Longitudinalstudien sind in der Interaktion mit monolingualen Erwachsenen beobachtet worden, d. h. das Mischen war nicht erwünscht. Diese Aufgabe bewältigen die Kinder ausgezeichnet und von Beginn an. Aus diesem Ergebnis können wir noch nicht ableiten, dass die Aktivierung beider Sprachen, also der Sprachgebrauch in bilingualen Situationen, ebenso unproblematisch ist (vgl. hierzu Kapitel 5).

Nachdem die Untersuchungsergebnisse vorgestellt worden sind, soll noch einmal auf den zu Beginn des Kapitels genannten Verzicht auf den Terminus Code-Switching eingegangen werden. In den Kapiteln 8, 9 und 10 werden wir zeigen, dass das kindliche Sprachenmischen in der Tat wie das erwachsenensprachliche CS analysiert werden kann. Es bleibt aber nach der Lektüre des vorliegenden Kapitels offen, ob das bilinguale Kind im Laufe der Entwicklung erst lernen muss, beide Sprachen gleichzeitig zu aktivieren. Es war also sinnvoll, in diesem Kapitel auf den Terminus des Code-Switching zu verzichten.

3.7 Aufgaben

1. Wir dürfen davon ausgehen, dass die Sprachdominanz nicht der Grund für das kindliche Mischen beider Sprachen ist. Beziehen Sie die Unterschiede zwischen funktionalen und lexikalischen Kategorien mit ein und formulieren Sie aus den Forschungsergebnissen eine Empfehlung für Erzieherinnen: Wie können Erzieherinnen erkennen, ob bei einem bilingualen Kind eine Sprachdominanz vorliegt?
2. Alexandre wächst in Paris mit seinem französischsprachigen Vater und seiner italienischsprachigen Mutter auf. Analysieren Sie den folgenden Transkriptauszug im Alter von 2;1,20 mit Bezug auf die Frage, ob es sich bei den Äußerungen von Alexander um Sprachmischungen handelt. Das Kind interagiert mit seiner italienischsprachigen Mutter.

Nicht-sprachlicher Kontext IP	Äußerung IP	Äußerung Kind	Nicht-sprachlicher Kontext Kind
	che c' è ? /		
		oh / oh / c' est quoi ?/	
	che cos' è ? /		
		cos' è ? /	imitiert
	cos' è ? / un lego giallo piccolo /		
		c' est quoi ? /	
	cos' è ? /		
		cos' è ? /	imitiert
	un lego nero piccolo /		
		c' est quoi ? /	
	questi sono dei lego messi insieme per fare una torre /		
		c' est quoi ?/	
	che cos' è ? /		
		cos' è ? /	imitiert
spricht ihm immer wieder vor, wie er es richtig zu sagen hat	*che cos' è ? /*		
		cos' è ? /	imitiert
	è un lego piccolo bianco /		
		oui / bateau ! / bateau! /	
	uuh (è) una nave questa ? /		
= *wie ein Hupen*	*tu tu /*	c' est un bateau ça /	

3. Kommentieren Sie das folgende Zitat aus der Arbeit von Tracy und Gawlitzek-Maiwald (2005:30): "[…] we shall see that these measures have to be complemented by a very different *tertium comparationis* for comparing milestones of hierarchical structure building, MLU, upperbound, and various other calculations would lead us to believe that Adam, our subject, is a fairly balanced bilingual. At least in part this impression is due to the fact that place holders, whose lexical status is difficult to assess anyway and which may be shared across languages, contribute to grey and fuzzy areas, making unambiguous language tagging and quantification problematic." Platzhalter sind z. B. der Schwa-Laut [ə] vor Nomina, z. B. *da [ə] tasche* oder *là [ə] fleur*.
4. Döpke (1992) fasst das Sprachverstehen als Kriterium für die Bestimmung des Kompetenzgrades im bilingualen Kind auf. Überlegen Sie, wie man in den vorgestellten Longitudinalstudien vorgehen müsste, um das Sprachverstehen zu bestimmen.

4 Code-Switching und monolinguale vs. bilinguale Gesprächsstrategien

Nadine Eichler

Das dritte Kapitel hat uns gezeigt, dass die Kinder der Longitudinalstudie insgesamt sehr wenig Sprachmischungen produzieren. Ferner konnte für die intrasententialen Mischungen ein Zusammenhang zwischen einer erhöhten Anzahl von Mischungen funktionaler Kategorien und einer unbalancierten Sprachentwicklung nachgewiesen werden. Die untersuchten bilingualen Kinder wuchsen nach der Methode EINE PERSON – EINE SPRACHE auf. Das vorliegende Kapitel soll prüfen, ob monolinguale vs. bilinguale Strategien der erwachsenen Interaktionspartner im Gespräch mit den Kindern Einfluss auf das Mischverhalten der Kinder haben. Diese Gesprächsstrategien sollen als ein möglicher Einflussfaktor angesehen werden, um eine monolinguale bzw. bilinguale Gesprächssituation aufzubauen. Um die Auswirkung von solchen Gesprächsstrategien auf das kindliche Mischverhalten zu analysieren, muss zunächst dafür argumentiert werden, dass das Code-Switching in Abhängigkeit von der Gesprächssituation erfolgt.

Der zu untersuchende außersprachliche Faktor bildet einen Untersuchungsgegenstand der pragmatischen CS-Forschung (vgl. Kapitel 6). Der Gebrauch des CS in der Kommunikationssituation („who speaks what language to whom and when', vgl. Fishman 1965) wurde bisher innerhalb von mehrsprachigen Sprechergruppen und im Verhältnis unterschiedlicher Sprechergruppen zueinander in mehrsprachigen Umgebungen untersucht und bildet einen Untersuchungsgegenstand der CS-Forschung, bei der der Sprachgebrauch im Vordergrund steht. Die soziolinguistisch und pragmatisch ausgerichtete CS-Forschung untersucht, in welchen Situationen CS möglich bzw. wahrscheinlich wird und versucht hierbei, den sozialen Kontext der jeweiligen Sprecher bzw. den linguistischen Kontext gemischtsprachlicher Äußerungen zu berücksichtigen. Die bedeutendsten Vertreter der soziolinguistischen und pragmatischen CS-Forschung sind vor allem Fishman (1965), Gumperz (1982), Auer (1998a) und Heller (1988).

Die kanadische Forscherin Heller (1988) führte eine dreieinhalbjährige Studie in einer bilingual englisch-französischen Schule in Toronto durch und kommt zu dem Ergebnis, dass CS eine verbale Strategie mehrsprachiger Sprecher ist, die im Gespräch gezielt eingesetzt wird. Gumperz (1982) argumentiert ebenfalls dafür, CS als einen Sprachstil anzusehen, der mehrsprachigen Individuen zusätzlich zum monolingualen Sprachmodus zur Verfügung steht, genauso wie Personen einer monolingualen Sprachgemeinschaft oft eine Hochsprache und einen Dialekt beherrschen. Ein Sprachstil ist eine funktional definierte Sprachvarietät (vgl. Halliday 1978:33). Der Begriff der Varietät steht für ein bestimmtes sprachliches System (vgl. Veith 2005:14):

> 📖 Eine **Varietät** ist ein sprachliches System, das durch außersprachliche Parameter näher definiert werden kann. Sie kann areal definiert sein (= **Dialekt**) oder funktional (= **Fachsprache/Standardsprache**) oder soziologisch (= **Soziolekt**). **Register** ist eine funktional definierte Sprech- bzw. Schreibweise, welche soziale Beziehungen abbildet.

CS vereint beide Dimensionen. Die von Gumperz (1982) vorgeschlagene Differenzierung zwischen situationsgebundenem und metaphorischem CS bringt dies zum Ausdruck. Der sogenannte situative Sprachenwechsel (engl. *situational code-switching*) erfolgt, wenn mehrsprachige Individuen aufgrund einer spezifischen Situation ihre Sprachen wechseln (für eine Definition vgl. Kapitel 6). Beim metaphorischen CS (engl. *metaphorical code-switching*) hat der Sprachenwechsel eine pragmatische Funktion, da über das Abweichen von der sozialen Norm ein Kommunikationseffekt hervorgerufen wird bzw. eine bestimmte kommunikative Intention verfolgt wird (vgl. für eine Definition Kapitel 6). Gumperz verdeutlicht diese Funktion an der sogenannten Reiteration, die durch eine Wiederholung einer Äußerung in der jeweils anderen Sprache charakterisiert ist. In der im nachfolgenden Beispiel aufgeführten Reiteration, in der eine puerto-ricanische Mutter in New York ihre Kinder ruft, stellt das Spanische den sogenannten *we-code* und das Englische den sogenannten *they-code* dar. Die Nicht-Landessprache oder die Sprache der Minorität wird als *we-code*, die Landessprache oder die Sprache der Umgebung als *they-code* bezeichnet.

(1) Ven acá! Ven acá! Come here, you!
(2) Come here! Come here! Ven acá!

Der Sprachenwechsel wird hier auf zwei unterschiedliche pragmatische Funktionen zurückgeführt. Im ersten Fall wechselt die Mutter vom *we-code* in den *they-code* und drückt damit eine Warnung aus, während im zweiten Beispielsatz ein Wechsel vom *they-code* in den *we-code* erfolgt, der als eine persönliche Aufforderung interpretiert wird (vgl. hierzu auch Kapitel 6). Die Sprachenwechsel definieren quasi eine neue Norm, welche durch die Unterscheidung zwischen *we-code* und *they-code* zum Ausdruck kommt. Der metaphorische Sprachenwechsel geschieht meist entgegen der sozialen Norm und schafft somit Raum für die Herausbildung einer neuen Norm.

Der Ansatz von Auer (1998) führte schließlich dazu, dass die Unterscheidung zwischen situativem und metaphorischem CS aufgegeben und der Begriff ‚conversational' Code-Switching eingeführt wurde. Die Analyse von Auer (1998) basiert zwar auf Gumperz' Grundannahmen, sie modifiziert aber die Sichtweise, dass eine spezifische Situation im Gespräch *a priori* gegeben sei. Auer nimmt an, dass eine bestimmte Situation, in der mehrsprachige Sprecher ihre Sprachen wechseln, erst durch das Gespräch hergestellt wird und dass Sprecher durch den Gebrauch von CS ein Gespräch organisieren, indem der Sprachenwechsel zur Bedeutung einer bestimmten Äußerung beiträgt. Nach Auer (1998) muss die Unterscheidung zwischen situativem und metaphorischem Sprachenwechsel aufgegeben werden, da sich die Situation für CS erst im Laufe eines Gesprächs entwickelt und daher nicht als präexistent angesehen werden darf.

Beim Erwerb einer oder mehrerer Sprachen müssen Kinder mehr als nur die Phonologie, die Syntax und die Semantik dieser Sprache(n) beherrschen. Ein kompetenter Sprecher einer Sprache zu sein, bedeutet ebenfalls zu wissen, WIE die jeweilige Sprache in bestimmen Situationen gebraucht wird (vgl. u. a. Clark 2003). Demzufolge haben Kinder die Aufgabe, pragmatische bzw. kommunikative Kompetenzen im Spracherwerbsprozess zu entwickeln (Hymes 1972).

Kinder müssen u.a. lernen Fragen zu stellen, Bitten zu formulieren, Befehle zu geben, Übereinstimmung auszudrücken, sich zu entschuldigen, sich zu verweigern, Witze zu machen und Geschichten zu erzählen. Außerdem müssen sie die Fähigkeit entwickeln, eine Konversation einzuleiten, aufrechtzuerhalten und sie zu beenden; sie müssen lernen, an einem Gespräch aktiv teilzunehmen, d. h. Feedback zu geben und dabei den vorherigen Gesprächsbeitrag zu berücksichtigen. Diese Auflistung stellt aber nur einen kleinen Ausschnitt der zu erwerbenden Fähigkeiten dar, da wir Sprache in sehr vielen unterschiedlichen Situationen gebrauchen können.

Zur pragmatischen Kompetenz eines Sprechers gehört die Fähigkeit, zwischen verschiedenen Sprachstilen bzw. Registern zu wechseln. Im Gegensatz zu monolingualen Sprechern können mehrsprachige Individuen von ihren unterschiedlichen Sprachen innerhalb einer Kommunikation Gebrauch machen. Wir haben in Kapitel 1 bereits darauf hingewiesen, dass der Aktivierungsgrad der beiden Sprachen in Abhängigkeit vom jeweiligen Gesprächskontext (monolingual/bilingual) variiert. Nach Grosjean (1998, 2001) ist in einem mehrsprachigen Gespräch, in dem mindestens zwei oder mehrere mehrsprachige Individuen anwesend sind, die Voraussetzung für CS gegeben; der Bilinguale befindet sich im bilingualen Sprachmodus. Interagiert eine bilinguale Person hingegen in einer einsprachigen Gesprächssituation, dann unterscheidet sich der Aktivierungsgrad der beiden involvierten Sprachen. Das heißt, die jeweils andere Sprache, die nicht der Gesprächssituation entspricht, wird deaktiviert, aber nicht vollständig. In einem mehrsprachigen Gespräch wird das CS als eine logische Schlussfolgerung dieser Situation betrachtet und vollständig akzeptiert. Im Gegensatz dazu wird der Sprachenwechsel in einer monolingualen Situation als unangemessen empfunden. Folglich müssen mehrsprachige Kinder im Spracherwerbsprozess lernen, eine der jeweiligen Gesprächssituation adäquate Sprachwahl zu treffen. Die Aufgabe des Kindes besteht also darin, gezielt eine oder mehrere Sprachen im Gespräch einzusetzen. Die Untersuchungen von Paradis, Nicoladis und Genesee (2000) und Genesee, Boivon und Nicoladis (1996) haben gezeigt, dass bilingual französisch-englisch aufwachsende Kinder bereits im Alter von zwei Jahren die Fähigkeit entwickeln, ihre Sprachwahl an die Sprache der jeweiligen Interaktionspartner anzupassen. Genesee (2002) behauptet in diesem Zusammenhang Folgendes:

> True bilingual communicative competence entails the ability to adapt one's language use on-line in accordance with relevant characteristics of the situation, in-

cluding the preferred or more proficient language of one's interlocutor. (Genesee 2002: 174)

Nach Genesee (2002) besteht die kommunikative Kompetenz eines bilingualen Sprechers also darin, eine adäquate Sprachwahl in Abhängigkeit von den jeweiligen Interaktionspartnern treffen zu können.

Jørgensen (1998) untersuchte bilingual dänisch-türkische Kinder im Alter von sieben bis zehn Jahren und kam zu dem Ergebnis, dass Kinder von einer bestimmten Sprache häufiger Gebrauch machen, um eine gewisse soziale Macht auszuüben. Darüber hinaus haben weitere Studien gezeigt, dass ältere Kinder (ab einem Alter von acht Jahren) ihre Sprachen mischen, wenn sie bemerken, dass Elemente der Sprache A die beabsichtigte Idee besser bzw. treffender ausdrücken können als diejenigen der Sprache B (Halamari und Smith 1994). In der Literatur zum kindlichen CS gibt es insgesamt sehr wenige Forschungsarbeiten, die den Bereich des CS mit dem der ausgedrückten Funktionen verknüpfen, da sich die meisten Untersuchungen mit dem Sprachenwechsel bei erwachsenen Sprechern beschäftigen (vgl. Clyne 1967, Gumperz 1967, 1973, Weinreich 1953). Obwohl Jisa (2000) davon ausgeht, dass die pragmatischen (nicht situationsbedingten) Funktionen des CS erst spät erworben werden, führt Goodz (1989) ein Beispiel von einem Kind namens Nellie auf, das mit 33 Monaten das CS dazu einsetzt, den Inhalt ihrer Äußerung emphatisch hervorzuheben.

> Nellie (33 months) had just been given some new barrettes. Concerned that her father would put her barrettes away, she reminded him repeatedly in French, his native language, to leave them in their place. Finally, desperately, she switched to English, e.g., "Laisse les barrettes, touche pas les barrettes, Papa," and finally, "Me's gonna put it back in the bag so no one's gonna took it!" (Goodz 1989:41)

Hier besteht also noch ein erheblicher Forschungsbedarf, der sich sowohl auf die einzelnen pragmatischen Funktionen selbst als auch auf das Erwerbsalter bezieht.

In einer mehrsprachigen Situation können sich Gesprächspartner einsprachig oder mehrsprachig verhalten. Dabei lassen sich für die Interaktionen zwischen Erwachsenen und Kindern gewisse Gesprächsstrategien ausmachen. Führen diese Strategien, wenn sie die Gesprächssituation als bilingual definieren, zu mehr Sprachmischungen von Seiten der Kinder? Dieser Frage wollen wir in den folgenden Abschnitten auf der Basis von empirischem Datenmaterial aus den Longitudinalstudien nachgehen.

4.1 Beschreibung der einzelnen Gesprächsstrategien

Eine Gesprächssituation kann von den mehrsprachigen Gesprächsteilnehmern als monolingual oder als bilingual definiert werden. Die Auswirkungen dieser Strategien auf die Häufigkeit von kindlichen Sprachmischungen wurden bisher in der Literatur selten untersucht. Diese Forschungslücke wollen wir schließen.

In diesem Abschnitt werden die unterschiedlichen Gesprächsstrategien der Erwachsenen und ihre möglichen Auswirkungen auf das kindliche CS vorgestellt. Lanza (1992) belegt fünf Gesprächsstrategien, die die Interaktion als mehr oder weniger monolingual oder bilingual definieren (vgl. Abbildung 4.1). Die Strategie *Quotation* wurde von Gumperz (1982) eingeführt. Wie beim CS (Lanza 1992) ist auch bei der *Quotation Strategy* die Situation als bilingual definiert. Hierbei können die Gesprächsstrategien auf einem Kontinuum zwischen monolingualer und bilingualer Gesprächssituation angeordnet werden:

Monolinguale Situation					bilinguale Situation
Minimal Grasp Strategy	Expressed Guess Strategy	Adult Repetition Strategy	Move On Strategy	Quotation Strategy	Code-Switching Strategy

Abbildung 4.1:
Gesprächsstrategien der Erwachsenen beim Auftreten kindlicher Sprachmischungen (nach Gumperz 1982, Lanza 1992)

> **Minimal Grasp Strategy:** Gesprächsstrategie, bei der der Erwachsene dem Kind signalisiert, dass er die gemischtsprachliche Äußerung des Kindes nicht verstanden hat.

Bei der *Minimal Grasp Strategy* wird die Gesprächssituation durch die sprachliche Reaktion des Erwachsenen als eindeutig monolingual definiert. Dies wird durch das folgende Beispiel illustriert:

(3)   Erwachsene: was ist das ?   (Carlotta 2;9,25, dt. Kontext)
       Carlotta: ein *pannolino*
       Erwachsene: das verstehe ich nicht

> **Expressed Guess Strategy:** Gesprächsstrategie, bei der durch die Reaktion des Erwachsenen deutlich wird, dass er die gemischtsprachliche Äußerung des Kindes verstanden hat, da er die kindliche Sprachmischung in der adäquaten, also der gewünschten Sprache (=Kontextsprache) formuliert bzw. eine Frage in der Kontextsprache stellt, die sich auf die gemischtsprachliche Äußerung bezieht.

Die *Expressed Guess Strategy* wird an folgendem Beispiel deutlich:

(4)   Amélie: ich *range* / so   (Amélie 2;8,15, dt. Kontext)
       Erwachsene: du räumst auf ?

Die *Adult Repetition Strategy* wird von Lanza wie folgt als sprachliche Reaktion eines Erwachsenen definiert:

> 📖 **Adult Repetition Strategy:** Gesprächsstrategie, bei der der Gesprächspartner die gemischtsprachliche Äußerung des Kindes in der adäquaten Sprache wiederholt, ohne dabei die Äußerung des Kindes umzuformen.

Sowohl bei der *Expressed Guess Strategy* als auch bei der *Adult Repetition Strategy* wird dem bilingualen Kind eine Formulierung in der adäquaten Sprache angeboten. Dennoch unterscheiden sich die beiden Strategien, da der Erwachsene bei der *Adult Repetition Strategy* die kindliche Äußerung nicht in Form einer Frage wiederholt, sondern die Sprachmischung in die gewünschte Sprache, die Kontextsprache übersetzt.

(5) Céline: ça c'est le *sattel* (Céline 3;5,29, frz. Kontext)
    Erwachsene: la selle

Bei der *Move On Strategy* führt der Interaktionspartner die Konversation kommentarlos fort. Dennoch wird deutlich, dass er die gemischtsprachliche Äußerung des Kindes verstanden hat.

(6) Arturo: *aber kannst du orange machen* (Arturo 3;4,5, sp. Kontext)
    Erwachsene: pero si los pinto naranja no se ven

Die am stärksten bilinguale Strategie ist nach Lanza die des *Code-Switching*.

> 📖 **Code-Switching Strategy:** Strategie, bei der der Gesprächspartner einen Sprachenwechsel vollzieht.

Dabei wird die Situation als eindeutig bilingual charakterisiert, da der Interaktionspartner ebenfalls die Sprache wechselt, wie im Beispiel (7).

(7) Marie: *à poubelle* (Marie 2;0,11 dt. Kontext)
    Erwachsene : à poubelle ?

Als eine weitere bilinguale Strategie wird von Cantone (2007) das *Covert Code-Switching* vorgeschlagen. Die Autorin wertet folgende sprachliche Reaktionen als *Covert CS*.

(8) Carlotta: avevo fatto - ero nel *kino* quattro (Carlotta 4;9,1 it. Kontext)
    Erwachsene: che vuol dire *kino* ?
    Carlotta: (il) cinemaxx
    Erwachsene: ah, eri nella sala numero quattro! / *kino* è una parola tedesca, che me la metti di mezzo? / eri nel *kino* quattro „ero nel *kino* quattro"

Die sprachliche Reaktion des Erwachsenen macht deutlich, dass er mit Carlotta über ihre gemischtsprachliche Äußerung diskutiert, wobei er ebenfalls das deutsche Nomen *Kino* ins Italienische mischt. In Gumperz' (1982:75f.) Studie wird eine solche Sprachmischung auch als *quotation* bezeichnet. Der Erwachsene zitiert das gemischte Wort bzw. die gemischte Passage und kommentiert diese ggf.

> **Quotation Strategy:** Strategie, bei der der Gesprächspartner einen Sprachenwechsel des Kindes zitiert und diesen ggf. kommentiert.

Diese Strategie geht ebenfalls von einer bilingualen Gesprächssituation aus, da der Gesprächspartner deutlich macht, dass er/sie den Sprachenwechsel versteht. Sie ist als weniger bilingual einzustufen als die Strategie *Code-Switching*, da bei letzterer der Gesprächspartner selbst einen (spontanen) Sprachenwechsel vollzieht.

Zusammenfassend lässt sich festhalten, dass die von Lanza (1992) vorgeschlagene *Minimal Grasp Strategy* die Interaktion als eindeutig monolingual definiert, während durch die *Code-Switching Strategy* ein eindeutig bilingualer Kontext hergestellt wird. Während der Erwachsene sich bei der *Minimal Grasp Strategy* eindeutig monolingual verhält, signalisiert er bei der *Expressed Guess Strategy*, dass er die gemischtsprachliche Äußerung des Kindes verstanden hat. Im Gegensatz zur *Expressed Guess Strategy* formuliert der Erwachsene bei der *Adult Repetition Strategy* die adäquate Formulierung in der Kontextsprache nicht in Form einer Frage, sondern er übersetzt die gemischtsprachliche Äußerung des Kindes. Die *Move On Strategy* und die *Code-Switching Strategy* werden auf dem von Lanza (1992) vorgeschlagenen Kontinuum der bilingualen Situation zugeordnet. Dieses ist sicher auch bei der Strategie *Quotation* der Fall. Die Forschungsfrage, die sich hieraus ergibt, ist die folgende: Gibt es einen Zusammenhang zwischen der jeweiligen Strategie des Erwachsenen und der Anzahl an kindlichen Sprachmischungen? Wenn dies der Fall ist, dann sollten sich die folgenden Zusammenhänge in den Sprachdaten nachweisen lassen:

(a) Die Strategien, die die Interaktion als monolingual definieren, sollten dazu führen, dass weniger Sprachmischungen in den Sprachdaten auftreten. Je häufiger die Interaktionspartner die *Minimal Grasp Strategy* und die *Expressed Guess Strategy* verfolgen, desto weniger Sprachmischungen sollten die bilingualen Kinder produzieren.

(b) Die bilingualen Strategien sollten dazu führen, dass mehr Sprachmischungen in den Sprachdaten auftreten. Je häufiger die Interaktionspartner die *Move On Strategy* und die *Code-Switching Strategy* verfolgen, desto mehr Sprachmischungen sollten die bilingualen Kinder produzieren.

4.2 Datenanalyse der Longitudinalstudie

Im vorliegenden Abschnitt soll der Einfluss der vom erwachsenen Gesprächspartner gebrauchten Gesprächsstrategien auf das kindliche Sprachenmischen untersucht werden. Hierzu werden die Longitudinaldaten der in Kapitel 2 vorgestellten bilingualen Kinder analysiert.

4.2.1 Gesprächsstrategien der Erwachsenen in den Longitudinalstudien

Die folgende Datenanalyse beschäftigt sich mit der Frage, ob ein Zusammenhang zwischen den Gesprächsstrategien der Interaktionspartner und der Häufigkeit, mit der Sprachmischungen bei bilingualen Kindern auftreten, besteht. Hat die sprachliche Reaktion der Eltern oder die der jeweiligen Interaktionspartner einen Einfluss auf das kindliche Mischen? Ziel ist es, das sprachliche Verhalten der Interaktionspartner des Kindes, d. h. deren sprachliche Reaktion auf die kindlichen Mischungen, zu untersuchen, um das Mischverhalten der bilingualen Kinder adäquat zu bewerten. Die Darstellung der Longitudinalstudien in Kapitel 2 hat bereits deutlich gemacht, dass die bilingualen Kinder nach dem Prinzip EINE PERSON – EINE SPRACHE aufwachsen. Durch die einsprachige Kommunikationssituation in den Sprachaufnahmen ist die adäquate Sprachwahl für die bilingualen Kinder eindeutig definiert. Bei den meisten bilingualen Kindern beherrscht jedoch ein Elternteil in der Regel beide Sprachen, sodass die Kinder auch mit einem bilingualen sprachlichen Verhalten der Erwachsenen im Erwerbsprozess konfrontiert werden. Die vorliegende Studie basiert auf 11 Longitudinalstudien. Insgesamt werden die Gesprächsstrategien der Interaktionspartner beim Auftreten kindlicher Mischungen bei drei bilingual deutsch-französischen Kindern (Amélie, Alexander, Céline), bei vier bilingual deutsch-italienischen Kindern (Jan, Carlotta, Marta und Aurelio) und bei zwei bilingual deutsch-spanischen Kindern (Teresa, Arturo) analysiert. Die Ergebnisse der vorliegenden Studie wurden in Form von Zufallsstichproben erhoben und stellen somit eine Teilmenge der Gesamtheit aller Sprachaufnahmen dar.

Im Folgenden soll das methodische Vorgehen kurz beschrieben werden, welches zur Untersuchung der Longitudinalstudien herangezogen wurde. Von jedem bilingualen Kind sind 20 Stichproben in der romanischen Sprachaufnahme und 20 Stichproben in der deutschen Sprachaufnahme analysiert worden. Darüber hinaus wurde bei der Analyse der kindlichen Sprachmischungen zwischen intra- und inter-sententialem CS differenziert. Schließlich könnte das sprachliche Verhalten der Interaktionspartner auf intra-sententiales und inter-sententiales CS variieren. Aus diesem Grund wurde die sprachliche Reaktion der Erwachsenen auf jeweils 10 inter- und intra-sententiale Sprachmischungen in jeder Sprache des bilingualen Kindes analysiert. Der Parameter *Interaktionspartner* wurde konstant gehalten, insofern als die Gesprächsstrategien ausschließlich von einem Interaktionspartner in den jeweiligen deutschen und romanischen Sprachaufnahmen analysiert worden sind. Das sprachliche Verhalten kurzfristig wechselnder Interaktionspartner wurde nicht ausgewertet. Die Analyse der Gesprächsstrategien der Erwachsenen macht eine nähere Betrachtung der grammatischen Kompetenz

Code-Switching und monolinguale vs. bilinguale Gesprächsstrategien

der jeweiligen Interaktionspartner in den respektiven Sprachen des bilingualen Kindes erforderlich. Schließlich sollte man annehmen, dass ein monolingualer Interaktionspartner keine bilingualen Gesprächsstrategien verfolgen kann, wenn er überhaupt keine Sprachkenntnisse in der jeweils anderen Sprache des bilingualen Kindes aufweist. Dennoch können gemischtsprachliche Äußerungen imitiert werden ohne jegliche Kenntnisse der jeweils anderen Sprache des bilingualen Kindes. Verglichen mit bilingualen Interaktionspartnern sollten auch L2-Erwerber weniger zu bilingualen Strategien tendieren, wenn die sprachliche Kompetenz in der Zweitsprache gering ist. Nur bilinguale Interaktionspartner können auch eine echte bilinguale Situation schaffen, in der bilinguale Strategien überhaupt vorkommen können. Bis auf vier Interaktionspartner der Kinder sind alle untersuchten Erwachsenen monolinguale Muttersprachler mit L2-Kompetenzen in der jeweils anderen Sprache der analysierten Kinder. Die untersuchten italienischen Sprachaufnahmen der deutsch-italienischen Kinder Marta, Jan und Carlotta wurden von einem bilingual deutsch-italienischen Interaktionspartner durchgeführt. Des Weiteren wurden die deutschen Sprachaufnahmen des bilingual deutsch-spanischen Kindes Teresa von einem bilingual deutsch-spanischen Interaktionspartner durchgeführt.

Bevor der Zusammenhang zwischen den Gesprächsstrategien der Erwachsenen und dem kindlichen Mischen überprüft wird, soll zunächst ein quantitativer Überblick über die Häufigkeit der einzelnen Gesprächsstrategien gegeben werden.

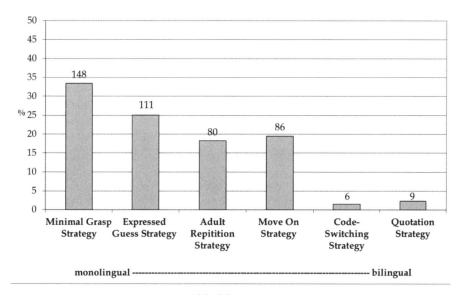

Abbildung 4.2:
Häufigkeit der Gesprächsstrategien der Interaktionspartner auf kindliches CS

Die Abbildung 4.2 macht deutlich, dass die Interaktionspartner der Kinder vornehmlich monolinguale Strategien in den Sprachaufnahmen verfolgen. Dieses

Ergebnis ist nicht verwunderlich, da den Aufnahmen ein monolinguales Setting (Gestaltung der Umstände in den Sprachaufnahmen) zugrunde lag. Die *Minimal Grasp Strategy*, die die Gesprächssituation als eindeutig monolingual definiert, wird in 148 von insgesamt 440 Fällen (34%) verwendet. Darüber hinaus wird die *Expressed Guess Strategy*, die auf dem von Lanza (1992) vorgeschlagenen Kontinuum zu den monolingualen Strategien gezählt wird, in 111 von insgesamt 440 (25%) Fällen verfolgt. Insgesamt zeigen die Untersuchungsergebnisse, dass die monolingualen Gesprächsstrategien überwiegend verwendet werden und die die Situation als eindeutig bilingual definierenden Strategien nur einem prozentualen Anteil von 3,3% entsprechen. Die *Code-Switching Strategy* wird nur in 6 Fällen (1,3%) und die *Quotation Strategy* in 9 Fällen (2,1%) verfolgt.

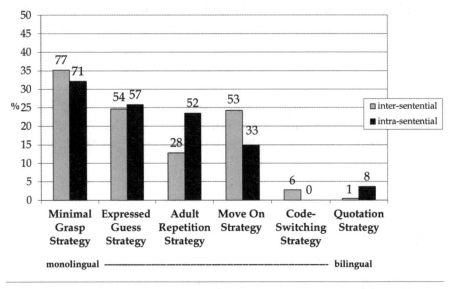

Abbildung 4.3:
Häufigkeit der Gesprächsstrategien der Interaktionspartner auf kindliches inter- und intra-sententiales CS im Vergleich

Bei der Darstellung der Untersuchungsergebnisse in Abbildung 4.2 ist jedoch nicht zwischen inter- und intra-sententialem CS der bilingualen Kinder differenziert worden. Vergleicht man das sprachliche Verhalten der Erwachsenen und deren Reaktion auf das kindliche inter- und intra-sententiale CS, dann kann ausschließlich ein Unterschied bei der *Adult Repetition Strategy* und der *Move On Strategy* beobachtet werden. Die Abbildung 4.3 zeigt, dass die *Adult Repetition Strategy* beim Auftreten intra-sententialer Sprachmischungen in 52 von insgesamt 80 Fällen (24%) verfolgt wird, während sie beim Auftreten inter-sententialer Sprachmischungen nur in 28 Fällen (12%) verwendet wird. Außerdem verfolgen die Interaktionspartner der bilingualen Kinder häufiger die *Move On Strategy* auf inter-sententiales CS als auf intra-sententiales CS.

4.2.2 Gesprächsstrategien der Erwachsenen und kindliches Mischen

Im Folgenden sollen die in Abschnitt 4.1 in der Literatur formulierten Forschungsfragen anhand der kindlichen Sprachdaten beantwortet werden: (1) Mischen bilinguale Kinder weniger, wenn die Interaktionspartner vornehmlich monolinguale Strategien verfolgen und (2) führen bilinguale Gesprächsstrategien dazu, dass bilinguale Kinder häufiger ihre beiden Sprachen mischen? Ziel ist es zu überprüfen, ob ein korrelativer Zusammenhang zwischen den jeweiligen Gesprächsstrategien der Interaktionspartner und der Häufigkeit, mit der kindliche Sprachmischungen auftreten, existiert. Es könnte auch umgekehrt der Fall sein, dass sich der erwachsene Gesprächspartner bedingt durch das Sprachmischen des Kindes an das Kind anpasst und eine entsprechende Gesprächsstrategie auswählt. Um eine mögliche Korrelation zwischen den jeweiligen Gesprächsstrategien der Interaktionspartner und dem Auftreten kindlicher Sprachmischungen nachzuweisen, muss zunächst bestimmt werden, wie häufig die untersuchten Kinder ihre beiden Sprachen mischen. Hierzu wurde für jedes Kind die durchschnittliche Anzahl der gemischtsprachlichen Äußerungen über den gesamten Untersuchungszeitraum bestimmt. Die durchschnittliche Anzahl an Sprachmischungen wurde ermittelt, indem die Gesamtanzahl der Sprachmischung in der jeweiligen Sprache durch die Anzahl der Sprachaufnahmen in der respektiven Sprache des Kindes dividiert wurde. Die untenstehende Tabelle 4.1 liefert genauere Informationen über die in die folgende Analyse eingeflossenen Daten[1].

Name des Kindes	Sprachen	inter-sententiales CS	intra-sententiales CS	CS insgesamt	CS Mittelwert
Jan	Dt. / It.	30 / 285	16 / 69	46 / 354	1,4 / 11,1
Marta	Dt. / It.	132 / 39	123 / 55	255 / 94	4,9 / 1,8
Carlotta	Dt. / It.	254 / 198	263 / 111	517 / 309	11,0 / 6,6
Aurelio	Dt. / It.	1894 / 405	150 / 463	2044 / 868	48,7 / 20,7
Amélie	Dt. / Frz.	155 / 191	225 / 156	380 / 347	5,5 / 5,1
Alexander	Dt. / Frz.	400 / 150	258 / 138	658 / 288	13,7 / 5,8
Céline	Dt. / Frz.	5 / 2486	9 / 160	14 / 2646	0,3 / 61,5
Teresa	Dt. / Sp.	151 / 529	43 / 288	194 / 817	4,1 / 16,7
Arturo	Dt. / Sp.	225 / 1058	96 / 474	321 / 817	6,7 / 31,3

Tabelle 4.1:
Longitudinalstudien und absolute Anzahl an Sprachmischungen bis zum Alter von 4 Jahren

---

[1] In der vorliegenden Tabelle 4.1 stellt die erste Zahl die Anzahl der Sprachmischungen in den deutschen Sprachaufnahmen dar, während die darauffolgende für die Anzahl der Sprachmischungen in den jeweiligen romanischen Sprachaufnahmen steht.

Die Tabelle 4.1 macht deutlich, dass das deutsch-französische Kind Céline in den romanischen Sprachaufnahmen durchschnittlich 61,5 (≈62) Sprachmischungen produziert hat. Im Vergleich zu den anderen bilingualen Kindern mischt das Kind Céline in den romanischen Sprachaufnahmen im Durchschnitt am häufigsten. Nach Lanza (1997) sollte man erwarten, dass der französische Interaktionspartner überwiegend bilinguale Gesprächsstrategien verfolgt, wenn ein Zusammenhang zwischen der Anzahl an Sprachmischungen und dem sprachlichen Verhalten des Erwachsenen besteht. Außerdem zeigt die Tabelle 4.1, dass das deutsch-italienische Kind Aurelio in den deutschen Sprachaufnahmen im Durchschnitt 48,7 (≈49) gemischtsprachliche Äußerungen produziert hat. Das Kind Aurelio mischt im Vergleich zu den anderen bilingualen Kindern in den deutschen Sprachaufnahmen am häufigsten. Wenn eine Korrelation zwischen den erwachsenen Gesprächsstrategien und der Anzahl an Sprachmischungen existiert, dann sollte der deutsche Interaktionspartner von Aurelio überwiegend bilinguale Strategien verfolgen.

In den folgenden Abbildungen 4.4 bis 4.9 wird die durchschnittliche Anzahl an Sprachmischungen (Säulen) in Relation zu den einzelnen Gesprächsstrategien gesetzt, die die Interaktionspartner der Kinder in den Sprachaufnahmen der Zufallsstichprobe, welche sich über den gesamten Untersuchungszeitraum erstreckt, verwendet haben. Nach Lanza (1997) sollte die *Minimal Grasp Strategy*, die die Interaktion als monolingual definiert, zu weniger Sprachmischungen bei den bilingualen Kindern führen. Die Abbildung 4.4 zeigt die durchschnittliche Anzahl der gemischtsprachlichen Äußerungen der einzelnen Kinder (Säulen) in Relation zu der *Minimal Grasp Strategy* der Gesprächspartner (Kurve).

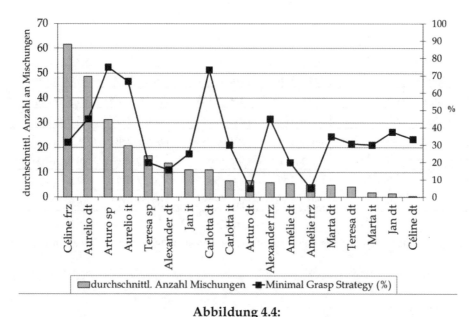

Abbildung 4.4:
Korrelation zwischen *Minimal Grasp Strategy* und der durchschnittlichen Anzahl an Sprachmischungen

In der Abbildung 4.4 wird durch das Ranking der Kinder nach der durchschnittlichen Anzahl an Sprachmischungen deutlich, dass das deutsch-französische Kind Céline im Vergleich zu den anderen bilingualen Kindern in den romanischen Sprachaufnahmen am häufigsten und in den deutschen Sprachaufnahmen am wenigsten mischt. Sowohl der französische als auch der deutsche Interaktionspartner von Céline verfolgt in den Sprachaufnahmen zu ca. 30% die monolinguale *Minimal Grasp Strategy*. Nach Lanza (1997) sollte sich die Anzahl an Sprachmischungen im Französischen und Deutschen nicht unterscheiden, da die sprachliche Reaktion der Interaktionspartner auf die Sprachmischungen in beiden Sprachen gleich ist.

Die Korrelation zwischen den erwachsenen Gesprächsstrategien und der Anzahl an Sprachmischungen wurde mithilfe eines Korrelationskoeffizientens bestimmt, der die Stärke eines Zusammenhangs zwischen zwei Variablen numerisch zum Ausdruck bringt. Die Produkt-Moment-Korrelation erlaubt eine numerische Beschreibung der Richtung und der Stärke des Zusammenhangs zweier Variablen. Der Korrelationskoeffizient „r" liegt immer zwischen -1 und 1, d. h. es gilt $-1 \leq r \leq 1$. Wenn der Korrelationskoeffizient Null ist, dann besteht kein linearer Zusammenhang zwischen den beiden Variablen. Der Korrelationskoeffizient ist positiv, wenn ein gleichsinniger Zusammenhang besteht (positive Korrelation) und er ist negativ, wenn ein gegensinniger Zusammenhang besteht (negative Korrelation). Der Korrelationskoeffizient zwischen der durchschnittlichen Anzahl an Sprachmischungen und der Häufigkeit, mit der die *Minimal Grasp Strategy* verfolgt wird, beträgt $r = 007$ ($p > .05$). Es besteht kein statistisch signifikanter Zusammenhang zwischen den beiden Variablen. Demzufolge hat eine monolinguale Gesprächsstrategie keinen Einfluss auf die von bilingualen Kindern produzierte Anzahl an Sprachmischungen. Die Annahme, dass eine monolinguale Gesprächsstrategie, wie die *Minimal Grasp Strategy*, zu weniger Sprachmischungen führt, kann somit als widerlegt gelten.

Darüber hinaus stellt die *Expressed Guess Strategy* auf dem von Lanza (1997) vorgeschlagenen Kontinuum eine monolinguale Strategie der Erwachsenen dar. Nach Lanza (1997) sollte sich mit Hinblick auf die *Expressed Guess Strategy* Folgendes zeigen: Je häufiger die *Expressed Guess Strategy* von den Interaktionspartnern verfolgt wird, desto weniger Sprachmischungen sollten die bilingualen Kinder produzieren. In der Abbildung 4.5 wird die durchschnittliche Anzahl an Sprachmischungen (Säulen) in Relation zu der *Expressed Guess Strategy* gesetzt, die die Interaktionspartner der Kinder in den Sprachaufnahmen verwendet haben.

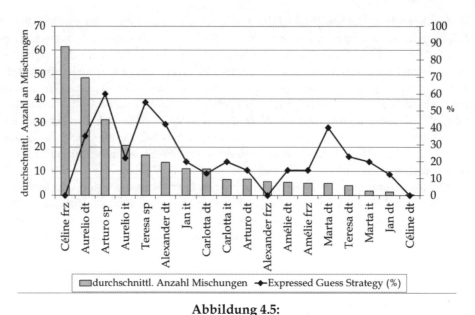

Abbildung 4.5:
Korrelation zwischen *Expressed Guess Strategy* und der durchschnittlichen Anzahl an Sprachmischungen

Auch in diesem Fall zeigt der Korrelationskoeffizient, dass zwischen der durchschnittlichen Anzahl an Sprachmischungen und der Häufigkeit, mit der die *Expressed Guess Strategy* verfolgt wird, kein statistisch signifikanter Zusammenhang besteht ($r = 018$, $p > .05$). Erneut besteht keine statistisch signifikante Korrelation zwischen den beiden Variablen *Expressed Guess Strategy* und der Anzahl an Sprachmischungen.

Die *Adult Repetition Strategy* könnte ebenfalls einen Einfluss auf die kindlichen Sprachmischungen haben. Obwohl diese Strategie auf dem von Lanza (1997) vorgeschlagenen Kontinuum die Interaktion weder eindeutig monolingual noch bilingual definiert, muss überprüft werden, ob es einen Zusammenhang zwischen der *Adult Repetition Strategy* und der Anzahl an Sprachmischungen im bilingualen Kind gibt. In der Abbildung 4.6 wird die durchschnittliche Anzahl an Sprachmischungen der bilingualen Kinder (Säulen) in Relation zu der *Adult Repetition Strategy* gesetzt, die die Interaktionspartner in den Longitudinalstudien verwendet haben.

Code-Switching und monolinguale vs. bilinguale Gesprächsstrategien

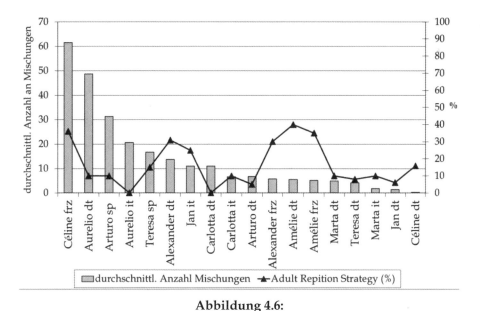

Abbildung 4.6:
Korrelation zwischen *Adult Repetition Strategy* und der durchschnittlichen Anzahl an Sprachmischungen

Der Zusammenhang zwischen den beiden Variablen *Adult Repetition Strategy* und der Anzahl an Sprachmischungen ist ebenfalls statistisch nicht signifikant. Der Korrelationskoeffizient beträgt $r = 018$ ($p > .05$), d. h. es besteht keine Korrelation zwischen den beiden Variablen. Demzufolge hat auch die *Adult Repetition Strategy* keinen Einfluss auf die Anzahl an Sprachmischungen, die von bilingualen Kindern produziert werden.

Nach Lanza (1997) sollten bilinguale Gesprächsstrategien der Interaktionspartner dazu führen, dass bilinguale Kinder häufiger ihre beiden Sprachen mischen. Im Folgenden wird überprüft, ob ein Zusammenhang zwischen der *Move On Strategy* und der Anzahl an Sprachmischungen im bilingualen Kind besteht. In der Abbildung 4.7 wird die durchschnittliche Anzahl an Sprachmischungen der bilingualen Kinder (Säulen) in Relation zu der *Move On Strategy* gesetzt.

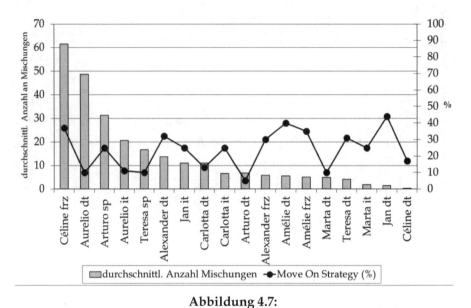

Abbildung 4.7:
Korrelation zwischen *Move On Strategy* und der durchschnittlichen
Anzahl an Sprachmischungen

Die vorliegende Untersuchung kann keine statistisch signifikante Korrelation zwischen der *Move On Strategy* und der Anzahl an Sprachmischungen nachweisen. Der Korrelationskoeffizient zwischen der durchschnittlichen Anzahl an Sprachmischungen und der Häufigkeit, mit der die *Move On Strategy* verfolgt wird, beträgt $r = -003$ ($p > .05$).

In der Abbildung 4.2 ist bereits deutlich geworden, dass die Interaktionspartner nur in 15 Fällen (3,3%) eine eindeutig bilinguale Gesprächsstrategie wie die *Code-Switching* und die *Quotation Strategy* verfolgt haben. Die nachfolgende Abbildung 4.8 zeigt, dass die *Code-Switching Strategy* ausschließlich bei einem bilingualen Kind in den deutschen Sprachaufnahmen beobachtet werden konnte. Nur der deutsche Interaktionspartner des deutsch-französischen Kindes Amélie verfolgt überhaupt die bilinguale *Code-Switching Strategy*. Nach Lanza (1997) sollte man erwarten, dass das deutsch-französische Kind Amélie in den deutschen Sprachaufnahmen mehr mischt als in den französischen Sprachaufnahmen, da nur der deutsche Interaktionspartner die *Code-Switching Strategy* verfolgt. Die Untersuchungsergebnisse zeigen jedoch, dass das Kind Amélie durchschnittlich fünf Sprachmischungen in beiden Sprachen produziert. Mit anderen Worten hat die bilinguale Gesprächsstrategie des deutschen Interaktionspartners keinen Einfluss auf die Anzahl an Sprachmischungen im Deutschen. In der Abbildung 4.8 wird die durchschnittliche Anzahl an Sprachmischungen der bilingualen Kinder (Säulen) in Relation zu der *Code-Switching Strategy* gesetzt.

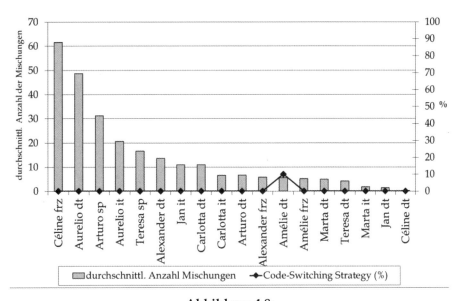

Abbildung 4.8:
Korrelation zwischen *Code Switching Strategy* und der durchschnittlichen
Anzahl an Sprachmischungen

Auch in diesem Fall zeigt der Korrelationskoeffizient, dass kein statistisch signifikanter Zusammenhang zwischen den beiden Variablen *Code-Switching Strategy* und der Anzahl an Sprachmischungen im bilingualen Kind besteht ($r = -013$, $p > .05$).

Darüber hinaus ist die *Quotation Strategy* in Relation zu den kindlichen Sprachmischungen gesetzt worden. Im Vergleich zur *Code-Switching Strategy* wird die *Quotation Strategy* von den Interaktionspartnern häufiger verfolgt. Dennoch können insgesamt nur neun Gesprächskontexte nachgewiesen werden, in denen die Interaktionspartner der Kinder die *Quotation Strategy* verwendet haben. In der folgenden Abbildung 4.9 wird die durchschnittliche Anzahl an Sprachmischungen der bilingualen Kinder (Säulen) in Relation zu der *Quotation Strategy* gesetzt. In den romanischen Sprachaufnahmen haben ausschließlich die Interaktionspartner von Jan, Carlotta und Marta die *Quotation Strategy* verfolgt. Im deutschen Kontext verwendet nur der Interaktionspartner des deutsch-spanischen Kindes Teresa die *Quotation Strategy*. Für die bilingual deutsch-italienischen Kinder Carlotta und Marta zeigen die Untersuchungsergebnisse, dass beide Kinder im deutschen Kontext mehr Sprachmischungen produzieren als in den italienischen Sprachaufnahmen. Für das deutsch-spanische Kind Teresa verdeutlichen die Ergebnisse, dass sie häufiger im spanischen als im deutschen Kontext mischt. Nur das deutsch-italienische Kind Jan produziert in den romanischen Sprachaufnahmen mehr Sprachmischungen als in den deutschen und der romanische Interaktionspartner verfolgt die *Quotation Strategy*, eine eher bilinguale Gesprächsstrategie.

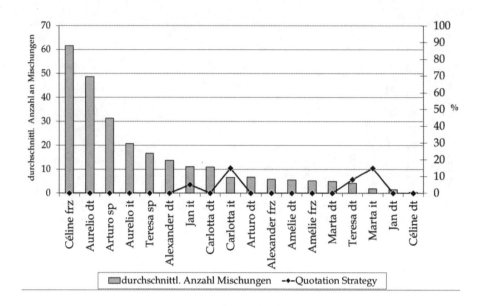

Abbildung 4.9:
Korrelation zwischen *Quotation Strategy* und der durchschnittlichen Anzahl an Sprachmischungen

Der Korrelationskoeffizient macht jedoch deutlich, dass auch die *Quotation Strategy* nicht mit der Anzahl an kindlichen Sprachmischungen statistisch signifikant korreliert ($r = -026, p > .05$).

Zusammenfassend lässt sich festhalten, dass der von Lanza (1992) postulierte Zusammenhang zwischen kindlichen Sprachmischungen und erwachsenen Gesprächsstrategien in der vorliegenden Studie nicht nachgewiesen werden konnte. Eine bilinguale Strategie der Interaktionspartner führt nicht zu mehr Sprachmischungen und eine monolinguale Strategie nicht zu weniger Sprachmischungen im bilingualen Kind. Keine der vorgeschlagenen Gesprächsstrategien korreliert signifikant mit der Anzahl an Sprachmischungen, die in den untersuchten Longitudinalstudien aufgetreten sind.

4.3 Zusammenfassung

In diesem Kapitel ist deutlich geworden, dass die Gesprächsstrategien der Erwachsenen keinen Effekt auf die kindlichen Sprachmischungen haben. Das Auftreten und die Häufigkeit, mit der Sprachmischungen bei bilingualen Kindern zu beobachten sind, sind somit unabhängig von diesen. Die in diesem Kapitel genannten Forschungsergebnisse lassen jedoch nicht den Schluss zu, dass die Qualität der Sprachmischungen von den Gesprächsstrategien losgelöst ist. Diesem Zusammenhang müssten zukünftige Forschungen nachgehen.

4.4 Aufgaben

1. Konstruieren Sie weitere Beispiele für die im Kapitel vorgestellten Gesprächsstrategien und diskutieren Sie das Problem der Abgrenzung voneinander.
2. Carla wächst in Murcia mit ihrer deutschsprachigen Mutter und ihrem spanischsprachigen Vater auf. Analysieren Sie den folgenden Transkriptauszug im Alter von 2;1,6 mit Hinblick auf die von der Mutter verfolgte Gesprächsstrategie. Wie reagiert die Mutter auf Carlas Sprachmischungen?

Nicht-sprachlicher Kontext IP	Äußerung IP	Äußerung Kind	Nicht-sprachlicher Kontext Kind
		no / (xx) /	C. nimmt die Memorykarten in die Hand, legt die Karten in den Spielkarton und legt den Deckel darauf
		ai / bebe /	Sp.
	(xx) räumst du auf ? / willst du nich mehr spieln ? /		
		be /	
	carla , willst du nich mehr spieln ? /		
		sí /	
	ja oder nein ↑ /		
		avión /	Sp. „Flugzeug"; C. zeigt auf die Spielverpackung
	ein flugzeug /		
		a baby /	
benennt die Bilder, die auf dem Karton zu sehen sind	eine puppe /		
		puppe /	
	ein bär /		
		bär /	Imitation
	ein schaf /		
		schaf /	Imitation
zeigt auf das Bild (Schiff)	ein schiff /		
		schiff /	
s.o.	schiff /		
		schiffe /	
	eine ente /		

3. Paul-Edouard wächst mit seiner französischsprachigen Mutter und seinem deutschsprachigen Vater in Hamburg auf. Interpretieren Sie die Äußerungen des Kindes vor dem Hintergrund der monolingualen Gesprächsstrategie des Erwachsenen. Das Alter von Paul-Edouard ist 4;2,16.

Nicht-sprachlicher Kontext IP	Äußerung IP	Äußerung Kind	Nicht-sprachlicher Kontext Kind
		das passt auf deutsch und französisch / allez ! /	Setzt eine Spielfigur auf ein Pferd passt=gehorcht, hört auf
	m-m /		
		allez ! / der hat auch ein messer /	Frz., Figur auf Pferd reitet zur Burg
	mhm /		
		das trinkt das pferd /	Nimmt Figur vom Pferd
setzt mehrere Figuren in ein Boot	und was machen die mädchen ? /		
		die gehen in den /	Schaut auf ein anderes Boot, ohne Ruder
	ach so / mh /		
		die jungs sind besser als die mädchen /	
	aha , wie kommt das denn ? /		
		weil die ham ein ruder /	
	ja , ein ruder nutzt ihnen auch nich viel / hm ↑ /		
		hä , ts / die lachn /	Verächtlicher Tonfall
	über wen ? /		
		weil die ham ein ruder / die lachn weil die ham n ruder /	
	mhm /		
		ts / ihr habt ja kein ruder, ihr schwestern, ts / regarde ! / prince / oh prince / oui ↑ / je suis le prince / [ku] toi / paah / [tu] / paah / patouf / patouf ! /	Lacht Frz. Spielstimme, laut Spielt mit zwei Figuren, die sich bekämpfen
	mh ↑ / patouf ↑ /		
		das bedeutet er – kommt, ärgert ihn /	Guckt Erwachsene an

Code-Switching und monolinguale vs. bilinguale Gesprächsstrategien

4. Antonio wächst in Hamburg mit seiner deutschsprachigen Mutter und seinem italienischsprachigen Vater auf. In den folgenden Ausschnitten aus italienischsprachigen Aufnahmen versuchen die Erwachsenen, ihn zu animieren, Italienisch zu sprechen. Wie tun sie das? Das Alter von Antonio ist 3;8,10, 3;9,3 und 3;9,14.

Nicht-sprachlicher Kontext IP	Äußerung IP	Äußerung Kind	Nicht-sprachlicher Kontext Kind
Italienische IP	come no ? / eh ha la borsa / e deve andare a scuola / no all' asilo forse / va all' asilo ? / neanche / e dove va ? /		
		schule /	
	e io che ho detto va a scuola / eh vedi si sveglia / dorme / si sveglia / va nel bagno / cosa fa qua ? / si lava con l' acqua / no ↑ / speriamo anche con il sapone / poi va in cucina / mangia / e beve / cosa bene ? / il caffè /		
Deutsche IP		(sieht man die zwei augen) /	
	sieht man die zwei augen /		
	no /		
		nich /	
	no / sì / no /		
		sì /	
Antonios Mutter	antonio wie ist das ? / erzähl mal ! / kannst du das katia auf italienisch erzählen ? /		
		will nicht /	
Deutsche IP	katia kann doch nicht so gut deutsch / hm / kannst du das antonio ? /		
	so wie in italien / die können doch alle kein deutsch / und da hast du doch auch immer so schön italienisch mit denen geredet weißt du noch ? /		
		hm / aber – aber jetzt möchte' ich noch was süßes essen /	
	eh / allora questo non è neanche un aereo / e ti spiego subito perché /		
		und das hier auch /	

| | hm hm / in tedesco / questo / si chiama hubschrauber e anche questo anche questo e anche questo / vero ↑ / quindi è un elicottero / | | |

5. Eine Möglichkeit, Sprachmischungen zu vermeiden, ist die Methode von Alexander, der in Italien bei seinem italienischsprachigen Vater und seiner deutschsprachigen Mutter aufwächst. Im folgenden Ausschnitt aus einer italienischsprachigen Aufnahme im Alter von 1;11,3 wird diese Strategie deutlich.

Nicht-sprachlicher Kontext IP	Äußerung IP	Äußerung Kind	Nicht-sprachlicher Kontext Kind
Italienische Erwachsene			
	certo / siete dietro (un) libreria / e ci dovrebbe uno studio di regie / allora , questo è il giallo /		
		kika /	Hahn
	ciao mucca , ciao alex /		
		eh / mu /	Kuh
	e questa cos' è ? /		
		mau ↑ /	Katze
	mau ? / ah mau / è questo il gatto sì sì sì /		

5 Bedingende Faktoren für das Code-Switching am Beispiel einer Querschnittstudie

Malin Hager

In den vorangegangenen Kapiteln haben wir bereits verschiedene Faktoren genannt, die der Literatur zufolge das kindliche CS beeinflussen können. In diesem Kapitel sollen nun systematisch mehrere dieser Faktoren mit dem kindlichen CS in einer Elizitationsstudie in Verbindung gebracht werden, um zu testen, ob sie das kindliche CS tatsächlich bedingen.

Zunächst soll es um den Einfluss des Kind-internen Faktors der Sprachdominanz gehen, welcher bereits in Kapitel 3 anhand von Longitudinalstudien analysiert wurde. In Bezug auf die Dominanz soll untersucht werden, ob diejenigen Kinder mit einer unbalancierten Sprachentwicklung mehr CS aufweisen als diejenigen Kinder, die als balanciert eingestuft werden. Ferner sollen drei Kind-externe Faktoren untersucht werden: die Methode der bilingualen Sprecherziehung, das sprachliche Setting (monolinguale vs. bilinguale Gesprächssituation) sowie die Umgebungssprache.

Der mögliche Einfluss der Umgebungssprache ist ebenfalls schon in Kapitel 3 angeklungen (vgl. auch Patuto et al. 2014), da in der Literatur oftmals behauptet wurde, dass bilinguale Kinder ihre Umgebungssprache als starke Sprache ausbilden und demnach in ihrer Nicht-Umgebungssprache mehr CS aufweisen. Anhand der vorzustellenden Elizitationsstudie ist es aufgrund der großen Anzahl untersuchter Kinder in unterschiedlichen Ländern (n=98) sehr gut möglich, die beiden Faktoren der Dominanz und der Umgebungssprache getrennt voneinander zu betrachten.

Die unterschiedlichen Methoden der bilingualen Sprecherziehung sind bereits in Kapitel 2 vorgestellt worden. Besonders häufig wenden Eltern zur Erziehung ihrer bilingualen Kinder die Methode EINE PERSON – EINE SPRACHE an. Es wird vermutet, dass Kinder, deren Eltern diese Methode verwenden, weniger ihre beiden Sprachen mischen, als Kinder in Familien mit anderen Sprecherziehungsmethoden. Dies könnte darin begründet liegen, dass Kinder, deren Eltern jeweils nur eine Sprache mit ihnen sprechen, von Beginn an dazu angehalten werden, ihre beiden Sprachen getrennt voneinander zu verwenden. Goodz (1989) hat longitudinal untersucht, inwiefern die Eltern von vier englisch-französisch bilingualen Kindern in der Interaktion mit ihren Kindern die beiden Sprachen mischen und ob dies das kindliche CS beeinflusst. Alle Eltern hatten die Aussage gemacht, die Methode EINE PERSON – EINE SPRACHE anzuwenden. Goodz (1989) stellt fest, dass die Eltern nicht ausschließlich ihre eigene Muttersprache mit dem Kind sprechen, sondern auch immer zu einem gewissen, wenngleich sehr geringem Maße, in der jeweils anderen Sprache sprechen, beziehungsweise die Sprachen mischen. Diese Sprachmischungen treten aber insbesondere dann auf, wenn das Kind den Gebrauch der anderen Sprache initiiert. Der Erwachsene übernimmt dann oft diese Sprachwahl des Kindes, bevor er wieder in seine Muttersprache zurückwechselt.

Insgesamt sind Sprachmischungen von Kindern sowohl in der Longitudinalstudie von Goodz (1989) als auch in Querschnittstudien sehr gering. Sowohl in der Querschnittstudie von García (1983) mit zwölf englisch-spanisch bilingualen Kindern als auch in der Querschnittstudie von Lindholm und Padilla (1978) mit fünf englisch-spanisch bilingualen Kindern liegt der Anteil gemischter Äußerungen bei 2% und weniger (vgl. Kapitel 3). Zu beachten ist, dass diese Studien immer in einer monolingualen Gesprächssituation stattgefunden haben. Auch Genesee et al. (1995) zeigen, dass bilinguale Kinder kaum ihre beiden Sprachen mischen, wenn sie mit einer fremden, monolingualen Person in einem monolingualen Gesprächskontext interagieren.

Bevor wir nun die eigentliche Untersuchung vorstellen, wollen wir einige für die Studie relevante Begriffe definieren. In Kapitel 4.1 haben wir bereits den Begriff der Kontextsprache kennengelernt.

> **Kontextsprache:** Sprache, in der das Kind oder der Erwachsene angesprochen wird. Wird das Kind oder der Erwachsene in beiden Sprachen angesprochen, so spricht man auch von einem gemischtsprachlichen Kontext.

Es stellt sich die Frage, ob bilinguale Kinder ihre beiden Sprachen mehr mischen, wenn sie sich in einer bilingualen Gesprächssituation befinden, in welcher das bilinguale Gegenüber beständig die beiden Sprachen mischt, da sie in einem solchen Kontext (auch *Setting* genannt) Evidenz dafür haben, ihre beiden Sprachen verwenden zu können. Die bilinguale Gesprächsstrategie des *Code-Switching* hatten wir bereits in Kapitel 4.1 kennengelernt. Dieser Faktor wird in der Elizitationsstudie insofern untersucht, als Aufnahmen sowohl in einem monolingualen als auch in einem bilingualen Gesprächskontext durchgeführt worden sind.

Da Sprachmischungen bei bilingualen Kindern insgesamt sehr selten auftreten, sollte mit dem von der Forschergruppe WuBiG durchgeführten Code-Switching Test, der in diesem Kapitel vorgestellt wird, gezielt das Mischen der jeweiligen Sprachen bei noch sehr jungen bilingualen Kindern hervorgerufen werden. Dazu eignet sich nach Lust, Chien und Flynn (1987) insbesondere die elizitierte Imitation.

> **Elizitierte Imitation:** Mit dem Begriff Elizitierte Imitation ist das Vorgehen gemeint, dass Kinder direkt oder indirekt dazu aufgefordert werden, einen Satz mit einer bestimmten Struktur wiederzugeben. Nach Lust et al. (1987:287) handelt es sich beim richtigen Vorgehen dabei nicht um ein „Nachplappern" (*parroting*) der Sätze, vielmehr muss das Kind auf die spezifischen linguistischen Merkmale des Stimulus zugreifen, sie abspeichern und zur Rekonstruktion des Satzes heranziehen. Bei der Methode

der elizitierten Imitation handelt es sich um ein valides und reliables Instrument[1] zur Erfassung grammatischer Kompetenz (Lust et al. 1987:337).

5.1 Die Elizitationsstudie

5.1.1 Vorstellung der Elizitationsstudie

In der zu beschreibenden Elizitationsstudie wurde das CS von 98 deutsch-spanisch, deutsch-italienisch und deutsch-französisch bilingualen Kindern untersucht. Der CS-Test wurde mit der Methode der soeben erläuterten elizitierten Imitation in einer bilingualen Gesprächssituation durchgeführt. Aufgrund des möglichen Einflusses der Umgebungssprache auf das kindliche CS wurden neben Kindern in Deutschland auch Kinder in Italien und in Spanien getestet. Die Testung von deutsch-spanischen Kindern erfolgte in Bonn und in Madrid, die Testung der deutsch-italienischen Kinder in Berlin und Mailand und die Testung der deutsch-französischen Kinder in Düsseldorf, Kaarst und Köln. Eine Übersicht über die Probandengruppe findet sich in der folgenden Tabelle 5.1.

Sprachkombination	Deutschland	Spanien/ Italien	Altersspanne	gesamt
dt.-sp.	28	43	2;6 -7;1	71
dt.-it.	8	10	3;1 – 5;10	18
dt.-fr.	9	-	2;7 – 9;9	9
gesamt	45	53	2;6 – 9;9	98

Tabelle 5.1:
Teilnehmende Kinder an der Elizitationsstudie

Die bilinguale Gesprächssituation, in welche der CS-Test eingebettet wurde, wurde von einem muttersprachlich bilingualen Interaktionspartner gestaltet. Diese Interaktion wurde mit einer Videokamera aufgezeichnet und für die Auswertung transkribiert. Die bilinguale Aufnahme war jeweils ca. 40 Minuten lang, wobei davon etwa 20 Minuten auf den in die Aufnahme eingebetteten Test entfielen. Darüber hinaus wurde für jede der beiden Sprachen des Kindes eine monolinguale Aufnahme mit einem monolingualen Gesprächspartner durchgeführt (jeweils ca. 20 Minuten lang), um den jeweiligen Sprachstand in den beiden Sprachen der Kinder erfassen zu können. Ferner bot sich dadurch auch die Möglichkeit, das kindliche CS in einer einsprachigen Gesprächssituation zu erfassen.

Der Elizitationstest wurde mithilfe zweier Handpuppen durchgeführt, wobei eine Kind-Handpuppe einer Oma-Handpuppe von einem Zoobesuch erzählte (vgl. Abbildung 2.3 in Kapitel 2). Während dieser Erzählung, in welcher der In-

---

[1] Mit der Validität ist die Eignung eines bestimmten Messverfahrens bezüglich ihrer Zielsetzung gemeint. Ein valides Instrument ist ein geeignetes Instrument. Mit Reliabilität wird die Zuverlässigkeit einer Messung bezeichnet. Führt man den Test erneut durch, bleiben die Messergebnisse stabil.

teraktionspartner die beiden Puppen durchgehend die beiden Sprachen inter- und intra-sentential mischen ließ, wurden von der Kind-Handpuppe insgesamt 16 Testsätze geäußert, die die schwerhörige Oma-Handpuppe nicht verstand. Das zu testende Kind wurde dann jeweils aufgefordert, der Oma den Testsatz wiederzugeben.[2] Die Geschichte wurde durch Playmobil-Figuren und -Tiere visuell unterstützt und der Interaktionspartner spielte auch schon in einer zehnminütigen Vorlaufphase in spontaner Interaktion mit dem Kind mit diesen Figuren, um das Kind thematisch auf den Test vorzubereiten. Während der spontanen Interaktion vor und nach dem eigentlichen Test mischte der erwachsene Interaktionspartner ebenfalls permanent die beiden Sprachen.

Mit den 16 Testsätzen sollten vier verschiedene Arten von Mischungen elizitiert werden:

- CS zwischen temporalen Hilfsverben und der Verbalphrase (Testsätze 1, 9, 12, 14)
- CS zwischen nebensatzeinleitenden Konjunktionen und dem finiten Satz (Testsätze 2, 5, 8, 16)
- CS zwischen Adjektiv und Nomen (Testsätze 3, 6, 10, 13)
- CS zwischen Adverbien und dem Satz (Testsätze 4, 7, 11, 15)

In jedem dieser 4 Bereiche weichen die deutsche und die romanische Wortstellung voneinander ab, sodass die zugrunde liegende Struktur in den gemischtsprachlichen Äußerungen der Kinder untersucht werden kann. Bei der Konzeption der Testsätze wurde darauf geachtet, dass diese mit allen drei betrachteten romanischen Sprachen kompatibel sind und auch jeweils aus gleich vielen Wörtern bestehen. Ferner waren alle Testsätze zwischen 8 und 12 Wörtern lang. Diese Länge ergab sich dadurch, dass zu kurze Sätze die Gefahr mit sich bringen könnten, dass die Kinder die Sätze lediglich „nachplappern" (*parroting*), und zu lange Sätze die Kinder im Hinblick auf die Arbeitsgedächtnisleistung überfordern könnten (vgl. Lust et al. 1987). Im Folgenden werden alle Items in der Reihenfolge deutsch-spanisch, deutsch-italienisch, deutsch-französisch aufgeführt.

5.1.2 Testsätze

Die mit dem Experiment befassten erwachsenen Personen waren angehalten, die folgenden Sätze zu memorisieren.

(1) Ein großer Löwe hat *comido un hueso enorme*
     Ein großer Löwe hat *mangiato un osso enorme*
     Ein großer Löwe hat *mangé un os énorme*
(2) Meine Mama und ich haben gesehen, dass *el león pequeño dormir quería*
     Meine Mama und ich haben gesehen, dass *il leone piccolo dormire voleva*

---

[2] Ein solcher Test wurde bisher nicht in der Literatur beschrieben. Wir möchten Prof. Dr. Jaqueline Toribio für die inhaltliche Unterstützung danken sowie für die Handpuppen, die sie uns zur Verfügung gestellt hat.

Bedingende Faktoren für das Code-Switching

      Meine Mama und ich haben gesehen, dass *le petit lion dormir voulait*

(3)   La jirafa grande llevaba un *grünen* sombrero en su cabeza
      La giraffa grande aveva un *grünen* capello sulla sua testa
      La girafe grande avait un *grünen* chapeau sur sa tête

(4)   *Langsam* la jirafa comía las hojas verdes de su cubo
      Langsam la giraffe mangiava le foglie verdi dal suo secchio
      Langsam la girafe mangeait les feuilles vertes de son cube

(5)   Meine Mama und ich haben gesehen, *dass el mono pequeño sabía correr*
      Meine Mama und ich haben gesehen, dass *la scimmia piccola sapeva correre*
      Meine Mama und ich haben gesehen, dass *le petit singe pouvait courir*

(6)   Der große Pinguin hatte einen *negro* Punkt auf seinem Bauch
      Der große Pinguin hatte einen *nero* Punkt auf seinem Bauch
      Der große Pinguin hatte einen *noir* Punkt auf seinem Bauch

(7)   *Rápidamente* der kleine Pinguin rannte zu seiner Mama
      Rapidamente der kleine Pinguin rannte zu seiner Mama
      Rapidement der kleine Pinguin rannte zu seiner Mama

(8)   Mi mamá y yo hemos visto que *der Mann fegen wollte*
      Mia mamma ed io abbiamo visto che *der Mann fegen wollte*
      Maman et moi nous avons vu que *der Mann fegen wollte*

(9)   El delfín pequeño ha *hochgeworfen einen roten Ball*
      Il delfino piccolo ha *hochgeworfen einen roten Ball*
      Le petit dauphin a *hochgeworfen einen roten Ball*

(10) *El jersey* gelb war super für diesen kalten Tag
      Il maglione gelb war super für diesen kalten Tag
      Le pull gelb war super für diesen kalten Tag

(11) *Langsam* comieron las tortugas las hojas de mi mamá
      Langsam mangiarono le tartarughe le foglie di mia mamma
      Langsam mangeaient le tortues les feuilles de ma maman

(12) Die weiße Ziege *hat* una manzana de mi mano comido
      Die weiße Ziege *hat* una mela dalla mia mano mangiato
      Die weiße Ziege *hat* une pomme de ma main mangé

(13) Die Ziegen *marrones* haben das Futter aus einem Eimer gefressen
      Die Ziegen *marroni* haben das Futter aus einem Eimer gefressen
      Die Ziegen *marrons* haben das Futter aus einem Eimer gefressen

(14) Mi mamá ha *den Hasen und das Pony gestreichelt*
      Mia mamma ha *den Hasen und das Pony gestreichelt*
      Ma maman a *den Hasen und das Pony gestreichelt*

(15) *Rápidamente* lief der kleine Hase in sein Häuschen
      Rapidamente lief der kleine Hase in sein Häuschen
      Rapidement lief der kleine Hase in sein Häuschen

(16) Mi mamá y yo hemos visto que *die Giraffe wollte tanzen*
      Mia mamma ed io abbiamo visto che *die Giraffe wollte tanzen*
      Maman et moi nous avons vu que *die Giraffe wollte tanzen*

5.1.3 Die kindlichen Reaktionen auf die Testitems

Im Folgenden werden die Reaktionen der bilingualen Kinder auf die Testsätze dargelegt, die in die fünf Kategorien *Switch (Mischpunkt) relevant, Switch nicht relevant, monolingual deutsch, monolingual romanisch* und *keine relevante Reaktion* eingeordnet werden. Unter die Kategorie eines relevanten CS fallen die gemischtsprachlichen Reaktionen der Kinder, bei welchen der Mischpunkt beibehalten worden ist. Bei einem nicht-relevanten CS gibt das Kind auch eine gemischtsprachliche Äußerung wieder, allerdings nicht unter Beibehaltung des vorgegebenen Mischpunktes. Unter die Kategorien monolingual deutsch und monolingual romanisch fallen diejenigen Äußerungen, die den Inhalt des Testsatzes einsprachig wiedergeben. Nicht relevante Reaktionen schließlich umfassen solche Fälle, in denen das Kind entweder gar nicht reagiert hat oder nur einen Teil der Äußerung wiedergegeben hat, der die zu elizitierende Struktur nicht mehr umfasst. Zur Verdeutlichung der einzelnen Kategorien sollen die folgenden Reaktionen aus der deutsch-spanischen Studie auf den Testsatz 11 dienen („Langsam *comieron las tortugas las hojas de mi mamá*").

- o Switch relevant: „que *langsam* comieron las hojas de tu mamá" (Alexia W., 5;11,28)
- o Switch nicht relevant: „que *die* tortugas *essen blättern die so sind*" (Leonor, 3;6,21)
- o Monolingual deutsch: „langsam die – die schildkröten haben die der essen von der mam,ma gegessen" (Sofía, 6;3,3)
- o Monolingual rom.: „que eh lentamente habían comido las hojas de su mamá" (Roberto, ohne Altersangabe)
- o Keine rel. Reaktion: „ich weiß das nicht" (Álvaro, 4;1,8)

Die Testsatzreaktionen aller getesteten Kinder werden nun nach Sprachkombination in den drei Abbildungen 5.1, 5.2 und 5.3 sowohl prozentual als auch in absoluten Zahlen dargestellt. Bei den deutsch-spanisch bilingualen Kindern ist zu beachten, dass 7 der 71 Kinder keine Reaktion auf die Testsätze gezeigt und den Test somit verweigert haben, sodass der Test abgebrochen wurde. Diese Kinder wurden für die entsprechende Abbildung nicht berücksichtigt.

Bedingende Faktoren für das Code-Switching

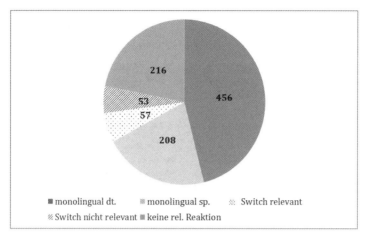

Abbildung 5.1:
Testsatzreaktionen der deutsch-spanischen Kinder (n=64)

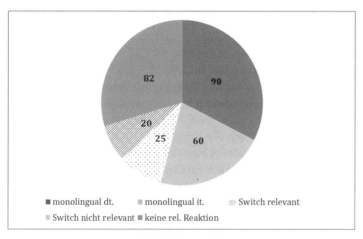

Abbildung 5.2:
Testsatzreaktionen der deutsch-italienischen Kinder (n=18)

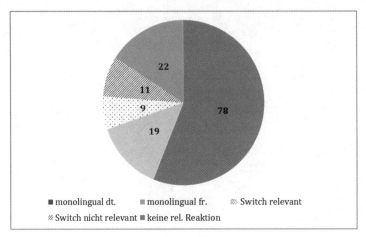

Abbildung 5.3:
Testsatzreaktionen der deutsch-französischen Kinder (n=9)

Wie aus den Grafiken ersichtlich wird, reagieren die Kinder zum größten Teil monolingual auf die Testitems. Der Anteil monolingualer Testsatzreaktionen liegt zwischen 54% (deutsch-italienisch) und 70% (deutsch-französisch). Die gemischtsprachlichen Reaktionen, die in den Abbildungen durch Musterfüllungen hervorgehoben sind, machen im Vergleich dazu einen geringen Anteil aus. Der Prozentsatz derjenigen gemischtsprachlichen Reaktionen, die einen relevanten Sprachenwechsel darstellen, liegt bei 5,9% für die deutsch-spanische Studie, bei 9% für die deutsch-italienischen Kinder und bei 6,5% im deutsch-französischen Fall. Dieser Prozentsatz von elizitierten Mischungen mit beibehaltenem Mischpunkt wirkt gering, ist aber, wenn man ihn ins Verhältnis zu den Mischraten der bilingualen Kinder in spontansprachlicher Interaktion setzt (was wir später in diesem Kapitel tun werden), vergleichsweise hoch und zeigt damit, dass der Test dazu geeignet ist, Sprachmischungen zu elizitieren. Nachdem nun der Test der Querschnittstudie vorgestellt worden ist, soll im Anschluss die Relevanz der einzelnen Kind-internen und -externen Faktoren untersucht werden.

5.2 Code-Switching und Sprachdominanz

Zunächst soll der Kind-interne Faktor der Sprachdominanz betrachtet werden. Wie in Kapitel 3 bereits ausgeführt wurde, ist in der Literatur häufig vermutet worden, dass sich die Sprachdominanz eines Kindes insofern bemerkbar macht, als es in seiner schwachen Sprache viel mischt, um sich mit der starken Sprache zu behelfen. Um die Sprachdominanz der Kinder in den Querschnittstudien zu ermitteln, wurde (analog zum Vorgehen in der Längsschnittstudie, s. Kap. 3) in den monolingualen Aufnahmen jeweils der MLU berechnet. Die Differenz aus dem Wert für die deutsche Aufnahme und dem für die romanische Aufnahme ergibt dann die MLU-Differenz, mit Hilfe derer anhand der Kriterien von Arencibia Guerra (2008) die Sprachdominanz ermittelt werden kann. Die Abbildung

5.4 gibt eine Übersicht über die Sprachbalance der Kinder, getrennt nach Sprachkombination.[3]

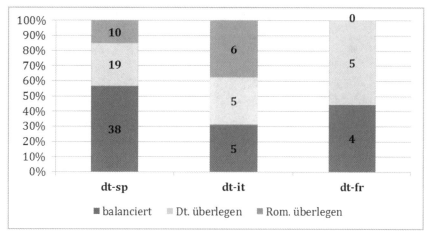

Abbildung 5.4:
Übersicht über die Sprachbalance der einzelnen Kinder

Um zu überprüfen, ob ein Zusammenhang zwischen der Sprachdominanz und der Mischrate der Kinder besteht, wurde zunächst für die monolingualen Aufnahmen der Anteil der intra-sententialen Mischungen ermittelt. Dazu wurde die Anzahl der Äußerungen, die eine intra-sententiale Sprachmischung enthielten, ins Verhältnis zu allen einsprachigen Äußerungen[4] gesetzt. Abgebrochene und imitierte Äußerungen sowie solche, in denen das Kind etwas auswendig Gelerntes aufsagt (wie Gedichte, das Alphabet etc.), wurden dabei außen vor gelassen.

Bei den aufgrund der MLU-Differenz als unbalanciert eingestuften Kindern wurde zwischen dem Gesprächskontext der schwachen und der starken Sprache unterschieden, um die Hypothese untersuchen zu können, dass unbalancierte Kinder im Gesprächskontext ihrer schwachen Sprache mehr mischen als im Kontext ihrer starken Sprache. Die folgende Abbildung 5.5 zeigt die jeweiligen Anteile monolingualer bzw. intra-sentential gemischter Äußerungen der unbalancierten Kinder im Kontext ihrer starken bzw. ihrer schwachen Sprache (monolinguale Aufnahme), wobei jeweils auch die absolute Äußerungsanzahl angegeben ist.

---

[3] Bei sechs Kindern konnte die Dominanz nicht ermittelt werden, da eine der monolingualen Aufnahmen nicht verfügbar war.
[4] Da hier das intra-sententiale Mischen im Vordergrund stehen soll, wurden die inter-sentential gemischten Äußerungen zu den einsprachigen Äußerungen gezählt, da sie ja ebenfalls einsprachig sind, wenngleich sie nicht der Kontextsprache der Aufnahme entsprechen.

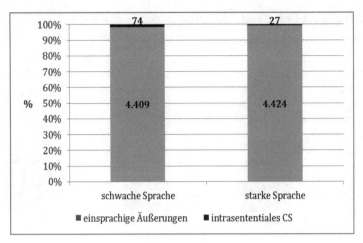

Abbildung 5.5:

Intra-sententiales CS in den monolingualen Aufnahmen der unbalancierten Kinder nach Kontextsprache

Wie aus der Abbildung 5.5 ersichtlich wird, mischen die als unbalanciert eingestuften Kinder ihre Sprachen während der monolingualen Aufnahmen sehr selten intra-sentential. Die Mischrate liegt im Gesprächskontext der vergleichsweise schwächeren Sprache bei 1,65% und im Gesprächskontext der stärkeren Sprache bei 0,61%. Wenngleich beide Mischraten sehr gering erscheinen, ist der Unterschied dennoch signifikant[5]. Die Kinder mit einer unbalancierten Sprachentwicklung mischen also signifikant häufiger, wenn sie ihre schwache Sprache sprechen als in einer Gesprächssituation, die im Kontext ihrer starken Sprache stattfindet. Dieses Ergebnis muss aber dadurch relativiert werden, dass beide Prozentsätze sehr klein sind und weit unter der Performanzmarke von 5%[6] liegen.

Für die Testung der Hypothese, dass unbalancierte Kinder in ihrer schwachen Sprache mehr mischen als in ihrer starken, mussten wir uns auf die monolingualen Aufnahmen beschränken, da nur hier diese Unterscheidung gemacht werden

---

[5] Zur Testung der Signifikanz wurde in R eine binomiale Regressionsanalyse mit den Faktoren starke Sprache/schwache Sprache (in den folgenden Fällen analog die jeweiligen Faktoren) in Kombination mit Maximum-Likelihood Konfidenzintervallen sowie Bootstrap simulierten Konfidenzintervallen durchgeführt.

[6] Sprachphänomene, die eine geringere Frequenz als 5% haben, sind der Performanz zuzurechnen (Müller et al. 2011³:20, Valian 1990). Di Venanzio (2013) findet in den spontansprachlichen Korpora von fünf monolingual deutschen Kindern im Alter von zwei bis fünf Jahren nur insgesamt 332 Selbstreparaturen bei insgesamt 31551 Äußerungen. Der Prozentsatz von 1,05 unflüssiger Sprache liegt weit unter der 5%-Marke, weshalb hier weitere Forschung notwendig ist, um Kriterien für eine Einschätzung festzulegen, wann Performanzdaten Performanzphänomene widerspiegeln und wann sie Rückschlüsse auf die Kompetenz erlauben. Diese Kriterien sind notwendig, da Sprachdaten, die aufgezeichnet werden, immer Performanzdaten darstellen, da sie enstehen, wenn Kinder/Erwachsene von ihrem Sprachwissen Gebrauch machen und Sprache produzieren (vgl. Müller et al. 2011³:18f.).

kann. Für die Gegenüberstellung zwischen unbalancierten Kindern einerseits und balancierten Kindern andererseits ist es nun möglich, auch das Mischverhalten im spontansprachlichen bilingualen Aufnahmeteil[7] mit hinzuziehen. Der Testteil der bilingualen Aufnahme bleibt selbstverständlich außen vor, da die darin auftretenden Sprachmischungen nicht als spontan angesehen werden können. Die folgende Abbildung 5.6 zeigt demnach die monolingualen und die intra-sentential gemischten Äußerungen der unbalancierten und der balancierten bilingualen Kinder im monolingualen und im spontansprachlichen bilingualen Teil.

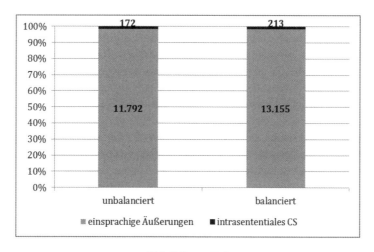

Abbildung 5.6:
Intra-sententiales CS in den monolingualen Aufnahmen und der spontansprachlichen bilingualen Aufnahme nach Dominanz

Die Abbildung 5.6 zeigt deutlich, dass die bilingualen Kinder mit einer unbalancierten Sprachentwicklung nicht häufiger die beiden involvierten Sprachen mischen als die Kinder mit einer balancierten Sprachentwicklung. Die Mischrate der unbalancierten Kinder liegt mit 1,44% sogar leicht unter der der balancierten Kinder (1,62%). Ein Signifikanztest (s. Fußnote 5) ergab einen nicht signifikanten Unterschied zwischen den beiden Gruppen. Damit ist bereits eines der wichtigsten Ergebnisse der Studie genannt, nämlich, dass die Balanciertheit in der Entwicklung der beiden Sprachen keinen Einfluss auf das Mischverhalten hat. Unbalanciert bilinguale Kinder mischen ihre Sprachen nicht häufiger intrasentential als balanciert bilinguale Kinder. Dies wurde in der Literatur vielmals gegensätzlich behauptet (vgl. hierzu Kapitel 3), so dass das Ergebnis einen lange sicher geheißenen Standpunkt widerlegt. Im Anschluss soll es nun um den möglichen Einfluss der drei Kind-externen Einflussfaktoren auf das Code-Switching gehen.

---

[7] D. h. des Teils der bilingualen Aufnahme, der nicht den eigentlichen Elizitationstest darstellt.

5.3 Code-Switching und Setting der Aufnahme

Bei den Kind-externen Faktoren betrachten wir zunächst den Einfluss des Settings auf das kindliche Code-Switching genauer, wobei zwischen monolingualer (deutscher und romanischer) und bilingualer Gesprächssituation unterschieden wird. Im Hinblick auf die bilinguale Gesprächssituation wurde der spontansprachliche Teil der bilingualen Aufnahme in Betracht gezogen, also die spontane Interaktion zwischen dem bilingualen Erwachsenen und dem Kind vor und nach dem eigentlichen CS-Test. Der Test selber wurde hierbei ausgeschlossen, da es um die Sprachmischungen gehen soll, die das Kind spontan geäußert hat, und nicht um solche, zu denen es indirekt aufgefordert worden ist. Im Kapitel 4 wurde bereits die Hypothese aufgestellt, dass Kinder in einer bilingualen Gesprächssituation mit einem bilingualen Gesprächspartner, der selbst die betroffenen Sprachen mischt, mehr CS aufweisen als in einem monolingualen Gesprächskontext, in welchem der Interaktionspartner nur eine Sprache spricht. Die Hypothese wurde in dem Kapitel verworfen, jedoch war die Datenbasis sehr gering. Im Kapitel 4 wurden im Gegensatz zu dem vorliegenden Kapitel ausschließlich Aufnahmen analysiert, von denen gewünscht war, dass sie einsprachig realisiert werden. Dennoch haben die Erwachsenen teilweise bilinguale Gesprächsstrategien gebraucht. Im Unterschied dazu werden im vorliegenden Kapitel einsprachig und bilingual realisierte Aufnahmeteile miteinander verglichen, um untersuchen zu können, ob ein bewusst bilinguales Setting mit mehr kindlichen Sprachmischungen einhergeht als ein monolinguales Setting.

In der folgenden Abbildung 5.7 ist der prozentuale Anteil einsprachig deutscher bzw. romanischer Äußerungen und Äußerungen mit intra-sententialem CS dargestellt. Die Datenbeschriftung beziffert die absolute Anzahl der entsprechenden Äußerungen. In Bezug auf das monolinguale Setting ist zu beachten, dass die einsprachig deutschen Äußerungen auch die inter-sententialen Mischungen aus dem romanischen Gesprächskontext beinhalten (die ja auch einsprachig deutsch sind). Dies gilt analog auch für die einsprachig romanischen Äußerungen des monolingualen Setting. Dies ist insofern sinnvoll, als im bilingualen Setting keine inter-sential gemischten Äußerungen ausgemacht werden können, da hier nicht nur eine Sprache der Gesprächssituation zugrunde liegt. Da die Sprachkombination der Kinder bei dem Faktor des Settings keinen Unterschied macht, werden alle untersuchten Kinder gemeinsam abgebildet.[8]

---

[8] Es fehlt ein Kind, von welchem keine monolingualen Aufnahmen gemacht werden konnten, sowie eines, das die bilinguale Aufnahme verweigert hat. Gab es von einem Kind nur eine monolinguale Aufnahme, wurde nur diese für das monolinguale Setting zugrunde gelegt. Dies betrifft fünf Kinder.

Bedingende Faktoren für das Code-Switching

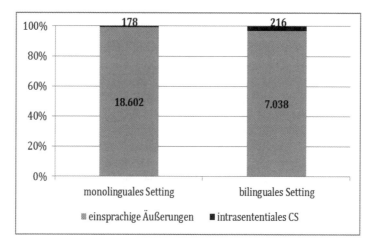

Abbildung 5.7:
Intra-sententiales CS nach Setting

Wie aus der Abbildung 5.7 ersichtlich wird, mischen die Kinder sowohl im monolingualen als auch im bilingualen Setting sehr selten ihre beiden Sprachen. Dennoch liegt der Anteil an Mischungen im bilingualen Gesprächskontext mit 3,05% über dem Anteil an Mischungen im einsprachigen Gesprächskontext mit 0,94%. Beide Mischraten sind wiederum gering, allerdings ist der Unterschied in diesem Fall signifikant. Die Kinder der Studie mischen daher im bilingualen Setting signifikant mehr intra-sentential als im monolingualen Setting.

5.4 Code-Switching und die Methode der bilingualen Sprecherziehung

Ein weiterer Kind-externer Faktor, der einen Einfluss auf das kindliche CS haben könnte, ist die Methode der bilingualen Sprecherziehung. In Kapitel 2 wurden die verschiedenen bilingualen Sprecherziehungsmethoden vorgestellt. Immer wieder haben Forscher vermutet, dass Kinder, deren Eltern die Strategie EINE PERSON – EINE SPRACHE verfolgen, weniger Mischungen aufweisen, als Kinder, deren Eltern andere Methoden der bilingualen Sprecherziehung gewählt haben. Die meisten der Kinder, die an der Elizitationsstudie teilgenommen haben, wachsen nach der Methode EINE PERSON – EINE SPRACHE (1P-1L) auf (n=71), die Anzahl der Kinder mit anderen Methoden der bilingualen Sprecherziehung (≠1P-1L) ist mit 24 wesentlich geringer.[9] Um den Anteil der intrasententialen Mischungen für jedes Kind zu ermitteln, wurden alle intrasentential gemischten Äußerungen in den beiden einsprachigen Aufnahmen und in dem spontansprachlichen Teil der bilingualen Aufnahme ins Verhältnis zu den einsprachigen Äußerungen in diesen Teilen gesetzt.

---

[9] Bei den verbleibenden sieben der insgesamt 98 getesteten bilingualen Kinder ist die Methode der Sprecherziehung unbekannt.

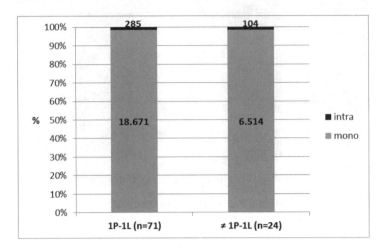

Abbildung 5.8:
CS in Abhängigkeit von der Methode der bilingualen Sprecherziehung

Aus der Abbildung 5.8 wird ersichtlich, dass beide Gruppen von Kindern sehr selten intra-sentential mischen. Die Kinder, die nach der Methode EINE PERSON – EINE SPRACHE erzogen werden, mischen zu 1,53%, die Kinder mit anderen Methoden zu 1,96%. Dieser Unterschied ist nicht signifikant. Daher hat die Methode der bilingualen Sprecherziehung im Gegensatz zum Setting der Aufnahme keinen Einfluss auf das kindliche Mischverhalten.

5.5 Code-Switching und die Umgebungssprache

Abschließend soll nun noch der mögliche Einfluss der Umgebungssprache auf das kindliche CS untersucht werden, wobei die Hypothese diesbezüglich ist, dass die Kinder im Gesprächskontext ihrer jeweiligen Nicht-Umgebungssprache mehr intra-sententiales CS aufweisen. Um dies zu untersuchen, können nur die monolingualen Aufnahmen einbezogen werden, da hier eine Kontextsprache vorgegeben ist, die der jeweiligen Umgebungssprache entsprechen bzw. nicht entsprechen kann. Bei der bilingualen Aufnahme hingegen kann keine Kontextsprache ausgemacht werden.

Die folgende Abbildung 5.9 zeigt jeweils nach Sprachkombination und Land die monolingualen und intra-sentential gemischten Äußerungen der bilingualen Kinder in der monolingualen Aufnahme der Umgebungs- und der Nicht-Umgebungssprache. Dabei ist die jeweilige Nicht-Umgebungssprache schraffiert dargestellt.

Bedingende Faktoren für das Code-Switching

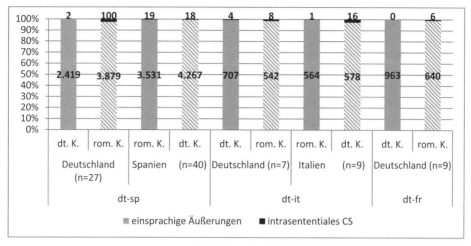

Abbildung 5.9:
CS der deutsch-spanischen, deutsch-italienischen und deutsch-französischen Kinder in der Umgebungssprache und der Nicht-Umgebungssprache[10]

Wie die Abbildung 5.9 zeigt, scheinen die Kinder aller Sprachkombinationen in der Aufnahme, die in der jeweiligen Nicht-Umgebungssprache gemacht wurde, mehr zu mischen als in der der jeweiligen Umgebungssprache. Um die Signifikanz dessen zu überprüfen, wurden alle Kinder gemeinsam betrachtet, da es hierfür nicht von Relevanz ist, ob das Deutsche oder das Romanische die Umgebungs- bzw. die Nicht-Umgebungssprache darstellt. Die Testung ergab einen signifikanten Unterschied zwischen den Mischraten im Gesprächskontext der Umgebungssprache und den Mischraten im Gesprächskontext der Nicht-Umgebungssprache. Die Kinder mischen also signifikant mehr, wenn sie ihre jeweilige Nicht-Umgebungssprache sprechen. Wiederum muss allerdings auch hier gesagt werden, dass die Mischraten insgesamt sehr niedrig ausfallen (die höchste liegt bei 2,69% für die deutschsprachige Aufnahme der deutsch-italienischen Kinder aus Italien).

5.6 Zusammenfassung

In diesem Kapitel wurde anhand einer Querschnittstudie der Einfluss von vier verschiedenen Faktoren auf das kindliche CS untersucht. Es wurde aufgezeigt, dass unbalancierte Kinder im Gesprächskontext ihrer schwachen Sprache zwar mehr mischen als im Gesprächskontext ihrer starken Sprache. Allerdings hat die Sprachdominanz an sich keinen Einfluss auf die Quantität des CS, da unbalancierte Kinder nicht häufiger ihre beiden Sprachen intra-sentential mischen als balancierte Kinder.

---

[10] Für drei deutsch-spanische Kinder aus Spanien und ein Kind aus Deutschland sowie für ein deutsch-italienisches Kind aus Italien und eines aus Deutschland waren nicht beide monolingualen Aufnahmen verfügbar, weswegen diese Kinder hier nicht mit dargestellt werden konnten.

Neben dem Faktor der Sprachdominanz haben wir uns in diesem Kapitel auch drei Kind-externe Faktoren im Rahmen der Querschnittstudie genauer angeschaut. Die Untersuchung des Einflusses des Settings hat ergeben, dass ein signifikanter Unterschied zwischen der Mischrate in der monolingualen Gesprächssituation und der in der bilingualen Situation besteht. Bilinguale Kinder mischen ihre Sprachen in der Tat häufiger, wenn ihr Gesprächspartner dies auch tut. Dies zeigt, dass die Kinder dazu in der Lage sind, ihr Sprachverhalten an ihren jeweiligen monolingualen bzw. bilingualen Gesprächspartner anzupassen. Ebenfalls einen Einfluss auf das CS hatte die Umgebungssprache der Kinder. In der beschriebenen Querschnittstudie wurden sowohl Kinder in Deutschland als auch in Spanien und Italien getestet, um den Einfluss der Umgebungssprache auf das Mischverhalten untersuchen zu können. Die Ergebnisse haben dabei gezeigt, dass die Kinder mehr mischen, wenn sie die jeweilige Nicht-Landessprache sprechen.

Keinen Einfluss auf das CS hingegen hatte die Methode der bilingualen Spracherziehung. Die Überlegung hierbei war, dass Kinder, bei welchen die Sprachen in der Erziehung nicht klar voneinander abgegrenzt werden, vermutlich häufiger ihre beiden Sprachen mischen, als Kinder die nach der Methode EINE PERSON – EINE SPRACHE erzogen werden. Dies scheint allerdings nicht der Fall zu sein, da es zwischen den Kindern, die nach der Methode EINE PERSON – EINE SPRACHE und den Kindern, die nach anderen Methoden erzogen werden, keinen signifikanten Unterschied der Mischraten gibt.

Es kann also festgehalten werden, dass das Setting und die Umgebungssprache das kindliche CS beeinflussen, die Dominanz und die Methode der bilingualen Spracherziehung hingegen nicht. Unser Kapitel sollte auch zeigen, dass Elizitationstests notwendig sind, um den Einfluss der genannten Faktoren systematisch untersuchen zu können. Die Tatsache, dass bilinguale Kinder insgesamt wenig Sprachmischungen produzieren, selbst wenn sie dazu von dem Experimentator angehalten werden, unterstreicht ein definitorisches Merkmal des CS, nämlich dass es spontan auftritt. Das Ergebnis könnte auch bedeuten, dass das CS aufwändig ist und bei Kindern erst dann mit der von Erwachsenen gebrauchten Frequenz auftritt, wenn sie ihre Sprachverarbeitungsmechanismen weiterentwickelt haben.

5.7 Aufgaben

1. Im vorliegenden Kapitel wurde gezeigt, dass das Setting einen Einfluss auf das Mischverhalten der bilingualen Kinder hat. In Kapitel 4 haben wir gelernt, dass die Gesprächsstrategien keinen Einfluss auf das Mischverhalten haben. Diskutieren Sie.
2. Markmann (2013) kommt bei der Analyse der kindlichen Daten aus den im Kapitel vorgestellten Querschnittstudien mit monolingualen und bilingualen Aufnahmeteilen (45 Jungen und 53 Mädchen) für den Zusammenhang zwischen intra-sententialem CS und dem Geschlecht der Probanden zu folgendem Ergebnis: Bei den Jungen stehen 61 Mischungen 8.130 einsprachige Äu-

ßerungen gegenüber, bei den Mädchen 117 Mischungen 9.080 einsprachigen Äußerungen. Auf der Basis eines Chi-Quadrat-Tests erweist sich der Zusammenhang zwischen intra-sententialer Mischung und Geschlecht als hochsignifikant. Auch Poplack (1980:613) kommt zu dem Ergebnis, dass die Frauen in ihrer Studie (insgesamt 20 Probanden) erheblich mehr intra-sentential mischen als die Männer. Bewerten Sie den Einfluss des Geschlechts vor dem Hintergrund der im Kapitel vorgestellten Ergebnisse.
3. Bucher (2012) geht in ihrer Forschungsarbeit am Beispiel der deutsch-französischen Querschnittdaten aus der bilingualen Gesprächssituation der Frage nach, weshalb die Kinder in einem derart geringen Maße die Sprachen gewechselt haben, obwohl sie hierzu durch eine bilinguale Gesprächssituation angehalten wurden. Sie kommt zu dem Ergebnis, dass die von dem Interaktionspartner zuletzt gebrauchte Sprache die kindliche Sprachwahl beeinflusst hat. Bewerten Sie das Ergebnis vor dem Hintergrund der im Kapitel vorgestellten Ergebnisse.

    E: ah ! / ils sont vite oder eher langsam
    Sophie: ähm ein bisschen schnell und ein bisschen langsam

6 Diskurspragmatische Funktionen des Code-Switching

Anika Schmeißer

Das vierte Kapitel hat gezeigt, dass sich Gesprächspartner in einer mehrsprachigen Situation einsprachig oder mehrsprachig verhalten können. Dabei konnten für die Interaktion zwischen Erwachsenen und Kindern gewisse Gesprächsstrategien ausgemacht werden. Die zentrale Frage war, ob diese Strategien, wenn sie die Gesprächssituation als bilingual definieren, zu mehr Sprachmischungen von Seiten der Kinder führen. Um die Auswirkung von solchen Gesprächsstrategien auf das kindliche Mischverhalten zu analysieren, wurde zunächst dafür argumentiert, dass CS in Abhängigkeit von der Gesprächssituation erfolgt. Dieser Punkt soll im vorliegenden Kapitel vertieft werden.

Nachdem wir wissen, dass bilinguale Kinder nicht deshalb die Sprachen mischen, weil sie eine Sprache schlechter beherrschen (Kapitel 3) oder weil der Interaktionspartner über die Anwendung gewisser Gesprächsstrategien die Gesprächssituation als bilingual vorgibt (Kapitel 4), wollen wir im vorliegenden Kapitel die Frage stellen, ob dies bedeutet, dass die Kinder konkrete Funktionen mit dem Mischen ausdrücken und dass sie dies so tun wie Erwachsene mit dem CS. Das sechste Kapitel soll diese Funktionen vorstellen und prüfen, ob die Sprachmischungen der Kinder erwachsenensprachlichem CS gleichgesetzt werden können.

In diesem Kapitel wollen wir uns ganz besonders mit den diskurspragmatischen Funktionen des CS beschäftigen, da das Kapitel 4 bereits in das situationsbedingte CS eingeführt hat. Hierfür ist es wichtig, in einem ersten Schritt zu klären, was unter diesen Funktionen zu verstehen ist. In einem zweiten Schritt gilt es dann, das CS in Bezug auf jene Funktionen zu überprüfen.

> **Pragmatik:** Die Pragmatik einzelner sprachlicher Äußerungen stellt die kontextabhängige Funktion jener im Diskurs dar. Über diese Funktion gliedern sich grammatische Äußerungen inhaltlich in den Diskurskontext ein. Ebenfalls können bestimmte Kommunikationsabsichten des Sprechers indirekt zum Ausdruck gebracht werden. Der Begriff der *Pragmatik* referiert ferner auf die linguistische Disziplin, welche sich mit der Funktion von sprachlichen Äußerungen beschäftigt.

Geht man davon aus, dass die linguistischen Kernbereiche (Syntax, Morphologie, Phonologie, Semantik und Pragmatik) in einzelnen Teilmodulen organisiert sind und miteinander interagieren, so lässt sich die Pragmatik ebenfalls mit den Worten von López (2007:1) beschreiben:

Let us call pragmatics the linguistic module that takes a syntactic object $\sum$ as input and yields an annotated structure $\sum_{[p]}$ as output. $\sum_{[p]}$ is a syntactic object in which constituents are tagged with features relevant for the integration of $\sum$ into a discourse.

In dieser Hinsicht sind die folgenden Begriffe noch weiter zu klären: Kontext und Funktion. Unter ersterem werden zwei unterschiedliche Konzepte subsumiert: Zum einen kann es sich beim Kontext um den sog. *extralinguistischen* Kontext handeln. Die Gesprächssituation, die Gesprächsteilnehmer und ihre Charakteristika, der Ort usw. sind in diesem Sinne unter dem extralinguistischen Kontext zu verstehen. Hierunter fällt damit all jenes, was selbst nicht sprachlicher Natur ist, die Konstruktion und Interpretation sprachlicher Äußerungen aber mitunter beeinflussen kann. Soziolinguistische Studien (vor allem Labov 2001, Adli 2004 u. a.) beschäftigen sich mit jenen außersprachlichen Einflussfaktoren auf die Sprache. Zum anderen kann unter dem Begriff *Kontext* der rein *linguistische* Kontext verstanden werden. Jener ergibt sich aus der Summe aller bereits getätigten Äußerungen in einem Gespräch und stellt damit den sogenannten Diskurs dar (vgl. Asher und Lascarides 2003, Schmeißer, Geveler und Müller 2012).

> **Diskurs:** Unter Diskurs verstehen wir den gesamten linguistischen Kontext, in welchen eine einzelne Äußerung eingebettet ist. Der Diskurs ist inhaltlich strukturiert und es wird angenommen, dass sich die vollständige Bedeutung einer Äußerung erst durch ihre Interpretation im Diskurskontext ergibt.

Unter dem Begriff der *Funktion* eines sprachlichen Elements A (z. B. einer Äußerung) ist schließlich das pragmatische Merkmal zu verstehen, mit welchem jenes Element in Kontext x versehen wird. Mit den Worten López' (s. o.) handelt es sich demnach um $\sum_{[p]}$. Vor dem Hintergrund von Kontext x kann $\sum_{[p]}$ schließlich vom Hörer interpretiert werden. In diesem Sinne kann durch ein sprachliches Element, welches ein derartiges pragmatisches Merkmal aufweist und an einen bestimmten Kontext gebunden ist, eine Botschaft übermittelt werden, welche nicht allein durch das wortwörtlich Gesagte (der sog. *expliziten Proposition*) transportiert wurde. Der Hörer kann sich die Botschaft entsprechend aus dem (Diskurs-)Kontext ableiten.

> **Explizite Proposition:** Als explizite Proposition wird der lautlich geäußerte und semantisch eindeutige Inhalt einer Äußerung bezeichnet, wobei nicht alle ausgesprochenen Wörter einer Äußerung Teil der Proposition sein müssen. Im Satz *Genau, die Studenten lernen für die Klausur* ist das Adverb *genau* kein Teil der Proposition, sondern bereits ein Kommentar in Bezug auf die Proposition. Letztere bezieht sich somit nur auf den Satzteil *dass die Studenten für die Klausur lernen*. Propositionen können durch konjunktional eingeleitete Nebensätze identifiziert werden. Sie lassen sich auf

> ihren Wahrheitsgehalt hin überprüfen. Sie können entweder wahr oder falsch sein. *Dass die Studenten für die Klausur lernen*, kann somit entweder zutreffen oder im Gegenteil der Wahrheit nicht entsprechen (vgl. Meibauer 2001²:37). Eine Proposition ist dann expliziter Natur, wenn sie Bestandteil der lautlich geäußerten sprachlichen Elemente ist. Sie ist dem Hörer damit direkt zugänglich und muss nicht erst aus dem (Diskurs-)Kontext abgeleitet werden.

Es stellt sich damit die Frage, was für Botschaften neben der eigentlichen, explizit geäußerten Proposition in einem Gespräch übermittelt werden können. Deutlich wird dies im Falle von Frage-Antwort-Paaren, wie in Beispiel (1):

(1) Situation: Zwei Personen stehen an einer Haltestelle.
     A: Entschuldigung, können Sie mir vielleicht die Uhrzeit nennen?
     B: Es ist jetzt zehn nach vier

Eine direkte Antwort auf den Fragesatz in Beispiel (1) wäre entweder eine Bejahung oder eine Verneinung der jeweiligen Proposition (*Können sie mir vielleicht die Uhrzeit nennen? – Ja/Nein*). Stattdessen antwortet Sprecher B jedoch auf die ihm gestellte Frage, indem er die aktuelle Uhrzeit nennt. Sprecher B leitet somit aus dem jeweiligen Gesprächskontext ab, dass Sprecher A auch und vor allem über die Uhrzeit informiert werden möchte (vgl. Platz-Schliebs et al. 2012:27) und weniger daran interessiert ist zu erfahren, ob Sprecher B eine Uhr besitzt sowie die Fähigkeit, diese zu lesen. Die Botschaft *Wieviel Uhr ist es?* wird also implizit, d. h. indirekt mitverstanden und somit von Sprecher A implikatiert.

Damit die Übermittlung einer solchen implikatierten Botschaft gelingt, bedarf es linguistischer oder nichtlinguistischer Hinweise bzw. Merkmale (engl. *cues*). Diese deuten an, in welche Richtung die lautlich geäußerte Proposition zu interpretieren ist, und verfügen demnach über eine gewisse Signalfunktion. Folgenden Merkmalen wird diese Funktion in der Literatur zugesprochen (vgl. Auer 1986:26): (a) Gestik, Mimik, räumliches Nähe-Distanz-Verhalten, Blickverhalten; (b) Prosodie, Varietäten- und Sprachwahl. Die Merkmale der Gruppe (a) beziehen sich auf die motorischen Aktionen der Gesprächsteilnehmer, während es sich bei den Merkmalen in Gruppe (b) um die genuin linguistischen Merkmale handelt.

Von besonderem Interesse ist die Tatsache, dass die Sprachwahl als ein Merkmal genannt wird. CS, also der Wechsel von Sprachen bei bilingualen Sprechern, stellt eine Art von Sprachwahl dar. Ein pragmatisch ausgerichteter Forschungsansatz des CS geht daher der Frage nach, welche Botschaften durch gemischtsprachliche Äußerungen von bilingualen Sprechern implikatiert werden können. Gumperz (1982) bezeichnet die Tatsache, dass durch gemischtsprachliche Äußerungen bestimmte kommunikative Effekte erzielt werden können, als sog. *metaphorisches Code-Switching* (engl. *metaphorical code-switching*).

> [The speakers'] main concern is with the communicative effect of what they are saying. […] The social norms or rules which govern language usage here, at first

glance at least, seem to function much like grammatical rules. They form part of the underlying knowledge which speakers use to convey meaning. [...] they build on their own and their audience's abstract understanding of situational norms, to communicate metaphoric information about how they intend their words to be understood [...]. (Gumperz 1982:61)

Um was für kommunikative Effekte handelt es sich also beim metaphorischen CS? Dieser Frage wollen wir im Verlauf des vorliegenden Kapitels genauer nachgehen. Um eine erste Vorstellung davon zu bekommen, soll das Beispiel (1) aus Kapitel 4 wiederholt werden (hier als (2)):

(2) Situation: Eine Mutter ruft ihr spanisch-englisch aufwachsendes Kind. Die Familiensprache ist das Spanische. Die Landes- bzw. Umgebungssprache ist das Englische.
Ven acá. Ven acá. Come here, you
‚Komm her. Komm her. Komm her, du.' (Gumperz 1982:92, (58))

Die deutsche Übersetzung des Beispiels zeigt, dass alle drei Sätze semantisch gesehen dasselbe bedeuten und dieselbe explizite Proposition ausdrücken (nämlich: *dass du hierher kommst.*). Nichtsdestoweniger berichtet Gumperz (1982:92), dass spanisch-englisch bilinguale Sprecher den Wechsel der Sprachen vom Spanischen ins Englische in (2) einheitlich als Warnung interpretieren. Die Warnung wird somit implikatiert und ist nicht Teil der expliziten Proposition.

> **Metaphorisches Code-Switching:** Als metaphorisches Code-Switching wird das pragmatisch motivierte Mischen zweier Sprachen bezeichnet. Das Mischen der Sprachen erfüllt eine Signalfunktion. Der Sprecher kann somit bestimmte kommunikative Effekte erzielen (vergleichbar mit monolingualen Strategien, wie etwa der Prosodie) und neben der expliziten Proposition auf diese Weise zusätzliche Botschaften implikieren.

Von dem metaphorischen CS ist das sogenannte *situative Code-Switching* (engl. *situational code-switching*) zu unterscheiden (vgl. Gumperz 1982), welches wir bereits in Kapitel 4 kurz angesprochen haben.

> **Situatives Code-Switching:** Als situatives Code-Switching wird das durch extra-linguistische Faktoren bedingte Mischen zweier Sprachen bezeichnet. Der Wechsel des Gesprächsthemas oder der Gesprächsteilnehmer kann in diesem Sinne einen sprachlichen Wechsel auslösen.

Bei der Erforschung des metaphorischen CS steht also die Untersuchung der pragmatischen Funktion im Vordergrund und damit die Frage, was die Sprachmischung im jeweiligen Kontext bedeutet und wie sie vom Hörer interpretiert werden kann. Demgegenüber steht die Untersuchung des situativen CS, bei welcher der Fokus auf der Erforschung der auslösenden Faktoren in Bezug auf die

Sprachmischungen liegt und der Frage nachgegangen wird, wie es dazu kommen konnte, dass ein bilingualer Sprecher seine beiden Sprachen gemischt hat. Das situative und das metaphorische CS werden in der Literatur oft auch unter dem Begriff *conversational code-switching* (vgl. Gumperz 1982) zusammengefasst und finden nicht immer eine separate Betrachtung. Dies ist durchaus sinnvoll, da situative Faktoren mitunter einen Einfluss auf das metaphorische CS haben können (vgl. Auer 1992, Wei 1998) und folglich bei der Interpretation der pragmatischen Funktion der zu analysierenden Sprachmischung mit berücksichtigt werden müssen.

Das situative CS haben wir in Kapitel 4 am Beispiel von Erwachsenen- und Kinderdaten kennengelernt. Im Kapitel 5 haben wir die Bedeutung von weiteren extra-linguistischen Faktoren auf das Mischverhalten von Kindern in einem kontrollierten Experiment vorgestellt. Ziel des vorliegenden Kapitels ist es, in die Erforschung der pragmatischen Funktionen des CS einzuführen. Hierfür soll in einem ersten Schritt ein Überblick über die wichtigsten Erkenntnisse auf diesem Gebiet erfolgen. Als wegweisend gelten in diesem Zusammenhang vor allem die Arbeiten von Gumperz (1982, 1992a,b, 1996), Auer (1986, 1992, 1995, 1998a,b, 1999, 2009) und Chan (2003, 2004, 2013). Bei allen genannten Arbeiten steht die Auseinandersetzung mit der Pragmatik erwachsenensprachlicher Mischungen oder aber, wie im Falle der Arbeiten Auers, mit der pragmatischen Funktion bei Sprachmischungen bilingualer Jugendlicher im Vordergrund. Über das kindliche CS hingegen ist in der pragmatischen Forschung bislang nur sehr wenig bekannt. Aus diesem Grunde wollen wir in einem zweiten Schritt die Frage aufwerfen und diskutieren, ob das CS bilingualer Kinder ebenfalls in der Funktion eines pragmatischen Merkmals im Diskurs eingesetzt wird.

Die Perspektive, welche in diesem Kapitel eingenommen wird, soll in Anlehnung an die bereits weiter oben eingeführten Begriffe als *diskurspragmatisch* bezeichnet werden.

> **Diskurspragmatik:** Disziplin der Linguistik, welche sich mit der kontextabhängigen Funktion sprachlicher Äußerungen beschäftigt. Der Kontext kann hierbei sowohl *linguistischer* als auch *extra-linguistischer* Natur sein. In erstem Falle stellt der Kontext die direkte linguistische Umgebung einer Äußerung dar. Er konstituiert sich somit aus den übrigen Äußerungen, mit welchen die zu untersuchende Äußerung gemeinsam auftritt. Die einzelnen Äußerungen fügen sich zu einem strukturierten Diskurskontext zusammen. Im zweiten Falle ist unter Kontext die außersprachliche Wirklichkeit zu verstehen, welche mit dem Diskurskontext interagiert. Eine sprachliche Äußerung ist nun vor dem Hintergrund beider Kontextarten zu interpretieren.

6.1 Formen der Textualisierung

Laut Chan (2003, 2004) können die pragmatischen Funktionen des CS in zwei große Gruppen eingeteilt werden: Zum einen dient CS als ein sogenanntes Kontextualisierungsmerkmal, zum anderen als ein Entextualisierungsmerkmal.

6.1.1 Kontextualisierung und Entextualisierung

Der Begriff der Kontextualisierung geht auf die Arbeiten von Gumperz (z. B. 1982) zurück. Wie weiter oben anhand des Beispiels (2) deutlich gemacht wurde, geht die Annahme der Kontextualisierungsfunktion davon aus, dass CS mehr sein muss als lediglich eine Hervorhebungsstrategie, die einzelne Äußerungsbestandteile markiert. CS gibt vielmehr eine bestimmte Interpretationsrichtung der jeweiligen Äußerung in Anlehnung an den entsprechenden Diskurskontext vor. Es implikatiert eine zusätzliche Botschaft. Jene Botschaft ergibt sich aus der Assoziation bestimmter Werte und Einstellungen seitens der Sprecher mit den beim CS verwendeten Sprachen. In diesem Sinne wird das CS kontextualisiert, d. h. vor dem Hintergrund situationsabhängiger Gegebenheiten (dem Diskurskontext) interpretiert. Mit anderen Worten: „Code-switching is more than simply a way of contrastively emphasizing part of a message" (Gumperz 1982:93). Nichtsdestoweniger ist die kontrastive Signalfunktion des CS, welche dadurch entsteht, dass eine weitere Sprache in den Diskurs eingebracht wird und der zuvor benutzten Sprache der Gesprächsteilnehmer nun kontrastiv gegenüber steht, ebenfalls ein wichtiger Bestandteil des Kontextualisierungsvorgangs. Letzterer läuft damit in zwei Schritten ab: Zuerst wird durch den Vorgang des Sprachenmischens ein Kontrast hergestellt. In einem zweiten Schritt wird dadurch, dass mit den verwendeten Sprachen bestimmte Einstellungen und Werte seitens der Sprecher assoziiert werden, eine Interpretationsrichtung vorgegeben (vgl. Auer 1992:32). Der genaue Vorgang dieses Kontextualisierungsverfahrens wird in den folgenden Abschnitten besprochen. Wir können anders formuliert sagen, dass CS die pragmatische Funktion eines Kontextualisierungsmerkmals übernehmen kann.

Chan (2003, 2004) weist mit seinen Arbeiten ferner auf die Tatsache hin, dass es jedoch Fälle von CS gibt, welche keine bestimmte Interpretationsrichtung vorgeben. In diesen Fällen ist allein die Kontrastherstellung für die Interpretation der Äußerung von Bedeutung, d. h. die Tatsache, dass die Sprachen gemischt werden. Mögliche Assoziationen mit Werten, Rollen oder Einstellungen in Bezug auf die beim CS verwendeten Sprachen, wie sie bei der Kontextualisierung eine Rolle spielen, sind für diese Art des CS unerheblich. Dies bedeutet, dass einige Sprachmischungen allein dazu dienen, einen Kontrast herzustellen, um damit bestimmte Äußerungs- oder Diskursbestandteile hervorzuheben bzw. im Diskurskontext zu fokussieren. Chan (2004) vertritt infolgedessen die Meinung, dass jene Fälle von CS nicht über das oben genannte Kontextualisierungsverfahren erklärt werden können, und führt den Begriff der sog. *Entextualisierung* ein. Der Terminus der Entextualisierung geht zurück auf die Arbeit zur Pragmatik von Verschueren (1997:195), in welcher davon ausgegangen wird, dass bei der Entextualisierung das Gesagte metasprachlich bzw. metapragmatisch hervorgehoben wird. Gleiches geschieht laut Chan (2004:18f.) in all jenen Fällen von CS, in denen keine Interpretationsrichtung durch die involvierten Sprachen indiziert wird: „[...] code-switching highlights the different textual roles that different elements or words play in the discourse and this highlighting can be described as entextualization rather than contextualization [...]."

(3) [Der Computer ist neu π_1], [*mais* er funktioniert nicht. π_2]

Das deutsch-französische Beispiel (3) verdeutlicht die Entextualisierungsfunktion der zugrunde liegenden Sprachmischung. Allein die Konjunktion *mais* wurde im genannten Beispiel gemischt und durch die Mischung schließlich hervorgehoben. In diesem Sinne wird der zwischen Äußerungsteil π_1 und Äußerungsteil π_2 vorherrschenden Gegensatz, welcher durch die Konjunktion ausgedrückt wird, zusätzlich betont. Eine eigenständige, darüber hinausgehende Bedeutung wird jedoch nicht implikatiert. CS dient hier also als ein Entextualisierungsmerkmal in dem Sinne, dass es einzelne Diskursbestandteile oder die Diskursstruktur hervorhebt und fokussiert.

In Anlehnung an Gumperz' (1982) Auffassung vom CS als Kontextualisierungsmerkmal und an das in Anlehnung an Verschuerens Arbeit entstandene Verständnis vom CS als Entextualisierungsmerkmal entwickelt Chan (2004) schließlich die Idee vom CS als sogenanntes *Textualisierungsmerkmal*. Textualisierung dient damit als eine Art Oberbegriff, unter welchem sowohl Verschuerens als auch Gumperz' Konzepte zusammenfallen. Dies bedeutet, dass CS vor allem eine Hervorhebungsfunktion im Diskurs übernimmt, gleichgültig, ob es sich dabei um die Hervorhebung grammatischer, linguistischer Merkmale oder um bestimmte implikatierte Botschaften handelt. Die vorrangige pragmatische Funktion des CS sieht Chan (2003, 2004) daher in der Kommunikation der Tatsache, dass die gemischtsprachige Passage „ein wenig anders interpretiert" werden soll, als es der propositionale Gehalt vorgibt. Ist diese Passage kontextuell gebunden und kann mit kontextuellen Annahmen in Verbindung gebracht werden, so handelt es sich um Kontextualisierung. In allen anderen Fällen übernimmt es hingegen die Funktion eines Entextualisierungsmerkmals. Zusammenfassend betrachtet ist CS demnach als ein Textualisierungsmerkmal zu verstehen.

6.1.2 Code-Switching zum Ausdruck implikatierter illokutionärer/propositionaler Sprechakte: Kontextualisierung

Im Rahmen seiner Auseinandersetzung mit metaphorischem CS diskutiert Gumperz (1982:84), welche Botschaften CS übermitteln kann. Auf der Basis seiner Studienergebnisse gelangt der Autor zu dem Schluss, dass der Wechsel von einer Sprache in die andere nicht dem Zweck dienen kann, den lautlich geäußerten propositionalen Gehalt einer Äußerung auszudrücken. Dies wird vor allem in solchen Fällen deutlich, in denen der Sprecher dieselbe Proposition in der jeweils anderen Sprache wiederholt. Ein auf diese Erkenntnis zutreffendes Beispiel haben wir bereits weiter oben kennengelernt (vgl. Beispiel (2)). Ein weiteres Beispiel finden wir in (4).

(4) Situation: Ein Vater spricht mit seinem fünfjährigen Sohn, welcher bilingual mit Hindi und Englisch aufwächst. Die Familiensprache ist Hindi, die Umgebungssprache Englisch. Der Sohn geht vor seinem Vater durch das Zugabteil und wankt von einer Seite auf die andere:
Keep straight. *Sidha jao*
‚Gehe immer geradeaus. Gehe immer geradeaus.' (Gumperz 1982:91, (57a))

Im Beispiel (4) wechselt der Vater des Jungens vom Englischen ins Hindi. Wie durch die deutsche Übersetzung angedeutet, bedeuten beide Äußerungen (*keep straight* und *sidha jao*) dasselbe, d. h. sie drücken denselben propositionalen Gehalt aus (nämlich: *dass du geradeaus läufst*). Im Beispiel (4) wird eine Botschaft, welche nicht Bestandteil der Proposition ist, aufgrund des Sprachenwechsels mitkommuniziert. So beurteilen bilinguale Sprecher der entsprechenden Sprachkombination den Wechsel vom Englischen ins Hindi als eine Art Ratschlag oder Empfehlung. Dies ist nicht Bestandteil der Proposition, sondern wird allein durch das CS zum Ausdruck gebracht. Die Situation in (4) kann folglich dahingehend verstanden werden, dass der Vater seinem Sohn, vielleicht ein wenig besorgt, dass sich jener verletzen könne, den Ratschlag gibt, besser darauf zu achten, geradeaus zu laufen. Wir können also festhalten, dass in den Beispielen das CS dazu dient, gewisse Arten von Aufforderungen, z. B. Befehle, Wünsche oder Drohungen, zu äußern. Diese Arten von Botschaften fallen in Anlehnung an die sog. Sprechakttheorie nach Austin (1962) bzw. Searle (1971) unter den Begriff der Illokution und gelten folglich als illokutionäre Sprechakte.

> **Illokution:** Als Illokution wird die Absicht oder Einstellung eines Sprechers, mit welcher dieser eine bestimmte Proposition äußert, bezeichnet. Der Sprecher kann über die bloße Äußerung der Proposition hinausgehend z. B. *behaupten, feststellen, glauben* (assertive Illokution), *auffordern, befehlen, bitten, empfehlen* (direktive Illokution), *versprechen, drohen, anbieten* (kommissive Illokution) oder *danken, begrüßen, entschuldigen, bedauern* (expressive Illokution). (vgl. Meibauer 2001[2])

In Beispiel (2) und (4) erfüllt der Sprachenwechsel somit jeweils die Funktion eines derartigen illokutionären Sprechaktes. Nun sehen wir jedoch, dass der illokutionäre Sprechakt in Beispiel (2) als Warnung und in Beispiel (4) als Ratschlag zu interpretieren ist. Es stellt sich die Frage, wie es zu dieser Unterscheidung kommt und ob die Art des CS ebenfalls bestimmen kann, welche Illokution vorliegt. Dem wollen wir an einer etwas modifizierten Version von Beispiel (2) nachgehen:

(5) Situation: Eine Mutter ruft ihr spanisch-englisch aufwachsendes Kind. Die Familiensprache ist das Spanische. Die Umgebungssprache ist das Englische.
 a. *Ven acá. Ven acá.* Come here, you
 b. Come here. Come here. *Ven acá*   (Gumperz 1982:92, (58))

Beispiel (5a) kennen wir bereits. Dem Sprachenwechsel von der Familiensprache (Spanisch) hin zur Umgebungssprache (Englisch) liegt der illokutionäre Sprechakt der Warnung zugrunde. In Beispiel (5b) sehen wir nun, dass die Mischrichtung in umgekehrter Reihenfolge erfolgt, d. h. es wurde von der Umgebungssprache (Englisch) in die Familiensprache (Spanisch) gewechselt. Gumperz lässt in seiner Studie beide Sätze von bilingualen Sprechern der entsprechenden Sprachkombination beurteilen und kommt zu dem Ergebnis, dass das CS in (5b) genau wie in (4) als eine Art Ratschlag interpretiert wird. Gumperz (1982:93) stellt in Anlehnung an diese Erkenntnis die folgende Hypothese auf: „The direction of the shift may also have semantic values." Und in der Tat ist es der Fall, dass sich auch in (4) die Mischrichtung von der Umgebungssprache (Englisch) in die Familiensprache (Hindi) vollzieht. Um eine Illokution gemäß der Intention des Sprechers im jeweiligen Gesprächskontext kommunizieren und interpretieren zu können, müssen Sprecher und Hörer folglich über die sozialen Rollen der von beiden Sprechern beherrschten Sprachen eine Übereinkunft treffen. Diese geschieht implizit und ist schließlich Teil des von beiden Sprechern geteilten Wissens. Gumperz teilt die möglichen sozialen Rollen, welche die Sprachen einnehmen können, in die beiden Kategorien *we-code* und *they-code* ein. Die Sprache des *they-code* bezeichnet dabei in der Regel die Landessprache, wohingegen die Sprache des *we-code* mit der aus gesellschaftlicher Sicht betrachtet minoritären Sprache gleichgesetzt wird (vgl. Gumperz 1982:66).

> *we-code* und *they-code* nach Gumperz (1982): Bei den beiden Kodes handelt es sich um eine soziale Rollenzuweisung der im Gespräch beteiligten Sprachen, über welche beide Sprecher eine stille Übereinkunft treffen. Der *we-code* bezeichnet die gesellschaftlich weniger repräsentierte Sprache. Der *they-code* bezeichnet hingegen die von der Gesellschaft allgemein akzeptierte Umgebungssprache (i. d. R. handelt es sich hierbei um die Landessprache).

Das implizite Wissen um diese Rollenzuweisung wird, wie oben bereits angedeutet, bei beiden Sprechern vorausgesetzt, man sagt auch *präsupponiert*, damit die Kommunikation glücken kann. Da es sich bei den beiden Kodes um Variablen handelt, welche je nach Situation unterschiedliche Werte annehmen können, d. h. mit unterschiedlichen Sprachen einhergehen können, spricht man auch von kontextabhängigen oder kontextuellen Präsuppositionen (vgl. Gumperz 1982).

> **Kontextuelle Präsupposition**: Als Präsupposition wird das Wissen bezeichnet, bei welchem beide Gesprächsteilnehmer davon ausgehen, dass sie es miteinander teilen und akzeptieren. Eine Präsupposition ist eine Proposition, welche jedoch nicht explizit, d. h. lautlich geäußert wird. Sie wird aber notwendigerweise mitverstanden, wenn die Kommunikation glückt. Eine kontextuelle Präsupposition wird in Abhängigkeit von der Gesprächssituation interpretiert. Bezogen auf Beispiel (2) und (4) wird somit in beiden Fällen präsupponiert, dass das Englische mit der Rolle des *they-code* zu identifizieren ist. Abhängig vom jeweiligen Gesprächskontext wird in (2) jedoch das Spanische und in (4) das Hindi als *we-code* kontextuell präsupponiert.

Das CS erfüllt damit zweierlei Funktionen (vgl. Auer 1992:32): Zum einen dient es dazu, kontextuelle Präsuppositionen auszudrücken, indem die verwendeten Sprachen eine Rollenzuweisung im Sinne von *we-code* und *they-code* erfahren. Hierdurch erfolgt ein Kontrast der beiden involvierten Sprachen und der mit ihnen in Verbindung gebrachten gesellschaftlichen Konzepte. In der Regel erfolgt die Übertragung des sprachlichen Kontrastes auf die konzeptuell gesellschaftlichen Faktoren aufgrund der Tatsache, dass die Sprecher die mit dem *we-code* ausgedrückten Abschnitte eher für persönlichere und an den Sprecher gebundene Passagen benutzen, wohingegen die Verwendung des *they-code* eher eine Distanzierung vom geäußerten Sachverhalt markiert (Gumperz 1982:83). Infolgedessen kann in einem zweiten Schritt die genaue Interpretation des CS unter Berücksichtigung der Mischrichtung und damit die Ableitung der implikatierten Illokution erfolgen. Es wird deutlich, dass es sich hierbei um die zwei bereits weiter oben genannten Interpretationsschritte des Kontextualisierungsverfahrens handelt. Angewandt auf die beiden Beispiele in (5) können wir Folgendes festhalten:

(6) Pragmatik des Code-Switching in den Beispielen (5a) und (5b)
 a. *Ven acá.* Come here, you
 Markierung: [[*Ven acá.* we-code] → [Come here, you. they-code] CS]
 Interpretation: [*we-code* → *they-code* Mischrichtung] = kommissive Interpretation

 [[Ich warne dich ILLOKUTION]. [Dass du [mir bloß ILLOKUTION] hierhin kommst PROPOSITION]. CS]
 b. Come here. *Ven acá*
 Markierung: [[Come here. they-code] → [*Ven acá.* we-code] CS]
 Interpretation: [*they-code* → *we-code* Mischrichtung] = direktive Interpretation

 [[Ich empfehle dir ILLOKUTION], [dass du [lieber ILLOKUTION] hierhin kommst PROPOSITION]. CS] (Darstellung in Anlehnung an Chan 2004:10f.)

Weiter oben wurde aufgezeigt, dass die Konzepte von *we-code* und *they-code* in anfänglichen Studien oft mit der Nicht-Umgebungssprache im ersten Falle und mit der Umgebungssprache im zweiten Falle gleichgesetzt werden und die entsprechenden sozialen Rollen der im Gespräch involvierten Sprachen somit durch die Kodes indiziert bzw. präsupponiert werden. Dies ist vor dem Hintergrund der Nähe-Distanz-Assoziation, welche mit den beiden Kodes einhergeht, durchaus nachvollziehbar. In einer ebenfalls recht frühen Studie von Auer (1981:145) wird diese eher enge Definition der beiden Konzepte des *we-code* und *they-code* jedoch relativiert. Der Autor zeigt anhand von Untersuchungen zu deutsch-italienischen Jugendlichen in Deutschland, dass der *we-code* durchaus auch die Landessprache und der *they-code* die Sprache der sprachlichen Minderheit darstellen kann (vgl. ebenfalls Gumperz 1982:66). Im geschilderten Fall wird u. a. durch die mit den Kodes verknüpften sozialen Rollen eine Abgrenzung der jugendlichen deutsch-italienisch bilingualen Sprechergruppe von ihrem italienischsprachigen Elternhaus in Deutschland zum Ausdruck gebracht. Sprechen die Jugendlichen untereinander, so verwenden sie das Deutsche (*we-code*, Umgebungssprache). Sprechen Sie über Themen, welche mit dem Elternhaus zu tun haben, verwenden sie hingegen das Italienische (*they-code*, Nicht-Umgebungssprache). Auch hier dient der *we-code* demnach für persönliche Inhalte, die eine Nähe im Sinne der Gruppenzugehörigkeit unter den Gesprächsteilnehmern ausdrücken, während der *they-code* eine Distanzierung der Sprecher zum Ausdruck bringt. Anders als bisher verweisen die Kodes jedoch nicht statisch auf die (Nicht-)Umgebungssprache, sondern beziehen ihre Referenz anderweitig, nämlich durch den gegebenen Kontext und dessen Relevanz für die Sprecher. Dies betont die kontextuelle Gebundenheit des CS und zeigt, dass damit auch die Ableitung der implikatierten Botschaft kontextgebunden erfolgen muss. Die durch das CS implikatierte Bedeutung ist der Sprachmischung folglich nicht inhärent, sondern wird jener erst durch die Interpretation innerhalb eines bestimmten (Diskurs-)Kontextes zuteil (vgl. Auer 1992:30):

> [...] a contextualization cue is any feature of linguistic form that contributes to the signaling of contextual presuppositions. [...] Although such cues carry information, meanings are conveyed as part of the interactive process. Unlike words that can be discussed out of context, the meanings of contextualization cues are implicit. (Gumperz 1982:131)

Vor dem theoretischen Hintergrund der sog. *Markedness Theory* nach Myers-Scotton (1993a,c, 1999) kann diese Beobachtung über die kontextabhängige Konventionalisierung von Sprachen erklärt werden. Die Autorin geht davon aus, dass die beim CS involvierten Sprachen über einen Index verfügen, durch welchen ihre jeweiligen Funktionen im Gespräch (in diesem Fall z. B. *we-code/they-code*) indiziert werden. Myers-Scotton (1993a,c, 1999) spricht in diesem Zusammenhang auch von Indexikalisierung (engl. *indexicalization*). Welche Sprachen welche Funktion indizieren, erfolgt nach Myers-Scotton in Anlehnung an die jeweiligen gesellschaftlichen Konventionen. Für einen bilingualen Sprecher ist es demnach üblich, mit Sprechergruppe X Sprache A zu benutzen. Mit Sprechergruppe Y hingegen ist es Konvention, Sprache B zu verwenden. Die konventionalisierte Gruppensprache entspricht dabei dem *we-code*. Die nicht den Gruppenkonventionen entsprechende Sprache entspricht dem *they-code*.

Der sog. konversationsanalytische Ansatz (vgl. Wei 1998, u. a.) von CS geht noch einen Schritt weiter. Diesem Ansatz zur Folge muss die Norm für eine bestimmte Gesprächssituation erst innerhalb der Gruppe ausgehandelt werden und wird somit nicht automatisch durch die verwendeten Sprachen indiziert. Die Wahl der Gruppensprache ist ebenfalls durch situative Faktoren bedingt. So kann die Aufnahme eines neuen Gruppenmitglieds in die aktuell laufende Konversation zu einer Sprachmischung führen (vgl. *situatives Code-Switching*), welche gleichzeitig mit einem Wechsel der Gruppensprache, d. h. des *we-code* einhergeht. Um CS nach diesem Ansatz zu analysieren, ist es von besonderer Bedeutung herauszuarbeiten, auf welche der involvierten Sprachen sich im jeweiligen Kontext als Norm geeinigt wurde. Denn erst in Abhängigkeit von den dadurch entstehenden kontextuellen Präsuppositionen (*we-code/they-code*) und ihrer Abfolge ergibt sich die Bedeutung der gemischtsprachlichen Äußerung. Diesem Ansatz zufolge ist von einer starken Interrelation zwischen situativem und metaphorischem CS auszugehen, denn die Festlegung auf den *we-code* und damit auch die Mischrichtung im Falle des CS kann, wie oben bereits erwähnt, durch situative Faktoren und damit den extra-linguistischen Kontext beeinflusst werden (vgl. Auer 1992:21f.). Dies stellt folglich einen plausiblen Grund dar, weshalb beide Perspektiven auf den Sprachenwechsel in der Literatur regelmäßig zusammen thematisiert und auch nicht immer voneinander getrennt werden. Wei beschreibt diese Interrelation wie folgt:

> For the conversation participants (and the analysts for that matter), [...], the interpretation of the speaker's communicative intent in metaphorical code-switching depend[s, AS] on the association between a particular language or language variety and a particular situation which had been established in the case of situational switching. In other words, one must know first of all what the appropriate choice of language would be for the occasion before any deviant choice could be interpreted [...]. (Wei 1998:156)

Anstatt eine Sprachmischung isoliert zu betrachten und zu analysieren, erfolgt die konversationsanalytische Untersuchung der pragmatischen Funktion von CS somit vor dem Hintergrund des gesamten (bisherigen) Gesprächsverlaufs. Diese dynamische und diskursabhängige Aushandlung der sozialen Rollen und Funktionen der involvierten Sprachen führt dazu, dass „[...] whatever language a participant chooses for the organization of his/her turn, or for an utterance which is part of the turn, the choice exerts an influence on subsequent language choices by the same or other speakers" (Wei 1998:162).

Zusammenfassend können wir festhalten, dass das Mischen zweier Sprachen im Sinne des CS aus pragmatischer Perspektive die Funktion eines sog. Kontextualisierungsmerkmals übernimmt, für welches vorläufig Folgendes gilt:

> **Code-Switching als Kontextualisierungsmerkmal (Version I):** Das Code-Switching markiert kontextuelle Präsuppositionen, welche sich in der gegenseitigen Übereinkunft der Sprecher bzgl. der sozialen Funktion der verwendeten Sprachen (*we-code, they-code*) manifestieren. Diese Rollen-

> zuweisung erfolgt kontextabhängig und damit in dynamischer Weise. Die kontextuellen Präsuppositionen erlauben schließlich eine Interpretation des CS in Form illokutionärer Sprechakte. Die Art der Illokution wird dabei durch die Mischrichtung der Kodes bestimmt.

Im Folgenden wollen wir uns zum Einen mit der Frage beschäftigen, wie es überhaupt dazu kommen kann, dass durch das Mischen von zwei Sprachen implizite Botschaften, wie z. B. illokutionäre Sprechakte, zum Ausdruck gebracht werden können. Des Weiteren wollen wir anhand der Studien von Auer (1992, 1998) zu deutsch-spanisch bilingualen Sprechern in Deutschland das oben vorgestellte Konzept des Kontextualisierungsmerkmals erweitern (vgl. ebenfalls Chan 2004).

Die Tatsache, dass CS die Bedeutung illokutionärer Sprechakte ausdrücken kann, erklärt Gumperz (1982:94f.) mit Hilfe des Kooperationsprinzips und der Konversationsmaxime nach Grice (1989). Das Kooperationsprinzip besagt, dass die Gesprächsteilnehmer stets darum bemüht sind, dass ihre Äußerungen sich in das jeweilige Gespräch einfügen, relevant für dieses sind und vom Hörer auch entsprechend interpretiert werden können. Das Kooperationsprinzip nach Grice zielt demnach auf die gegenseitige Verständigung (durch Kooperation der Gesprächsteilnehmer) ab. Dabei werden in der Regel folgende Konversationsmaximen von den Gesprächsteilnehmern berücksichtigt: 1. Qualität (*sage die Wahrheit*), 2. Quantität (*sage nur so viel wie nötig, aber mache deinen Beitrag so informativ wie möglich*), 3. Relevanz (*steuere Relevantes zum Dialog bei*), 4. Art und Weise (*drücke dich klar aus, vermeide Ambiguitäten, strukturiere die einzelnen Äußerungen adäquat*).

> **Kooperationsprinzip und Konversationsmaxime nach Grice (1989):** Das Kooperationsprinzip spiegelt die Annahme wider, dass beide Gesprächsteilnehmer in einem Gespräch miteinander kooperieren und somit zum Erfolg des Gespräches beitragen. Der Erfolg stellt sich genau dann ein, wenn alle Kommunikationsinhalte und -absichten von Sprecher A erfolgreich von Sprecher B entschlüsselt und interpretiert werden konnten. Damit dies gelingt, werden die Konversationsmaxime der Qualität, der Quantität, der Relevanz sowie der Art und Weise von beiden Sprechern befolgt.

Eine Verletzung der Konversationsmaximen kann dazu führen, dass ein Gespräch missglückt. In der Regel ist dies jedoch nur dann der Fall, wenn auch das Kooperationsprinzip beider Gesprächsteilnehmer verletzt wird, jenes also keine Gültigkeit mehr hat. Dies bedeutet, dass eine Verletzung der Konversationsmaximen alleine nicht zwangsläufig zu einer Verständigungsschwierigkeit zwischen den Gesprächsteilnehmern führen muss, da letztere i. d. R. immer noch davon ausgehen, dass ein gegenseitiges Kooperationsverhältnis besteht. Dies hat zur Folge, dass auch der Verletzung der Maxime eine Bedeutung beigemessen wird, welche in die Gesamtinterpretation des Gesagten mit einfließt. Durch eine Verletzung der Maxime können somit zusätzliche Effekte erzielt werden, welche auch als konversationelle Implikaturen bezeichnet werden. Hierbei handelt es sich um implizit, d. h. nicht wortwörtlich vermittelte Botschaften, welche sich der Gesprächspartner aus dem eigentlich Gesagten (aus der *expliziten Proposition*) erst in Form einer Schlussfolgerung ableiten muss. Durch die Verletzung einer oder mehrerer Maximen können derartige Implikaturen kommuniziert werden. Umgekehrt ist es ebenfalls möglich, durch die Befolgung aller Konversationsmaximen Implikaturen zu vermitteln. Aufgrund dessen ist davon auszugehen, dass die allgemeine Fähigkeit, Schlüsse aus dem wörtlich Gesagten zu ziehen, für die Übermittlung von sog. Implikaturen verantwortlich ist. Der Abgleich des wörtlich Gesagten mit den o. g. Konversationsmaximen hilft dem Gesprächspartner dabei, die Implikaturen inhaltlich zu erfassen und dem Kontext entsprechend abzuleiten. Sie geben damit eine Interpretationsrichtung vor. Die Fähigkeit, aus dem wörtlich Gesagten weiterführende Schlüsse zu ziehen, spielt damit eine entscheidende Rolle in der Differenzierung von Semantik (der Überprüfung des wörtlich Gesagten auf seinen Wahrheitsgehalt hin) und Pragmatik (für weitere Details zu diesem Thema sei auf die Diskussion der hier eingeführten Termini in Meibauer (2001²:26ff.) verwiesen). Im Folgenden wollen wir anhand eines konstruierten monolingualen Beispiels das Konzept der konversationellen Implikatur verdeutlichen, bevor wir anschließend das hier vorgestellte Konzept auf das Phänomen gemischtsprachiger Äußerungen im Sinne des CS übertragen.

> **Konversationelle Implikatur:** Schlussfolgerungen aus wortwörtlich getätigten Äußerungen gelten als Implikaturen. Ihre Herleitung erfolgt kontextabhängig und durch Abgleichung mit den Konversationsmaximen nach Grice (1989). Daher werden sie auch als *konversationelle Implikaturen* bezeichnet: Die Schlussfolgerungen ergeben sich aus dem jeweiligen Gesprächskontext.

(7) Situation: Zwei Studenten unterhalten sich am Morgen auf dem Parkplatz der Universität.
    a. A: Mein Tank ist fast leer
    B: Ich habe jetzt eine Klausur
    Abgleich: 3. Konversationsmaxime (Relevanz)
    Art des Abgleichs: Verletzung der Maxime
    Präsupposition von B: Es ist besser, pünktlich zur Klausur zu erscheinen.
    Implikatur von B: Ich muss mich beeilen, dass ich nicht zu spät komme und kann mich jetzt leider nicht um dein Problem kümmern.
    b. A: Mein Tank ist fast leer
    B: Ich habe vorhin eine Tankstelle an der letzten Kreuzung gesehenAbgleich: 3. Konversationsmaxime (Relevanz)
    Art des Abgleichs: Befolgung der Maxime.
    Präsuppositionen von B: Tankstellen haben um diese Uhrzeit generell geöffnet; an Tankstellen kann man tanken.
    Implikatur von B: Dort kannst du dein Problem lösen.

Diskurspragmatische Funktionen des Code-Switching

Die Beispielsätze in (7a) und (7b) veranschaulichen jeweils die Herleitung von konversationellen Implikaturen durch einen Abgleich mit der Konversationsmaxime der Relevanz. In (7a) wird jene verletzt und man könnte den Eindruck einer nicht geglückten Kommunikation gewinnen. Gehen die Gesprächsteilnehmer jedoch weiterhin von einem kooperativen Verhältnis aus, so ist es dennoch möglich, Äußerung B als einen adäquaten Redebeitrag zu werten, welcher sich auf jenen von Sprecher A bezieht. Hierbei entsteht durch die Verletzung der Konversationsmaxime die in (7a) wiedergegebene Implikatur, welche sich Sprecher A aus dem Gesprächskontext ableiten muss. Auch (7b) lässt eine Schlussfolgerung in Anlehnung an die Äußerung von Sprecher B zu. Da hier jedoch die entsprechende Maxime befolgt wird, knüpft die Implikatur in B auch aus semantischer Sicht direkt an Äußerung A an. So wird unweigerlich sofort mitverstanden, dass es sich bei der Äußerung von Sprecher B um eine Lösung des von A geschilderten Problems handelt, auch wenn dieses nicht explizit gesagt wird.

Wir wollen die gewonnenen Erkenntnisse nun auf das CS beziehen und dies anhand des Beispielsatzes (5b) (hier noch einmal als (8) wiedergegeben) veranschaulichen. Wir folgen dabei der Argumentation aus Gumperz (1982:94f).

(8)   Come here. *Ven acá*
    Abgleich: 2. und 4. Konversationsmaximen (Quantität, Art und Weise)
    Art des Abgleichs: Verletzung beider Maximen
    Präsupposition $_{\text{Art und Weise}}$: [*they-code* → *we-code* $_{\text{Mischrichtung}}$] = direktive Interpretation
    Implikatur $_{\text{Art und Weise}}$: Ich [empfehle dir, lieber $_{\text{ILLOKUTION}}$] hierhin zu kommen.

In (8) liegt laut Gumperz (1982) sowohl eine Verletzung der Konversationsmaximen der Quantität als auch der der Art und Weise vor. Ersteres ergibt sich aus der Wiederholung des semantischen Gehalts der Äußerung, d. h. der Proposition *dass du hierhin kommst*. Letzteres ergibt sich aus der den Äußerungen zugrunde liegenden Sprachenmischung. Die Konversationsmaxime der Qualität bei bilingualen Sprechern kann hierbei sehr gut mit folgendem Zitat aus Auer (1981) verdeutlicht werden:

> Eine sehr allgemeine Tendenz bilingualer Interaktion läßt [sic, AS] sich also in der Form der folgenden *Präferenz* formulieren: Benütze dieselbe Sprache wie Dein [sic, AS] Vorredner (soweit nichts Auffälliges passiert ist oder passieren soll). (Auer 1981:128)

Wird dieser Präferenz nicht nachgekommen, d. h. werden die Sprachen gewechselt, verletzt dies die besagte Konversationsmaxime. Gumperz beschreibt die Verletzung der Maxime der Qualität am Beispiel des Sprachenwechsels wie folgt:

> The speaker has repeated [herself, AS] once more and in addition has shifted from a style of speaking which we associate with the public 'they' situation we are in at the moment, to a 'we' style which we associate with home and family bonds. I assume that by doing this [she, AS] intends to convey something like: "I'm your [mother, AS] and it is in your own best interest to listen." This explains our in-

formants' feeling that the direction of the shift affects the interpretation of intent. (Gumperz 1982:95)

Dadurch dass die in einem Sprachenwechsel involvierten Sprachen kontextuell gebunden sind, d. h. in Abhängigkeit der Situation mit bestimmten Kodes oder Modi in Verbindung gebracht werden (*kontextuelle Präsupposition*), gibt die Verletzung der Konversationsmaxime der Qualität, wie nachstehend beschrieben, die Interpretationsrichtung für den Gesprächspartner vor: Die Sprachmischung im hier diskutierten Beispiel stellt in der Hinsicht eine Verletzung der Maxime der Qualität dar, dass vom Modus des *they-code* plötzlich zum Modus des *we-code* gewechselt wird. Letzterer wird wie im oben genannten Zitat von Gumperz mit einer familiären, geborgenen Situation in Verbindung gebracht. Dies ermöglicht dem Gesprächspartner schließlich die Ableitung der in (8) noch einmal wiederholten Illokution im Sinne eines gut gemeinten Ratschlags oder einer Empfehlung. Es kann somit festgehalten werden, dass Illokutionen u. U. implikatiert, d. h. nicht wortwörtlich geäußert, und dennoch mitverstanden werden können und somit eine Form konversationeller Implikaturen darstellen. Das CS dient in den genannten Fällen zur Übermittlung jener Implikaturen (hier: *implikatierte Illokution*). Die Tatsache, dass in Beispiel (8) ebenfalls die Konversationsmaxime der Quantität verletzt wurde, was unabhängig vom CS zu werten ist, spiegelt das Ergebnis Auers (1986:26) wider, dass es mehrere Kontextualisierungsmerkmale gibt. In einer späteren Arbeit weist Auer (1992:29) ferner darauf hin, dass die verschiedenen Kontextualisierungsmerkmale oft zusammen erscheinen. Es herrscht also eine Korrelation pragmatischer Merkmale vor, d. h. Merkmale treten oft in Form von Merkmalsbündeln auf.

> The process of interferencing is facilitated by such a redundancy of coding; not only in the sense that a negligent participant may fail to monitor co-participants' behavior on all the levels in the play and is still in a position to receive enough information, but also in the sense that the contextualization value of an individual cue, which may be ambiguous itself, is made less ambiguous by such a multiplicity [sic, AS] of coding. (Auer 1992:29)

Schauen wir uns nun noch einmal die Beispiele in (7) an, so fällt auf, dass konversationelle Implikaturen ebenfalls propositionalen Gehalt umfassen können (*Ich kann mich jetzt nicht um dein Problem kümmern / Dort kannst du dein Problem lösen*). Oder anders ausgedrückt, es wird deutlich, dass Propositionen auch implikatiert werden können. Dies berechtigt die Frage, ob CS nicht vielleicht ebenfalls implikatierte propositionale Sprechakte vermitteln kann oder ob der Wechsel von der einen in die andere Sprache ausschließlich auf implikatierte illokutionäre Sprechakte beschränkt ist. Zur Beantwortung dieser Frage soll im Folgenden eine Studie von Auer (1998) zu deutsch-spanisch bilingualen Sprechern in Deutschland näher betrachtet werden.

Bisher haben wir zum einen gesehen, dass die Kodes auf unterschiedliche Sprachen und deren soziale Rollen im Sinne der Distinktion von Nicht-Umgebungssprache und Umgebungssprache referieren können. Zum anderen wurde festgestellt, dass die genannten sozialen Rollen nicht statisch mit den verwendeten Sprachen zu verlinken sind, sondern eine dynamische Zuwei-

Diskurspragmatische Funktionen des Code-Switching

sung der Rollen in Abhängigkeit von der jeweiligen Gesprächssituation und den partizipierenden Gesprächsteilnehmern erfolgt. Oft muss die zugrunde liegende Norm (Welcher Sprache kommt welche Rolle zu? Welche Sprache ist der *we-code*?) erst im Gespräch definiert und unter den Gesprächsteilnehmern ausgehandelt werden. Dies zeigt eine gegenseitige Bedingung von situativem und metaphorischem CS auf. Der Einfluss situativer Faktoren auf das metaphorische CS zeigt sich ferner in jenen Fällen, in denen eine Rollenzuweisung eines Kodes durch die Referenz auf Außersprachliches oder allgemeiner gesprochen den kommunizierten Inhalt unterstützt wird. Um dies zu verdeutlichen, sei auf ein viel zitiertes Beispiel in Auer (1998:6f.) verwiesen. Er führt Beispiele von Sprechern mit südamerikanischem Hintergrund an, welche in Deutschland (Hamburg) leben.

(9)   J.:   por qué por qué quieres ir al *flur*?
        C.:   para fumar
        J.:   aha
        L.:   a(h)l fl(h)ur a(h)l a(h)l a(h)l
        J.:   y dónde al flur h h
        A.: he he he he
        U.: fuerte
        L.:   ahí donde está la bicicleta
        J.:   aquí no hay aquí no hay *nichtraucher*
        L: donde está la bicicle- he he

Ihren Dialog führen die Sprecher überwiegend in spanischer Sprache. Lediglich die Lexeme *Flur* und *Nichtraucher* werden intra-sentential gemischt. Auer erklärt dies wie folgt:

> This account contrasts certain rules of conduct in the present South American household in Hamburg (*aquí*) with those of some other places where smoking and non-smoking areas are strictly separated. According to the rules of conduct of this other place, it would be appropriate or even necessary to leave the living room in order to smoke. J. and L. distance themselves from this rule which they find ridiculous, and point out that it does not hold in their apartment. (Auer 1998b:7)

Die Distanzierung von gesellschaftlichen Regeln und Konventionen wird damit u. a. über das CS kommuniziert. Dies gelingt im vorliegenden Fall, indem der kommunizierte Inhalt, welcher vom CS betroffen ist (hier: die beiden Orte *Flur* und *Nichtraucher*(*-bereich*)), Gegebenheiten oder Regeln eben jener Gesellschaft widerspiegeln, mit welcher auch der entsprechende Kode, in welchem der Inhalt kommuniziert wird, assoziiert wird. Im vorliegenden Fall bedeutet dies, dass die referierten Elemente (*Flur* und *Nichtraucher*) bereits mit „deutschen Regeln" in Verbindung gebracht werden. Dementsprechend erfolgt ein Sprachenwechsel vom Spanischen (*we-code*) ins Deutsche (*they-code*), wodurch aufgrund der Mischrichtung der entsprechenden Kodes (*we-code* → *they-code*) schließlich eine Distanzierung zum geäußerten Inhalt seitens der Sprecher ausgedrückt werden kann. Die Kongruenz von gemischtem Inhalt und eingewechseltem Kode hat laut Chan

(2004:12) zur Folge, dass CS nicht mehr ausschließlich die Bedeutung von nicht-propositionalen, illokutionären Akten mit sich bringt, sondern auch allgemeine, propositionale Sprechakte implikatieren kann. Das Mischen der Sprachen fungiert in diesen Fällen somit als Indikator von propositionalen Implikaturen, wie z. B. *„Die Regeln sind blöd / Die Regeln brauchen nicht beachtet zu werden / Sprecher X ist dumm, da er die Regeln befolgt"* (vgl. Chan 2004:13). Das CS dient damit auch in diesen Beispielen als Kontextualisierungsmerkmal, jedoch beschränkt sich die Kontextualisierung hierbei nicht alleinig auf eine direkte Assoziation der verwendeten Sprachen mit ihren möglichen Rollen. Stattdessen werden gerade jene Lexeme oder Passagen gemischt, deren ausgedrückter oder referierter Inhalt mit der verwendeten Sprache und ihrer gesellschaftlichen Rolle in einem Zusammenhang stehen. Hierdurch erfolgt eine zusätzliche Hervorhebung der kontextuellen Präsupposition im Sinne der *we-code/they-code*-Distinktion und schließlich die Übermittlung von propositionalen Implikaturen. Eine vergleichbare Form dieser Art von Kontextualisierung findet sich in der Wiedergabe von (in-)direkter Rede wieder, bei welcher die entsprechende Passage in jener Sprache wiedergegeben wird, welche die zitierte Person zuvor auch tatsächlich, d. h. in der realen Situation, verwendet hat.

Während implikatierte Illokutionen eher den Gemütszustand des Sprechers wiedergeben bzw. den Fokus auf die Einstellung des Sprechers zum Gesagten oder zum Gesprächspartner legen (*Ich warne dich, ich empfehle dir, ich begrüße jenes oder dieses, ...*), fokussieren propositionale Implikaturen hingegen vielmehr den kommunizierten Inhalt selbst und stellen diesen zur Diskussion. Auch hier wird zwar, bedingt durch das vorherrschende Nähe-Distanz-Verhältnis aufgrund der *we-code/they-code*-Distinktion, eine Einstellung des Sprechers zum Gesagten mittransportiert (vgl. *Die Regeln sind blöd*). Jedoch ist der Fokus jeweils ein anderer: Bei implikatierten Illokutionen stehen die Sprechereinstellungen somit im Vordergrund. Auf jene wird in Chan (2004:21) entsprechend mit dem englischen Terminus *propositional attitudes* bzw. *speech act* verwiesen, was die Einstellung des Sprechers zum Gesagten (der Proposition) damit wörtlich ausdrückt. Bei propositionalen Implikaturen (bei Chan 2004:21 als engl. *implicatures* bezeichnet) hingegen steht das Gesagte (die Proposition) selbst als zentrales Thema im Vordergrund des Diskurses (vgl. *Die Regeln sind blöd – und über die Regeln soll nun gesprochen werden*)

> [...] the meanings intended of code-switching include implicatures – which are propositional in their own [...] – and speech acts or propositional attitudes – which are extensions of propositions. (Chan 2004:21)

Ein Nähe-Distanz-Verhältnis liegt beiden Arten von CS, bedingt durch die kontextuellen Präsuppositionen, zugrunde. In Anlehnung an die hier aufgeführten Beispiele kann ferner die Hypothese aufgestellt werden, dass es sich im Falle des Ausdrucks implikatierter Illokutionen vorrangig um inter-sententiales CS handelt (vgl. z. B. (2)), wohingegen der Ausdruck propositionaler Implikaturen eher auf intra-sententiales CS beschränkt zu sein scheint (vgl. z. B. (9)). Diese Hypothese gilt es aber im Rahmen zukünftiger Studien und anhand weiterer Daten zu überprüfen.

Vor diesem Hintergrund kann die pragmatische Beschreibung von CS um die folgenden Komponenten erweitert werden:

> **Code-Switching als Kontextualisierungsmerkmal (Version II):** Das Code-Switching markiert kontextuelle Präsuppositionen, welche sich in der gegenseitigen Übereinkunft der Sprecher bzgl. der sozialen Funktion der verwendeten Sprachen (*we-code, they-code*) manifestieren. Diese kontextuellen Präsuppositionen erlauben eine Interpretation der erfolgten Sprachmischung in Form <u>implikatierter illokutionärer</u> oder <u>implikatierter propositionaler Sprechakte</u>. Letzteres ist der Fall, wenn der gemischte Inhalt auf Gegebenheiten, Situationen oder gesellschaftliche Konventionen referiert, mit welchen der eingewechselte Kode ebenfalls assoziiert wird – sprich eine kongruente Kontextualisierung stattfindet. Von besonderer Bedeutung für die Interpretation der beiden Arten von implikatierten Sprechakten ist die Mischrichtung (*we-code* → *they-code* = Distanz / *they-code* → *we-code* = Nähe).

6.1.3 Code-Switching als Hervorhebungsfunktion von Textstrukturen und einzelnen Diskursbestandteilen: Entextualisierung

Die bisherigen Abschnitte haben die Kontextualisierungsfunktion des CS näher beleuchtet. Es konnte gezeigt werden, dass durch das CS ein Kontext geschaffen wird bzw. die gemischten Sprachen mit einem bestimmten Kontext assoziiert werden und vor diesem Hintergrund Botschaften in Form von implikatierten Illokutionen oder konversationellen Implikaturen propositionaler Natur ausgedrückt werden können. Wir haben gesehen, dass für die Kontextualisierung durch CS zwei Schritte notwendig sind: Zum einen findet eine Kontrastierung statt, zum anderen erfolgt eine Einschränkung der Interpretationsrichtung. Ersteres geschieht durch die Tatsache, dass überhaupt gemischt wird, d. h. plötzlich eine andere Sprache im Diskurskontext verwendet wird. Die kontrastierte Passage wird durch die neu eingewechselte Sprache markiert und begrenzt. Der zweite Schritt wird über die Aufstellung kontextueller Präsuppositionen in Bezug auf die verwendeten Sprachen und in Anlehnung an die Mischrichtung der Kodes realisiert.

Wir wissen bereits, dass die Kontextualisierungsfunktion nicht die einzige ist, die das CS übernehmen kann. In Anlehnung an die Arbeiten von Chan (2003, 2004) wurde daher bereits das Konzept der Entextualisierung eingeführt und an Beispiel (3) veranschaulicht. Im Folgenden wollen wir nun in Anlehnung an die Argumentation in o. g. Arbeiten begründen, warum es sinnvoll ist, von dieser zweigeteilten Funktion (siehe *Textualisierung* in Kapitel 6.1) des CS auszugehen. Dies soll anhand der konstruierten Beispiele in (10) erfolgen.

(10)   a. Je te *verspreche* que j'arriverai bientôt.
           ‚Ich *verspreche* dir, dass ich bald kommen werde.'

    b. Elle est intelligente, *ne* ?
       ,Sie ist intelligent, *ne*?'
       (in Anlehnung an Chan 2004:17ff. konzipiert)

In (10a) ist das Verb *versprechen* vom CS betroffen. Hierbei handelt es sich um ein illokutives Verb, welches durch seinen semantischen Gehalt bereits eine Illokution ausdrückt. Die Illokution wird daher in (10a) nicht durch das CS implikatiert, sondern bereits durch das lexikalische Verb ausgedrückt. In (10b) drückt die deutsche Diskurspartikel *ne* die Einstellung des Sprechers zum Gesagten aus. Auch hier erfolgt die Übermittlung der Sprechereinstellung somit nicht durch das CS, sondern durch ein konkretes Sprachelement. Das CS hebt in diesen Fällen die gemischten Elemente/Passagen lediglich hervor, aber es wird keine weitere Bedeutung implikatiert. In Bezug auf das zweistufige Kontextualisierungsverfahren (1. Kontrastherstellung, 2. Einschränkung der Interpretationsrichtung) kann demnach festgehalten werden, dass die Entextualisierung allein den ersten Schritt (Kontrastherstellung) durchläuft. Somit entfallen die nachstehenden Schritte bzw. erweisen sich für die Interpretation des CS als Entextualisierungsmerkmal als irrelevant: Die Aufstellung kontextueller Präsuppositionen und die Interpretation der Mischrichtung der Sprachen. Die Unterscheidung zwischen *we-code* und *they-code* ist damit unerheblich für die Interpretation der Sätze in (10). Bei jenen Beispielen steht daher nicht, wie im Falle der Kontextualisierung, die Mischrichtung im Vordergrund, sondern vielmehr die Tatsache, dass überhaupt gemischt wird. Der Sprachenwechsel hat Signalfunktion und hebt den gemischten Inhalt betonend hervor. Über die reine Hervorhebungsfunktion des CS ohne zusätzlich implikatierte Botschaft lassen sich auch nachstehende Beispiele erklären:

(11)   a. [Ich schalte den Computer an π_1], [*mais* er funktioniert nicht. π_2]
         ,Ich schalte den Computer an, *aber* er funktioniert nicht.'
      b. [Ich arbeite an diesem Thema π_1], [*parce que c'est très intéressant.* π_2]
         ,Ich arbeite an diesem Thema, *weil es sehr interessant ist.*'
        (in Anlehnung an Chan 2004:17ff. konzipiert)

In Beispiel (11a) drückt die Konjunktion *mais* einen Gegensatz aus, welcher zwischen beiden Satzteilen vorherrscht. Bei genauerer Betrachtung von Beispiel (11a) erscheint es jedoch fraglich, wie die Sprachmischung vor dem Hintergrund eines Nähe-Distanz-Verhältnisses, welches zwangsläufig durch die kontextuelle Präsupposition (*we-code/they-code*) aufgebaut wird, gedeutet werden könnte. Dies liegt vorrangig daran, dass es sich bei der vom CS betroffenen Konjunktion um ein funktionales Element handelt. Ähnlich problematisch würde es sich im Falle einer anderen Konjunktion (z. B. frz. *et* = und) erweisen. Auch hier bliebe unklar, wie jene Konjunktion vor dem Hintergrund der *we-code/they-code*-Distinktion gedeutet werden könnte. Interessant ist die Tatsache, dass im Beispielsatz (11a) der Gegensatz nicht allein durch die Konjunktion *mais* zum Ausdruck gebracht zu werden scheint. Denn schaut man sich Beispiel (12) an, so fällt auf, dass selbst im Falle einer anderen Konjunktion (hier: *et*) oder dem Auslassen eben dieser (hier: gekennzeichnet durch die leere Menge ø) der Gegensatz zwischen π_1 und π_2 trotzdem mitverstanden wird.

(12) a. [Ich schalte den Computer an π_1], [*mais/et/ø* er funktioniert nicht. π_2]
b. *Gegensatz* (π_1, π_2)

Die Konjunktion ist daher kein notwendiges Merkmal, um den Gegensatz beider Äußerungsbestandteile ausdrücken zu können. Der Gegensatz existiert somit unabhängig von der Konjunktion zwischen beiden Äußerungsteilen und scheint jene implizit miteinander zu verbinden. Die Verwendung einer Konjunktion deutet die den Äußerungsteilen zugrunde liegende Relation jedoch bereits lexikalisch an. Die Konjunktion *mais* scheint ferner aufgrund ihrer Semantik ein noch stärkeres Signal zu sein, als die Konjunktion *et* (ø < *et* < *mais*). In Bezug auf das CS der realisierten Konjunktion in (11a) kann nun angenommen werden, dass es gilt, jenen Gegensatz zusätzlich zu fokussieren und hervorzuheben. Hierfür ist die Aufstellung kontextueller Präsuppositionen nicht erforderlich. Damit fügt sich jene Mischung in das Konzept der Entextualisierung ein.

Im Hinblick auf (11b) spricht Chan (2004:19f.) von einer Trennung des Inhalts in Vordergrundinformation (π_1) und Hintergrundinformation (π_2), welche bereits sowohl syntaktisch als auch diskursstrukturell dementsprechend markiert ist. Syntaktisch erfolgt die Einteilung analog zum Hauptsatz-Nebensatz-Gefüge. Aus diskursstruktureller Sicht stellt der semantische Gehalt des Nebensatzes eine erklärende Ergänzung zum semantischen Gehalt des Hauptsatzes dar (*Erklärung* (π_1, π_2)), ist letzterem also diskursthematisch unterzuordnen. Ausgehend vom CS als Entextualisierungsmerkmal dient die Sprachmischung in (11b) nun dazu, dieses Verhältnis der einzelnen Äußerungsbestandteile zueinander hervorzuheben.

Art	Textualisierungsverfahren	Beschreibung	Gemischte Elemente	Diskurspragmatische Funktion
Entextualisierung	1. Kontrastherstellung	Markiert durch Sprachenwechsel	Lexikalische Indikatoren (z. B. Konjunktionen), einzelne Diskurseinheiten (z. B. Nebensätze), lexikalisierte pragmatische Elemente (z. B. illokutive Verben) → meist intra-sententiales CS	Hervorhebung von eizelnen diskurspragmatischen Elementen
	2. Interpretation	Ableitbar durch diskurspragmatische Prinzipien (z. B. mit Hilfe der *Konversationsmaxime*)		
Kontextualisierung	1. Kontrastherstellung	Markiert durch Sprachenwechsel	ein beliebiger, propositionaler Äußerungsbestandteil → meist intersententiales CS **oder** einzelne lexikalische Elemente oder propositionale Äußerungsbestandteile, welche auf soziale Konventionen/situative Gegebenheiten in Kongruenz mit dem eingewechselten Kode referieren → meist intra-sententiales CS	Ausdruck implikatierter Illokutionen
	2. Einschränkung der Interpretationsrichtung	Aufstellung kontextueller Präsuppositionen **und** Beachtung der Mischrichtung		Ausdruck propositionaler Implikaturen
	3. Interpretation	Ableitbar durch diskurspragmatische Prinzipien (z. B. mit Hilfe der *Konversationsmaximen*)		

Tabelle 6.1:
CS als Textualisierungsmerkmal

6.2 Diskurspragmatische Funktionen des Code-Switching im Entwicklungsverlauf

In Kapitel 6.1.1 haben wir gesehen, dass CS bestimmte diskurspragmatische Funktionen erfüllen kann. Diese können unterschiedlicher Natur sein, wobei sich die Vielfalt der Funktionen meist in der Art des CS widerspiegelt (z. B. welche Elemente von der Sprachmischung betroffen sind). Im Folgenden wollen wir uns die im vorherigen Abschnitt vorgestellten diskurspragmatischen Faktoren im Entwicklungsverlauf anschauen.

Zum einen soll der Erwerb der diskurspragmatischen Funktionen von CS beleuchtet werden. Hierbei steht der kindliche, bilinguale Spracherwerb im Fokus, und damit die Entstehung des funktional motivierten CS im Individuum. Eine zentrale Frage, der nachgegangen werden soll, ist die folgende: Was weiß man bisher über den Erwerb der diskurspragmatischen Funktionen des CS? Letztere wurden in der einschlägigen Literatur zu diesem Thema bisher vorrangig im Rahmen erwachsener Sprachdaten untersucht. Es liegen so gut wie keine Studien zum kindlichen CS aus pragmatischer Perspektive vor. Daher drängt sich die Frage auf, ob das kindliche CS dieselben Funktionen erfüllt wie das erwachsenensprachliche. Wie wird das funktional motivierte CS erworben und welche Vorhersagen lassen sich in Bezug auf die einzelnen Textualisierungsverfahren (siehe Tab. 6.1) aufstellen? Der Abschnitt stellt, basierend auf der existierenden Literatur zum Spracherwerb, Hypothesen in Bezug auf den Erwerb des funktionalen CS bei Kindern auf.

Zum anderen wird die Entwicklung des funktionalen CS aus gesellschaftlicher Perspektive beleuchtet. Hierbei wird die Studie von Auer (1999) vorgestellt und diskutiert. Jener Abschnitt widmet sich daher vorrangig den folgenden Fragen: Kann sich das funktional motivierte CS im erwachsenensprachlichen System ändern? Wie lassen sich derartige Änderungen ggf. beschreiben und welche Auswirkungen können diese Veränderungen auf eine Sprachgemeinschaft haben? Es wird sich zeigen, dass das CS einem Sprachwandel unterliegen kann, welcher dadurch gekennzeichnet ist, dass das CS seine diskurspragmatischen Funktionen verliert. Der Wechsel zweier Sprachen wird in diesem Sinne konventionalisiert und bringt die Möglichkeit der Entstehung neuer Sprachvarietäten mit sich.

6.2.1 Aus funktionaler Perspektive: Der Erwerb des CS im Kind

In Kapitel 4 wurde bereits darauf hingewiesen, dass in der aktuellen Forschungsliteratur bisher davon ausgegangen wird, dass das funktional motivierte CS von bilingualen Kindern erst relativ spät erworben wird. Das situativ motivierte CS tritt im Erwerbsverlauf jedoch bereits sehr früh ein. Kinder können ihre Sprachen von Beginn an trennen und erkennen, mit welchen Personen sie welche Sprache sprechen können (vgl. u. a. Köppe 1997). Dementsprechend sind sie auch in sehr jungem Alter, mit Beginn des Spracherwerbs, sensibel für situative Veränderungen, also z. B. den Wechsel oder das Hinzukommen eines neuen Gesprächspartners, und passen ihre Sprache dementsprechend an. Situatives CS stellt ein charakteristisches Merkmal des kindlichen CS dar (s. a. Kapitel 5).

Im nachstehenden Transkriptauszug interagiert Lukas, der in Hamburg mit Deutsch und Italienisch aufwächst, im Alter von 1;11,26 mit der deutschen Interaktionspartnerin. Am Ende der Sequenz wendet er sich an die Italienerin, Antonietta, die mit im Raum ist, und spricht mit ihr Italienisch. Er passt seine Sprachwahl somit der Situation an.

Nicht-sprachlicher Kontext IP	Äußerung IP	Äußerung Kind	Nicht-sprachlicher Kontext Kind
Erwachsene ist mit Lukas im Zimmer, sie spielen Arztpraxis			
	wie heißt denn der patient ? /		
		lu- antonietta /	L. trinkt
guckt zu Antonietta hinter der Kamera	ah antonietta! / was hat antonietta denn ? /		
		eine - / hmm /	
setzt sich auf Stuhl	was hat sie denn luki ? / erzähl mal ! / find' ich ja interessant /		
		rützep – retep /	= Rezept; L. steht auf
	ach sie will 'n rezept holn ? / mhm /		
		sie kann nich – mmh – von mir 'n rezep abholn /	L. nimmt ein Blatt Papier und geht zum Tisch zurück
	sie kann kein rezept von dir bekomm' ? /		
		nee /	L. setzt sich hin
	warum ? /		wirft Blatt Papier weg
		weil das nich für SIE ist /	= betont; nimmt Getränk und trinkt
	aber du kannst ihr doch noch 'n rezept ausstelln /		
		äähm, da is NIEMAND gekomm' /	schüttelt ein wenig den Kopf
	niemand gekomm' / okay / is antonietta krank ? /		

Diskurspragmatische Funktionen des Code-Switching

		ja /	
	was hat sie denn ? /		
		(s)ie hat ein' fisch [n] den man nich essn kann, [n] geessn und dann is sie verletzt /	= essen = gegessen
	ach so / sie hat ein' fisch gegessn den sie nicht f- essen durfte , und jetzt hat sie sich verletzt / durch die gretn? / oder is es – oder, war der fisch, giftig ? /		L. nickt
		eh die grätn sind im sie reingekomm' /	macht Bewegung „rein" mit der Hand
	ach so / sie hat den fisch mit den grätn gegessn ? /		L. trinkt
		mhm /	= bejahend
	sowas macht man nich /		
		mm /	= verneinend; schüttelt Kopf
	das tut weh /		
		ja das tun weh / hm↑ /	L. lächelt
	hm / das musst du ihr aber mal sagn dass sie das nich darf /		
		du musst nich – nich - [n] - den - [n] - du m- [n]- de- [n]- non devi mangiare un - un pesce, tutto – äähm colle griti /	L. steht auf, geht zu Antonietta mit belehrendem Zeigefinger

Warum scheint das diskurspragmatische CS in dieser Hinsicht vom situativen CS abzuweichen? Jisa erklärt dies wie folgt:

> Full-blown mastery of codeswitching is an additional pragmatic competence that bilingual children must develop. Such a development appears to extend well beyond early childhood. It is not surprising that non-situational or metaphorical codeswitching is not observed in young bilinguals. Discourse related codeswitching requires social, as well as pragmatic and textual competence, that are beyond the capacities of young children, be they bilingual or monolingual. (Jisa 2000:1366)

Der im Vergleich zum situativen CS verzögerte Erwerb des metaphorischen CS resultiert also aus den komplexen pragmatischen Anforderungen, welche hierfür benötigt werden. Tomasello (2000:401), welcher sich zwar nicht mit dem CS, sondern mit dem allgemeinen Erwerb von Wörtern beschäftigt, beschreibt die Herausforderung im Hinblick auf den Erwerb der pragmatischen Kompetenz für Kinder wie folgt:

> [...] what they need are flexible and powerful social-cognitive skills that allow them to understand the communicative intentions of others in a wide variety of interactive situations.

Dies gilt auch als eine Grundvoraussetzung für den Erwerb des funktionalen CS. Es wird hierfür sowohl eine grammatische und eine pragmatische als auch soziolinguistische Kompetenz verlangt. Doch bedeutet die Komplexität des funktionalen CS gleichzeitig, dass diese Art des Sprachenmischens im frühkindlichen Bilinguismus, wie von Jisa (2000) behauptet, nicht beobachtet werden kann? Wann erwerben Kinder die dafür benötigten sozio-pragmatischen Kompetenzen? Dieser Frage wollen wir im Folgenden nachgehen. Hierfür werden wir Erkenntnisse aus Studien zum monolingualen Erstspracherwerb heranziehen.

Die Erforschung des Erwerbs pragmatischer Fähigkeiten umfasst in Anlehnung an Ninio und Snow (1999:355) und Pearson und De Villiers (2005^2:687) die folgenden Aspekte:

(13) a. Die Erforschung von Sprechakten, d. h. der Funktion von Äußerungen im Sinne von Illokutionen, Implikaturen usw.
 b. Die Erforschung von Konversationstrategien, welche u. a. das turn-taking (vgl. weiter unten) sowie das inhaltliche Beisteuern zu einem Gesprächsthema oder die Änderung eines Gesprächsthemas umfasst.
 c. Die Erforschung der kontextbezogenen Anpassung von Stil und Register, als dessen Voraussetzung das Wissen um kulturelle Konventionen und soziale Rollen gilt.
 d. Die Erforschung von Diskursstrukturierung, welche die Herstellung von Kohärenz umfasst.

Bezogen auf das funktionale CS erkennen wir in (13) bereits alle relevanten Aspekte wieder, welche für diese Form der Sprachmischung benötigt werden: (a) stellt einen Bestandteil der Kontextualisierung dar, welcher für das Ableiten von Implikaturen vor dem Hintergrund pragmatischer Prinzipien, wie z. B. den Konversationsmaximen, benötigt wird. (b) ist für den situativ motivierten Sprachenwechsel von Bedeutung. Da wir weiter oben bereits festgestellt haben, dass sich jener auch auf das funktionale CS auswirken kann, ist dieser Punkt für das metaphorische CS ebenfalls eine der benötigten Grundvoraussetzungen. Ferner spielt die in (b) angesprochene inhaltliche Beisteuerung oder Weiterentwicklung eines Gesprächsthemas eine Rolle für die Diskursstrukturierung und damit der Entextualisierung. Denn Mechanismen der Diskursstrukturierung sind notwendig, um überhaupt inhaltlich an ein Thema anknüpfen zu können. (c) umfasst schließlich Aspekte, welche für das situativ motivierte CS relevant sind, aber ebenso für die Aufstellung kontextueller Präsuppositionen im Rahmen der Kontextualisierung als erforderlich gelten. (d) bezieht sich ausschließlich auf die

Strukturierung des Diskurses und ist damit für die Entextualisierungsfunktion des CS von Bedeutung.

Die Arbeiten von Ninio und Snow (1999) sowie Pearson und De Villiers (2005²) gehen der Frage nach, wann die in (13) genannten Aspekte von monolingualen Kindern erworben werden. Die Autoren stellen hierbei fest, dass Kinder mit allgemeinen Konversationsstrategien (siehe (13b)) in den Erwerb pragmatischer Kompetenzen einsteigen (vgl. Pearson und De Villiers 2005²:688). So werden Kinder als erstes sensibel für das *turn-taking*, d. h. den sich mit dem Gesprächspartner abwechselnden Rhythmus vom Sprecher- und Zuhörer-Sein, und leisten erste kurze Redebeiträge, meist in Form von Antworten auf direkte Fragen. Hierbei handelt es sich also i. d. R. um vereinzelte elementare Diskurseinheiten, welche an den Redebeitrag des Erwachsenen anschließen. Die Aufrechterhaltung oder Weiterentwicklung eines Themas erfolgt jedoch maßgeblich durch den erwachsenen Gesprächspartner (vgl. Ninio und Snow 1999:365). Nichtdestoweniger haben Kinder im Alter von zwei Jahren grundlegende Dialogstrategien erworben: „Among the pragmatic functions toddlers master toward the end of the second year, like answering, repeating, and requesting, those that elicit further speech are key" (Pearson und De Villiers 2005²:687). In Bezug auf die aktive Diskursstrukturierung (siehe (13d)), d. h. die Strukturierung eigener Äußerungen, berichten Ninio und Snow (1999:371f.), dass Kinder im Alter von drei Jahren, in Zusammenhang mit dem Erwerb der Tempora, anfangen zu erzählen. Dies bedeutet, dass ihren Äußerungen erste narrative Passagen zu entnehmen sind, was von der Fähigkeit zeugt, ein Thema weiterzuentwickeln. Im Alter von fünf Jahren, so die Autoren, beherrschen Kinder darüber hinaus die Fähigkeit, aktiv zwischen Vorder- und Hintergrundinformation zu unterscheiden und ihren Diskurs entsprechend zu gestalten. Das Einsetzen von Sprechakten, Stil und Register ((13a) und (13c)) wird als letzte der oben aufgeführten Kompetenzen erworben. Dies kann darüber erklärt werden, dass der Sprecher sowohl beim Einsetzen von Sprechakten als auch bei der kontextbezogenen Anpassung von Sprache im Sinne eines Stils oder Registers (vgl. Kapitel 1) über die Fähigkeit verfügen muss, sich in seinen Gesprächspartner hineinzuversetzen. Allgemein gilt: Wissensinhalte, die Sprecher und Hörer teilen, können als präsupponiert, d. h. als bekannt vorausgesetzt werden. Wissensinhalte, die dem Hörer hingegen unbekannt sind, müssen vom Sprecher erst neu in den Diskurs eingeführt werden. Was erwartet der Gesprächspartner also ggf. an zusätzlichen Informationen, da ihm das nötige Wissen fehlt, die Äußerungen seitens des Sprechers vollends zu verstehen und implikatierte Inhalte abzuleiten? Und was kann der Sprecher vom Hörer für ein zugrunde liegendes Wissen erwarten? In welcher Beziehung stehen Sprecher und Hörer zueinander? Im Hinblick auf das die Sprache erwerbende Kind bedeutet dies, dass jenes sich in seinen Gesprächspartner hineinversetzen können muss und Vermutungen darüber aufstellen muss, was sein Gesprächspartner bereits weiß oder erwartet und was nicht. Dies geht damit über eine rein linguistische Kompetenz hinaus und schließt die Entwicklung entsprechender sozialer und kognitiver Fähigkeiten mit ein. Zu Anfang des Spracherwerbs ist es in der Regel der Fall, dass das Kind sein eigenes Wissen und seine eigenen Erfahrungen als Maßstab für seine Äußerungen ansieht. Dies führt dazu, dass das Kind zu viel Informationen präsupponiert (vgl. Pearson und De Villiers 2005²:692), was sich meist in der Verletzung der Konversationsmaximen der Quantität (das Kind gibt zu wenig Informationen) und der Relevanz (die Relevanz der kindlichen Äußerung ist unklar) widerspiegelt. Eltern und erwachsene Gesprächspartner müssen dies kompensieren und versuchen, entsprechende Informationen abzuleiten.

> Of course, many problems of conversational management are eased for young children by the availability of highly cooperative adult conversational partners. Thus, children's violations of some of the rules governing adult conversation are not considered particularly serious, and their frequent difficulties abiding by the Gricean maxims (Grice, 1975) of relevance and quantity are compensated for by adult willingness to engage in extensive repair. (Ninio und Snow (1999:364f)

Bei diesen anfänglichen, präsupponierten Inhalten handelt es sich jedoch nicht um gezielt eingesetzte Präsuppositionen. Stattdessen gehen sie darauf zurück, dass das Kind sein eigenes Wissen als allgemein gegeben ansieht. Im Verlaufe des Spracherwerbs gilt es nun, Inhalte gezielt (d. h. kontextadäquat) zu präsupponieren. Dass dies eine notwendige Konversationsstrategie darstellt, erfahren Kinder, sobald sich ihr Kreis an Gesprächs- und Interaktionspartnern vergrößert und die Erfahrung gemacht wird, dass neue Gesprächspartner nicht über dasselbe Wissen oder dieselben Erfahrungen verfügen.

Die Erfahrungen mit neuen Gesprächspartnern, bei welchen sich herausstellt, dass Sprecher und Hörer nicht auf dasselbe Wissen zurückgreifen können, verlangen vom Kind schließlich eine Weiterentwicklung der Diskursstruktur, d. h. die Einführung, Elaboration und kohärente Weiterentwicklung eines Themas. Laut Pearson und De Villiers (2005²:692) fangen Kinder im Alter zwischen vier und fünf Jahren an, neue bzw. unbekannte Informationen entsprechend in den Diskurs einzufügen. Im Alter von neun bis zehn Jahren nutzen sie diese Strategie schließlich produktiv und nahezu zielsprachlich. Die Äußerungs- und Diskursbeiträge seitens des Kindes werden damit immer länger und komplexer. Hierbei handelt es sich vorrangig um eine Entwicklung der Performanz, welche sich bis ins Erwachsenenalter fortsetzen kann (vgl. Ninio und Snow 1999:369ff.) Die Grundbausteine für die Diskursstrukturierung (Unterscheidung zwischen Vorder- und Hintergrundinformation) können erst in einem Alter von fünf Jahren, d. h. mit Ende des Vorschulalters, als erworben gelten. Die Sensibilität für Präsuppositionen beginnt in jenem Altersabschnitt. Hier liegt demnach eine Überschneidung vor. Die Übergänge sind fließend.

In diesem Sinne lässt sich nun die folgende Erwerbsreihenfolge der in (13) genannten pragmatischen Kompetenzen aufstellen, welche sich nach deren Komplexität richtet:

(I)   allgemeine Konversationsstrategien < Diskursstrukturen < Sprechakte/ Stile/Register

Weiter oben haben wir die in (13) genannten Aspekte bereits mit den verschiedenen Formen des CS in Verbindung gebracht, d. h. dem situativ motivierten CS, sowie den beiden Textualisierungsfunktionen des CS. Ausgehend von der Annahme, dass sich die pragmatische Kompetenz bei monolingualen und bilingualen Kindern gleich entwickelt, würde sich somit Folgendes vorhersagen lassen: Das situative CS sollte unter Zuhilfenahme allgemeiner Konversationsstrategien vor dem metaphorischen CS erfolgen. Dies entspricht damit der allgemeinen Annahme von Studien zum kindlichen CS und bilingualen Spracherwerb. Im Hinblick auf das metaphorische CS sollte ferner zu erwarten sein, dass Kinder das funktionale CS anfänglich im Sinne der Entextualisierung gebrauchen und erst später Inhalte über das CS kontextualisieren. Damit ergibt sich folgende Erwerbsreihenfolge für das CS:

(II)   situatives Code-Switching < Entextualisierung durch Code-Switching < Kontextualisierung durch Code-Switching

Jene gilt es selbstverständlich im Rahmen zukünftiger Forschung zu überprüfen. Ebenso ist es von Interesse, das genaue Alter der bilingualen Kinder in Bezug auf die in (II) genannten Erwerbsschritte bestimmen zu können. Studien konnten bereits aufzeigen, dass Kinder das situative CS i. d. R. von Anfang an beherrschen. In Analogie zu den Ergebnissen bei monolingualen Kindern wäre das entextualisierende CS bei bilingualen Kindern bereits in einem Alter zwischen drei und fünf Jahren zu erwarten. Anders als von Jisa (2000) angenommen kann im frühkindlichen, bilingualen Diskurs somit durchaus auch nichtsituativ bedingtes CS zu verzeichnen sein. Das kontextualisierende CS sollte jedoch entsprechend später von bilingualen Kindern verwendet werden.

Ungeklärt bleibt bislang die Frage, ob sich die pragmatische Sprachentwicklung bei bilingualen Kindern u. U. quantitativ oder qualitativ von jener monolingualer Kinder unterscheidet. Vor dem Hintergrund, dass bilinguale Kinder ständig damit konfrontiert sind, ihre Sprache gesprächspartnerorientiert auszuwählen, was sie beherrschen (siehe den Transkriptauszug weiter oben), könnte man z. B. vermuten, dass bilinguale Kinder die in (13c) genannten Kompetenzen früher erwerben als monolinguale Kinder. Jene Vermutung gilt es jedoch anhand empirischer Daten zu überprüfen.

6.2.2 Aus funktionaler Perspektive: Der gesellschaftliche Wandel

Neben dem Erwerb diskurspragmatischer Funktionen kann es auf der individuellen Ebene aber auch zum Verlust eben jener kommen. Diese Veränderung kann sich ferner gesellschaftlich konventionalisieren und zur Entstehung neuer Varietäten, sogenannter Mischsprachen führen. Der Verlust von diskurspragmatischen Funktionen beim Mischen von Sprachen kann damit als eine Art Sprachwandel gewertet werden. Sprachmischungen dienen in diesen Fällen nicht mehr als diskurspragmatisches Merkmal, mit deren Hilfe bestimmte Botschaften vermittelt werden können. Im Gegenteil sind solche Fälle von augenscheinlichen Sprachmischungen vielmehr als diskurspragmatisch neutral zu werten. Dieser Vorgang, d. h. der Sprachwandel von CS, soll im Folgenden anhand einer Studie von Auer (1999) näher beleuchtet werden.

Der Vorgang der Konventionalisierung wurde bereits weiter oben angesprochen, als es um die Definition von *we-code* und *they-code* ging. In Anlehnung an die Studien von Myers-Scotton (1993a,c, 1999) geht man somit davon aus, dass die Festlegung auf eine „Hauptsprache", dem *we-code*, während einer Konversation unter bilingualen Sprechern das Ergebnis gesellschaftlicher Normen darstellt. Mit welcher Personengruppe ein bilingualer Sprecher normalerweise welche Sprache spricht, ist damit eine Frage der Konvention. Ebenfalls haben wir bereits im Rahmen des konversationsanalytischen Ansatzes von CS festgehalten, dass diese Norm unter Sprechern teilweise erst interaktiv herausgearbeitet werden muss. Die am Gespräch beteiligten Sprecher müssen sich somit erst auf eine Gesprächskonvention einigen. Dies kann laut Gumperz (1982:95) dazu führen, dass die durch das CS beabsichtigten Effekte vom Zuhörer nicht auf Anhieb erschlossen werden können: „[…] listeners in code switching situations may understand the literal meaning of an utterance, but differ in their interpretation of communicative intent." In solchen Fällen hilft ggf. das Vorkommen von Merkmalsbündeln, um die vom Sprecher intendierte Botschaft richtig abzuleiten. Die Herauskristallisierung einer gemeinsamen Basis und die Festlegung auf einen *we-code* geschieht zudem relativ schnell, d. h. gleich zu Beginn des Gesprächs:

> In most everyday situations, however, variability of usage conventions presents no serious problems since the range of available options is limited by syntactic and pragmatic constraints. Interactions of speakers who don't know each other well generally begin with a set of introductory probing moves, where the basic ground rules to be applied later are negotiated. (Gumperz 1982:95)

Wichtig ist die Tatsache, dass es sich in jenen Fällen um eine Konventionalisierung kontextueller Präsuppositionen handelt, d. h. eine Konventionalisierung der sozialen Rollen, welche den am CS beteiligten Sprachen zugesprochen werden (vgl. Auer 1992:32f.). Als konventionalisiert gilt in diesem Sinne daher vorrangig die zugrunde liegende Sprachwahl für ein Gespräch. Myers-Scotton (1993b) bezeichnet diese Sprache als Matrixsprache (in welche hineingemischt wird). Auer (1999:5) bezeichnet das Hineinmischen in eine Matrixsprache auch als Insertion (vgl. Kapitel 1). Hier werden folglich einzelne (lexikalische) Elemente aus Sprache A in die Matrixsprache B gemischt. Somit handelt es sich hierbei um eine Form von intra-sententialem CS. Die Tatsache, dass bei dieser Form von CS einzelne Elemente insertiert werden, impliziert ferner, dass im Anschluss wieder in den ursprünglichen Kode, d. h. in die Matrixsprache, zurück gewechselt wird. Darüber hinaus kann es aber auch zu einem Wechsel der Matrixsprache kommen. Vor dem Hintergrund der vorgestellten konversationsanalytischen Perspektive auf das CS können wir diesen Wechsel nun über die dynamische, d. h. kontextabhängige Definition des *we-code* erklären. Nach Auer (1999:21) kann diese Art des CS der sog. Alternation (vgl. Kapitel 1) zugeschrieben werden. Die Alternation beinhaltet nicht nur vereinzelte lexikalische Elemente, sondern auch größere sprachliche Einheiten, bei welchen auch die syntaktische Struktur beim CS mit berücksichtigt werden muss. Hierbei kann es sich sowohl um intra-sententiales als auch inter-sententiales CS handeln. Ferner kann die Alternation mit einem Wechsel der Matrixsprache einhergehen. Beim CS vom alternierenden

Typ ist eine Rückkehr zum ursprünglich verwendeten Kode daher nicht vorhersagbar. In beiden Fällen handelt es sich um CS, welches situativ motiviert ist und/oder diskurspragmatische Zwecke erfüllt. Als konventionalisiert gilt die zugrunde liegende Sprachwahl, d. h. die (mitunter dynamische) Festlegung auf den *we-code*. Der Sprachenwechsel selbst ist nicht konventionalisiert, sondern dient als Hervorhebungsstrategie im Sinne eines Textualisierungsmerkmals. Das bedeutet zum einen, dass die Sprachen gemischt werden können, aber nicht gemischt werden müssen. Das CS ist in diesem Sinne optional und existiert gleichwertig neben weiteren „monolingualen" diskurspragmatischen Merkmalen (z. B. der Prosodie). Wird jedoch gemischt, so können hierüber ganz bestimmte diskurspragmatische Effekte erzielt werden. Die konventionalisierten sozialen Rollen, d. h. die Kodes, können dabei entscheidend zur Interpretation des CS beitragen (vgl. hierzu die Kontextualisierung).

Neben dieser Art der Konventionalisierung existiert darüber hinaus aber auch die Konventionalisierung des Sprachenwechsels und damit der Sprachmischung selbst (vgl. Auer 1999). In diesem Fall ist der Sprachenwechsel weder durch situative Faktoren motiviert, noch erfüllt er eine diskurspragmatische Funktion. Im Folgenden wollen wir den Fragen nachgehen, wie es zu einer solchen Konventionalisierung kommen kann und welche Auswirkungen damit ggf. einhergehen können.

Aufgrund der Tatsache, dass der konventionalisierte Sprachenwechsel weder eine der vorgestellten diskurspragmatischen Funktionen zu erfüllen scheint, noch als situativ bedingt gelten kann, führt Auer (1999) für jene Mischungen den Terminus *language mixing* ein. Der Autor vertritt die Annahme, dass das *language mixing* aus dem CS resultiert, sich also aus Letzterem entwickelt. Ferner nimmt er an, dass dies eine natürliche Tendenz in vorrangig bilingualen Sprachgemeinschaften darstellt (vgl. Auer 1999:10). Doch wie kann dieser Übergang vom CS zum *language mixing* erklärt werden? Auer (1999:12) nimmt an, dass CS in bilingualen Sprachgemeinschaften zunehmen kann, wenn die Sprecher anfangen, sich über die Sprachmischung zu identifizieren, d. h. den Sprachenwechsel als Teil ihrer Gruppenidentität auffassen. Durch das häufiger auftretende CS geht jedoch nach und nach die diskurspragmatische Funktion, welche jenes normalerweise mit sich bringt, verloren:

> [...] frequent juxtaposition weakens the contextualization value of this cue. [...] The more frequently code-switching occurs, the less salient it becomes; as a consequence, the potential for using it in locally meaningful ways is diminished. (Auer 1998b:12)

Je mehr sich die bilingualen Sprecher als Gruppe daher mit dem Sprachenwechsel identifizieren, d. h. ihn als die Basis für ihre Kommunikation verstehen, desto mehr nehmen die diskurspragmatischen Effekte der einzelnen Sprachmischungen ab bzw. desto seltener werden Sprachmischungen seitens der Sprecher zur Erzielung eben solcher Effekte eingesetzt (vgl. Auer 1999:12). Zu jenem Zeitpunkt befindet sich das CS damit im Prozess der Konventionalisierung und entwickelt sich hin zum sog. *language mixing* und damit hin zu einem genuin bilingualen Kommunikationsmodus. Die zugrunde liegende Sprachwahl betrifft in jenem Fall nicht mehr lediglich eine Sprache (wie im Falle der Matrixsprache), sondern konstituiert sich aus dem stetigen Sprachenwechsel. Sprache A plus Sprache B stellen damit gemeinsam die Basis des Kommunikationsmodus dar. Das *language mixing* fungiert in diesem Sinne "[...] as a mode of interaction similar to monolingual language use (Poplack 1988:217) [...]" (Auer 1999:9). Die Identifizierung von Sprechergruppen mit dem stetigen Wechsel bestimmter Sprachen zeigt sich u. a. in der Tatsache, dass das *language mixing* oft bereits als eine eigenständige Varietät empfunden wird, auf welche entsprechend mit eigenen Namen referiert wird: *franglais, portinglês, ingleñol* (französisch/portugiesisch/spanisch-englische Sprachmischungen, vgl. Kapitel 1), *Spanglish* (spanisch-englische Sprachmischungen in den USA), *Italoschwyz* (italienisch-schweitzerdeutsche Sprachmischungen in der Schweiz – vgl. Auer 1999, Franceschini 1998), *Esplugisch* (spanisch-deutsche Sprachmischungen an der Deutschen Schule in Barcelona – vgl. González-Vilbazo 2005), *Concha Espina Deutsch* (spanisch-deutsche Sprachmischungen an der Deutschen Schule in Madrid) u. v. m. Teilweise sind es die jeweiligen Sprechergruppen selbst, welche die von ihnen gesprochene gemischtsprachliche Varietät derartig bezeichnen. Teilweise sind es monolinguale Sprecher, welche jene Begriffe meist negativ konnotiert in Bezug auf die bilingualen Sprechergruppen verwenden. Hierbei handelt es sich i. d. R. um nichtwissenschaftliche Bezeichnungen (vgl. Kapitel 1).

Vergleichend kann somit festgehalten werden, dass das CS als situativ motiviert und diskurspragmatisch funktional gilt. Ferner ist beim CS lediglich die zugrunde liegende Kodewahl (welche der Sprachen fungiert als *we-code*, welche als *they-code*) konventionalisiert. Der Sprachenwechsel selbst gilt als markiert. Im Gegensatz dazu ist das *language mixing*, welches sich aufgrund der Gruppenidentifikation mit dem Sprachenwechsel aus dem dadurch zunehmenden CS entwickelt, situativ nicht motiviert und diskurspragmatisch nicht funktional. Der Sprachenwechsel ist konventionalisiert und folglich unmarkiert.

> **Language Mixing:** Es wird angenommen, dass sich das *language mixing* aus dem Code-Switching entwickelt. *Language mixing* ist weder situativ motiviert, noch verfügt es über diskurspragmatische Funktionen. Es handelt sich um einen stetigen Sprachenwechsel, der zur Gruppenidentität beiträgt und dem zugrunde liegenden Kommunikationsmodus der Gruppenmitglieder entspricht.

Es wurde bereits erwähnt, dass das *language mixing* oft als eine eigene Varietät seitens der Sprecher empfunden wird. Jene ist jedoch meist auf eine relativ kleine Gemeinschaft von Sprechern beschränkt und auch wenn der Sprachenwechsel die übliche Norm darstellt, so ist jener selbst als variabel zu verstehen. Dies bedeutet, dass der Sprachenwechsel nicht auf bestimmte Lexeme oder grammatische Konstruktionen beschränkt ist, sondern dass die Sprachen frei gemischt werden. Findet eine soziale Verbreitung sowie eine linguistische Stabilisierung des konventionalisierten Sprachenwechsels statt, so kann dies zur Herausbildung einer sog. Mischsprache (*fused lect*) führen. Auer (1999:1) bezeichnet diesen

Übergang vom *language mixing* zur Mischsprache auf der linguistischen Ebene auch als eine Art der *Grammatikalisierung*. Der Sprachenwechsel ist grammatikalisiert worden, d. h. nun Teil der Grammatik der jeweiligen Sprecher und damit obligatorisch.

Mischsprachen weisen aufgrund des Zusammentreffens zweier unterschiedlicher Ursprungsgrammatiken oft auch eigene grammatische Strukturen auf, welche zuvor weder in Sprache A noch in Sprache B existiert haben (vgl. Auer 1999:13, Chan 2013). Sie zeugen daher sowohl von alternierenden Strukturen, insertiertem lexikalischem Material, als auch neu entstandenen Strukturen.

> **Mischsprachen** (*fused lects*): Mischsprachen können sich mitunter aus dem *language mixing* zweier Sprachen entwickeln. In diesem Fall wird das *language mixing* grammatikalisiert, d. h. auf bestimmte grammatische Strukturen und Lexeme festgelegt. Hierbei besteht auch die Möglichkeit, dass neue Strukturen entstehen. Die zwei Ursprungssprachen fusionieren in diesem Sinne und es entsteht eine neue Sprache.

Auf der gesellschaftlichen Ebene kann sich eine Mischsprache jedoch nur dann durchsetzen, wenn alle Sprecher der Sprachgemeinschaft die Grammatikalisierung des *language mixing* durchlaufen: "The transition is complete as soon as participants no longer actively avoid speaking one language or the other [...]" (Auer 1999:12).

Während in bilingualen Sprachgemeinschaften eine Tendenz dazu besteht, vom CS zum *language mixing* überzugehen, so ist es jedoch nicht der Fall, dass *language mixing* zwangsläufig auch zur Herausbildung von Mischsprachen führt. Dennoch stellt es eine mögliche Folge dar, welche Auer (1999) in Form eines Kontinuums beschreibt: Code-Switching > *language mixing* > Mischsprache. Die Übergänge sind hierbei jeweils fließend, was dazu führt, dass beim Übergang vom CS zum *language mixing* beide Formen durchaus auch koexistieren können (Auer 1999:10f).

Im Folgenden wollen wir zwei besondere Fälle von *language mixing* anhand von Beispielen aus dem bilingualen Spracherwerb aufzeigen.

Nicht-sprachlicher Kontext IP	Äußerung IP	Äußerung Kind	Nicht-sprachlicher Kontext Kind
		musst du mal meine mutter - / wir [kam] ham keinen andren lappen lappen /	
wischt etwas vom Boden auff	*celui-ci il n' est pas très propre alors / ah /*		
		du bis ja n (xxx) / (xxxxx) (lecker) jam jam /	

	ah c' est pour plus tard / euhm / qu' est-ce qu' on va faire alors ? /		
		eu /	
	ah oui /		
		huch ich muss ma (xxxx) / kann ich dir sagen was wir mach'- und überall puppenwa(gen) /	hier scheint Julie etwas aufzusagen
	elle était bien ↑ /		
		nee /	
	moi je vais voir si je peux faire un dessin sur – sur ta vitre /		
	qu' est-ce que tu fais ? /	küsschen da ma küsschen da und überall küsschen da / küsschen da ma küsschen da und überall küsschen da /	J. sagt diesen Spruch mehrmals in der Aufnahme
	qu' est-ce que tu fais julie ? /		
		gar nix /	
	si /		
		das muss so bleiben /	
	non il y a de la vaisselle dedans tu vas la casser /		
		(x) /	
	(xxx) c' est pas pour faire un jeu ici hein /		
	(xxxxx) /	doch ich darf das aber / mama hat gesagt ich darf das /	
	(xxxxxx) je vais dans ta chambre /		
		wenn du wills dann geh doch /	
	t' as pleins de sucreries partout julie (x) /		
		(xxxx) /	

Diskurspragmatische Funktionen des Code-Switching

	je t' ai vu avec ta barbie / tu joues avec moi ? /		
Melanie und Julie verlassen die Küche		du darfst das nicht spielen / (wenn -) / wenn du nur franschösisch , sprichst kein deutsch dann darfst du auch nich mit meiner barbie /	J. geht in das Kinderzimmer und macht die Tür zu
M. und J. befinden sich im Kinderzimmer ; J. sitzt auf dem Bett, M. steht vor ihr	tu peux le dire / t' es pas obligé de (x) une (x) comme ça /		
		ich möchte allein sein /	
	tu veux que je te lise une histoire ↑ /		
		nöö ich will mit dir was spielen /	
	avec moi ↑ / ben je veux bien jouer avec toi /		
	ouais /	warte ich hab n ga- ich hab – ich hab hier n ganz lustiges spiel aber ers (m)uss ich das suchen / guck mal wo das is ! / wo hab ich das denn ? / wo hab ich ' s denn hingepackt ? /	J. steht auf und geht auf ein Regal zu
	je sais pas /		
		hmm ich doch auch nich /	
	ça va (x) (magie) /		
		ja /	
	ouais /		
		kannst du mir damit (xxxxxx) in die schublade zaubern bitte /	J. gibt M. einen Zauberstab
	ah je suis pas sûr que ça marche /		
		bitte guck mal nach ! / ob du das kannst los komm bitte ! /	
	non dans quel tiroir julie ? / je sais pas dans quel tiroir /		

Das aufgeführte Beispiel zeigt das deutsch-französisch bilinguale Kind Julie im Alter von 4;5,8 in der französischen Aufnahme. Julie wächst in Deutschland auf. Im Transkriptionsauszug lässt sich beobachten, dass Julie mit der französischsprachigen Erwachsenen M. konsequent Deutsch spricht. Der Wechsel vom Deutschen (das Kind Julie) ins Französische (die französische Erwachsene) ist hier funktionslos, d. h. nicht diskurspragmatisch markiert. Interessant ist die Tatsache, dass jeder Sprecher bei „seiner Sprache" bleibt. Das Mischen findet somit ausschließlich sprecherübergreifend statt. Das Besondere im Falle von Julie ist also die Tatsache, dass das Mischen der Sprachen nicht auf der intrapersonalen Ebene stattfindet. Julie mischt ihre Sprachen während des Erwerbsverlaufs insgesamt nur in seltenen Fällen selber. Stattdessen hat sie eine relativ konstante Sprachwahl bzw. Sprachpräferenz zugunsten des Deutschen getroffen, welche sie mitunter sogar verbalisiert:

Nicht-sprachlicher Kontext IP	Äußerung IP	Äußerung Kind	Nicht-sprachlicher Kontext Kind
	je t'ai vu avec ta barbie / tu joues avec moi ? /		
		du dars das nich spieln / (wenn) / wenn du nur französisch, sprichst kein deutsch dann darfs du auch nich mit meiner barbie /	

Der Sprachenwechsel, welcher sich ausschließlich in der Interaktion mit dem monolingual französischsprachigen Erwachsenen abzeichnet, kann damit nicht als eine Form von CS gewertet werden (vgl. Eichler, Müller, Schmeißer und Arnaus Gil 2014), sondern stellt vielmehr eine Art *language mixing* dar, welche in diesem Fall durch die Besonderheit charakterisiert ist, dass beide Sprecher selbst nicht die Sprachen mischen, die Sprachmischung im gemeinsamen Gespräch allerdings die übliche Konvention darstellt; der Sprachenwechsel ist alternierend. Es handelt sich hiermit um eine Sprachpräferenz des Kindes zugunsten des Deutschen, welche jedoch nicht auf eine mangelnde Kompetenz im Französischen zurückgeführt werden kann. Dies kann aufgrund der Sprachverstehenskompetenz Julies im Französischen ausgeschlossen werden.

Eine Form von insertierendem *language mixing* zeigt sich in folgendem Gesprächsausschnitt. Arturo ist ein deutsch-spanisches Kind. Der Transkriptauszug zeigt Arturo im Alter von 3;2,10 in einem Gespräch mit mehreren deutschsprachigen Erwachsenen.

Nicht-sprachlicher Kontext IP	Äußerung IP	Äußerung Kind	Nicht-sprachlicher Kontext Kind
	hallo ↑ / so ↓ arturo / ich bin hier zum ersten mal deswegen musst du wissen wo die caramelos sind /		
		mh /	schaut sich suchend um
	weißt du wo ? /		
		nee /	
	du bist hier zu hause / du kannst einfach in den schubladen durch gucken / darfst du das ? / frag doch mal mama und papa /	mamI / darf ich so ein so ein caramelo heute nacht unten mitgebracht /	läuft in ein anderes Zimmer, dort sind ein Mann und eine Frau ≠ Eltern; Großeltern?
	nö hab' ich nicht mitgebracht / (x) /		
	ich hab' aber auch noch camelos wenn du möchtest hm ↑ /		
		ja will ich /	
	komm wir gucken mal was die – was die oma für caramelos hat /		
		(warte) hat du – hast du caramelotüte /	
lacht	ne caramelotüte ↑ /		
holt etwas aus ihrer Tasche	mm / aber ich hab' 'ne rolle /		
	ho ! 'ne rolle ist noch besser als 'ne tüte /		

Im Transkriptauszug zeigt sich, dass das spanische Wort *caramelo* (dt. Bonbon) im deutschen Gesprächskontext benutzt wird. Hierbei ist es nicht nur das bilinguale Kind, welches das spanische Wort verwendet, sondern jeweils auch die monolingualen deutschsprachigen Erwachsenen. Der Wechsel hin zum Spanischen ist in jenen Fällen nicht markiert und gilt als diskurspragmatisch neutral. Es fällt zum einen auf, dass das Mischen der Sprachen auf das Wort *caramelo* beschränkt ist. Ferner wird deutlich, dass monolingual deutschsprachige Personen ebenfalls das spanische Wort benutzen. Hierbei bleibt unklar, inwiefern die deutschsprachigen Personen auch sonst die beiden Sprachen mischen oder ob sich das Mischen ausschließlich auf einzelne Wörter, wie hier *caramelo* beschränkt. Die grammatische Kompetenz der anwesenden Erwachsenen im Spanischen ist somit unbekannt. Deshalb könnte es sich bei dem Wechsel vom Deutschen ins Spanische in den genannten Fällen auch um eine Entlehnung handeln (vgl. Kapitel 1). Der Sprachenwechsel ist damit eng an das gemischte Wort geknüpft und findet nicht variabel statt. Arturo benutzt während anderer Aufnahmeteile auch das CS. Diese Tatsache zeigt auf, dass die einzelnen Ebenen des Kontinuums durchaus koexistieren können: Dies bedeutet, dass (a) funktionales Sprachmischen, (b) nichtfunktionales aber konventionalisiertes Sprachmischen und (c) nichtfunktionales, konventionalisiertes und auf bestimmte Konstruktionen oder Wörter beschränktes Sprachmischen drei mögliche Formen des Sprachmischens darstellen, über welche ein bilingualer Sprecher verfügt. Es bedarf allerdings notwendigerweise weiterer stabilisierender, meist extralinguistischer Faktoren, wie z. B. einer konstanten, genuin bilingualen Umgebung, damit sich eine Mischsprache herausbilden kann.

6.3 Zusammenfassung

In diesem Kapitel haben wir die diskurspragmatischen Funktionen des CS kennengelernt. Wenn zwei Sprachen gemischt werden, um derartige Funktionen zum Ausdruck zu bringen, so spricht man auch vom sog. metaphorischen CS. Wir haben festgestellt, dass durch das metaphorische CS zum einen die Diskursstruktur hervorgehoben werden kann (Entextualisierung) und zum anderen bestimmte Botschaften implikatiert werden können (Kontextualisierung).

Der Erwerb jener Funktionen bei bilingualen Kindern gilt als wenig erforscht. In Anlehnung an den Erwerb der pragmatischen Kompetenz bei monolingualen Kindern sollte jedoch zu erwarten sein, dass die Entextualisierungsfunktion des CS vor dem kontextualisierenden CS erworben wird.

In bilingualen Gemeinschaften kann es durch vermehrtes CS dazu kommen, dass die Sprachmischungen ihre diskurspragmatischen Funktionen verlieren. Das Mischen der Sprachen wird in solchen Fällen konventionalisiert und ist Teil der Gruppenidentität. In einigen Fällen kann dies zu einer Grammatikalisierung des Sprachenwechsels und damit zur Entstehung von Mischsprachen führen.

6.4 Aufgaben

1. Die folgenden Beispiele stammen von dem deutsch-spanischen Kind Arturo. Versuchen Sie eine Analyse der kindlichen Äußerungen vor dem Hintergrund der Kontextualisierung. Benennen Sie die Funktionen, welche das Sprachenmischen zum Ausdruck bringen könnte. Welche Probleme sehen Sie?

    a. Kontext: Arturo beim Spielen mit dem deutschen Interaktionspartner (2;11,24)

Diskurspragmatische Funktionen des Code-Switching

Nicht-sprachlicher Kontext IP	Äußerung IP	Äußerung Kind	Nicht-sprachlicher Kontext Kind
A und M sitzen auf dem Sofa und spielen mit einem Handy			
	na ↑ /		
		du bist , die - du bist die oma und bin de cita roja /	A hält M das Handy hin Spanisch: Rotkäppchen
	was bist du ? / ich bin die oma und was bist du? /		
		die cita roja /	
zeigt auf das Handy	un' wer ist der wolf ? / soll ich dir das anmachen arturo? / komm her ich mach dir das an. / hjo hjo hjo /willste wieder mit'm wolf telefonieren ? augenblick augenblick ich muss da noch was eingeben dann funktioniert das erst / wills'e mit dem wolf telefonieren? ja ↑ / hä ↑ / wills'e wieder den wolf anrufen? / einen augenblick arturo kriegste sofort / ich muss da noch so'ne nummer eingeben / so↑ / gleich kanns'e – so / jetzt kannst den lobo anrufen /		
nimmt das Handy; macht es an, räuspert sich, und gibt es dann A zurück; Spanisch = Wolf		hjo /	A. räuspert sich.
		de wolf ! venga ! /	hält das Handy ans Ohr
	wo is der wolf? / der wolf kommt jetzt ↑ /		

b. Kontext: Arturo beim Spielen mit dem deutschen Interaktionspartner. Lastenia, die im Gespräch erwähnt wird, ist eine spanische Interaktionspartnerin (4 ;0,22)

Nicht-sprachlicher Kontext IP	Äußerung IP	Äußerung Kind	Nicht-sprachlicher Kontext Kind
F. sitzt am Tisch und sagt	*was ist das ? / **das hat die lastenia gebaut**/ was hast die lastenia schon wieder falsch gemacht arturo? / he /*		
M. lacht.		*'n turm /*	
	ein turm / was sollene wir denn mal kneten ? /		
		en du nimmt coje - ich den / y ich nehm des /	Spanisch; unverständlich
M. zeigt auf verschiedene Knetestücke.	*ich nehm braun , ja / und rot / und du nimmst das hier /*		A. nickt jeweils.
		ja /	
	okay , machen wir das / dann kneten wir was / sollen wir tiere kneten ? /		

c. Kontext: Arturo beim Spielen mit dem deutschen Interaktionspartner. Lastenia, die im Transkript erwähnt wird, ist eine spanische Interaktionspartnerin (5 ;3,29)

Nicht-sprachlicher Kontext IP	Äußerung IP	Äußerung Kind	Nicht-sprachlicher Kontext Kind
	nee nee nee nee / der hase ist aber schwerer als der schmetterling / gib nochmal her ! /		
			Art. gibt N. nochmal die beiden Tiere
	nee / ist schwerer / das geht nicht /		
N. gibt Art. die Tiere zurück		*nein /*	
	doch / der ist doch viel		

Diskurspragmatische Funktionen des Code-Switching

	schwerer /		
		gar nicht /	
N. hält Art. ihre Hände hin	doch / gib nochmal her ! /		
		nein /	
	frag mal lastenia / komm ! / sie soll entscheiden /		
		du – qué es más - /	Art. schaut zu Lastenia; Sprachmischung

d. Kontext: Arturo beim Spielen mit dem spanischen Interaktionspartner. Natascha, die im Transkript erwähnt wird, ist eine deutsche Interaktionspartnerin (2 ;4,27)

Nicht-sprachlicher Kontext IP	Äußerung IP	Äußerung Kind	Nicht-sprachlicher Kontext Kind
Mutter	¿quieres que leamos el cuento del bombero?/		
		nei/	=nein
	¿no quieres-		
		das [T]oll vorle[T]en/	=das soll vorlesen
	¿el qué quieres?/		
		e[T]a vorlesen, du/	R. Natascha

e. Kontext: Arturo beim Spielen mit dem spanischen Interaktionspartner (2 ;4,27).

Nicht-sprachlicher Kontext IP	Äußerung IP	Äußerung Kind	Nicht-sprachlicher Kontext Kind
	¿y quién te ha regalao el trineo?/		
		ehm?/	
	¿quién te ha regalao el trineo?/		
		tito/	
pa' = para	¿tita, no?/ ¿pa' los reyes?/		geht zum Schlitten
		auch reyes/	Sprachmischung
	pa' los reyes, claro/ ¡oye oye oye oye!/		nimmt die Kissen vom Schlitten 'runter

f. Kontext: Arturo beim Spielen mit dem spanischen Interaktionspartner (2;8,14)

Nicht-sprachlicher Kontext IP	Äußerung IP	Äußerung Kind	Nicht-sprachlicher Kontext Kind
	en tu casa claro/ ¿y quién vive en españa?/		
		xx/	
	¿no sabes?/		
		mi maus/	Die Maus fällt 'runter
	tu ratoncito dónde está ↑/ se ha caído/ dónde está ↑/		legt sich auf den Boden

g. Kontext: Arturo beim Spielen mit dem spanischen Interaktionspartner (2;11,24)

Nicht-sprachlicher Kontext IP	Äußerung IP	Äußerung Kind	Nicht-sprachlicher Kontext Kind
		LOBO TÚ NO VENE MA!/	Arturo telefoniert mit dem Wolf und schreit
	ya está/ yo creo que el lobo no va a venir más/		
		LOBO TÚ SI VENE!/	
	que nooo/ que el /		
		LOBO KOMM MAL MIT/	Dt.
Lastenia lacht	jajaja/¿qué quieres que venga el lobo?/		
		sí/	

2. Lesen Sie den Text von Gumperz (1982) und exzerpieren Sie die einzelnen Funktionen des metaphorischen CS.
3. Kommentieren Sie das folgende Zitat aus Gardner-Chloros (2009:88): „The pragmatic approach to CS is marked by the struggle between attempts to demystify and systematize [...] and the realization that, having once constructed such systems, speakers can then turn round and deliberately ignore them or subvert them, in their online productions, for their communicative ends".

7 Syntaktische Beschränkungen des Code-Switching

Natascha Müller

Für intra-sententiales CS sind eine Reihe von Beschränkungen vorgeschlagen worden, welche mit den Eigenschaften bestimmter Kategorien, nämlich den funktionalen Kategorien (vgl. Kapitel 3.3), zusammen hängen. Das vorliegende Kapitel soll dazu dienen, die Beschränkungen zu diskutieren und das für die Diskussion benötigte syntaktische Wissen aufzufrischen.

7.1 Syntaktisches Repetitorium

7.1.1 Lexikalische Kategorien

In den meisten Sprachmodellen hat man sich auf bestimmte syntaktische Kategorien geeinigt, mit Hilfe derer die Einzelsprachen beschreibbar sind. Diese Kategorien kommen in Wortfolgen vor, die in einem intuitiven und einem sprachlich nachweisbaren Sinn eng zusammengehören. Mit Hilfe dieser Wortfolgen lassen sich Gesetzmäßigkeiten in natürlichen Sprachen sehr gut beschreiben (vgl. hierzu Platz-Schliebs et al. 2012:225). Man nennt diese Wortfolgen auch Phrasen. Als Phrasen werden solche Wörter zu Wortsequenzen zusammengefasst, die in die gleiche syntaktische Umgebung eingesetzt werden können (vgl. (1a) und (1b)), die pronominalisierbar sind (vgl. (1c)), die durch die Konjunktion *und* koordinierbar sind (vgl. (1d)) und die durch parenthetische Ausdrücke voneinander getrennt werden dürfen (vgl. 1e) (Müller und Riemer 1998:Kapitel 2).

(1)   a. Chomsky ha escrito <u>muchos libros</u>
       b. Chomsky ha escrito <u>libros que sirven mundialmente a lingüistas como base de discusión</u>
       c. Chomsky <u>les</u> a écrits
       d. Chomsky hat <u>viele Bücher geschrieben</u> und <u>viele Vorträge gehalten</u>
       e. Chomsky ritorna – <u>credo</u> – a Boston

Die syntaktischen Phrasen als Einheiten sind in einer einheitlichen Weise aufgebaut. Hierbei unterscheidet man eine lexikalische Ebene (Ebene der Wörter) und eine phrasale Ebene, deren Sichtbarmachung durch Tests erforderlich ist. Die lexikalischen Kategorien sind N(omen), V(erb), A(djektiv), P(räposition) etc. Man nennt sie auch Köpfe, weil sie der jeweiligen Phrase ihren Namen geben. Beispiele für Phrasen sind NP (Nominalphrase), VP (Verbalphrase), AP (Adjektivphrase), PP (Präpositionalphrase). Für die Struktur der einzelnen Phrasen in den drei romanischen Sprachen möchten wir zunächst die VP näher betrachten.

(2) a. Maria dort
 b. Marie rencontre un ami
 c. Marie va à l'école
 a'. Maria dorme
 b'. Maria incontra un amico
 c'. Maria va a scuola
 a''. María duerme
 b''. María encuentra un amigo
 c''. María va a la escuela

Die Verbalphrase kann ganz offensichtlich aus nur einem Verb bestehen (wir sprechen von einem intransitiven Verb) wie in (2a), oder aus einem Verb und einer Nominalphrase (als direktem Objekt, wir sprechen von einem transitiven Verb) wie in (2b), oder aber aus einem Verb und einer Präpositionalphrase wie in (2c). Wir können auch schematisch als Phasenstrukturregel schreiben:

(3) a. VP ---> V   ---> besteht aus
 b. VP ---> V NP
 c. VP ---> V PP
oder d. VP ---> V (NP) (PP)   (fakultativ)

Auch die Nominalphrase weist eine interne Struktur auf (vgl. Platz-Schliebs et al. 2012:227):

(4) a. Marie
 b. une lettre
 c. une brève lettre
 d. une jolie fille avec un chapeau rouge
 a'. Maria
 b'. una lettera
 c'. una breve lettera
 d'. una bella ragazza con un capello rosso
 a''. María
 b''. una carta
 c''. una breve carta
 d''. una bella chica con un sombrero rojo

Die Nominalphrase kann einzig aus einem Nomen bestehen wie in (4a), oder aus einer Determinante (z. B. unbestimmter Artikel) und einem Nomen wie in (4b), oder aus einer Determinante, einem Nomen und einem Adjektiv wie in (4c), oder gar aus einer Determinante, einem Nomen, einem Adjektiv und einer Präpositionalphrase als Ergänzung wie in (4d). Wir können auch schematisch schreiben:

(5) a. NP ---> (D) (AP) N (PP) D=engl. *determiner*, Determinante
 b. NP ---> (D) N (AP) (PP)

Die Stellung des attributiven Adjektivs ist im Deutschen auf die pränominale Position eingeschränkt. Hier würden wir also mit einer einzigen Phrasenstrukturregel auskommen. In den romanischen Sprachen sind beide Abfolgen – N ADJ und ADJ N – erlaubt. Die romanischen Sprachen erfordern also zwei Regeln, wie in (5) deutlich wird. Man könnte die Existenz von pränominalen und postnominalen attributiven Adjektiven nun auch durch eine Phrasenstrukturregel und eine syntaktische Regel beschreiben (vgl. Platz-Schliebs et al. 2012:227ff.). Wir müssten dann entscheiden, welche der beiden Positionen zugrunde liegt. In der Literatur wird oft die pränominale Stellung – also NP --> AP N – als zugrunde liegend angegeben. Für die postnominale Stellung muss sich das Nomen, sollte dies (wie bei Farbadjektiven) notwendig sein, in eine höhere Position (also nach links) verschieben (vgl. in (6)).

(6)   un rouge chapeau   --->   un chapeau rouge ~~chapeau~~

Die durchgestrichene Kopie bezeichnet die Position, an der sich das Nomen einmal befunden hat. Wir können für die Nominalphrase auch eine syntaktische Struktur annehmen, die dann wie in (7) aussehen würde. In dieser Struktur wurde absichtlich die Kategorie, die das Nomen aufnimmt, mit X bezeichnet. Auffällig an der Struktur ist, dass die Determinante eine eigene Phrase bildet, nämlich die DP (Determiniererphrase). Auf diesen Punkt kommen wir weiter unten noch zu sprechen. An dieser Stelle wollen wir einfach festhalten, dass wir diese Kategorie deshalb benötigen, weil wir in einer immer binär (also zweifach) verzweigenden Struktur innerhalb der Nominalphrase für die Determinante keinen Platz hätten, wenn die Phrase noch ein Adjektiv enthält. Determinierte Nomina bilden fortan also eine DP. Die Richtung der Verschiebung wird durch einen Pfeil markiert; der verschobene Ausdruck wird durchgestrichen, um die Position zu markieren, in der er sich vor der Verschiebung befunden hat (zum Erwerb der Adjektivstellung durch bilinguale Kinder vgl. Rizzi 2013, Rizzi, Arnaus Gil, Repetto, Geveler und Müller 2013).

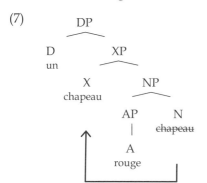

Wir wollen nun mit der Struktur von APn fortfahren.

(8)   a. froid
        b. freddo
        c. frío
        a'. trop froid
        b'. troppo freddo

c'. demasiado frío
a". très envieux du bien de Pierre
b".molto invidioso della ricchezza di Giulio
c". muy envidioso de los bienes de Pedro

Auch die AP besteht minimal aus einem Adjektiv. Zusätzlich können ein Adverb oder eine PP in der AP enthalten sein.

(9)   AP ---> (Adv) A (PP)   Adv=Adverb

Die Struktur der PP enthält eine P und eine DP bzw. NP. Zusätzlich kann wieder ein Adverb auftreten.

(10)   a. sur la rue
        b. sulla strada
        c. en la calle
        a'. sans peur
        b'. senza paura
        c'. sin miedo
        a". presque sans argent
        b".quasi senza soldi
        c". casi sin dinero

Die einzelnen Regeln ergeben geordnet ein Regelsystem, mit dem eine Satzstruktur generiert werden kann. Ein solches Regelsystem wird als generative Grammatik bezeichnet.

(11)   S ---> {DP, NP} VP   S=Satz, { a, b}= entweder a oder b
        VP ---> V ({DP, NP}) (PP)
        DP ---> D NP
        NP---> (AP) N (PP)
        AP ---> (Adv) A (PP)
        PP ---> P {DP, NP}

Die strukturerzeugenden Regeln, die einem Symbol eine Struktur zuordnen, werden Phrasenstrukturregeln (PS-Regeln) genannt. Eine Grammatik, die ausschließlich PS-Regeln enthält, ist eine Phrasenstrukturgrammatik. Eine der wichtigsten Eigenschaften dieses Regelapparats ist die Rekursivität, d. h. eine bereits aufgerufene Regel kann erneut aufgerufen werden. So haben wir beispielsweise DPn kennengelernt, innerhalb derer eine PP auftritt, welche wiederum eine DP enthält etc.: Ersetzt man in der Phrasenstrukturregel DP ---> D NP PP die PP, PP ---> P DP, so erscheint wieder eine DP, die wiederum eine NP enthält, da DP ---> D NP. Die Rekursivität der Regeln soll gewährleisten, dass die Satzlänge in natürlichen Sprachen prinzipiell beliebig ist.

Die bisher kennengelernten lexikalischen Kategorien werden durch Elemente aus dem Lexikon (Lexeme) repräsentiert. So sind im Lexikon Einheiten wie *Marie*, *pomme, amico, coche,* etc. als Nomina markiert. Auch für die anderen bisher kennengelernten Kategorien gibt es Wörter oder freie Morpheme in den romanischen Sprachen, die diese repräsentieren.

(12) N ---> Marie, pomme, amico, coche, etc.
    D ---> le, la, il, un, el, etc.
    V ---> mange, incontra, baila, etc.
    A ---> fier, breve, grande, etc.
    Adv ---> très, troppo, demasiado, etc.
    P ---> à, a, con, etc.

Die graphische Darstellung von Phrasenstrukturregeln ist das Baumdiagramm:

(13)
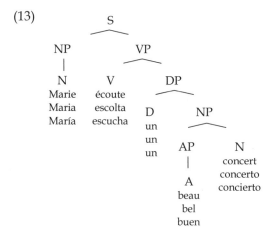

Die Linien in der Struktur nennt man auch Zweige (engl. *branches*), die Schnittpunkte zweier Zweige auch Knoten (engl. *nodes*). Manchmal findet man aus Platzgründen auch eine Klammerdarstellung, *labeled bracketing* genannt: [$_S$ [$_{NP}$ [$_N$ Marie]] [$_{VP}$ [$_V$ écoute] [$_{DP}$ [$_D$ un] [$_{NP}$ [$_{AP}$ [$_A$ beau]] [$_N$ concert]]]]].

Welche hierarchischen Beziehungen bestehen innerhalb von Sätzen? Wir beginnen mit der Dominanz. Jeder Knoten **dominiert** alle diejenigen Knoten/Kategorien, die unter ihm hängen. Eine Kategorie wird von einer anderen Kategorie unmittelbar dominiert, wenn zwischen den beiden keine weiteren Kategorien auftreten, also:

> **Unmittelbare Dominanz:**
> α dominiert β unmittelbar genau dann, wenn
>   a) α β dominiert
>   b) es keine Kategorie γ gibt, die β dominiert und von α dominiert wird.

Die Klausel b) besagt, dass es zwischen α und β keinen intervenierenden Knoten geben darf. Kategorien, die vom gleichen Knoten dominiert werden, heißen

Schwesterknoten. Der sie dominierende Knoten wird als Mutterknoten bezeichnet. Elemente, die keine weiteren Elemente dominieren, sind Terminalsymbole. Mit anderen Worten, es gibt verzweigende (Mutterknoten) und nicht-verzweigende Knoten (Terminalsymbole). Weshalb ist die Dominanzrelation wichtig? Die Dominanz und die unmittelbare Dominanz wirken sich in natürlichen Sprachen morphologisch aus (vgl. hierzu auch Müller und Riemer 1998:82ff.). Wir wollen hierfür ein Beispiel aus dem Deutschen anführen, um den Unterschied zu demonstrieren. Im Deutschen finden wir den folgenden Kasuswechsel (der Asterisk markiert Ungrammatikalität):

(14) a. Maria hat den Brief geschrieben
 b. Maria hat mit dem Bleistift geschrieben
 c. *Maria hat mit den Bleistift geschrieben

Das Verb *schreiben* vergibt im Deutschen den Akkusativkasus. Dies wird in (14a) deutlich. Wir wollen nun aber verhindern, dass der Akkusativ auch dann vom Verb zugewiesen wird, wenn eine Präposition zwischen das Verb und die kasusmarkierte DP tritt (vgl. den ungrammatischen Satz (14c)). Intuitiv gesprochen unterbricht die Präposition ganz offensichtlich die zuvor existente Relation zwischen Verb und DP, da sie der DP den Dativ zuweist (vgl. (14b)). Dieses lässt sich über die Begriffe der Dominanz und der unmittelbaren Dominanz klären. In der Struktur (15) dominiert die VP die DP in beiden Fällen, d. h. wenn sie die DP als Schwester nimmt und wenn sie die PP als Schwester nimmt. Allerdings dominiert die VP die DP nur dann unmittelbar, wenn die PP fehlt.

(15)

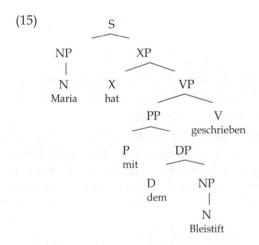

Man sieht deutlich, dass die PP zwischen der VP und der kasusmarkierten DP interveniert. Auf die Kategorie XP wollen wir an dieser Stelle noch nicht eingehen.

Nun wissen wir aus traditionellen Grammatiken, dass das Verb (bzw. die Präposition) den Kasus des Objekts bestimmt oder regiert. Damit der gewünschte Kasus (im Beispiel Akkusativ oder Dativ) auch zugewiesen werden kann, be-

Syntaktische Beschränkungen des Code-Switching

nötigen wir das Konzept der Rektion, denn weder V noch P dominiert die DP in (15).

> **Rektion:**
> α regiert β genau dann, wenn
> a) α ein Regens ist (das sind: V, P im Beispiel)
> b) α β m-kommandiert (weder α β noch β α dominiert und jede maximale Projektion γ, die α dominiert, auch β dominiert)
> c) es keine Barriere γ gibt, die zwischen α und β interveniert, oder α β unmittelbar dominiert.

Bevor wir die Definition auf unsere Struktur (15) anwenden, müssen wir den bisher noch nicht definierten Begriff *m-Kommando* kennenlernen.

> **m-Kommando:**
> α m-kommandiert β genau dann, wenn
> a) weder α β noch β α dominiert und
> b) jede maximale Projektion γ, die α dominiert, auch β dominiert.

Das m-Kommando („m" steht für maximale Projektion, also die höchste Phrasenschicht eines Kopfes, z. B. VP, DP, AP, PP) legt den Bereich fest, innerhalb dessen zwei Elemente (z. B. V und DP) in Beziehung zueinander gebracht werden. Dies ist die maximale Projektion. Beide Elemente müssen also von derselben maximalen Projektion (oder auch Phrase) dominiert werden. In unserer Struktur (16) m-kommandiert X VP, V, DP, D etc. N m-kommandiert aber nicht NP bzw. umgekehrt und N m-kommandiert auch nicht VP, V, DP, D etc., da es nicht der Fall ist, dass die maximale Projektion NP die VP, V, die DP oder D dominiert.

Angewandt auf die Struktur (15) bedeutet dies, dass V und P jeweils als Regens die DP m-kommandieren, dass aber die Präposition eine Barriere für die zwischen V und DP existente Relation darstellt, so dass der Kasus der DP durch P bestimmt bzw. regiert wird.

Für die syntaktischen Beschränkungen des CS benötigen wir auch den Begriff des c-Kommandos („c" steht für engl. *category*), welcher enger gefasst ist als der des m-Kommandos. Er bedeutet, dass der erste verzweigende Knoten, der α und β dominiert, den Bereich für das c-Kommando festlegt.

> **c-Kommando:**
> α c-kommandiert β genau dann, wenn
> a) weder α β noch β α dominiert und
> b) der erste verzweigende Knoten, der α dominiert, auch β dominiert.

Wir kommen auf den Unterschied zwischen m-Kommando und c-Kommando in Kapitel 7.2.5 zu sprechen. Unsere Struktur (15) gibt diesen noch nicht her, da jede Verzweigung einer Kategorie zur Phrase, also zur maximalen Projektion führt.

7.1.2 Funktionale Kategorien

Nachdem wir uns mit den lexikalischen Kategorien N, V, A und P befasst und deren Baupläne kennengelernt haben, wollen wir die funktionalen Kategorien vorstellen. Wir haben schon D als eine solche funktionale Kategorie kennengelernt. Die Repräsentanten von D sind im Vergleich zu denen von N auf eine kleine Anzahl beschränkt. So gibt es in den hier diskutierten Sprachen nur wenige Formen für den definiten Artikel, den indefiniten Artikel, etc. Die sehr eingeschränkte Typenanzahl ist eine der Eigenschaften von funktionalen Kategorien. Im Gegensatz zu N hat D jedoch eine sehr hohe Tokenfrequenz. Funktionale Kategorien bilden zwar eine kleine Gruppe von Wörtern, sie machen aber rund die Hälfte eines Gesprächs bzw. eines Textes aus. Sie drücken grammatische Merkmale aus, wie die Determinante Genus- und Numerusmerkmale. Zu weiteren Eigenschaften funktionaler Kategorien siehe Platz-Schliebs et al. (2012:239f.)

Es gibt nun außer D noch weitere funktionale Kategorien, mit denen wir uns auch im Folgenden beschäftigen wollen: das Hilfsverb (AUX=engl. *auxiliary verb*, Auxiliar- bzw. Modalverb) und die nebensatzeinleitende Konjunktion (C = engl. *complementizer*). In den romanischen Sprachen gibt es wenige Hilfs- (*avoir, avere, haber / être, essere, ser/estar*) und Modalverben (*pouvoir, potere, poder / vouloir, volere, querer*). Auch die nebensatzeinleitenden Elemente bilden eine überschaubare Gruppe. In (16) finden sich Beispiele mit dem Hilfsverb *haben*, in (17) mit dem Modalverb *wollen*; vgl. Platz-Schliebs et al. (2012:240).

(16) a. Marie a rencontré un ami
　　 a'. Maria ha incontrato un amico
　　 a''. María ha encontrado un amigo
(17) b. Marie veut téléphoner
　　 b'. Maria vuole fare une telefonata
　　 b''. María quiere hacer una llamada telefónica

Wir wollen die tempusbildenden Hilfsverben und Modalverben erst einmal wie in (18) unter T (engl. *Tense*) in unsere bisherige Struktur integrieren. Wir werden dann noch auf die genaue Bestimmung der Phrase, welche T dominiert, eingehen.

(18)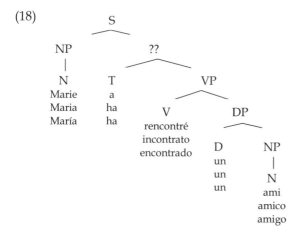

T drückt Tempus und Kongruenz mit dem Subjekt aus. Die funktionale Kategorie hätte somit ein Merkmal für Tempus, welches durch das finite Verb „ausgefüllt" werden muss (im Beispiel Perfekt). Ferner müsste ein finites T in den hier behandelten Sprachen Angaben für Numerus und Person enthalten (im Beispiel Singular, 3. Person).

Die zweite Kategorie, die bisher nicht erwähnt wurde, ist C. Nebensatzeinleitende Konjunktionen wie *parce que*, *perché*, *porque* oder *que*, *che* bilden diese funktionale Kategorie. Sie stehen außerhalb des Satzes. Auch auf die genaue Struktur derjenigen Schicht, welche die nebensatzeinleitenden Konjunktionen enthält, werden wir später eingehen.

(19) a.   Marie mange la pomme parce qu'elle a faim
       a'. Non è uscito perché non aveva tempo
       a". No viene porque tiene mucho trabajo

Da finite Nebensätze ebenso wie finite Hauptsätze aus einem Subjekt und einem Verb bestehen, könnten wir einfach unseren Hauptsatz in (18) als einen Nebensatz darstellen, indem wir eine weitere Schicht über S für den Nebensatzeinleiter annehmen.

(20)
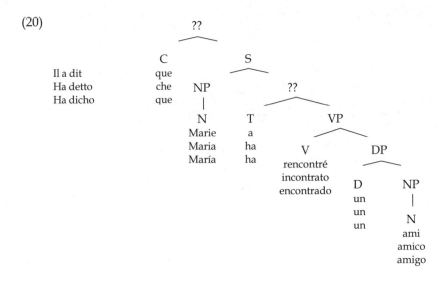

Die Satzstruktur wird zu einem großen Teil von lexikalischer Information bestimmt: *rencontrer, incontrare, encontrar* fordert als Verb ein direktes Objekt, im Beispiel *un ami, un amico, un amigo*. Unser Sprachwissen umfasst neben diesen Informationen auch das Wissen darüber, ob bestimmte Wortgruppen obligatorisch sind oder aber fakultativ.

(21) a. Pierre a rencontré [DP un ami] [PP dans la librairie]
 a'. Mario ha incontrato [DP un amico] [PP in libreria]
 a''. Mario ha encontrado [DP un amigo] [PP en la librería]

Die PP in den Beispielsätzen in (21) ist fakultativ, denn wenn man sie weglässt, bleibt der Satz grammatisch. Wir bezeichnen die PP auch als *Adjunkt*. Die in (21) gekennzeichnete DP ist hingegen obligatorisch. Man sagt auch, dass sie ein *Komplement* ist. Ihr Wegfall führt zu einem ungrammatischen Satz (vgl. in (22a)) oder aber zu einer Veränderung der Verbbedeutung (vgl. in (22b)). Das Verb *essen* kann ohne ein syntaktisch ausgedrücktes direktes Objekt nur bedeuten *etwas Essbares essen*. Der Satz (22b) wäre als Antwort auf die Frage: *Hat Paul den Kuchen da auf dem Tisch gegessen?* ungrammatisch. Wir können auf die Bedeutung von (22b) nicht weiter eingehen, es scheint jedoch der Fall zu sein, dass das direkte Objekt, auch wenn es nicht syntaktisch ausgedrückt wird, irgendwie vorhanden ist und zwar mit einer nichtspezifischen Lesart (*Essbares*). Ein weiterer Test, der zwischen Komplementen und Adjunkten unterscheidet, ist der der Austauschbarkeit der Präposition. Ist die PP Komplement, so ist die Präposition nicht durch eine andere ersetzbar (vgl. (22c')). Handelt es sich allerdings um ein Adjunkt, können andere Präpositionen benutzt werden (vgl. (22c)). Für letzteren Test wollen wir die spanischen Beispiele aus Zagona (2002:134) aufführen. Ein weiterer Unterschied zwischen Adjunkt und Komplement ist, dass die Anzahl von Adjunkten im Prinzip beliebig ist (vgl. das französische Beispiel 22d); die

Anzahl von Komplementen wird von der bestimmenden Kategorie, in unseren Beispielen vom Verb, vorgegeben.

(22) a. *Pierre a rencontré
a'. *Mario ha incontrato
a''.*Mario ha encontrado
b. Paul a mangé
b'. Paolo ha mangiato
b''.Paolo ha comido
c. Recibí un mensaje de José/para Susana/por teléfono/en la biblioteca/durante la conferencia
c'. Conté con / *en tu ayuda
d. Hier, Jean a immédiatement annoncé l'arrivée du prof Dumont à Marie plusieurs fois devant la bibliothèque quand les deux ont parlé de l'examen

Ob eine Phrase auf Satzebene Adjunkt oder Komplement ist, wird durch das jeweilige Verb bestimmt. In der generativen Grammatik werden die Begriffe *transitives Verb*, *intransitives Verb* und *ditransitives Verb* in sogenannten Subkategorisierungsrahmen dargestellt, um diesem Unterschied gerecht zu werden. Im Subkategorisierungsrahmen treten nur die Komplemente auf.

(23) rencontrer/incontrare/encontrar: V, [__ DP]

Man sagt: Das Verb *rencontrer* subkategorisiert oder selektiert eine DP. So erfordert ein transitives Verb ein Objekt, wohingegen ein intransitives Verb kein Objekt haben darf. Die Verben werden also in Unterklassen eingeteilt, d. h. nach verschiedenen syntaktischen Umgebungen unterteilt (Subkategorisierung); vgl. Platz-Schliebs et al. (2012:243).

Da die Subkategorisierungseigenschaften von Verben lexemspezifisch, d. h. nicht aus einer allgemeinen syntaktischen Regel ableitbar sind, ist es sinnvoll anzunehmen, dass diese Information im Lexikon steht. Jedem Verb ist ein Lexikoneintrag zugeordnet, der den Subkategorisierungsrahmen angibt (neben Informationen wie z. B. der Wortklassenzugehörigkeit).

(24) dormir/dormire/dormir   V, [__] intransitives Verb
voir/vedere/ver   V, [__ DP] transitives Verb mit DP-Komplement
aller/andare/andar   V, [__ PP] transitives Verb mit PP-Komplement
donner/dare/dar   V, [__ DP PP] ditransitives Verb

Ob ein Verb transitiv oder intransitiv ist, wird durch seine Bedeutung bestimmt. Was ist damit gemeint? In der Logik wird zwischen Prädikaten und Argumenten unterschieden. Argumente sind referierende Ausdrücke, die dazu dienen, eine Person, ein Objekt, eine Entität auszuwählen, über die gesprochen wird. Prädikate definieren Relationen zwischen referierenden Ausdrücken. Einstellige Prädikate haben ein Argument; sie entsprechen intransitiven Verben, z. B. *dormir*, *dormire, dormir*. Zweistellige Prädikate haben entsprechend zwei Argumente und entsprechen transitiven Verben, z. B. *rencontrer, incontrare, encontrar*. Schließlich gibt es noch dreistellige Prädikate, die dann folglich drei Argumente aufweisen; sie entsprechen den ditransitiven Verben, z. B. *donner, dare, dar*.

Jedes Prädikat hat seine eigene Argumentstruktur. Argumente sind die minimalen Teilnehmer der/s durch das Prädikat ausgedrückten Aktion / Geschehens / Zustands. Wie spielen Argumentstruktur und Subkategorisierungsrahmen zusammen? Ist das eine aus dem anderen ableitbar?

Die Argumentstruktur macht keine Aussagen darüber, wie die Argumente eines Prädikats syntaktisch realisiert werden. Sie macht Aussagen über die Anzahl der obligatorischen Wortgruppen, nicht aber über deren Typ.

(25)   rencontrer/incontrare/encontrar: Verb;   1   2
       dormir/dormire/dormir: Verb;   1
       aller/andare/andar: Verb;   1   2

Die Argumentstruktur notiert auch das Subjekt, im Gegensatz zum Subkategorisierungsrahmen, in dem das Subjekt nicht erscheint. Dies ist der Fall, da jedes Verb ein Subjekt hat und die Subjekthaftigkeit somit nicht zur Bildung von Unterklassen von Verben führt.

Die anderen lexikalischen Kategorien haben ebenfalls eine Argumentstruktur und einen Subkategorisierungsrahmen. Hierzu verweisen wir auf Platz-Schliebs et al. (2012:245f.) und auf Müller und Riemer (1998:Kap. 3).

Unter den bisher gemachten Annahmen ergeben sich nun zwei Probleme, auf die wir im Folgenden genauer eingehen möchten. Die Lösung der Probleme führt uns zu der vollständigen Satzstruktur. Die folgende Argumentation orientiert sich sehr eng an Platz-Schliebs et al. (2012:247-258).

Das erste Problem (Objekt-Problem), das wir lösen wollen, ist die syntaktische Abbildung von ditransitiven Verben. Bisher haben wir in unserer binär verzweigenden VP nur ein Objekt untergebracht. Wie sieht nun aber eine VP aus, die zwei Objekte, ein direktes und ein indirektes, beherbergen muss (vgl. (26))?

(26) a.   Marie met le livre sur la table
     a'.   Maria mette il libro sul tavolo
     a''. María pone el libro sobre la mesa

Die drei romanischen Sprachen weisen mit ditransitiven Verben die unmarkierte Wortstellung direktes Objekt < indirektes Objekt auf (vgl. (27a)). Wenn das indirekte Objekt kontrastiv hervorgehoben wird, ist die Stellung indirektes Objekt < direktes Objekt üblich (vgl. (27b)).

(27)   a.   Jean donne un livre à Marie
       a'.   Gianni da un libro a Maria
       a''. Juan da un libro a María
       b.   Jean remet à Louise la lettre, à Marie les notes et à Julien la machine à écrire

b'. Gianni consegna a Luisa la lettera, a Maria i apunti ed a Paolo la macchina da scrivere

b''. Juan entrega a Luisa la carta, a María las notas y a José la máquina de escribir
(Demonte 1994:118)

Ein zweites Problem (Verb-Problem) ist, dass die romanischen Sprachen ein spezielles Verb aufweisen, welches die Passivierung anzeigt und in einer syntaktischen Struktur untergebracht werden muss: *été, stato, sido*. Bei der Passivierung wird dasjenige Argument, welches im Aktivsatz das Subjekt dargestellt hat, syntaktisch unterdrückt. Das direkte Objekt des Aktivsatzes übernimmt die Funktion des Subjektes im Passivsatz. In einer VP, die nur ein Verb enthält, haben wir ganz offensichtlich keinen Platz für ein zusätzliches Verb.

(28) a. Marie a construit la maison
a'. Maria ha costruita la casa
a''. María ha construido la casa
b. La maison a été construite
b'. La casa è stata costruita
b''. La casa ha sido construida

Die (a)-Beispiele in (28) zeigen auch noch einmal das tempusbildende Hilfsverb, welches wir bisher nur als Kategorie benannt, aber noch nicht vollständig in die syntaktische Struktur integriert haben (vgl. Struktur (18)). Die Darlegung der Probleme macht deutlich, dass wir drei Verbpositionen benötigen: Eine Position haben wir bereits kennengelernt und in die syntaktische Struktur integriert, nämlich die des lexikalischen Verbs: in (28) z. B. *construite, costruita, construida*, also ein Partizip Perfekt. Eine zweite Position wird für dasjenige Verb benötigt, welches morphologisch eine Passivkonstruktion anzeigt: in (28b) *été, stata, sido*. Eine letzte, dritte Position ist für die Tempus- (und Kongruenz)information notwendig: in (28b) *a, è, ha*. Das Objekt-Problem und das Verb-Problem sind in der generativen Syntax folgendermaßen gelöst worden:

(29)

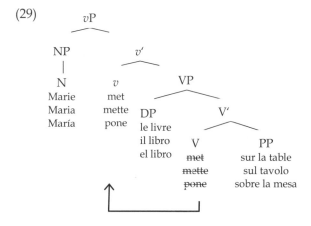

Die Struktur in (29) zeigt deutlich, dass wir einen VP-Bereich bereitstellen können, der die beiden Objekte enthält, und einen weiteren vP-Bereich, innerhalb dessen das Subjekt zur Verfügung gestellt wird. v könnte bei einer Passivkonstruktion das Passivauxiliar enthalten (wie in Struktur (30)). In diesem Fall wird das ehemalige Subjekt manipuliert; es wird nicht mehr als Subjekt des Satzes ausgedrückt. Bei der Passivkonstruktion sieht man in Struktur (30), dass die Subjektposition leer bleibt (∅); wir hatten gesagt, dass im Passiv dasjenige Argument, welches das Subjekt des Aktivsatzes darstellt, nicht mehr als Subjekt ausgedrückt werden darf. Diese Position darf also wegfallen. In der Struktur (30) wird sie als leer angegeben. Damit unsere Strukturen immer binär sind, hat sich die Konvention durchgesetzt, dass alle für eine Phrase notwendigen Informationen und nur diese als Projektionen (notiert durch das Zeichen ′, engl. *bar*) vom Kopf der Phrase aus abgebildet werden. Fehlen bestimmte Informationen, wie in der Struktur (30) das Argument, welches im Aktivsatz das Subjekt darstellt, so werden diese auch nicht dargestellt. Die Phrasenstruktur soll also möglichst ökonomisch sein, d. h. nur das aufführen, was auch wirklich benötigt wird. Wir wollen aus diesem Grund die unökonomische Struktur (30) durch die ökonomische in (31) ersetzen.

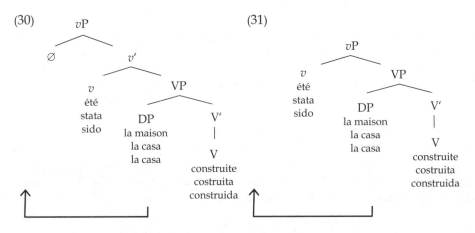

Sicher ist Ihnen aufgefallen, dass wir Eigennamen immer als NP notiert hatten, Nominalphrasen wie *la fille, la ragazza, la chica* allerdings als DP. Auch dieses folgt zunächst ökonomischen Überlegungen. Da Eigennamen in den Standardvarietäten der drei romanischen Sprachen nicht mit Artikelwörtern kombiniert werden, ist dies unmittelbar einleuchtend. Es gibt aber noch einen semantischen Grund, der Syntaktiker dazu veranlasst hat, Eigennamen als NPn und eben nicht als DPn in der Syntax abzubilden. Eigennamen verhalten sich nämlich semantisch anders als nominale Ausdrücke wie *fille, ragazza, chica*: Sie haben eine feste Referenz, das heißt, sie identifizieren genau ein Individuum. Sie tun dies selbst dann, wenn sie mit (definiten) Artikelformen auftreten, wie z. B. in vielen norditalienischen und süddeutschen Varietäten: *la Maria, die Maria*.

Müssen wir zwei Komplemente in der VP unterbringen, wie in (26) und (27), so befinden sich diese nicht auf derselben Ebene. Das direkte Objekt wird von VP dominiert, das PP-Komplement bzw. das indirekte Objekt von V'. Gibt es Evidenz für eine solche Annahme? Sollte dies richtig sein, so müssten wir syntaktische Unterschiede zwischen direkten und indirekten Objekten feststellen können. Wir hatten bereits darauf hingewiesen, dass die unmarkierte Abfolge die ist, bei der das direkte Objekt dem indirekten vorausgeht (vgl. 27a). Enthält der Satz ein finites Modalverb und einen Infinitiv oder ein tempusbildendes Hilfsverb und ein Partizip Perfekt, hätten wir bereits die korrekte Reihenfolge vorliegen, wenn wir annehmen, dass der Infinitiv bzw. das Partizip Perfekt von V nach v verschoben würde. Dies sehen wir in der Struktur (32), welche wir nun für französische Beispielsätze angeben wollen.

(32)

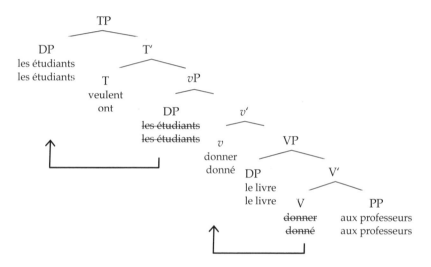

Die markierte Abfolge indirektes Objekt < direktes Objekt könnte dann über Verschiebung des indirekten Objekts (z. B. als Schwester von VP) beschrieben werden. Es gibt noch eine andere Beobachtung, die darauf hindeutet, dass es einen Unterschied zwischen direktem und indirektem Objekt gibt, der auch syntaktisch abgebildet werden sollte. Er betrifft die Möglichkeit der Passivierung beider Objekte und kann als Grund dafür angeführt werden, dass sich das direkte und das indirekte Objekt nicht auf derselben Ebene befinden. In allen drei romanischen Sprachen sind indirekte Objekte nicht passivierbar. Mit anderen Worten, indirekte Objekte werden niemals zum Subjekt der Passivkonstruktion. Mit direkten Objekten ist dies ohne weiteres möglich.

(33) a. Marie a envoyé un livre aux enfants
      a'. *Les enfants / *Aux enfants ont été envoyés un livre
      a''. Un livre a été envoyé aux enfants
      b. Maria ha mandato un libro ai bambini
      b'. *I bambini / *Ai bambini sono stati mandati un libro
      b''. Un libro è stato mandato ai bambini
      c. María les ha enviado un libro a los niños

c'. *Los niños / *A los niños (les) han sido enviado un libro
c''. Un libro les ha sido enviado a los niños

Wir wollen noch kurz auf die Verschiebung des Infinitivs bzw. des Partizips nach *v* eingehen (vgl. Struktur (32)). Im Französischen und Italienischen wird die nicht-kanonische Stellung (also ≠ VO) des direkten klitischen Objektpronomens am Partizip Perfekt markiert: Das Partizip weist eine hörbare Kongruenz mit dem direkten Objekt auf (vgl. (34a,a')). Die Partizipkongruenz drückt Genus- und Numerusmerkmale des direkten Objekts aus und ist unabhängig von der Kongruenz des finiten Verbs mit dem Subjekt des Satzes. Ferner hat u. a. Raposo (1987:86) auf die Existenz eines flektierten Infinitivs aufmerksam gemacht (vgl. (34b)): Infinitive können im Portugiesischen mit einem Subjekt im Infinitivsatz hinsichtlich Numerus und Person kongruieren, sie markieren jedoch nicht Tempus (vgl. zu süditalienischen Varietäten Ledgeway 2000). Der flektierte Infinitiv drückt Numerus- und Personenmerkmale aus.

(34) a. Marie l'a écrite   (la lettre)
     a'. Maria la ha scritta
     b. Será difícil eles aprovarem a proposta

Im Gegensatz zu Infinitiven und Partizip Perfekt Formen wird am finiten Verb neben der Subjekt-Verb-Kongruenz auch Tempus ausgedrückt. Wir haben gesehen, dass wir auch für die Tempusbildung ein Verb zur Verfügung haben, welches eine eigene Position erfordert. Wir wollen im Folgenden eine Struktur angeben, welche den Fall abbildet, dass ein tempusbildendes Verb anwesend ist, und eine Struktur für den Fall, dass die Tempusbildung nicht über ein freies Morphem, sondern über ein Flexionsaffix erfolgt.

(35)

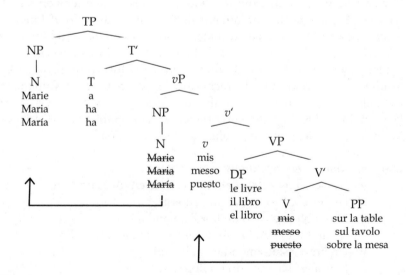

(36)

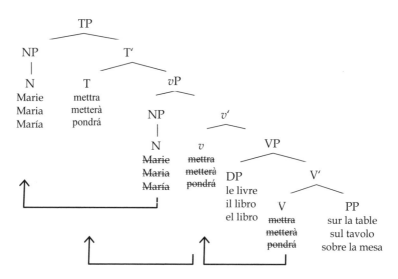

Wir haben in den Strukturen von sogenannten Zwischenebenen Gebrauch gemacht: V', v', T'. V', v', T' sind Schwestern vom direkten Objekt bzw. vom Subjekt. Am Beispiel des französischen Subjekts wollen wir für diese besondere Art von Position argumentieren. In den romanischen Sprachen kann der ansonsten mit dem nominalen Subjekt zusammen auftretende quantifizierende Ausdruck *tous/tutti/todos* (vgl. (37a,b)) auch vom nominalen Subjekt entfernt stehen. Dieses zeigen die Beispiele (37a',b') für das Französische. Mit der Klammerung haben wir angezeigt, dass *tous* allen Sprachausdrücken in der VP vorangeht. Es liegt nahe zu vermuten, dass sich *tous* in einer Schicht oberhalb von VP befindet. Damit deutlich wird, dass innerhalb der VP kein Platz für einen solchen quantifizierenden Ausdruck zur Verfügung stünde, haben wir in den Strukturen (35) und (36) ein Verb mit zwei Komplementen ausgewählt. Geht man nun davon aus, dass *v* die Schwester von VP ist, und berücksichtigt man die Tatsache, dass *tous* den Ausdrücken innerhalb der VP unmittelbar vorangeht, so bleibt nur eine Position links von *v'* für *tous* übrig. Welchen syntaktischen Status hat *tous*? Es kann nicht Adjunkt sein, da es nicht mehrfach im Satz erscheinen darf. Die Annahme ist nun, dass *tous* in der Spezifikatorposition der *v*P (Spec,*v*P) lokalisiert ist. Der Spezifikator bildet zusammen mit *v'* die höchste *v*-Projektion *v"* oder *v*P.

(37) a. Tous les étudiants font [VP réparer le robinet]
      a'. Les étudiants font tous [VP réparer le robinet]
      b. Tous les étudiants mettront le livre sur la table
      b'. Les étudiants mettront tous le livre sur la table

In der Struktur (38) haben wir die französische Konstruktion (37b') syntaktisch abgebildet.

(38)

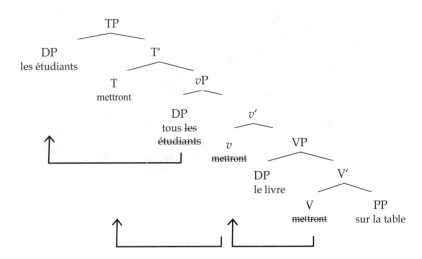

Wie wollen nun noch zu der funktionalen Schicht in Nebensätzen kommen. Wir hatten die funktionale Kategorie C für nebensatzeinleitende Konjunktionen angenommen. Diese muss sich außerhalb von TP befinden. Betrachten wir Ja/Nein-Fragen (auch Alternativfragen genannt) und Informationsfragen in den romanischen Sprachen (vgl. auch Kapitel 10). In diesen Fragen wird das finite Verb im Französischen und Spanischen ganz offensichtlich vor das Subjekt verschoben. Bei den Informationsfragen folgt dem satzinitialen Fragewort das finite Verb. Selbst wenn es sich bei dem Fragewort nicht um das Subjekt des Satzes handelt, steht das finite Verb unmittelbar vor diesem. Wir benötigen ganz offensichtlich zwei Positionen außerhalb der TP, was die Struktur (40) auch wiedergibt.

(39) a. Mange-t-il la pomme?
b. Que mange-t-il?
a'. ¿Come él la manzana?
b'. ¿Qué come él?

(40)

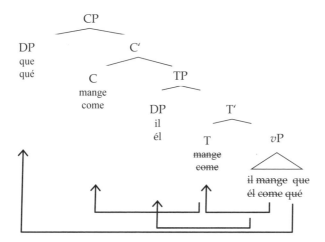

Da die Negation für die syntaktischen Beschränkungen des CS wichtig ist, wir allerdings aus Platzgründen nicht alle drei romanische Sprachen besprechen können, wollen wir uns im Folgenden mit der Negationspartikel *no* im Spanischen beschäftigen und dafür argumentieren, dass auch die Negation eine funktionale Kategorie in der Syntax darstellt. Zagona (2002) zeigt, dass *no* dem ersten Verb eines Satzes vorausgeht, unabhängig davon, ob dieses Verb ein Hilfsverb oder ein lexikalisches Verb, ein finites oder infinites Verb ist.

(41) a. Juan no leyó el diario
      b. Juan no había leído el diario
      c. *Juan había no leído el diario
      d. Juan promete [no leer el diario]
      e. Juan promete [no estar leyendo el diario]
      f. *Juan promete [estar no leyendo el diario]

Das Verb *versprechen* leitet einen Infinitivsatz ein; das lexikalische Verb erscheint als Infinitiv (41d). Wenn der Infinitivsatz mehr als ein Verb enthält (in (41e) und (41f)), muss *no* vor dem ersten dieser Verben stehen. Das heißt, dass *no* immer dem ersten Verb eines Satzes vorausgehen muss. Eine zweite Generalisierung ist, dass *no* immer adjazent zum Verb stehen muss. Nur klitische, also schwache, unbetonte Pronomina dürfen zwischen *no* und dem Verb intervenieren.

(42) a. *No Juan leyó el diario
      b. *Juan no ayer leyó el diario
      c. Juan no lo leyó

Diese Distribution von *no* hat Syntaktiker dazu veranlasst zu behaupten, dass *no* oberhalb von derjenigen funktionalen Kategorie stehen muss, die das finite Verb beherbergt (TP). Die funktionale Kategorie erhielt den Namen NegP und soll im Folgenden in der Struktur von Beispiel (42a) dargestellt werden.

(43)

```
              NegP
             /    \
          Neg      TP
          no      /  \
                NP    T'
                |    /  \
                N   T    vP
              Juan leyó /  \
                       NP   v'
                       |   /  \
                       N  v    VP
                      Juan leyó /  \
                               DP   V'
                            el diario |
                                      V
                                     leyó
```

Die Wortabfolge in (43) ist im Spanischen so nicht grammatisch: *no Juan leyó el diario*. Es muss also oberhalb der NegP eine weitere syntaktische Position geben, in die das Subjekt verschoben werden kann. Auf diese funktionale Schicht wollen wir hier nicht weiter eingehen. Wir werden sie deshalb mit XP benennen: [XP Juan [X ....] [NegP [Neg no] [TP Juan [T leyó] [vP ....]]]].

Die Position von NegP im Strukturbaum ist sprachspezifisch geregelt. Im Englischen müssten wir annehmen, dass NegP zwischen TP und vP positioniert ist, da hier Sätze wie *John has not read the newspaper* bzw. *John did not read the newspaper* grammatisch sind (*do* steht in T).

Mit diesem Wissen über die syntaktischen Kategorien der romanischen Sprachen und ihrer Struktur wollen wir uns im Folgenden dem Deutschen zuwenden.

7.1.3 Ausblick auf das Deutsche

Da die untersuchten bilingualen Kinder neben romanischen Sprachen auch das Deutsche erwerben, wollen wir an dieser Stelle einen Blick auf die Syntax des Deutschen werfen.

Zunächst fällt auf, dass das Deutsche im Gegensatz zu den romanischen Sprachen OV geordnet ist: *Maria will die Karte schreiben / Maria hat die Karte geschrieben*. Das infinite Verb folgt allen seinen Komplementen: *Maria will Martin die Karte geben / Maria hat Martin die Karte geschrieben*. Das ist der Grund, weshalb für das Deutsche in der Regel davon ausgegangen wird, dass der Kopf V rechts von seinem Komplement innerhalb der VP-Struktur steht.

Auch für die deutsche TP gehen viele Linguisten davon aus, dass sie rechtsköpfig ist. Dies zeigt sich an der Wortstellung im deutschen Nebensatz. Hier muss das Finitum satzfinal erscheinen, sobald eine nebensatzeinleitende Konjunktion vorhanden ist: *Martin hofft, dass Maria die Karte schreibt / geschrieben hat*.

(44)
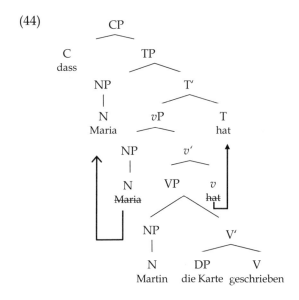

Dass wir im Deutschen – wie auch in den romanischen Sprachen – drei Verbpositionen benötigen, können wir sehr gut mit Hilfe einer Passivkonstruktion im Nebensatz verdeutlichen: *Martin hofft, dass die Karte [$_V$geschrieben] [$_v$worden] [$_T$ist]*.

(45)
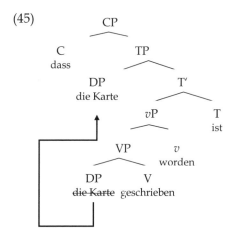

Das Deutsche ist im Gegensatz zu den romanischen Sprachen eine sogenannte V2 (Verb-Zweit)-Sprache. Das Finitum folgt der ersten Phrase, selbst wenn diese nicht das Subjekt des Satzes ist.

(46) a. Heute schreibt Maria Martin die Karte
 b. Die Karte schreibt Maria heute
 c. Martin schreibt Maria die Karte in zwei Tagen
 d. Dass Maria eine Karte schreibt, hofft Martin sehr

Die V2-Eigenschaft finden wir auch in Informationsfragen wieder:

(47) a. Wann schreibt Maria die Karte?
 b. Warum hofft Martin, dass Maria die Karte schreibt
 c. Was steht auf der Karte?

Die V2-Eigenschaft ist nicht möglich, wenn wir einen konjunktional eingeleiteten Nebensatz vorliegen haben.

(48) a. *Martin hofft, dass die Karte schreibt Maria
 b. *Martin hofft, dass Maria schreibt die Karte

Dies ist der Grund, weshalb das Finitum im Hauptsatz an derjenigen Position in der Satzstruktur steht (in C), in der sich im Nebensatz die nebensatzeinleitende Konjunktion (in C) befindet. Beide schließen sich gegenseitig aus, d. h. das Finitum in der V2-Position und die nebensatzeinleitende Konjunktion.

(49)

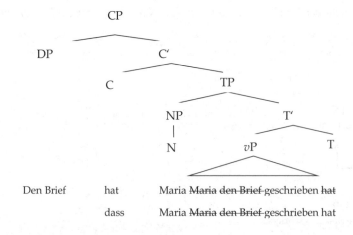

Wie aus der Struktur (49) deutlich wird, befindet sich die DP *den brief* in derselben Position, in der sich Fragewörter in den romanischen Sprachen befinden, also in der Spezifikatorposition der CP (Spec,CP; vgl. in (40)).

Mit diesem Wissen wollen wir nun die Beschränkungen für CS im Einzelnen vorstellen und ihre Gültigkeit für CS-Daten diskutieren.

7.2 Die einzelnen syntaktischen Beschränkungen

7.2.1 Die Beschränkung über funktionale Köpfe

Eine Beschränkung, welche über Eigenschaften von funktionalen Kategorien formuliert wurde, ist die Beschränkung über funktionale Köpfe, auch engl. *Functional Head Constraint*. Sie besagt Folgendes: „The language feature of the complement f-selected by a functional head, like all other relevant features, must match the corresponding features of that functional head" (Belazi, Rubin und Toribio 1994:228). F-Selektion steht für funktionale Selektion, d. h. die Wahl von funktionalen Merkmalen. Wir werden diesen Begriff noch weiter unten genauer besprechen. Festhalten können wir: Funktionale Kategorien bzw. funktionale Köpfe f-selektieren ihr Komplement; neben den funktionalen Merkmalen nehmen Belazi, Rubin und Toribio (1994) auch ein Sprachenmerkmal an. Dieses Merkmal müssen der funktionale Kopf und sein Komplement teilen. Zwischen einem funktionalen Kopf und dessen Komplement darf also nicht die Sprache gewechselt werden. U. a. folgt daraus, dass zwischen einem tempusbildenden Hilfsverb (auch: Auxiliarverb) und dem Partizip Perfekt kein Mischpunkt besteht. Mit anderen Worten: Die nachfolgenden Beispiele (Belazi, Rubin und Toribio 1994:225) sollten ungrammatisch sein und demzufolge auch nicht auftreten, weder in der Kindersprache noch in der Erwachsenensprache.

(50) a. *The students had *visto la película italiana*
 b. *Los estudiantes habían *seen the Italian movie*

Mit der Beschränkung über funktionale Köpfe müssen wir den Ausdruck der f-Selektion einführen. Abney (1987) hat in einer Arbeit zur Nominalphrase im Englischen den Vorschlag gemacht, dass funktionale Köpfe ihr Komplement selektieren, also auswählen. Die f-Selektion (wir können uns dies als eine gewisse Anforderung eines funktionalen Kopfes an sein Komplement vorstellen) kann mit einer anderen Relation verglichen werden, die aber semantischer Natur ist. Wir haben in Abschnitt 7.1 bereits erfahren, dass Verben semantische Anforderungen an ihr Komplement stellen. Ein Verb wie *essen* kann nur mit einem Objekt verbunden werden, welches etwas Essbares bezeichnet.

Wir hatten auch gesagt, dass Argumente in einer bestimmten Relation zum Prädikat stehen. Sie übernehmen nun bestimmte Rollen, die sogenannten Theta-Rollen oder thematischen Rollen. Man sagt auch, dass Prädikate eine thematische Struktur aufweisen oder dass das Verb seine Argumente theta-markiert. Die nachfolgenden Beispiele zeigen, dass ein und derselbe Sprachausdruck in Abhängigkeit vom jeweiligen Prädikat eine bestimmte thematische Rolle im Satz einnimmt. In (51a) ist Hans ein aktiv Handelnder, in (51b) erleidet er die durch das Verb ausgedrückte Handlung, in (51c) ist er Empfänger, in (51d) erfährt er den psychologischen Zustand der Freude usw.

(51) a. <u>Hans</u> schlägt Peter   Agens
     b. <u>Hans</u> bricht sich das Bein   Patiens
     c. <u>Hans</u> erhält einen Brief   Empfänger
     d. <u>Hans</u> freut sich sehr über den Brief   Experiencer
     e. <u>Hans</u> bekommt die Einladung zugeschickt Ziel (engl. *goal*)
     f. <u>Dieser Schlüssel</u> öffnet die Tür   Instrument
     g. Hans erhält <u>einen Brief</u>   Thema
     h. Hans kauft das Buch <u>vom Buchhändler</u> Ursprung (engl. *source*)
     k. Hans wohnt <u>in Paris</u>   Lokation

Agens, Patiens, Thema, etc. sind Theta-Rollen, thematische Rollen oder θ-Rollen. So hat das Verb *schlagen* 2 Argumente, welche die Theta-Rollen Agens (für das Subjekt) und Patiens (für das Objekt) von diesem erhalten. Das Inventar an thematischen Rollen ist noch umstritten.

Die thematischen Rollen werden als Theta-Raster und somit Teil des lexikalischen Eintrages eines Prädikats notiert. Der Eintrag muss auch, neben diesen semantischen Informationen, Angaben zu der Art der Realisierung der einzelnen Argumente enthalten. Für Verbkomplemente hatten wir gesagt, dass diese vom Verb subkategorisiert werden. Man unterscheidet zusammenfassend die s-Selektion (engl. *semantic*) der Theta-Rollen und die c-Selektion (engl. *categorial*), welche zwischen syntaktischem Phrasentyp (z. B. NP/DP) und der semantischen Rolle (Agens) besteht.

(52) loben: Verb   **Agens**   **Empfänger**
                      DP   *DP*

Wir wissen bereits, dass Verben in eine Klasse von lexikalischen Verben und in eine Klasse von Modal- bzw. tempusbildenden Hilfsverben unterteilt werden. Die Hilfsverben *avoir/avere/haber* und *être/essere/ser, estar* können nun keine thematischen Rollen zuweisen. Diese Verben sind Repräsentanten der funktionalen Kategorie T. Betrachten wir als Beispiel *avoir/avere/haber*.

(53) a. Pierre invite un collègue
     b. Pierre a invité un collègue
     a'. Mario incontra un amico
     b'. Mario ha incontrato un amico
     a''. Mario encuentra un trabajo
     b''. Mario ha encontrado un trabajo

Wir sehen deutlich, dass der Gebrauch vom tempusbildenden Hilfsverb weder an der Anzahl der Argumente des lexikalischen Verbs noch an deren thematischen Rollen etwas ändert. Als lexikalisches Verb kann *avoir/avere* thematische Rollen zuweisen.

(54) a. Pierre a une maison
 a'. Mario ha una casa
 a''.*Mario ha una casa/ Mario tiene una casa

Im Spanischen kann *haber* nur als Hilfsverb oder als unveränderlicher Ausdruck in *hay/había* fungieren, für die lexikalische Lesart des frz. *avoir* und it. *avere* gibt es ein eigenes Verb, *tener*.

Wir wollen nun auf die f-Selektion zurückkommen. Wenn es tatsächlich der Fall ist, dass auch zwischen dem funktionalen Kopf und seinem Komplement eine bestimmte Relation besteht, so müssen wir einen neuen Ausdruck hierfür einführen, da funktionale Köpfe ihr Komplement nicht theta-markieren. Wir wollen im Folgenden an dem Beispiel von T, C und D die f-Selektion motivieren. Die Beispiele in (55) zeigen, dass die Art von T Einfluss auf die morphologische Gestalt des lexikalischen Verbs hat.

(55) a. Paul a lu un livre
 b. Paul -ait lis- un livre   lis-ait
 a'. Giulio ha letto un libro
 b'. Giulio –eva legg- un libro   legg-eva
 a''. Julio ha leído un libro
 b''. Julio-ía le- un libro   le-ía

Eine solche Relation existiert auch zwischen der nebensatzeinleitenden Konjunktion und dem nachfolgenden Satz. Da man davon ausgeht, dass Sätze nicht theta-markiert sind, muss diese Relation über f-Selektion und kann nicht über s-Selektion ausgedrückt werden; vgl. Müller und Riemer (1998:69).

(56) a. J'espère que tu viendras
 a'. Spero che tu venga
 a''. Espero que él venga
 b. Il a décidé de partir
 b'. Ha deciso di partire
 c. Dis-moi si tu veux continuer comme ça
 c'. Dimmi se intendi continuare così
 c''. Dime si quieres seguir así
 d. Je suis venu pour te voir
 d'. Sono venuto per parlarti
 d''. Estoy aquí para ayudarte

Die Beispiele zeigen, dass die Wahl der Konjunktion Einfluss auf die Finitheit des nachfolgenden Satzes hat.

Ein weiteres Beispiel für die f-Selektion, welches Abney (1987) dazu diente, die funktionale Kategorie D vorzuschlagen, ist die als funktional zu bezeichnende Relation zwischen Determinante und NP. Wir wollen dies am Beispiel des Genus illustrieren. Das Genus ist ein lexikalisches Merkmal des Nomen (in der NP), z. B. ist *soleil* im Französischen maskulin und im Deutschen feminin, und *lune* im Französischen feminin und im Deutschen maskulin. Je nachdem, welches Genus das Nomen aufweist, wird die feminine Determinante *la* bzw. *die* oder die maskuline *le* bzw. *der* gewählt. Diese Relation ist über f-Selektion beschreibbar.

Nachdem wir die f-Selektion vorgestellt haben, wollen wir wieder auf die Beschränkung über funktionale Köpfe zurückkommen. Belazi, Rubin und Toribio (1994) weisen an balanciert bilingualen Personen (arabisch-französisch und englisch-spanisch) nach, dass diese an bestimmten Positionen in der syntaktischen Struktur nicht die Sprachen mischen, wohingegen sich wiederum andere Positionen hierfür anbieten. Die Wahl von möglichst balanciert bilingualen Personen ergibt sich aus der Annahme, dass die Beschränkungen über CS nur von wirklich in beiden Sprachen kompetenten Sprechern befolgt werden. Die Autoren legen nun zugrunde, dass nicht nur Merkmale wie Finitheit f-selektiert werden, sondern auch ein Sprachenmerkmal. Mit anderen Worten, das Sprachenmerkmal eines funktionalen Kopfes muss mit dem Sprachenmerkmal seines Komplementes übereinstimmen, da die Relation der f-Selektion zwischen beiden besteht und f-Merkmale von Kopf und Komplement geteilt werden. Diese Annahme führt also dazu, dass bilinguale Sprecher zwischen einem funktionalen Kopf und dessen Komplement nicht die Sprache wechseln dürfen, also z. B. nicht zwischen C und TP, was an den ungrammatischen Beispielen in (57) deutlich wird (vgl. Belazi, Rubin und Toribio 1994:224f.). Genauso ist der Sprachenwechsel zwischen D und NP laut der Beschränkung über funktionale Köpfe ungrammatisch, wie in (58) verdeutlicht (vgl. Belazi, Rubin und Toribio 1994:227).

(57) a. *The professor said that *el estudiante había recibido una A*
b. **El profesor dijo que* the student has received an A
c. The professor said *que el estudiante había recibido una A*
d. *El profesor dijo* that the student has received an A

(58) a. *He is a *demonio*
b. He is *un demonio*

Wir haben dafür argumentiert, dass die Negation auch eine funktionale Kategorie darstellt. Wir sollten also vorhersagen, dass zwischen der Negation und dem finiten Verb die Sprachen nicht gewechselt werden dürfen. Die nachfolgenden Beispiele sind dementsprechend auch alle ungrammatisch.

(59) a. *Juan no *las das Buch*
b. *Juan no *hat das Buch gelesen*
d. *Juan promete [no *das Buch lesen*]
e. *Juan promete [no *das Buch gelesen zu haben*]

Belazi, Rubin und Toribio (1994:229) zeigen für das Paar Französisch-Arabisch und Englisch-Spanisch, dass der Sprachenwechsel zwischen der Negation und seinem Komplement ungrammatisch ist.

(60) a. *Je ne *ḥib-ha* pas
Ich nicht mag-es nicht

      b. *Ana ma l'aime-š
         Ich nicht es-mag nicht
      c. *El hombre no wants the book
      d. *The man doesn't quiere el libro

Modalverben und tempusbildende Hilfsverben hatten wir ebenfalls als funktionale Kategorien kennengelernt. In (50) finden sich Beispiele aus dem Spanischen und Englischen für einen ungrammatischen Sprachenwechsel zwischen dem tempusbildenden Hilfsverb und dem Partizip Perfekt. Nachstehend übernehmen wir weitere Bespiele für den Sprachenwechsel zwischen Hilfverb bzw. Modalverb und VP- bzw. vP-Komplement aus Belazi, Rubin und Toribio (1994:229f.), die ebenso ungrammatisch sind. Betrifft der Wechsel nicht das funktionale Element, so ist die Konstruktion grammatisch.

(61)   a. *N-ku:n parti à dix heures
         Ich-werde-sein weggegangen um zehn Uhr
     b. N-ku:n sae:fir-t à dix heures
     c. *The police officers have visto un ladrón
     d. The police officers have seen un ladrón

Abschließend sei darauf hingewiesen, dass der Sprachenwechsel zwischen einer lexikalischen Kategorie und ihrem Komplement erlaubt ist und somit auch vorkommen sollte. Belazi, Rubin und Toribio (1994:230) geben als Beispiel den Wechseln zwischen dem lexikalischen Verb und seinem Komplement und den zwischen einer Präposition und seinem Komplement an.

(62)   a. They used to serve bebidas alcohólicas en ese restaurante
     b. SaʕaeːT ni-tkalmu ʕal l'anémie
        Manchmal wir-sprechen über die Anemie

Wir wollen uns im Folgenden mit einer Überprüfung der Beschränkung über funktionale Köpfe im Spracherwerb befassen. Ist es tatsächlich der Fall, dass mehrsprachig aufwachsende Kinder diese befolgen? Wir werden im Folgenden die von Belazi, Rubin und Toribio genannten Beispiele wiederholen und an Spracherwerbsstudien überprüfen. Als Kontext wurde die Sprache angesehen, in der die Interaktion stattfinden sollte, genauer IK entspricht der italienischen Sprachaufnahme und somit einem italienischen Kontext, DK der deutschen Sprachaufnahme und somit dem deutschen Kontext, FK dem französischen Kontext, SK dem spanischen Kontext. Erfolgt keine Angabe des Kontextes, dann ist dieser nicht bekannt. Dasselbe gilt für Altersangaben bei den Sprachbeispielen.

(63)   a. *The professor said that el estudiante había recibido una A
     b. *El profesor dijo que the student has received an A
     c. The professor said que el estudiante había recibido una A
     d. El profesor dijo that the student has received an A

(64) a. perché *ihr seid böse* (Lukas, 3;11,22, IK, Cantone 2007:177)
b. pecché *ich war kleiner* (=perché, Lukas, 4;0,5, IK, Cantone 2007:177)
c. wir sind aus- *perché* wir sind aus-aus-aus-auf deutsch- auf deutschland (Jan, 3;1,1, DK, Cantone 2007:191)
d. dai che *kämpfen* (Lukas, 3;2,19, IK, Cantone 2007:191)
e. hai visto che *geht leicht* (Lukas, 3;4,25, IK, Cantone 2007:191)
f. così che *soll sein* (Lukas, 3;7,15, IK, Cantone 2007:191)
g. guarda che *war hier* (Lukas, 3;10,3, IK, Cantone 2007:191)
h. sí che *passt* (Jan, 3;9,15, IK, Cantone 2007:191)
i. yo no se como pero *it was a funny name* (McClure 1981:89)
j. *parce que* ist gefallen (2;4,-3;2, Redlinger und Park 1980:349)
k. *parce que* will das zumachen (2;4,-3;2, Redlinger und Park 1980:349)
l. parce que, *wir machen die eier* (Annika, 3;7,13, FK, Veh 1990:96)

Die Beispiele aus den Studien von Cantone (2007) zu deutsch-italienischen Kindern der WuBiG, McClure (1981) zu spanisch-englischen Kindern sowie Redlinger und Park (1980) und Veh (1990) zu französisch-deutschen Kindern zeigen deutlich, dass der von Belazi, Rubin und Toribio als ungrammatisch bezeichnete Wechsel zwischen Komplementierer und nachfolgendem Satz in der Kindersprache bei mehreren Sprachenpaaren durchaus vorkommt, selbst in einem fortgeschrittenen Alter, in dem man den Kindern die Fähigkeit des erwachsenen CS kaum mehr absprechen kann.

Zwischen Determinante und Nomen sollte nach Belazi, Rubin und Toribio auch kein Sprachenwechsel auftreten.

(65) a. *He is a *demonio*
b. He is *un demonio*

In Spracherwerbstudien ist dies mit der häufigste Mischpunkt (Eichler 2011). Wir dürfen wegen des fortgeschrittenen Alters der Kinder vermuten, dass die unten aufgeführten gemischten DPn auch von Erwachsenen so akzeptiert würden.

(66) a. ein *treno* (Marta, 2;5,26, DK, Cantone 2007:217)
b. la *überraschung* (Carlotta, 5;0,15, IK, Cantone 2007:217)
c. eine pecora (Marta, 3;4,21, DK, Cantone 2007:218)
d. il *schwanz* (Jan, 3;7,1, IK, Cantone 2007:218)
e. der *monkey* will beißen (Danny, 2-2;8, DK, Redlinger und Park 1980:345)
f. va dans le *wasser* (Henrik, 2;4-3;2, FK, Redlinger und Park 1980:345)
g. una vez estaba una *bird* (Lindholm und Padilla 1978:329)
h. yo tengo un *car* (Lindholm und Padilla 1978:329)
i. ein- eine *tortue* (Ivar, 3;1,3, DK, Veh 1990:73)
j. un *nachtigall* (Ivar, 3;8,1, FK, Veh 1990, Anhang S. 27)
k. ja und ein *ceinture* (Annika, 2;8,19, DK, Veh 1990, Anhang S. 33)
l. où est mon *fächer* ?(Annika, 3;7,2, FK, Veh 1990:90)
m. tante *flugzeuge* (Jan, 3;6,11, IK, Cantone 2007:221)
n. zwei *piqures* (Amélie, 3;8,0, DK, bereitgestellt von Nadine Eichler)

o. die zwei *bobos* (Amélie, 3;11,11, DK, bereitgestellt von Nadine Eichler)
p. alle *mercredis* (Amélie, 4;2,12, DK, bereitgestellt von Nadine Eichler)
q. zwei *ballons* (Céline, 2;8,16, FK, bereitgestellt von Nadine Eichler)
r. deux *schere* (Marie, 3;9,8, DK, bereitgestellt von Nadine Eichler)
s. drei *paquets* (Alexander, 3;11,24, FK, bereitgestellt von Nadine Eichler)
t. alle *cheveux* (Alexander, 3;3,24, DK, bereitgestellt von Nadine Eichler)
u. alle *boules* (Alexander, 2;5,27, DK, bereitgestellt von Nadine Eichler)
v. viele *chevals* (Alexander, 2;6,8, DK, bereitgestellt von Nadine Eichler)

Für die Unmöglichkeit eines Sprachenwechsels zwischen der Negation und dem anschließenden Verb hatten wir die folgenden Beispiele aufgeführt:

(67) a. *Je ne *ḥib-ha* pas
b. **Ana ma* l'aime-š
d. **El hombre no* wants the book
e. *The man doesn't *quiere el libro*

Auch für diesen Mischpunkt lassen sich Sprachbeispiele aus der Kindersprache finden. Da Äußerungen mit einer Negation insgesamt in einem Spracherwerbskorpus relativ selten sind, finden sich nicht viele Beispiele für diese Mischung in der Literatur. Um einen Eindruck von der Frequenz zu vermitteln, sollen aus der Arbeit von Müller (2006) kurz von zwei Kindern (Alexander und Céline) die Häufigkeit der Negation *(ne) ... pas* in vierzehntägigen Sprachaufnahmen von 30 Minuten Dauer, die die Kinder in spontaner Interaktion mit einem Erwachsenen zeigen, genannt werden: Alexander wurde vom Alter 2;2, bis 2;6 analysiert, Céline vom Alter von 2;0 bis 4;0 (der Zeitraum wurde deshalb um mehr als ein Jahr verlängert, da Céline während der ersten Phasen der Sprachentwicklung wenig Französisch gesprochen hat). Im jeweiligen Untersuchungszeitraum hat Alexander 199, Céline 208 Äußerungen produziert, die die Negation *pas* enthielten (Klenk 2011 kommt auf der Basis der Daten von Amélie, Marie und Céline zu einem ähnlichen Ergebnis). Mit anderen Worten, mit *pas* negierte Äußerungen sind sehr infrequent. So sind auch die Sprachbeispiele für einen Wechsel zwischen der Negation und seinem Komplement selten. Es ist jedoch nicht der Fall, dass sie gar nicht existieren.

(68) a. Non lo *brauchen* (Lukas, 3;1,30, IK, Cantone 2007:206)
b. ma questo non *darf* (Lukas, 3;6,13, IK, Cantone 2007:206)
c. allo io, io non *spiel mit nicht* (=allora, Aurelio, 3;5,30, IK, Cantone 2007:206)
d. n-n-n-n- non *funzioniern* (Aurelio, 3;9,13, IK, Cantone 2007:206)
e. ich kann nicht *attraper baguette* (Ivar, 2;4,9, DK, Veh 1990, Anhang S. 17)

Zwischen Modalverben und tempusbildenden Hilfsverben sollte ebenso kein Sprachenwechsel auftreten. Wir wiederholen die Beispiele, die dies zeigen.

(69) a. *N-ku:n parti à dix heures
Ich-werde-sein weggegangen um zehn Uhr
b. N-ku:n sae:fir-t à dix heures
c. *The police officers have *visto un ladrón*
d. The police officers have seen *un ladrón*

In den Korpora der bilingualen Kinder sind jedoch auch solche Mischpunkte belegt, d. h. zwischen Modalverb und dem nachfolgenden Infinitiv und zwischen dem tempusbildenden Hilfsverb und dem Partizip Perfekt (vgl. Kapitel 8).

(70) a. Devi *finden* un *seil* (Lukas, 2;11,27, IK, Cantone 2007:207)
b. no voiono [n] *sägen ein baum* (Lukas, 3;1,30, IK, Cantone 2007:207)
c. lo ha *eingesperrt* lì drento (=dentro, Lukas, 4;3,28, IK, Cantone 2007:211)
d. si deve *wieder ranmachen* (Lukas, 3;6,13, IK, Cantone 2007:211)
e. io voio *noch das essen* (=voglio, Lukas, 3;10,3, IK, Cantone 2007:211)
f. e io voio *sowieso schon wieder sonne ansehen* (Lukas, 3;6,30, IK, Cantone 2007:211)
g. quando te hai *gewürfelt* devi una *nehm* (Aurelio, IK, 4;0,9, Cantone 2007:212)
h. Noi abbiamo *gewonnen* (Aurelio, 3;6,29, IK, Cantone 2007:205)
i. a-adesso è *gelandet* (Lukas, 4;2,28, IK, Cantone 2007:205)
j. devi *weitergehen* (Aurelio, 3;8,1, IK, Cantone 2007:205)
k. il papà lo ha *gekauft* (Lukas, 3;6,13, IK, Cantone 2007:205)
l. qua si può *sitzen* (Lukas, 3;6,30, IK, Cantone 2007:205)
m. lo devi – lo dobbiamo *aufkleben* (Aurelio, 4;0,9, IK, Cantone 2007:205)
n. non lo devi *verraten* (Aurelio, 3;6,14, IK, Cantone 2007:205)
o. il a *gewonnen* (Annika, 4;3,24, FK, Veh 1990, Anhang S. 40)
p. und hens / hm guck mal die anziehn hens veut/x (=Jens, Ivar, 2;6,6, FK, Veh 1990: 57)
q. ich kann nicht *attraper baguette* (Ivar, 2;4,9, DK, Veh 1990, Anhang S. 17)
r. et puis patti a *sein arm gebrochen* (Annika, 3;7,13, FK, Veh 1990:104)
s. *veux* pienen mit das (=spielen, Ivar, 2;6,6, DK, Veh 1990:78)
t. *estaba* teaching us *en* kinder (=kindergarten, McClure 1981:88)
u. it sounds funny when you're *grabando* (Mc Clure 1981:88)
v. can I *sople*? (=soplar, 2;10-6;2, Lindholm und Padilla 1978:332)
w. ja und da hab ich *money put the meter* (1;11-2;8, Redlinger und Park 1980:350)
x. mama Giulia will *lavare die hände* (Giulia, 2;8, Taeschner 1983:95)
y. Lisa vuole *schaun* (Lisa, 2;9, Taeschner 1983:170)
z. ich hat *trovato un* schwarze *capello* von *nere* haare (Lisa, 2;9, Taeschner 1983:170)

Wir dürfen also abschließend festhalten, dass die Beschränkung über funktionale Köpfe falsche Vorhersagen für den Sprachenwechsel bei Kindern macht: Die Beschränkung schließt Mischpunkte aus, die jedoch in Spracherwerbsdaten auftreten. Ein weiteres Problem, auf das Müller und Cantone (2009) aufmerksam machen, ist, dass die Beschränkung Mischpunkte vorhersagt, die jedoch in Sprachdaten von bilingualen Sprechern nicht auftreten. Als Konsequenz für eine Sprachtheorie dürfen wir aus den empirischen Befunden ableiten, dass, obwohl funktionale Köpfe ihr Komplement zwar f-selektieren, ein Sprachenmerkmal ganz offensichtlich nicht zu diesen selektierten Merkmalen gehört.

7.2.2 Die Beschränkung über Elemente der geschlossenen Klasse

In der Literatur sind noch weitere Beschränkungen für CS vorgeschlagen worden, welche die besondere Rolle von funktionalen Kategorien herausstreichen. Eine dieser Beschränkungen ist die über Elemente der geschlossenen Klasse, auch engl. *Constraint on Closed-Class Items,* von Joshi (1985). Die Beschränkung besagt, dass Elemente sogenannter geschlossener Klassen (hierzu zählen alle funktionalen Kategorien, die wir bereits kennengelernt haben) nicht gemischt werden dürfen. Genauer besagt die Beschränkung Folgendes: „Closed-class Items (e.g., determiners, quantifiers, prepositions, possessive, Aux, Tense, helping verbs, etc.) cannot be switched" (S. 194). Im Gegensatz zur Beschränkung über funktionale Köpfe geht es bei der Beschränkung über Elemente der geschlossenen Klasse also nicht um die Relation zwischen funktionalen Köpfen und ihren Komplementen, sondern um die funktionalen Elemente selbst, also auch um solche, die in der Syntax nicht notwendigerweise als funktionaler Kopf analysiert würden. Das folgende Beispiel zeigt eine Verletzung der Beschränkung über Elemente der geschlossenen Klasse. Die Postposition in der Sprache Marathi (eine von vielen offiziell anerkannten Sprachen Indiens) darf nicht in einer ansonsten englischsprachigen DP gebraucht werden, da Postpositionen (wie Präpositionen) eine geschlossene Klasse von Elementen bilden (im Beispiel *auf*).

(71) *some chairs-*war*

Joshi (1985) plädiert weiter dafür, dass für die Beschreibung des CS die Existenz einer Matrixsprache (engl. *matrix language*) und einer eingebetteten Sprache (engl. *embedded language*) entscheidend ist. Er fasst diese Unterscheidung in eine Asymmetrie-Beschränkung, welche besagt, dass der Wechsel von der Matrixsprache in die eingebettete Sprache vollzogen werden kann, aber nicht umgekehrt. Er stellt eine Regel auf (die sog. Asymmetriebeschränkung), die dieses besagt:

(72) A_m x A_e wenn $A_m \approx A_e$ Asymmetriebeschränkung

Zu lesen ist diese Regel wie folgt: Wechsele eine Kategorie A_m (A_m ist eine Kategorie aus der Grammatik der Matrixsprache) zu einer Kategorie A_e (A_e ist eine Kategorie aus der Grammatik der eingebetteten Sprache), wenn A_m A_e entspricht. Joshi (1985) argumentiert außerdem, dass der Matrixsatz (S_m) nie gewechselt werden darf. Die Sprache des Matrixsatzes (S_m), oder auch die Sprache der höchsten Ebene, CP_m bzw. TP_m, ist die Matrixsprache, bei Joshi das Marathi. Zusammenfassend geht aus Joshis Beschränkung hervor, dass nur von der Matrixsprache in die eingebettete Sprache gewechselt werden kann und nicht umgekehrt von der eingebetteten Sprache in die Matrixsprache, wobei die Beschränkung über Kategorien der geschlossenen Klasse nicht verletzt werden darf. So darf beispielsweise Det_m nicht durch Det_e ausgedrückt werden (vgl. in (73)). Das bedeutet nicht, dass ein Element der Klasse D_e niemals in einem gemischtsprachlichen Satz auftreten darf. Es darf dann auftreten, wenn die NP_m (hier: DP_m) bereits zu NP_e (hier: DP_e) gewechselt wurde und diese NP_e dann in Det_e und N_e expandiert wird, basierend auf G_e (der Grammatik der eingebetteten Sprache). Die folgenden Beispiele, welche alle mit *einige Stühle* übersetzt werden können, illustrieren die Möglichkeiten:

(73) a. kāhi khurcyā $Det_m\ N_m$
      b. some chairs $Det_e\ N_e$
      c. kāhi *chairs* $Det_m\ N_e$
      d. *some *khurcyā*   *$Det_e\ N_m$

Die Strukturen zu (73c) und (73d) sehen wie folgt aus (wir überführen hierbei Joshis Strukturen in die hier vorgestellten Architektur):

Der Wechsel von der eingebetteten Sprache hin zur Matrixsprache, wie er für Struktur (75) angenommen werden müsste, stellt eine Verletzung der Asymmetriebeschränkung dar. Aus diesem Grund ist er ungrammatisch. Anders sieht es bei Adjektiven aus. Adjektive stellen Elemente der offenen Klasse dar und können deshalb auch in der anderen Sprache auftreten. Alle vier in (76) genannten Möglichkeiten sind grammatisch.

(76) a. unca peṭi $A_m\ N_m$
      b. tall box $A_e\ N_e$
      c. unca *box* $A_m\ N_e$
      d. *tall* peṭi $A_e\ N_m$

Die relevanten Strukturen sind (76c) und (76d), die wir im Folgenden darstellen wollen.

Syntaktische Beschränkungen des Code-Switching

Präpositionen sind wiederum Elemente der geschlossenen Klasse. Marathi besitzt Postpositionen, im Englischen existieren Präpositionen. Für Präpositionalphrasen werden im Rahmen von Joshis Analyse die folgenden Vorhersagen gemacht.

(79) a. kāhi khurcyāwar $Det_m\ N_m\ P_m$
      b. kāhi *chairs*war $Det_m\ N_e\ P_m$
      c. **some chairs*war $Det_e\ N_e\ P_m$
      d. *some chairs on $Det_e\ N_e\ P_m$
      e. *kāhi khurcyā *on* $Det_m\ N_m\ P_e$
      f. on some chairs $P_e\ Det_e\ N_e$
      g. *on kāhi khurcyā $P_e\ Det_m\ N_m$
      h. *war kāhi khurcyā $P_m\ Det_m\ N_m$
      i. *war *some chairs* $P_m\ Det_e\ N_e$

Wenn wir uns die Strukturen zu den einzelnen Präpositionalphrasen genauer ansehen, wird schnell deutlich, weshalb manche gemischtsprachlichen PPn ungrammatisch sind. Im Beispiel (79a) handelt es sich um eine PP, die vollständig in der Matrixsprache realisiert ist, in Beispiel (79f) um eine PP, die als Ganzes in die eingebettete Sprache gemischt wurde. In (79b) wurde nur die NP, die nur aus einem Nomen besteht, in die eingebettete Sprache gemischt. Die Ungrammatikalität von (79c) wollen wir erst einmal zurückstellen. (79d) ist ungrammatisch, da Elemente der geschlossenen Klasse nicht gemischt werden dürfen. Man bedenke, dass in (79d) allein P und nicht etwa, wie in (79f), die ganze PP in die eingebettete Sprache gewechselt wurde. Dass dem so sein muss, zeigt die Stellung der Präposition an.

(80)
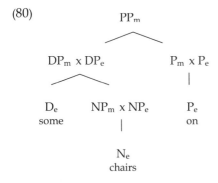

Beispiel (79e) ist aus demselben Grund ungrammatisch, nämlich aufgrund des Verbotes, Elemente der geschlossenen Klasse zu mischen. Schauen wir uns (79g) als Struktur an.

(81)

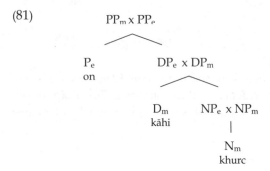

Es wird deutlich, dass hier die Asymmetriebeschränkung verletzt wurde. Die Wortstellung (Position von P) zeigt an, dass die gesamte PP in die eingebettete Sprache gewechselt wurde. Die von P abhängige DP und die von D abhängige NP sind dann entgegen der Asymmetriebeschränkung in die Matrixsprache gewechselt worden. Auch die Beispiele (79h) und (79i) lassen sich aufgrund einer Kombination aus dem Mischverbot von Elementen der geschlossenen Klasse und der Asymmetriebeschränkung erklären: In (79h) wurde die gesamte PP in die eingebettete Sprache gemischt, P dann wieder in die Matrixsprache, welches beide genannten Beschränkungen verletzt; die DP und die NP wurden in die Matrixsprache gewechselt, welches gegen die Asymmetriebeschränkung verstößt. Bei (79i) wurde ebenso die gesamte PP in die eingebettete Sprache gemischt, im Gegensatz zu (79h) wird hier allerdings nur P von der eingebetteten in die Matrixsprache gewechselt, was jedoch ausreicht, um als ungrammatisches CS zu gelten.

Kommen wir nun auf das Beispiel (79c) zu sprechen, für das wir wieder zunächst die Struktur abbilden.

(82)

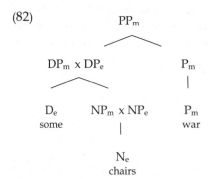

Das Beispiel verletzt weder die Asymmetriebeschränkung noch die Beschränkung über Elemente der geschlossenen Klasse. Dennoch ist das Beispiel laut Joshi ungrammatisch. Er führt eine Beschränkung ein, die mit der Kasuszuweisung zusammenhängt: „One way out [...] is to regard prepositions as grammatical markers of case and not to allow case markers from one language to be coupled with an NP from another language" (S. 196). Obwohl intuitiv plausibel für Präpositionen, müsste diese Beschränkung auch auf Verben ausgedehnt werden, die einen Kasus regieren (Akkusativ oder Dativ). Diese Ausdehnung hätte dann z. B. zur Folge, dass CS zwischen einem Verb und dessen Akkusativobjekt ungrammatisch wäre, was jedoch empirisch falsch ist: Ich lese *le journal* ist ein erlaubter Sprachenwechsel. Der Erklärungsansatz würde auch vorhersagen, dass die kasusregierende Präposition nicht dem CS unterliegen darf. Dies sollte auf alle Sprachenpaare zutreffen, da die Präposition universal Kasus regiert. Veh (1990) für das Sprachenpaar Deutsch-Französisch und Arencibia Guerra (2008) für die Sprachenpaare Deutsch-Spanisch und Deutsch-Italienisch belegen derartige Mischpunkte bei mehrsprachig aufwachsenden Kindern:

(83) a. avec *kleber* (Annika, 4;1,25)
      b. con *ein schal* (Arturo, 3;1,16, SK)
      c. eine von ca- *una capanna* (Aurelio, 3;5,2, DK)
      d. E: was hast denn du heut mit der katja und der mia am strand gemacht ? / ho giocato con sand (Valentin, 3;9,28, DK)

Zu den genannten Zeitpunkten wissen die Kinder, dass Präpositionen Kasus regieren.

Den Komplementierer hatten wir als funktionale Kategorie kennengelernt. Repräsentanten dieser Kategorie sollten sich in gemischtsprachlichen Äußerungen so verhalten, wie wir es für Präpositionen und Determinanten gesehen haben. Joshi (1985) führt aus, dass die Wahl des Komplementierers vom jeweiligen Matrixverb abhängt. Dies kann man sehr schön am Beispiel des Verbs *fragen* in den romanischen Sprachen verdeutlichen, welches einen finiten Nebensatz mit *si* und nicht mit *que* einleiten kann.

(84) a. Je me demande s'il a déjà rencontré ma sœur
      b. Mi chiedo se lui abbia già incontrato mia sorella
      c. Me pregunto si él ya habrá encontrado a su hermana

Wenn das Matrixverb nun nicht in der Matrixsprache, sondern in der eingebetteten Sprache vorkommt, dann wird die Wahl des Komplementierers auf die folgende Weise beeinflusst: Da Komplementierer Elemente der geschlossenen Klasse darstellen, unterliegen sie nicht dem CS. Selbst wenn also das Matrixverb in der Sprache V_e auftritt, wird der Komplementierer als C_m realisiert. Dabei muss es sich um einen Komplementierer handeln, der auch mit dem Matrixverb verträglich, also möglich ist. Dies zeigen die folgenden Beispiele (Joshi 1985:197).

(85) a. Tō parat jāyca ṭharawtō   ca=engl. *-ing*
         He back going decides
      b. * Tō parat jāyla ṭharawtō   lā=engl. *to*
         He back to go decides

Das Verb *ṭharaw* ‚entscheiden' fordert den Komplementierer *ca*, den man mit dt. *zu* übersetzen könnte. Das Verb *decide* kann im Englischen sowohl mit einem im Nebensatz befindlichen V-*ing* als auch mit dem Einleiter *to* gebraucht werden: *He decides to go back, he decides going back*. Wenn wir nun das Matrixverb ins Englische wechseln, müssen die Beschränkungen erhalten bleiben, die zwischen Nebensatz und Matrixverb im Marathi bestanden haben. Da die Tempusangabe im Matrixsatz nicht ins Englische übertragbar ist, benötigen wir ein Hilfsverb *kar*, engl. ‚do', mit dessen Hilfe Tempus ausgedrückt werden kann.

(86) a. Tō parat jāyca *decide* kartō   ca=engl. -*ing*
         He back going   do(+Tempus)
    b. * Tō parat jāyla *decide* kartō   lā=engl. *to*
         He back to go   do(+Tempus)

Wir sehen, dass (86b) ungrammatisch ist, da das Verb *ṭharaw* keinen *to*-Einleiter erlaubt. Joshi (1985:196) leitet daraus Folgendes ab:

> Let the complementizers of V_m ($\approx V_m$) be $Comp_m = \{C_1, C_2, \text{ or } C_3\}$ and the complementizers of V_e ($\approx V_m$) be $Comp_e = \{C'_1, C'_2, \text{ or } C'_3\}$. Now if V_m is switched to V_e (i.e. the verb is lexically realized in the embedded language), then the choice of the complementizer is constrained in the following manner. Since complementizers are closed classes, they cannot be switched. Hence, the choice is C_1, C_2, or C_3; however, only C_1 and C_2 are permitted, as the equivalent lexical verb V_e permits C'_1 and C'_2, which are the equivalents of C_1 and C_2 respectively. C_3 is not permitted because its equivalent of C'_3 is not permitted for V_e, and C_4, which is the equivalent of C'_4, is not permitted because it is not allowed by V_m. Thus, the only complementizers that are permitted, if V_m is switched to V_e, are those that are permitted by V_m and the equivalents of which are permitted by V_e ($V_m \approx V_e$).

Am Mischpunkt V–C müssen also die Anforderungen beider Sprachen äquivalent sein.

Veh (1990) nimmt eine Überprüfung des Ansatzes von Joshi an Spracherwerbsdaten von deutsch-französisch aufwachsenden Kindern vor. Die Kinder werden alle vierzehn Tage in der elterlichen Wohnung von jeweils einer deutschen und einer französischen Muttersprachlerin interviewt. Die Matrixsprache stellt die jeweilige Aufnahmesprache dar, d. h. spielt die deutsche Interaktionspartnerin mit dem Kind, dann ist das Deutsche die Matrixsprache und umgekehrt für das Französische. Dieses festgelegt kommt sie zu der richtigen Vorhersage, dass der Sprachenwechsel einzig von D nicht möglich sein sollte. Ein solches Beispiel findet sich in ihren Daten auch nur einmal: „das ist *la* nachtigall". Dies ist auch für die deutsch-italienischen Korpora in Cantone (2007) der Fall. Die meisten Fälle von gemischtsprachlichen Nominalphrasen betreffen die Mischung des Nomens: 6 $D_{Deutsch}$ + $N_{Italienisch}$ (1,4%) im italienischen Sprachkontext und immerhin 436 $D_{Italienisch}$ + $N_{Deutsch}$ (98,6%) im italienischen Sprachkontext bzw. 0 $D_{Italienisch}$ + $N_{Deutsch}$ (0%) im deutschen Sprachkontext, 156 $D_{Deutsch}$ + $N_{Italienisch}$ (100%) im deutschen Sprachkontext.

Eine weitere Vorhersage, welche auf der Basis von Joshis Ansatz getroffen werden kann, ist, dass der alleinige Wechsel des finiten Verbs ausbleibt. Die nachfolgenden Beispiele stellen hierzu Gegenbelege dar:

(87) a. hilfe / de(r) *tombe* wasser (Ivar, 2;5,7, DK, Veh 1990, Anhang S. 20)
   b. *veux* pienen mit das (=spielen, Ivar, 2;6,6, DK, Veh 1990, Anhang S. 20)
   c. und hens / hm guck mal die anziehn hens *veut/veux* (=Jens, Ivar, 2;6,6, FK, Veh 1990, Anhang S. 22)
   d. hm [ovø] hm anziehn (=veut/veux, Ivar, 2;6,6, FK, Veh 1990, Anhang S. 22)
   e. je schenk ça (Annika, 3;2,24, FK, Veh 1990, Anhang S. 34)
   f. io *angel* qualcosa (Lukas, 3;7,15, IK, Cantone 2007:174)
   g. questo *löscht* (Lukas, 3;3,23, IK, Cantone 2007:174)
   h. la mosca *geht* (Lukas, 3;8,17, IK, Cantone 2007:174)
   i. la mamma orsa si *dachte* (Lukas, 2;8,26, IK, Cantone 2007:176)
   j. non lo *brauchen* (Lukas, 3;1,30, IK, Cantone 2007:176)
   k. ma questo non *darf* (Lukas, 3;6,13, IK, Cantone 2007:177)
   l. n- n- n- n- non *funzioniern* (Aurelio, 3;9,13, IK, Cantone 2007:177)
   m. *schneidet* il capelli (Lukas, 3;4,7, IK, Cantone 2007:184)
   n. col lascoio si *schneidet* (Lukas, 3;4,7, IK, Cantone 2007:184)
   o. adesso si *verbrennt* (Lukas, 3;4,25, IK, Cantone 2007:184)
   p. un pirata pende una spada e dopo kämpft con un cavaliele (=prende, cavaliere, Lukas, 3;3,23, IK, Cantone 2007:184)
   q. li- lo *schließt* (Lukas, 3;2,19, IK, Cantone 2007:184)
   r. qua n *schießt* (Lukas, 3;4,25, IK, Cantone 2007:184)
   s. alliva la pulizia m- n- *beschäftigt* dal drago (Lukas, 3;3,23, IK, Cantone 2007:184)
   t. là *gehört* (Lukas, 3;4,25, IK, Cantone 2007:184)
   u. dai che *kämpfen* (Lukas, 3 ;2,19, IK, Cantone 2007:191)
   v. sí che *passt* (Jan, 3;9,15, IK, Cantone 2007:191)
   w. das *es* apfel (Arturo, 2;5,21, SK, Arencibia Guerra 2008)
   x. aber du *llora* (Arturo, 3;1,2, SK, Arencibia Guerra 2008)
   y. musik ein musik und *mete* so und ein musik (Arturo, 2;7,14, DK, Arencibia Guerra 2008)

Die Beispiele (87c) und (87d) wurden in der französischen, (87w) und (87x) in der spanischen Sprachaufnahme geäußert. Man könnte hier auch einwenden, dass laut Joshi nicht das Finitum, sondern der Rest gemischt wurde, da der Erwachsene mit dem Kind in französischer bzw. spanischer Sprache interagiert. Die vielen Gegenbeispiele aus der Arbeit von Cantone (2007) zeigen jedoch deutlich, dass die Analyse von Joshi für den Spracherwerb falsche Vorhersagen macht.

Es existieren in der Literatur viele Versuche, eine sogenannte Matrixsprache zu bestimmen und von dort aus die Beschränkungen für CS festzulegen. So wendet Klavans (1983:221f.) Joshis Ansatz an, geht aber davon aus, dass die Sprache von T die Matrixsprache darstellt. Die Subjektauslassung in der gemischtsprachlichen Äußerung *Yesterday estaba cantando con sus amigos* ist grammatisch, da das finite Verb im Spanischen realisiert und hier die Subjektauslassung zulässig ist. *Ayer was singing with her friends* wäre ein ungrammatischer Sprachenwechsel, da das Finitum aus dem Englischen kommt und hier das Subjekt obligatorisch ist. Viele Beispiele in (87) widersprechen dem Zusammenhang zwischen der Sprache von T, der Subjektrealisierung und dem Sprachenwechsel. Eine detaillierte Betrachtung ist aus Platzgründen nicht möglich.

7.2.3 Die Beschränkung über freie Morpheme

Wir wollen im Folgenden auf die Beschränkung über freie Morpheme eingehen, engl. *Free Morpheme Constraint* (Poplack 1980:585f.). Sie besagt Folgendes: „Codes may be switched after any constituent in discourse provided that constituent is not a bound morpheme."[1] CS ist demzufolge nicht mit bestimmten Kategorien verboten und mit anderen erlaubt, sondern es hängt davon ab, ob das gemischte Element ein freies oder ein gebundenes Morphem ist. CS mit gebundenen Morphemen ist untersagt: *Estoy *eat*-iendo. Welchen Grund könnten wir haben, diese offensichtlich morphologische Beschränkung in einem Kapitel über syntaktische Beschränkungen zu behandeln? Im Syntaxrepetitorium hatten wir bereits darauf hingewiesen, dass die Flexionsmorphologie charakteristisch für funktionale Kategorien ist, z. B. für T. In manchen Sprachen erfüllt sie mit Hilfe eines gebundenen Morphems eine Funktion, welche in anderen durch ein freies Morphem ausgedrückt wird. So wird die französische DP *la maison*, in der die Determinante ein freies Morphem ist, syntaktisch als D und NP beschrieben, wie die schwedische DP *hus-et*, in der die Determinante als Affix am Nomen realisiert wird. Im französischen Fall wäre prinzipiell eine Sprachenmischung möglich, im schwedischen Fall dagegen nicht.

Schauen wir wieder im Spracherwerb, ob es tatsächlich der Fall ist, dass gebundene Morpheme nicht gemischt werden. Die Beispiele in (88) stellen alle Verletzungen der Beschränkung über freie Morpheme dar.

(88)   a. nounours il a *reité* ne? (Ivar, 2;0,29, FK, Veh 1990:98)
        b. deddy *re*sucht (Ivar, 2 ;4,9, DK, Veh 1990:98)
        c. dies on peut *an*mis- mise / dies *an*mis (Ivar, 2 ;5,7, FK, Veh 1990 :98)
        d. aussi un est pour daniel ça moi pour da- ça c'est daniel*s* et puis moi (Annika, 3;7,2, FK, Veh 1990 :98)
        e. tutti si *ärger*no (Lukas, 3 ;1,30, IK, Cantone 2007 :176)
        f. quella c'ha una *krona* (Carlotta, 4;4,6, IK, Cantone 2007:181)
        g. e chi ce l'ha questo *topf*ino co- co- colla zuppa? (Carlotta, 3;7,13, IK, Cantone 2007:181)
        h. gela*ten* (Aurelio, 3;0,19, IK, Cantone 2007:181)
        i. e poi è fini*ert* (Aurelio, 4;0,28, IK, Cantone 2007:181)
        j. aber du muss breng*a* más (=bringen, Arturo, 2;10,23, SK, Arencibia Guerra 2008)

---

[1] Eine Konstituente ist eine Gruppe von Terminalsymbolen, die von einem Knoten ausschließlich dominiert wird (vgl. Müller und Riemer 1998:14).

k. sche*ra* (Arturo, 2;11,24, SK, Arencibia Guerra 2008)
l. una giraf*a* (Arturo, 3;2,10, DK, Arencibia Guerra 2008)
m. una kaputz*a* (Arturo, 4;1,5, DK, Arencibia Guerra 2008)
n. mh er *bross*t seine zähe auch (Zähne) (Amélie, 2;9,26, DK, bereitgestellt von Nadine Eichler)
o. sie *parl*en français (Amélie, 3;6,24, DK, bereitgestellt von Nadine Eichler)
p. hab ich ein bisschen ge*brûll*t an die *casserole* von *pommes de terre* (Amélie, 3;9,11, DK, bereitgestellt von Nadine Eichler)
q. ich muss *réfléch*ieren (Amélie, 4;5,12, DK, bereitgestellt von Nadine Eichler)
r. die *coup*t (Amélie, 2,8,15, DK, bereitgestellt von Nadine Eichler)
s. da kann ich *sort*ieren (Alexander, 2;7,6, DK, bereitgestellt von Nadine Eichler)
t. ein salzstange *tomb*iern (Alexander, 2;6,25, DK, bereitgestellt von Nadine Eichler)
u. der is für die *gratt*ieren (Alexander, 2;7,6, DK, bereitgestellt von Nadine Eichler)
v. äh *en bas est batterie* du kann an *pouss*cheren (=pousser, Alexander, 2;7,27, DK, bereitgestellt von Nadine Eichler)
w. aussi bateau*s* (Céline, 2;5,24, FK, bereitgestellt von Nadine Eichler)
x. spectacle*n* (Marie, 3;11,4, DK, bereitgestellt von Nadine Eichler)

In (88l) können wir sicher sein, dass es sich um die deutsche Wurzel handelt, da das Kind [giraf] spricht (span. jirafa). Wir wollen zunächst die Beispiele nach der Art der vorliegenden Morphologie ordnen. Die Beispiele (88a), (88e), (88i), (88j), (88n), (88o), (88p), (88q), (88r), (88s), (88t), (88u) und (88v) betreffen verbale Wurzeln und die Flexionsmorphologie. Die Beispiele (88b) und (88c) betreffen ebenfalls verbale Wurzeln, hier jedoch die Derivationsmorphologie. Auch nominale Wurzeln spielen eine Rolle, in (88d) wurde das Genitivsuffix (Flexionsmorphologie), in (88h), (88w) und (88x) ein Pluralsuffix in der jeweils anderen Sprache gebraucht. Ob die Diminutivflexion zum Bereich der Flexion oder zur Derivation zu zählen ist, wird in der Sprachwissenschaft diskutiert, weshalb wir für das Beispiel (88g) einfach festhalten können, dass die Diminutivmorphologie von Sprachmischungen betroffen ist. Die verbleibenden Beispiele (88f), (88k), (88l) und (88m) zeigen nominale Wurzeln, welche mit einer nominalen Endung aus der jeweils anderen Sprache gebraucht wurden. Für die romanischen Sprachen Italienisch und Spanisch wird diskutiert, ob es sich bei Endungen wie –*a* und –*o* um Flexionssuffixe handelt. Auffällig ist, dass die betroffenen Nomen im Deutschen mit dem Pseudosuffix –*e* gebildet würden. Für alle genannten Beispieltypen in (88) ist in der Literatur dafür argumentiert worden, dass es sich nicht um CS, sondern um Entlehnung handelt. Diese Möglichkeit führt die Überprüfung des *Free Morpheme Constraint* natürlich *ad absurdum*: Wenn die Mischungen von einer Wurzel und einem gebundenen Morphem immer auch als Entlehnung interpretiert werden können, ist das *Free Morpheme Constraint* nicht mehr falsifizierbar. Interessanterweise gibt es in den deutsch-italienischen Spracherwerbsdaten auch den umgekehrten Fall, nämlich dass das italienische Flexionsmorphem unterdrückt wird, wenn die Wurzel im deutschen Sprachkontext gebraucht wird. Derartige Beispiele bleiben in den Daten oft unbemerkt, weshalb man davon ausgehen kann, dass auch bei dem Sprachenpaar Spanisch-Deutsch derartige Fälle existieren.

(89) a. león (=leone, Marta, 2;6,10, DK, Cantone 2007:181)
 b. pappagall (=pappagallo, Marta, 2;6,10, DK, Cantone 2007:181)
 c. scimm (=scimmia, Marta, 2;6,10, DK, Cantone 2007:181)
 d. conchil (=conchiglia, Marta, 2;6,10, DK, Cantone 2007:181)
 e. volp (=volpe, Marta, 2;6,10, DK, Cantone 2007:181)
 f. cavall (=cavallo, Marta, 2;6,10, DK, Cantone 2007:181)
 g. farfall (=farfalla, Marta, 2;6,10, DK, Cantone 2007:181)
 h. ranocc (=ranocchio, Marta, 2;7,7, DK, Cantone 2007:181)

Im französischen Kontext werden deutsche Nomina gekürzt, so dass sie französischen Nomina ähneln.

(90) a. fait des *fratz* (=fratzen; Céline, 2;3,15, FK, Eichler 2011 :347)
 b. où le *kann'* ? (=kanne; Céline, 2;11,15, FK, Eichler 2011 :347)
 c. c'est *blum* (=blume ; Marie 2;0,26 FK, Eichler 2011 :347)
 d. c'est quoi ça *schublad* (Marie 3;2,28, FK, Eichler 2011 :347)

Diese Beispiele deuten in der Tat auf Entlehnung, da die Wörter morphologisch an die Nehmersprache angepasst sind. Im Deutschen sind konsonantische Auslaute in der Tat üblich, die vokalischen eher unüblich. Im rückläufigen Wörterbuch der deutschen Gegenwartssprache von Mater (1987[5]) machen auf –*a* auslautende Nomina nur ca. 530 aus (von etwa 138.000 Wörtern), auf –*o* auslautende Nomina ca. 360.

In den Spracherwerbsdaten existieren ferner Belege für das Mischen innerhalb von Komposita.

(91) a. *kartoffel*soupe (Ivar, 3;5,28, FK, Veh 1990:99)
 b. wart ich mach mir ein- ein *monsieur*hut (Ivar, 4;8,17, DK, Veh 1990:99)
 c. ein *oma*masque (Ivar, 4;11,14, FK, Veh 1990 :99)
 d. un *doudou*hase (Marie, 2 ;10,30, DK, von Nadine Eichler bereitgestellt)
 e. *mon* kleiderding *de ballet* (Amélie, DK, von Nadine Eichler bereitgestellt.)
 f. *motorrad* policía (Arturo, 3;6,7, SK, Arencibia Guerra 2008)
 g. *caramelo*suppe (Arturo, 3;3, DK, Arencibia Guerra 2008)
 h. die habn – die habn – die habn frucht*gust* (Carlotta, 4;3,23, DK, Cantone 2007:181)
 i. *himbeer*odore (Carlotta, 4;9,1, IK, Cantone 2007:181)

Bis auf das Beispiel (91h) betreffen die Mischungen im Kompositum niemals den Kopf, sondern das Determinans. Beispiel (91h) scheint hierzu eine Ausnahme darzustellen, weshalb wir uns den Kontext etwas genauer ansehen wollen, in dem das Kompositum geäußert wurde.

(92) (Carlotta gibt der ital. Interaktionspartnerin (E_{it}=Erwachsene) eine Packung Bonbons, die deutsche Interaktionspartnerin (E_{dt}) filmt)

E_{it}: allora danne una a natascha dai / vanne a offrire una a natascha / che sono aspre da morire / agre aspre
(deutsche Interaktionspartnerin schreit auf und lacht)
E_{dt}: nein!
E_{it}: dille che sapre hanno
Ca: die habn frucht – die habn – die habn fru- die habn – die habn – die habn fruchtgust
E_{dt}: fruchtgust?
Ca: nimm nimm! / probier mal den roten!

Wir dürfen also folgern, dass es sich eigentlich um die italienischsprachige Aufnahme handelt und das Beispiel demnach auch keine Ausnahme darstellt.

Beispiel (91f) müssen wir ebenfalls genauer betrachten. Hier könnte man vermuten, dass das Kind ein Polizeimotorrad meint. Aus der Interaktion geht aber hervor, dass die Motorradpolizei gemeint ist, d. h. der Kopf wurde wie bei allen anderen Komposita in der Kontextsprache (Spanisch) realisiert.

(93) Ar: und dann sind die (xx)
E_{span}: ¿ eso qué es ? / ¿ otro policía ?
Ar: motorrad policía
E_{span}: tienes muchos policías / ¿ cuántos policías tienes ? / buah / ¿ y ahora ? / ¿ qué hace el policía ?
Ar: se va en motorrad
E_{span}: ¿ se va en la moto ?

Die genannten Beispiele für Mischungen innerhalb von Komposita verletzen zwar nicht das *Free Morpheme Constraint*, da die Bestandteile des Kompositums auch allein in der jeweiligen Sprache vorkommen, sie zeigen aber sehr schön, dass bilinguale Kinder die Sprachen ganz offenbar auch innerhalb von Wörtern mischen.

7.2.4 Die Äquivalenzbeschränkung

Die Äquivalenzbeschränkung, engl. auch *Equivalence Constraint*, besagt nach Poplack (1980:586), dass CS dann grammatisch ist, wenn die Oberflächenabfolge der Sprachelemente in beiden involvierten Sprachen gleich ist: „Code-switches will tend to occur at points in discourse where juxtaposition of L1 and L2 elements does not violate a syntactic rule of either language, i.e., at points around which the surface structures of the two languages map onto each other. According to this simple constraint, a switch is inhibited from occurring within a constituent generated by a rule from one language which is not shared by the other." Der Äquivalenzbeschränkung zufolge sollte es zwar möglich sein, im Beispiel (93a) zwischen den Sprachen Spanisch und Englisch zu wechseln, nicht aber im Beispiel (93b), da die Wortstellung von Pronomina im Englischen und Spanischen unterschiedlich geregelt ist. Das Spanische weist, wie die anderen romanischen Sprachen, klitische (unbetonte) Objektpronomina auf; im Englischen fehlen solche klitischen Pronomina. Im Spanischen haben klitische Objektpronomina eigene Beschränkungen, die sich ganz besonders auf ihre Abfolge in Relation zum Verb beziehen. Im Englischen stehen Pronomina in der Regel an denjenigen Positionen, an denen auch DPn stehen, die nicht pronominal sind.

(94) a. The student bought the homework *para la profesora*
b. *I saw *lo*

Wir haben an mehreren Stellen in dieser Einführung Beispiele aus der Kindersprache genannt, welche die Äquivalenzbeschränkung verletzen. Unser Kapitel 10 wird sich mit dieser Beschränkung detailliert auseinandersetzen.

7.2.5 Die Rektionsbeschränkung

Die Rektionsbeschränkung, engl. auch *Government Constraint*, wurde von Di Sciullo, Muysken und Singh (1986:4) erarbeitet. Sie besagt, dass CS nicht grammatisch ist, wenn zwischen den gemischten Sprachausdrücken (also an der Grenze des Sprachenwechsels) eine Rektionsbeziehung besteht: „when a government relation holds between elements, there can be no mixing; when that relation is absent, mixing is possible." Die Autoren gehen wie schon Belazi, Rubin und Toribio und Joshi davon aus, dass es einen Sprachenindex gibt, der an Kategorien bzw. Projektionen zugewiesen wird. Sie vermuten, dass das höchste lexikalische Element in einer maximalen Projektion den Index q für diese Projektion determiniert; dieses Element wird als Lq-Träger bezeichnet. Genau besagt die Rektionsbeschränkung: „If X has a language index q and if it governs Y, Y must have the same language index q also" (Di Sciullo, Muysken und Singh 1986:5). Wie wird nun der Sprachenindex bestimmt? Hierzu führen die Autoren aus: „a. If Lq carrier has index q, then $Y^{max}{}_q$. b. In a maximal projection Y^{max}, the Lq carrier is the lexical element that asymmetrically c-commands the other lexical elements or terminal phrase nodes dominated by Y^{max}" (Di Sciullo, Muysken und Singh 1986:6). In der Struktur (94) ist X der Kopf von XP und Ymax (als maximale Projektion eines Kopfes Y, also YP) das Komplement von X. Der Kopf X (falls Regens) und der Kopf von YP müssen dasselbe Sprachenmerkmal tragen.

Syntaktische Beschränkungen des Code-Switching

(95)
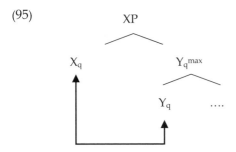

Wir wollen den Begriffen in der Beschränkung nachgehen, die wir bisher noch nicht kennengelernt haben, nämlich dem asymmetrischen c-Kommando. Bevor wir das tun, wollen wir auf die Begriffe der Rektion und des c-Kommandos eingehen.

In der traditionellen Grammatik sagt man auch, dass das Verb sein(e) Objekt(e) bzw. sein(e) Komplement(e) regiert. Anders gesagt: das Verb *helfen* regiert den Dativ, das Verb *sehen* den Akkusativ. Vgl. auch die Unterscheidung zwischen direkten und indirekten Objekten in den romanischen Sprachen: *demander/domandar*e erfordert ein indirektes Objekt (*à qn./a qu.*), *aider/aiutare* ein direktes (*qn./qu.*). In der generativen Grammatik ist Rektion eine Voraussetzung für die Kasuszuweisung bzw. -überprüfung. Die formale Definition hatten wir bereits in Kapitel 7.1.1 genannt, ohne jedoch auf die regierenden Elemente weiter eingegangen zu sein. Regierende Elemente sind Köpfe. Das Verb V *lire/leggere/leer* ist ein Regens. Alle Phrasen, die durch ein Element regiert werden, bilden die Rektionsdomaine dieses Elements. VP ist die Rektionsdomäne von V. Wie Verben gehören auch Präpositionen zu Sprachelementen, welche universal ihr Komplement regieren. Auch Präpositionen sind Kasuszuweiser. So regiert im Deutschen die Präposition *für* den Akkusativ, *mit* den Dativ, *wegen* den Genitiv. Auch die Zuweisung von thematischen Rollen ist über Rektion geregelt, die Theta-Rektion. Man spricht von Theta-Rektion, wenn z. B. das Verb ein Element regiert und diesem eine Theta-Rolle zuweist. Im Beispiel *Hans liest das Buch* theta-regiert *lesen* die Objekt-DP *das Buch*.

Wir haben bisher zwei strukturelle Konfigurationen kennengelernt:

Diese Konfigurationen sollen nun technisch beschrieben werden. Über das c-Kommando (vgl. in 7.1.1.) können wir Rektion in der Konfiguration (96a) beschreiben. Wir wollen die Definition für c-Kommando hier wiederholen:

> 📖 **c-Kommando:**
> α c-kommandiert β genau dann, wenn
> a)   weder α β noch β α dominiert und
> b)   der erste verzweigende Knoten, der α dominiert, auch β dominiert.

Demnach kann ein Regens α β regieren, wenn α β c-kommandiert und β α c-kommandiert. Diese Definition erfasst nicht die Konfiguration (96b), d. h. die Relation zwischen Spezifikator und Kopf. Hierfür brauchen wir das m-Kommando, welches wir auch in 7.1.1 kennengelernt haben. Wir wollen die Definition hier wiederholen:

> 📖 **m-Kommando:**
> α m-kommandiert β genau dann, wenn
> a)   weder α β noch β α dominiert und
> b)   jede maximale Projektion γ, die α dominiert, auch β dominiert.

Demnach kann ein Regens α β regieren, wenn α β m-kommandiert und es keine Barriere zwischen α und β gibt. Die Definition von Rektion über das m-Kommando erfasst beide Konfigurationen in (96).

Diejenige Kategorie, welche den Sprachenindex trägt, wird laut Di Sciullo, Muysken und Singh (1986) u. a. über den Begriff des asymmetrischen c-Kommandos bestimmt. Diesen wollen wir nun an der Struktur (97) illustrieren. In (97) c-kommandiert α die Knoten $β_1$, $β_2$ und $β_3$ (sowie sämtliche eventuell von $β_1$, $β_2$ und $β_3$ dominierte Knoten). Darüber hinaus c-kommandiert auch $β_1$ α, d. h. das Verhältnis zwischen α und $β_1$ lässt sich als symmetrisches c-Kommando charakterisieren. Dagegen c-kommandieren $β_2$ und $β_3$ den Knoten α *nicht*, da der erste verzweigende Knoten, der $β_2$ bzw. $β_3$ dominiert, α nicht dominiert. Zwischen α und $β_2$ bzw. $β_3$ herrscht also das Verhältnis des asymmetrischen c-Kommandos.

Vor der Überprüfung der Rektionsbeschränkung müssen demnach zwei Schritte vollzogen werden: Zunächst muss für einen Sprachausdruck bestimmt werden, ob dieser Sprachenindexträger ist. Wenn dies der Fall ist, muss geprüft werden, ob der Ausdruck ein Regens darstellen kann.

(97)
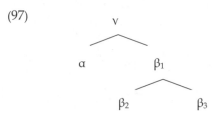

Ist dies ebenso der Fall, dann dürfen die maximalen Projektionen, welche der Sprachausdruck regiert, keinen anderen Sprachenindex tragen.

Wir wollen nun nach Di Sciullo, Muysken und Singh diejenigen Strukturen aufführen, bei denen laut Rektionsbeschränkung kein CS auftreten darf. Eine dieser Positionen ist die zwischen dem Verb und seinen Komplementen, wobei hier angemerkt werden muss, dass die Autoren davon ausgehen, dass das Akkusativobjekt als Schwester von V abgebildet wird. Wir haben in 7.1.2 eine andere Analyse kennengelernt. Außerdem darf kein Sprachenwechsel zwischen dem einen Nebensatz einleitenden Verb und der den Nebensatz einleitenden Konjunktion auftreten, da V den Nebensatz CP regiert.

(98)   *Vq NPp
       *Vq CPp

Mögliche Mischpunkte sind u. a. der zwischen dem Subjekt in der Spezifikatorposition der TP (Spec,TP) und dem Verbkomplement. Da die Autoren nur V, A, N und P zu den regierenden Kategorien zählen, ist auch ein Sprachenwechsel zwischen Determinante und Nomen erlaubt. Dies ist auch der Grund, weshalb der Wechsel zwischen C und dem Restsatz möglich ist. C gehört nicht zu den regierenden Kategorien.

(99)   NPq VPp (zwischen Subjekt und dem Verbkomplement)
       Vq Dq Np
       Pq Dq Np
       Vq Cq TPp

Beispiele aus dem Spracherwerb für die Möglichkeit des Sprachenwechsels zwischen Subjekt und dem Restsatz sind in (100) aufgeführt. Wenden wir die beiden Schritte an: Das Subjekt ist der strukturell höchste Sprachausdruck, der das Finitum, aber auch vP asymmetrisch c-kommandiert. Es zählt jedoch nicht zu den regierenden Elementen, weshalb ein Sprachenwechsel möglich ist.

(100) a. dede *dort* (=Teddy, Ivar, 2;2,7, DK, Veh 1990:108)
       b. des dort (Ivar, 2;2,7, DK, Veh 1990, Anhang S. 9)
       c. je *schenk* ça (Annika, 3;2,24, FK, Veh 1990:108)

Zwischen dem Komplementierer (C) und dem darauffolgende Satz (TP) darf ebenso ein Sprachenwechsel stattfinden. (101) enthält Beispiele für das Sprachenpaar Englisch-Spanisch. Der Sprachenträgerindex ist C, C ist jedoch kein Regens, weshalb der Sprachenwechsel grammatisch ist.

(101) a. The professor said that *el estudiante había recibido una A*
       b. El profesor dijo que *the student has received an A*
       c. *The professor said *que el estudiante había recibido una A*
       d. *El profesor dijo *that the student has received an A*

Die folgenden Beispiele sind Di Sciullo, Muysken und Singh (1986:14) entnommen.

(102) a. Basta che *marche*
       b. E l'altro dice come *s'appelle*?
       c. Dice quando *paye*, all right!

Wir wollen nun an den Beispielen in (103) aus Di Sciullo, Muysken und Singh (1986:13) demonstrieren, wie die Rektionsbeschränkung auf CS zwischen D und N anzuwenden ist.

(103) a. Ha portato un *cadeau*
b. Ha ricevuto il *diplôme*
c. Io posso fare i *chèques*

Di Sciullo, Muysken und Singh (1986:13) gehen davon aus, dass die Determinante im Spezifikator der NP (Spec,NP als Schwester von N') positioniert ist. D ist Sprachenindexträger, da es den strukturell höchsten Sprachausdruck innerhalb der NP darstellt und N asymmetrisch c-kommandiert. D gehört jedoch nicht zu den möglichen Regenten. Aus diesem Grund ist der Sprachenwechsel erlaubt, was die Beispiele in (103) verdeutlichen. Zwischen V und D darf wiederum kein Sprachenwechsel erfolgen. V ist Sprachenindexträger und c-kommandiert D asymmetrisch. V gehört zu den Regenten, weshalb V und D denselben Sprachenindex tragen müssen. Der folgende Sprachenwechsel wäre somit ungrammatisch: *Hat mitgebracht un cadeau*. Es existieren in den Spracherwerbsdaten, die wir in diesem Kapitel vorgestellt haben, viele Belege für den Sprachenwechsel zwischen dem Verb und seinen Komplementen. Aus Platzgründen wollen wir uns auf ein illustratives Beispiel beschränken:

(104) *je veux* milch (Annika, 3;7,2 DK, Veh 1990:109)

Die Rektionsbeschränkung ist abhängig von der zugrunde gelegten syntaktischen Struktur, aber auch davon, welche Elemente als Regens zählen. So ist beispielsweise T später in die Klasse der regierenden Kategorien aufgenommen worden. Dies hätte für den Sprachenwechsel zwischen Modalverb bzw. tempusbildendem Hilfsverb in T und vP zur Konsequenz, dass hier nicht die Sprachen gewechselt werden dürfen, also **je veux damit spielen*. Das Kapitel 8 wird zeigen, dass solche Sprachenwechsel in den Kinderdaten vorkommen.

7.3 Zusammenfassung

In diesem Kapitel haben wir einige CS-Beschränkungen kennengelernt, von denen keine Gültigkeit für Spracherwerbsdaten von bilingualen Kindern hat. Wir haben kategoriespezifische Beschränkungen vorgestellt und solche, die unabhängig von einem bestimmten Kategorietyp (z. B. funktionale Kategorie) formuliert wurden. Das Kapitel hat auch in das für die Beschränkungen notwendige syntaktische Wissen eingeführt.

Syntaktische Beschränkungen des Code-Switching

7.4 Aufgaben

1. Entscheiden Sie, ob der Sprachenwechsel auf der Basis der im Kapitel besprochenen Beschränkungen grammatisch wäre und begründen Sie Ihre Antwort. Schauen Sie die Sprachkombinationen der Kinder im Kapitel 2 nach. Hier finden Sie auch weitere Angaben, die nützlich sein könnten.

   a. *por* faire la pizza (Dominique, 4;9 FK)
   b. mama *è mío*, mh (Samuel, 3;6,1, SK)
   c. im zug/ im *mercat*/ zug und *mercat*/ mami *mercat* (Eric, 2;6,5, DK)
   d. *choque*/ ein$_{Deutsch}$ *choque*$_{Spanisch}$ *gran*$_{Katalanisch}$ (Eric, 2;6,5, DK)
   e. back*pupa* (Frank, 2;11,20, DK)
   f. *mama y yo he comido el chocolate, en el* mund amm! (Milena, 2;4, DK)
   g. ich- ich-, ich brauche *el chupete babu* dann ist- dann ist-, nicht- nicht-, ehm, nicht weinen (steckt Schnuller in Babus Mund, Milena, 2;4, DK)
   h. (ich bin) *lista* (Milena, 2;4, DK)
   i. *allora* mi puoi contare quello – quello che è successo ? (Diego, 4;3,8, IK)
   j. ho fatto un *pantalon de feuilles* (Veronica, 4;5, FK)
   k. así *mai* lo- lo hace (Juan, 2;7,22, SK)
   l. *a me* no llama (Samuel, 4;0,20, SK)
   m. no fa *an* (Franziska, 2;6,20, IK)
   n. hay *nicht viel* (Nina, 5;0,3, SK)
   o. un *puppenhaus* (Max, 4;4,24, SK)
   p. un poc *wasser* es (Alexander, 4;0,2, SK)
   q. *on a pas commencé encore le* filmino (Gabriella, 3;8,24, IK)
   r. ya esta *fini* (Rafael, 1;7,29, SK)
   s. *auch* vaca (Sebastian, 1;9, SK)

2. Lesen Sie die Artikel von Meisel (1994) und Paradis, Nicoladis und Genesee (2000) und erarbeiten Sie eine Entwicklungsperspektive auf die Beschränkungen für das CS.
3. Der Artikel von Paradis et al. zeigt für mit Englisch und Französisch aufwachsende Kinder in Montreal im Alter von 2;0 bis 3;6, dass nur sehr wenige Verletzungen von CS-Beschränkungen im Spracherwerb auftreten; die Verletzungen bewegen sich im Bereich von 0% bis 9,7%. Diskutieren Sie.

8 Code-Switching und funktionale Kategorien

Veronika Jansen

In diesem Kapitel soll es um kindliches intra-sententiales CS zwischen funktionalen Köpfen und ihren Komplementen gehen. Zwei funktionale Kategorien, die wir im vorigen Kapitel bereits kennengelernt haben, stehen im Vordergrund, nämlich T und C. Es soll auf die Wortstellung geachtet werden, welche die gemischten Äußerungen aufweisen. Ziel der Analyse ist es, zu ermitteln, welchen Regeln die Syntax im CS folgt und ob diese systematisch von bestimmten Kategorien determiniert wird.

Für den Zweck einer Wortstellungsanalyse müssen Bereiche fokussiert werden, in denen die untersuchten Sprachen unterschiedliche Wortstellungsmuster aufweisen, damit man sehen kann, welcher Sprache die Abfolge entspricht. Wir benötigen also Bereiche, in denen die romanische Wortstellung von der deutschen abweicht. Dieses Kapitel bezieht sich deshalb auf die folgenden zwei grammatischen Bereiche:

- o CS zwischen Modalverben bzw. tempusbildenden Hilfsverben (MOD/AUX) und lexikalischen Verben, die über ein Komplement verfügen
- o CS zwischen nebensatzeinleitenden Konjunktionen (C) und dem finiten Verb

Im nun folgenden Abschnitt sollen einige grundlegende Informationen zu diesen untersuchten grammatischen Bereichen vermittelt werden. Nach der Charakterisierung in den Einzelsprachen wird dann das Auftreten der Strukturen in gemischtsprachlichen Äußerungen fokussiert. Hierzu werden einige ausgewählte CS-Beschränkungen aus Kapitel 7 aufgegriffen, die Aussagen über das Auftreten von Sprachmischungen mit den genannten Strukturen machen oder bestimmte syntaktische Implikationen für sie haben. Diese Vorhersagen über die Grammatikalität und Syntax der betroffenen gemischtsprachlichen Äußerungen werden schließlich im Kap. 8.3 anhand der Datenanalyse empirisch überprüft und bewertet.

8.1 MOD/AUX und C im Deutschen, Französischen, Italienischen und Spanischen

Im Folgenden werden zunächst die oben beschriebenen grammatischen Strukturen in einsprachigen (d. h. nicht-gemischten) Äußerungen näher beleuchtet. Hierbei wird vor allem auf ihre syntaktischen Eigenschaften sowie auf den Spracherwerb dieser Strukturen in den vier fokussierten Sprachsystemen eingegangen.

8.1.1 Die Syntax von MOD/AUX und C

Beide hier fokussierten funktionalen Kategorien, T (mit MOD/AUX als Repräsentanten) und C (mit Konjunktionen als Repräsentanten), wurden in Kapitel 7 als funktionale Kategorien vorgestellt. Im Folgenden werden diese Strukturen näher erläutert und für das Deutsche und die untersuchten romanischen Sprachen vorgestellt.

Wir haben bereits gezeigt, dass AUX im Strukturbaum unter der Kategorie T angesiedelt wird. Es ist das finite Verb, an dem Tempus- und Subjekt-Verb-Kongruenz ausgedrückt wird. In den Beispielen in (1) wollen wir die Wortstellung dieser Strukturen (**MOD/AUX**+Komplement) vergleichend für die fokussierten Sprachen darstellen.

(1) a. Die Studenten **wollen** [ein Buch *lesen*]
 b. Les étudiants **veulent** [*lire* un livre]
 c. Gli studenti **vogliono** [*leggere* un libro]
 d. Los estudiantes **quieren** [*leer* un libro]

In diesen Beispielen werden die Verben in T (in diesem Fall Modalverben) durch Fettdruck, die lexikalischen Verben durch Kursivität hervorgehoben. Als finite Verben tragen die Modalverben Merkmale für Tempus (Präsens) und Person (3. Pers. Pl.). Im Gegensatz dazu stehen die lexikalischen Verben im Infinitiv und zeigen keine Tempus- oder Personenmerkmale. In allen Fällen steht das Modalverb vor der Verbalphrase (vP bzw. VP), die aus V und seinem Objekt-Komplement besteht. Innerhalb dieser Phrase, die durch eckige Klammern gekennzeichnet ist, finden wir verschiedene Abfolgen des lexikalischen Verbs (V) und seines Objekt-Komplementes (O). In (1a) geht das Objekt dem Verb voraus, wohingegen es in (1b-d) dem Verb folgt. Man sagt demnach, dass das Deutsche OV geordnet ist, während die romanischen Sprachen eine VO-Ordnung aufweisen. Wenn wir CS in solchen Sätzen vorfinden, kann man die Wortstellung dieser gemischtsprachlichen Äußerungen untersuchen und anhand der Abfolge von O und V feststellen, welcher Sprache die Wortstellung entspricht.

Das Gleiche ist der Fall für die tempusbildenden Hilfsverben (AUX), die wie die Modalverben finit sind und den Verbalphrasen vorangehen. Dies wird in den folgenden Beispielen verdeutlicht.

(2) a. Die Studenten **haben** [ein Buch *gelesen*]
 b. Les étudiants **ont** [*lu* un livre]
 c. Gli studenti **hanno** [*letto* un libro]
 d. Los estudiantes **han** [*leído* un libro]

Auch hier sind die lexikalischen Verben in einer infiniten Form vorhanden, nämlich als Partizip Perfekt (kursiv). Es zeigt sich der gleiche systematische Unterschied wie bei den Modalverben: Im Deutschen steht das lexikalische Verb (in Form eines Partizip Perfekts) in finaler Position, nicht aber in den romanischen Sprachen.

Da die in diesem Buch diskutierten Studien kindliche Spracherwerbsdaten widerspiegeln, müssen auch Besonderheiten der kindlichen Sprache berücksichtigt werden. Kinder produzieren komplexe sprachliche Strukturen nicht von Beginn an, sondern erwerben sie erst. Für den hier fokussierten Bereich ist die Konsequenz daraus, dass sie Äußerungen produzieren, in denen sie zwar eine *v*P bzw. VP realisieren, die funktionale Kategorie T jedoch auslassen. Dies wird in (3) veranschaulicht.

(3)   a. ein Buch *lesen* / ein Buch *gelesen*
         b. *lire* un livre / *lu* un livre
         c. *leggere* un libro / *letto* un libro
         d. *leer* un libro / *leído* un libro

Die Beispiele verdeutlichen, dass es dennoch möglich ist, in solchen Äußerungen, in denen nur ein infinites Verb und sein Komplement auftreten, die Abfolge als deutsch (OV) oder romanisch (VO) geordnet zu bestimmen. Äußerungen dieser Art werden demnach in Kap. 8.3 ebenfalls in die Analyse miteinbezogen. Für den Verlauf des weiteren Kapitels muss also berücksichtigt werden, dass Sprachmischungen zwischen MOD/AUX und *v*P bzw. VP auch solche Daten einschließen, in denen MOD/AUX nicht realisiert wird. Generell kann durch lineare Unterschiede der untersuchten Sprachen in diesem Bereich also identifiziert werden, welcher Sprache die Syntax der gemischten Äußerung entspricht. Dieser zentralen Frage wird im Laufe dieses Kapitels nachgegangen.

Es soll nun kurz verdeutlicht werden, warum nur solche Mischungen betrachtet werden, und nicht alle Mischungen zwischen V und seinem Objektkomplement, also auch mit finiten lexikalischen Verben. Dafür schauen wir uns die folgenden Beispielsätze für die untersuchten Sprachen an.

(4)   a. Die Studenten [*lesen* ein Buch]
         b. Les étudiants [*lisent* un livre]
         c. Gli studenti [*leggono* un libro]
         d. Los estudiantes [*leen* un libro]

In den Beispielen in (4) sind die lexikalischen Verben erneut in kursiv dargestellt. Sprachmischungen zwischen dem Verb und dem Objekt in diesen weniger komplexen Strukturen sind für unsere Analyse uninteressant, obwohl die untersuchten bilingualen Kinder eine Reihe von Mischungen dieser Art produzieren. Grund dafür ist, dass wir keine Aussage über die Wortstellung treffen können, da alle vier Sprachen sich im Hinblick auf den Satzbau gleich verhalten: Alle Sätze zeigen oberflächlich betrachtet eine VO-Abfolge, sodass man nicht feststellen kann, ob gemischte Sätze dieser Art eine deutsche oder eine romanische Syntax aufweisen. Solche gemischtsprachlichen Äußerungen werden deshalb nicht in die Untersuchung einbezogen.

Neben Mischungen der oben skizzierten Art, also CS-Äußerungen zwischen den funktionalen Köpfen MOD/AUX und ihren Komplementen, soll ein weiterer Bereich untersucht werden, nämlich der der subordinierenden Konjunktion.

In Kapitel 7 haben wir gezeigt, dass die funktionale Kategorie C, in der u. a. diese Konjunktionen angesiedelt sind, als eigene funktionale Schicht oberhalb von TP angesiedelt wird. Bei Sätzen, die durch eine subordinierende Konjunktion eingeleitet werden, finden wir – wie bei den Sätzen mit MOD/AUX – einen systematischen Unterschied zwischen den romanischen Sprachen und dem Deutschen im Hinblick auf die Syntax. Vergleichen wir die folgenden Beispielsätze.

(5)   a. Ich sehe, **dass** die Studenten ein Buch *lesen*
        b. Je vois **que** les étudiants *lisent* un livre
        c. (Io) vedo **che** gli studenti *leggono* un libro
        d. (Yo) veo **que** los estudiantes *leen* un libro

In (5a) steht das finite Verb am Ende des Satzes (in satzfinaler Position). Dies spiegelt die Verb-End-Stellung (V_{End}) wider, die wir in deutschen Nebensätzen finden. Ein Nebensatz ohne diese V_{End}-Stellung wäre im Deutschen nicht grammatisch: **Ich sehe, dass die Studenten lesen ein Buch*. Für die romanischen Sprachen finden wir eine andere Wortstellung, nämlich SVO. Dies ist die Abfolge, die wir auch in romanischen Hauptsätzen üblicherweise finden. Das bedeutet, es liegt im Bereich der Nebensätze ein Unterschied zwischen dem Deutschen und den romanischen Sprachen im Hinblick auf die Wortstellung vor: In deutschen Nebensätzen erscheint das (finite) Verb satzfinal, wohingegen es in romanischen Nebensätzen, wie in Hauptsätzen, der SVO-Abfolge folgt. Auch hier kann man also in gemischtsprachlichen Äußerungen erkennen, mit welcher Sprache die Syntax übereinstimmt. Diese Möglichkeit der strukturellen Unterscheidung ist uns bei Hauptsätzen nicht gegeben, da hier alle fokussierten Sprachen in der Regel SVO als Wortstellung aufweisen (vgl. hierzu die Beispiele in (6)).

(6)   a. **Und/aber** die Studenten *lesen* ein Buch
        b. **Et/mais** les étudiants *lisent* un livre
        c. **E/ma** gli studenti *leggono* un libro
        d. **Y/pero** los estudiantes *leen* un libro

Die hauptsatzeinleitenden Konjunktionen (man bezeichnet sie auch als koordinierend) sind in (6) durch Fettdruck hervorgehoben, die finiten Verben kursiv gesetzt. In allen vier Sprachen findet man die gleiche lineare Abfolge (SVO).

Im Folgenden werden wir CS zwischen Modalverben bzw. tempusbildenden Hilfsverben und ihren Komplementen einerseits und Sprachmischungen zwischen nebensatzeinleitenden Konjunktionen und dem Satz andererseits im Hinblick auf die Syntax analysieren. Dafür schauen wir uns an, was über Sprachmischungen dieser Art in der Literatur gesagt wird und wie diese in Bezug zu den formulierten CS-Beschränkungen, die wir im Kapitel 7 bereits kennengelernt haben, gesetzt werden können. Genauer gesagt möchten wir zusammenfassen, was mit Hilfe der Beschränkungen über das Auftreten der hier charakterisierten Sprachmischungen vorhergesagt wird, um diese Vorhersagen später mit unseren Spracherwerbsdaten zu überprüfen.

Vorher befassen wir uns jedoch mit den untersuchten Strukturen und ihrem Spracherwerb bei bilingualen aber auch bei monolingualen Kindern.

8.1.2 Der Erwerb von MOD/AUX und C

In der Literatur wurde der Erwerb der hier fokussierten grammatischen Bereiche untersucht. Hierbei konnte gezeigt werden, dass der kindliche Erstspracherwerb von OV/VO-Abfolgen recht unproblematisch verläuft, was für den Nebensatzerwerb nur eingeschränkt bestätigt werden kann.

Clahsen (1982) und Poeppel und Wexler (1993) zeigen, dass monolingual deutsche Kinder beim Erwerb der OV/VO-Stellung kaum Schwierigkeiten haben. Ähnliche Resultate werden auch für das Französische (z. B. Clark 1986) und für das Italienische (vgl. Clark 1986; Guasti 2002) aufgezeigt. Diese Beobachtung gilt aber nicht nur für einsprachige, sondern auch für zweisprachige Kinder. Der unproblematische Erwerb der OV/VO-Domäne wird für deutsch-französische Kinder von Köppe (1997), Möhring (2005), J. Müller (2009) und Schmeißer und Jansen (2015) und für das Deutsch-Italienische von Repetto (2009) belegt. J. Müller (2009) und Repetto (2009) beziehen sich hierbei sogar konkret auf einige der Kinder, die in der vorliegenden Studie analysiert werden. Mit einer Fehlerrate von unter 5% (vgl. 5.2 Fußnote 6) in Bezug auf die OV/VO-Stellung (vgl. J. Müller 2009) zeigt sich deutlich, dass der fokussierte grammatische Bereich von monolingualen und bilingualen Kindern recht schnell und fast fehlerfrei erworben wird und kein Problem im Erstspracherwerb darstellt. Somit kann eine Erklärung der Daten auf der Basis von Erwerbsproblemen der OV/VO-Stellung ausgeschlossen werden und die auftretenden Sprachmischungen können als zielsprachliche Äußerungen bilingualer Sprecher aufgefasst werden.

Für den Bereich der Wortstellung im subordinierten Nebensatz kann nicht einheitlich gesagt werden, dass keine Erwerbsprobleme vorliegen. Einerseits zeigen Müller und Patuto (2009) und Schmeißer und Jansen (2015) für einige der hier untersuchten bilingualen Kinder, dass der Erwerb der Stellung finiter Verben in italienischen bzw. französischen und deutschen subordinierten Sätzen unproblematisch ist. Ähnliche Schlussfolgerungen ziehen auch Clahsen und Smolka (1985) und Rothweiler (1993) aus ihren Studien über den Erwerb deutscher Nebensätze. Andererseits gibt es auch Studien, die zeigen, dass Kinder beim Erwerb von Nebensätzen nicht von Anfang an zielsprachliche Äußerungen produzieren (für das Deutsche vgl. z. B. Gawlitzek-Maiwald, Tracy und Fritzenschaft 1992). Es scheint also Kinder zu geben, die Erwerbsprobleme aufweisen, und solche, die das nicht tun (vgl. Schmeißer und Jansen 2015). Insgesamt lässt sich aber feststellen, dass die Mehrheit derjenigen Kinder, die Sprachmischungen des hier relevanten Typs äußern, keine Erwerbsprobleme im Bereich der Nebensätze zeigen (vgl. Müller und Patuto 2009).

Aufgrund dieser Beobachtungen wird im Verlauf des Kapitels eine Analyse der Sprachmischungen basierend auf mangelnder Sprachkompetenz der sich entwickelnden kindlichen Sprachsysteme ausgeschlossen. Vielmehr darf davon ausgegangen werden, dass die untersuchten bilingualen Kinder die grammatischen Bereiche, die hier von Interesse sind, erworben haben und die gemischten

Äußerungen somit zielsprachliches CS seitens kompetenter (kindlicher) Muttersprachler darstellen.

8.2 CS-Beschränkungen und die funktionalen Kategorien T (MOD/AUX) und C

In diesem Kapitel sollen einige zentrale Annahmen in Bezug auf Sprachmischungen, die die oben dargestellten funktionalen Kategorien involvieren, präsentiert werden. Zunächst wird darauf eingegangen, welche allgemeinen Beschränkungen zum CS hierbei Anwendung finden. Gleichermaßen wird die Frage diskutiert, ob Sprachmischungen der hier fokussierten Art überhaupt grammatisch sind und von bilingualen Sprechern produziert werden oder nicht. Der zweite Abschnitt soll dann die Wortstellungsmuster innerhalb dieser gemischtsprachigen Äußerungen näher beleuchten. Auch hierzu werden diverse Ansätze vorgestellt, die verschiedene Vorhersagen über die Syntax im CS machen. Die hier zusammengefassten syntaktischen Vorhersagen können dann später in Kap. 8.3 mit den empirischen Daten abgeglichen und somit verifiziert oder falsifiziert werden.

8.2.1 Grammatikalität der Sprachmischungen mit T (MOD/AUX) und C

Es besteht in der Literatur Einigkeit darüber, dass funktionalen Elementen generell eine besondere Bedeutung für die Syntax einer Äußerung zukommt (vgl. z. B. Chomsky 1986, Parodi 1998). So finden funktionale Kategorien auch im Bereich des CS große Aufmerksamkeit. Neben eigens für funktionale Kategorien entwickelten Ansätzen wie dem *Functional Head Constraint* (Belazi, Rubin und Toribio 1994) und dem *Constraint on Closed-Class Items* (Joshi 1985) machen auch allgemeinere CS-Beschränkungen Aussagen über die hier untersuchten Mischungen, wie z. B. das *Equivalence Constraint* (Poplack 1980) und das *Government Constraint* (Di Sciullo, Muysken und Singh 1986). Im Folgenden sollen diese Beschränkung noch einmal zusammengefasst und auf die oben dargestellten Arten von CS bezogen werden.

Die Beschränkung über funktionale Kategorien besagt, dass zwischen einem funktionalen Kopf und seinem Komplement kein CS auftreten darf (vgl. Kap. 7.2.1). Die hier fokussierten Kategorien, nämlich Modalverben und tempusbildende Hilfsverben sowie subordinierende Konjunktionen, zählen hierbei zu diesen funktionalen Köpfen. Als solche f-selektieren sie ihre Komplemente, vP im Falle von T, TP im Falle von C. Da Belazi, Rubin und Toribio (1994) davon ausgehen, dass lexikalische und funktionale Kategorien u. a. ein Sprachenmerkmal tragen, muss auch dieses bei einem funktionalen Kopf und seinem Komplement übereinstimmen. Das bedeutet, dass nach der formulierten Beschränkung der Autoren überhaupt keine Sprachmischungen zwischen MOD/AUX und ihren Komplementen einerseits und zwischen subordinierenden Konjunktionen und ihren Komplementen andererseits auftreten dürften. Wir können also zusammenfassend feststellen, dass die Beschränkung über funktionale Kategorien gemischtsprachliche Äußerungen der Art, wie sie hier analysiert werden sollen, generell verbietet.

Auch dem *Equivalence Constraint* (Poplack 1980; vgl. Kapitel 7.2.4) zufolge sollten die hier analysierten Sprachmischungen nicht auftreten. Die Autorin geht davon aus, dass CS dort auftritt, wo die Oberflächenstrukturen beider involvierter Sprachen übereinstimmen. In den für die vorliegende Arbeit ausgewählten Bereichen weichen aber beide Sprachen syntaktisch voneinander ab, was sich in Form von verschiedenen Oberflächenstrukturen äußert. Im Deutschen finden wir innerhalb der *v*P bzw. VP nach einem Modalverb oder tempusbildenden Hilfsverb eine OV-Abfolge, in den romanischen Sprachen hingegen VO. Da die (Oberflächen-)Strukturen hier also nicht übereinstimmen, sollten nach der Äquivalenzbeschränkung keine derartigen Sprachmischungen auftreten. Auch Mischungen in subordinierten Nebensätzen sind aufgrund der unterschiedlichen Positionen des finiten Verbs (V-finale Abfolge in deutschen, SVO-Abfolge in romanischen Nebensätzen) als ungrammatisch zu beurteilen. Beide Typen von Sprachmischungen, die wir hier untersuchen wollen, sollten also nach der Äquivalenzbeschränkung bei bilingualen Sprechern nicht vorkommen.

Nach Joshi (1985) gibt es eine Beschränkung, der zufolge Elemente geschlossener Klassen nicht gemischt werden dürfen (*Constraint on Closed-Class Items*, vgl. auch Kap. 7.2.2). Weiterhin unterscheidet der Autor zwischen einer Matrixsprache (*matrix language*, L_m) und einer eingebetteten Sprache (*embedded language*, L_e) und formuliert die folgende Asymmetriebeschränkung: Während der Wechsel von der Matrixsprache in die eingebettete Sprache erfolgen darf, ist dies umgekehrt nicht zulässig. Wir wollen uns nun die Konsequenzen ansehen, die sich für die hier dargestellte Analyse daraus ergeben. Die hier untersuchten funktionalen Kategorien (MOD/AUX, C) gehören zu den Elementen der geschlossenen Klassen, sodass die Beschränkung über Elemente der geschlossenen Klasse genaue Vorhersagen für die hier fokussierten Sprachmischungen macht. Als Erstes schauen wir uns CS-Äußerungen mit MOD/AUX an, genauer gesagt Sätze, bei denen eine Sprachmischung zwischen dem Modalverb bzw. tempusbildenden Hilfsverb und dem lexikalischen Verb auftritt. Zunächst einmal wollen wir davon ausgehen, dass das Deutsche die Matrixsprache darstellt. Die verschiedenen möglichen Kombinationen von Sprachmischungen werden in (7)[1] aufgeführt und im Hinblick auf ihre Grammatikalität (nach Joshis Ansatz) beurteilt. Wie sich in den folgenden Beispielen zeigen wird, kann bei Sprachmischungen zwischen MOD/AUX und V das Objekt entweder die Sprache des funktionalen oder des lexikalischen Verbs haben.

(7) a. Die Studenten wollen ein Buch {*lire/leggere/leer*}
 b. *Die Studenten wollen {*lire/leggere/leer*} ein Buch
 c. Die Studenten wollen {*lire un livre/leggere un libro/leer un libro*}
 d. Die Studenten wollen {*un livre/un libro/un libro*} {*lire/leggere/leer*}

---

[1] Der Einfachheit halber werden hier nur Äußerungen mit Modalverben dargestellt, für Sprachmischungen mit tempusbildenden Hilfsverben würden aber die gleichen Vorhersagen gelten.

e. *Die Studenten {veulent/vogliono/quieren} lesen ein Buch
f. *Die Studenten {veulent/vogliono/quieren} ein Buch lesen
g. *Die Studenten {veulent/vogliono/quieren} lesen {un livre/un libro/un libro}
h. *Die Studenten {veulent/vogliono/quieren} {un livre/un libro/un libro} lesen

In (7a) wird nur das lexikalische Verb von L_m (Deutsch) nach L_e (Französisch/Italienisch/Spanisch) gemischt. Da es sich bei diesem Verb um ein Element der offenen Klasse handelt, stellt die Mischung kein Problem dar und die Äußerung ist grammatisch. Im Gegensatz dazu ist (7b) als ungrammatisch zu bewerten. Aufgrund der romanischen Wortstellung (VO) ist die Äußerung nach Joshi (1985) so zu analysieren, dass erst die komplette VP bzw. vP aus L_m nach L_e gemischt wurde, die NP *ein Buch* dann jedoch wieder nach L_m gewechselt wurde. Aus der Beschränkung, dass nur von der Matrixsprache in die eingebettete Sprache gemischt werden darf, aber nicht andersherum, ergibt sich demnach durch den Wechsel der NP von L_e nach L_m die Ungrammatikalität der Äußerung. In (7c) ist die komplette vP bzw. VP nach L_e gemischt worden, was unproblematisch ist. In (7d) hingegen ist nicht die gesamte VP als Einheit gemischt worden, sondern die DP und das lexikalische Verb einzeln. Dies wird aufgrund der Wortstellung sichtbar: Da die deutsche Syntax (OV) erhalten bleibt, geht Joshi für solche Fälle davon aus, dass die Elemente einzeln gemischt wurden. Auch das stellt aber kein Problem dar, da die gesamte DP gemischt werden darf und auch das Mischen des lexikalischen Verbs von L_m nach L_e erlaubt ist. In den Sätzen in (7e-h) finden wir die Fälle, in denen das Modalverb gemischt wurde. All diese Beispiele sind als ungrammatisch zu bewerten, da das Mischen des Modalverbs, das einen Vertreter der geschlossenen Klasse darstellt, nur möglich ist, wenn die gesamte Phrase gemischt wird. Da in (7e-f) das Modalverb das einzige Element aus L_e ist, kann dies nicht der Fall sein. In (7g-h) könnte man davon ausgehen, dass die gesamte Phrase, d. h. die TP, nach L_e gemischt worden ist. Da man aber innerhalb dieser Phrase Elemente der L_m findet, nämlich jeweils das lexikalische Verb, würde man hier annehmen müssen, dass dieses wieder nach L_m zurückgewechselt worden ist. Dieser Rückwechsel von L_e nach L_m würde aber gegen Joshis Asymmetriebeschränkung verstoßen und führt in jedem Fall dazu, dass die Beispiele als ungrammatische Sprachmischungen analysiert werden müssen. Zusammenfassend können also im Rahmen von Joshis Modell folgende Vorhersagen für Sprachmischungen der hier fokussierten Art gemacht werden:

1. Die Sprache von MOD/AUX muss immer der Matrixsprache entsprechen.
2. Das lexikalische Verb darf von der Matrixsprache in die eingebettete Sprache gemischt werden, und zwar unter den folgenden Bedingungen:
   a. Alle Elemente innerhalb der VP bzw. vP gehören der eingebetteten Sprache an
   oder
   b. Das lexikalische Verb aus L_e und sein Komplement aus L_m entsprechen der Grammatik der Matrixsprache (G_m).

Code-Switching und funktionale Kategorien

Diese Verallgemeinerungen lassen sich auch auf die Annahme der romanischen Sprache als Matrixsprache übertragen. In diesem Fall müsste in gemischtsprachlichen Äußerungen MOD/AUX immer romanischsprachig sein. In dem Fall, dass das lexikalische Verb aus dem Romanischen ins Deutsche gemischt wird, müsste entweder die komplette VP bzw. *v*P (das heißt alle Elemente innerhalb der VP bzw. *v*P) deutsch sein, oder, wenn das Objekt aus der romanischen Sprache stammt, müsste die romanische Abfolge (VO) vorliegen.

Nachdem diese Vorhersagen für den Bereich von Sprachmischungen mit MOD/AUX festgehalten werden konnten, soll nun im folgenden Abschnitt CS mit subordinierenden Konjunktionen im Rahmen von Joshis (1985) Ansatz diskutiert werden. Wir gehen zunächst wieder davon aus, dass das Deutsche die Matrixsprache darstellt. Da auch subordinierende Konjunktionen (C) zu den Elementen geschlossener Klassen gehören, führt das Mischen von C zu ungrammatischen Äußerungen, unabhängig davon, welche Sprache als Matrixsprache identifiziert wird (vgl. (8e-g)). Hinzu kommt, dass die CP, wenn sie vorhanden ist, die höchste Ebene einer Äußerung darstellt und Joshis Ansatz das Mischen dieser höchsten Ebene explizit verbietet. Wenn jedoch C der Matrixsprache entspricht, die folgenden Elemente aber in die eingebettete Sprache gemischt werden, sind Mischungen zwischen C und dem Satz bzw. dem finiten Verb auf diese Weise durchaus möglich. Im Folgenden werden verschiedene Möglichkeiten von Sprachmischungen zwischen C und dem finiten Verb dargestellt.

(8)   a. Ich sehe, dass die Studenten ein Buch {*lisent/leggono/leen*}
      b. *Ich sehe, dass die Studenten {*lisent/leggono/leen*} ein Buch
      c. Ich sehe, dass die Studenten {*lisent un livre/leggono un libro/leen un libro*}
      d. Ich sehe, dass die Studenten {*un livre lisent/un libro leggono/un libro leen*}
      e. *Ich sehe, {*que/che/que*} die Studenten lesen ein Buch
      f. *Ich sehe, {*que/che/que*} die Studenten ein Buch lesen
      g. *Ich sehe, {*que/che/que*} die Studenten {*un livre/un libro/un libro*} lesen
      h. *Ich sehe, {*que/che/que*} die Studenten lesen {*un livre/un libro/un libro*}

Eine Äußerung wie in (8a) ist grammatisch, da lediglich das lexikalische Verb als Element der offenen Klasse gemischt wurde. In (8b) hingegen muss aufgrund der romanischen Nebensatz-Wortstellung (SVO) davon ausgegangen werden, dass zunächst die gesamte Phrase von der L_m in die L_e und anschließend die NP *ein Buch* zurück in die Matrixsprache gemischt wurde. Dieser Wechsel von L_e nach L_m verletzt die Asymmetriebeschränkung und führt zur Ungrammatikalität. Die beiden möglichen CS-Äußerungen in (8c-d) sind als grammatisch einzustufen: Im ersten Fall wird die gesamte VP bzw. *v*P nach L_e gemischt, im zweiten Fall werden die Elemente einzeln (d. h. V und NP) gemischt; beides ist unproblematisch. Für den Bereich der Sprachmischungen zwischen C und dem finiten Verb können also folgende Schlussfolgerungen gezogen werden:

1. Die Sprache von C muss immer der Matrixsprache entsprechen.
2. Das finite Verb darf von der Matrixsprache in die eingebettete Sprache gemischt werden, und zwar unter den folgenden Bedingungen:
    a. Alle Elemente innerhalb der TP gehören der eingebetteten Sprache an oder
    b. Die Stellung des finiten Verbs aus L_e und seines Komplementes aus L_m entspricht der Grammatik der Matrixsprache (G_m).

Von den Autoren Di Sciullo, Muysken und Singh (1986) wurde die Rektionsbeschränkung (*Government Constraint*) formuliert (vgl. Kap. 7.2.5). Diese Beschränkung besagt, dass kein Sprachenwechsel zwischen einem regierenden Element und seinem Komplement erlaubt ist: Die Autoren gehen ebenfalls davon aus, dass es einen Sprachenindex gibt, welcher bei einem Kopf und dem von ihm regierten Komplement (genauer: dem Kopf der regierten Komplement-Phrase) übereinstimmen muss. Demnach kommen die Autoren zu der Schlussfolgerung, dass die hier fokussierten Sprachmischungen, d. h. CS zwischen Komplementierern sowie Modalverben bzw. tempusbildenden Hilfsverben und ihren jeweiligen Komplementen, grammatisch sind (vgl. Kap. 7.2.5), weshalb sie in den Sprachdaten auftreten sollten.

Die hier vorgestellten CS-Beschränkungen und ihre Vorhersagen für das Sprachenmischen zwischen MOD/AUX und ihren Komplementen sowie zwischen C und seinem Komplement werden in der folgenden Tabelle 8.1 zusammengefasst.

	CS zwischen MOD/AUX und VP bzw. *v*P	CS zwischen C und TP
Functional Head Constraint	ungrammatisch	ungrammatisch
Equivalence Constraint	ungrammatisch	ungrammatisch
Constraint on Closed-Class Items	grammatisch unter bestimmten Bedingungen	grammatisch unter bestimmten Bedingungen
Government Constraint	grammatisch	grammatisch

Tabelle 8.1:
CS zwischen MOD/AUX (in T) und VP bzw. *v*P sowie zwischen C und TP

Es wird deutlich, dass einzig die Rektionsbeschränkung den Sprachenwechsel zwischen den hier fokussierten funktionalen Kategorien uneingeschränkt zulässt. Und während das *Constraint on Closed-Class Items* den Sprachenwechsel dieser Art zumindest unter bestimmten (strukturellen) Bedingungen zulässt, sprechen sowohl das *Functional Head Constraint* als auch das *Equivalence Constraint* eindeutig gegen das Auftreten von Sprachmischungen zwischen MOD/AUX und ihren Komplementen einerseits und C und TP andererseits. Es kann festgehalten werden, dass CS-Äußerungen dieser Art sehr wohl von bilingualen Sprechern pro-

Code-Switching und funktionale Kategorien

duziert werden. Bei einer genaueren Analyse stellt sich dann insbesondere die Frage, wodurch die Wortstellung einer gemischt-sprachlichen Äußerung in solchen Fällen bestimmt wird, in der die Syntax in den beiden Sprachen unterschiedlich ist. Diverse Ansätze wurden hierzu in der Literatur formuliert, von denen nun im nächsten Kapitel einige zentrale näher beschrieben und auf die hier betrachteten grammatischen Bereiche bezogen werden sollen.

8.2.2 Wortstellung in Sprachmischungen mit T (MOD/AUX) und C

Anhand der in der Literatur berichteten Tatsache, dass CS zwischen funktionalen Köpfen und ihren Komplementen sehr wohl auftritt, stellt sich also nun die Frage, welchen syntaktischen Regularitäten intra-sententiales CS in diesen Fällen folgt. Der Bereich der Wortstellung stellt in der Tat eines der am stärksten diskutierten Phänomene in der Untersuchung von CS aus grammatischer Perspektive dar. In der Diskussion um die Frage, wodurch die Syntax in gemischtsprachlichen Äußerungen bestimmt wird, werden verschiedene Positionen vertreten. Bei den hier untersuchten Strukturen geht es dabei wie oben beschrieben um die Kategorien MOD/AUX (in T), V, T (finites Verb) und C (nebensatzeinleitende Konjunktion) und um ihre Rolle für die Wortstellung in gemischten Äußerungen. Von zentraler Bedeutung ist hierbei besonders die Rolle, die die funktionalen Kategorien MOD/AUX und C für die syntaktische Struktur gemischter Äußerungen möglicherweise spielen. Im Folgenden werden verschiedene Ansätze aus der Literatur dargestellt, in denen versucht wird, die Syntax gemischtsprachlicher Äußerungen zu erklären.

8.2.2.1 Syntax und CS zwischen T (MOD/AUX) und VP bzw. *v*P

In Sprachmischungen zwischen MOD/AUX (in T) und VP bzw. *v*P könnte man annehmen, dass die lineare Position von O entweder von der Sprache, in der das Modalverb bzw. tempusbildende Hilfsverb (also T) oder in der das lexikalische Verb realisiert ist, bestimmt wird. Beide Ansätze sind in der Literatur vertreten und werden im Folgenden näher ausgeführt.

Die Beispiele in (9)[2] stellen die Abfolge dar, die wir unter der Annahme erwarten würden, dass die Sprache des lexikalischen Verbs die Syntax innerhalb der VP bzw. *v*P bestimmt. Im Kapitel 7 haben wir eine Verbalphrase kennengelernt, in der Platz für das Subjekt (in Spec,*v*P), das direkte Objekt (in Spec,VP) und das indirekte Objekt (als Schwester von V) ist. Wir wollen im Folgenden vereinfacht *v*P notieren.

(9) a. Die Studenten wollen　　　　[$_{v\text{P}}$ {*lire*/*leggere*/*leer*} ein Buch]
　　b. Les étudiants veulent
　　　 Gli studenti vogliono　　　　[$_{v\text{P}}$ {un livre/un libro/un libro} *lesen*]
　　　 Los estudiantes quieren

---

[2] Die Argumentation, die hier auf der Basis von Beispielen mit Modalverben beruht, ist gleichermaßen übertragbar auf Äußerungen mit tempusbildenden Hilfsverben.

Hier bestimmt die Sprache des lexikalischen Verbs die Abfolge innerhalb der *v*P: Mit den romanischen Verben *lire, leggere, leer* finden wir in (9a) eine VO-Ordnung, wohingegen das Objekt in (9b) dem deutschen Verb *lesen* vorangeht.

Die Annahme, dass das lexikalische Verb die Position seines Objekts determiniert, wird z. B. von Mahootian (1993), Santorini und Mahootian (1995) und Mahootian und Santorini (1996) vertreten. Die Autorinnen formulieren die Vorhersage, dass jeder Kopf – egal ob es sich dabei um eine lexikalische oder um eine funktionale Kategorie handelt – immer die Position seines Komplements bestimmt. Mahootian und Santorini (1996:470) fassen diese Annahme wie folgt zusammen: „Heads determine the syntactic properties of their complements in codeswitching and monolingual contexts alike." Die Anordnung von Kopf und Komplement zueinander wird hiernach also durch den Kopf selbst bzw. durch seine Merkmale bestimmt. Für unseren Fall würde das bedeuten, dass V als lexikalischer Kopf darüber bestimmt, ob sein Objekt-Komplement linear links oder rechts von ihm steht. Wir möchten an dieser Stelle anmerken, dass Mahootian und Santorini (1996) davon ausgehen, dass das direkte Objekt Schwester von V ist. Wir haben in Kapitel 7 eine andere Analyse kennengelernt, die berücksichtigt, dass neben direkten auch indirekte Objekte in einer ansonsten binär verzweigenden VP Platz haben müssen (für eine Diskussion vgl. Schmitz 2006). Bei deutschen lexikalischen Verben müsste man demnach eine OV-Abfolge erwarten (O ist Schwester von V, steht aber rechts), wohingegen romanische lexikalische Verben eine VO-Abfolge (O ist Schwester von V, steht aber links) mit sich bringen würden, so wie wir es in (9) oben finden. Der Einfluss der funktionalen Kategorie MOD/AUX in T (hier der finiten Modalverben *wollen, veulent, vogliono* und *quieren*) würde sich nach diesem Ansatz darauf beschränken, dass er die Position seines Komplementes, nämlich der gesamten VP bzw. *v*P bestimmt. Diese ist sowohl im Deutschen als auch in den romanischen Sprachen immer rechts von T.[3]

Zu dem Ergebnis, dass V die Position von O bestimmt, kommen auch andere Autoren, wie z. B. Cantone (2007). Obwohl die Autorin im Allgemeinen dafür argumentiert, dass funktionale Kategorien relevant für die Syntax von gemischtsprachlichen Äußerungen sind, geht sie für den Bereich OV/VO davon aus, dass die Position von V nicht von dem funktionalen Verb in T, sondern von dem lexikalischen Verb in V selbst bestimmt wird.

Chans (2003, 2007) Perspektive ist eine etwas andere. Basierend auf der Annahme, dass funktionalen und lexikalischen Elementen in gemischtsprachlichen Äußerungen unterschiedliche Bedeutungen zukommen, was ihren Einfluss auf die lineare Abfolge des Komplements in Relation zum Kopf angeht, behauptet er, dass lexikalische Köpfe (wie z. B. lexikalische Verben) nicht immer die Position ihres Komplementes bestimmen müssen. Chan (2007:780) beschreibt den fundamentalen Unterschied zwischen lexikalischen und funktionalen Kategorien folgendermaßen: „The language of a lexical head may or may not determine the order of its complement, but the language of a functional category always deter-

---

[3] Eine Ausnahme stellt die Verb-End-Stellung in deutschen Nebensätzen dar, in denen der Kopf (T) final und somit rechts von seinem Komplement steht.

mines the position of its complement." Die Verb-Objekt-Reihenfolge wird hier nicht als Merkmal des lexikalischen Verbs betrachtet, sondern als Parameter-Wert, der – unabhängig vom Verb – seitens des Sprechers „gewählt" wird. Chan nimmt zwar grundsätzlich an, dass die Position von O tendenziell eher mit der Syntax der Sprache des Verbs übereinstimmt, er akzeptiert aber Abweichungen von dieser ‚Regel', die er als Erscheinung der Performanz interpretiert. Der Autor gesteht also, im Gegensatz zu den vorher genannten Autorinnen, den hier diskutierten Sprachmischungen eine gewisse Variabilität in der Abfolge von Verb und Objekt zu.

Neben der hier dargestellten Argumentation, dass die Sprache des lexikalischen Verbs die Abfolge der Elemente innerhalb der VP bzw. vP bestimmt, existiert in der Literatur auch eine alternative Annahme. Diese besagt, dass die Sprache der funktionalen Kategorie MOD/AUX (d. h. des finiten Verbs in T) ausschlaggebend für die Position des Objekts in der VP bzw. vP ist. Dieser Ansatz und seine Konsequenzen für die gemischtsprachigen Äußerungen werden in (10) dargestellt.

(10) a. Die Studenten wollen [$_{vP}$ ein Buch {*lire/leggere/leer*}]
b. Les étudiants veulent
Gli studenti vogliono [$_{vP}$ *lesen* {un livre/un libro/un libro}]
Los estudiantes quieren

In (10a) finden wir das deutsche tempusbildende Hilfsverb *wollen* und gleichzeitig liegt die deutsche OV-Abfolge vor. Parallel finden wir in (10b) die romanischen Modalverben *veulent*, *vogliono* und *quieren*, die hier mit der romanischen Abfolge (d. h. VO) übereinstimmen.

Dass die Sprache der funktionalen Kategorie T ausschlaggebend für die Position des Objekts in Bezug auf das lexikalische Verb ist, wird u. a. von MacSwan (1999:175) vertreten, der einen Ansatz frei von jeglichen spezifischen CS-Beschränkungen verfolgt (vgl. auch Woolford 1983): „nothing constrains code switching apart from the requirements of the mixed grammars." Die Grammatikalität und Syntax einer gemischtsprachigen Äußerung ergibt sich demnach allein aus den Merkmalen der involvierten Kategorien. In Bezug auf OV/VO-Sprachmischungen, die der Autor grundsätzlich als zielsprachlich ansieht, argumentiert MacSwan, dass die Merkmale der funktionalen Kategorie T Einfluss auf die Abfolge innerhalb ihres VP- bzw. vP-Komplements haben: Demnach wird die Abfolge von der Sprache des Modalverbs bzw. des tempusbildenden Hilfsverbs bestimmt.

Dies ist in gewisser Weise identisch mit den Schlussfolgerungen, zu denen Myers-Scotton (1992; 1993b) in ihrem *Matrix Language Frame* (MLF) Modell gelangt. Die Autorin geht, wie Joshi (1985), von der Existenz einer Matrixsprache (*Matrix Language*, ML) und einer eingebetteten Sprache (*Embedded Language*, EL) aus. Während die ML den morphosyntaktischen Rahmen einer gemischtsprachlichen Äußerung vorgibt, können einzelne Elemente der EL in diese integriert werden. Die Matrixsprache wird generell über ein quantitatives Kriterium bestimmt, insofern als diejenige Sprache als ML ausgezeichnet wird, die mehr

Morpheme in die jeweilige Äußerung bzw. die untersuchten Diskurseinheiten (*discourse samples*) einbringt (die Problematik der ML-Identifikation und der Bestimmung der Diskurseinheit wurde von diversen Autoren diskutiert, vgl. hierzu z. B. Bentahila 1995, MacSwan 1999, 2000, 2005, Muysken 2000). Myers-Scotton unterscheidet zwischen *system morphemes*, die in jedem Fall aus der ML sein müssen, und *content morphemes*, welche entweder aus der ML oder aus der EL stammen können. Die Definitionskriterien für diese zwei Morphemtypen sind eher vage formuliert. Die hier fokussierten funktionalen Kategorien – Modalverben und tempusbildende Hilfsverben – gehören jedoch nach Angaben von Myers-Scotton (1992:133) eindeutig zu den *system morphemes* und können somit nicht aus der EL in die ML gemischt werden – im Gegensatz zu dem lexikalischen Verb, das als *content morpheme* durchaus aus der EL stammen darf. In den hier fokussierten Sprachmischungen müssen nach dem MLF-Modell also Modalverben und tempusbildende Hilfsverben stets der Matrixsprache entsprechen. Auch die lineare Anordnung innerhalb der gesamten gemischtsprachlichen Äußerung (und somit auch der VP bzw. *v*P) sollte sich nach der ML richten, welche ja die morphosyntaktische Struktur vorgibt. Dies wiederum bedeutet, dass die Sprache des Modalverbs bzw. tempusbildenden Hilfsverbs immer mit der Abfolge von O und V innerhalb der VP bzw. *v*P übereinstimmen muss, wie es auch MacSwan (1999) postuliert.

Den Standpunkt, dass die Wortstellung gemischtsprachlicher Äußerungen durch funktionale Kategorien gelenkt wird, vertreten auch González-Vilbazo & López (2011, 2012). Da die Autoren sich jedoch auf andere syntaktische Strukturen beziehen, kann ihr Ansatz in Bezug auf CS anhand unserer Daten nicht überprüft werden; er verdeutlicht aber die zentrale Rolle, die funktionale Kategorien möglicherweise für die syntaktischen Regeln gemischtsprachlicher Äußerungen haben.

Zusammenfassend kann festgehalten werden, dass es für Sprachmischungen zwischen T (Modalverben und tempusbildenden Hilfsverben) und VP bzw. *v*P verschiedene syntaktische Richtungen gibt, denen zufolge die Abfolge von OV/VO entweder durch das lexikalische Verb oder durch die funktionale Kategorie bestimmt wird (vgl. Tabelle 8.2).

Ansatz	Abfolge in der VP bzw. *v*P mit CS zwischen T und VP
Mahootian (1993), Mahootian und Santorini (1996)	die Sprache des lexikalischen Kopfes in V bestimmt die Abfolge in der VP bzw. *v*P
MLF-Modell nach Myers-Scotton (1993b)	die ML bestimmt die Abfolge in der VP bzw. *v*P (ML = Sprache des funktionalen Kopfes T
MacSwan (1999)	die Sprache des funktionalen Kopfes T bestimmt die Abfolge in der VP bzw. *v*P
Chan (2003; 2007)	die Sprache des lexikalischen Kopfes in V bestimmt die Abfolge in der VP bzw. *v*P (Ausnahmen erlaubt)

Cantone (2007)	die Sprache des lexikalischen Kopfes in V bestimmt die Abfolge in der VP bzw. *v*P
phase head hypothesis nach González-Vilbazo und López (2011, 2012)	die Sprache des funktionalen Kopfes in *v* bestimmt die Abfolge in der VP bzw. *v*P

Tabelle 8.2:
Syntax im CS zwischen Modalverb und tempusbildendem Hilfsverb (in T) und VP bzw. *v*P

8.2.2.2 Syntax und Code-Switching zwischen C und TP

Auch im Bereich des Nebensatzes existieren verschiedene Ansätze zur Bestimmung bzw. Erklärung der Syntax. In Sprachmischungen zwischen C und TP könnte man annehmen, dass die Abfolge innerhalb der TP entweder von dem funktionalen Element in T selbst (d. h. dem finiten Verb) bestimmt wird, oder dass die subordinierende Konjunktion in C einen strukturellen Einflussfaktor darstellt. Beide dieser Ansätze sind in der Literatur vertreten worden.

Die Annahme, dass T die Position seines VP-Komplements bestimmt, wird in (11) unten dargestellt. Ähnlich wie im vorangegangenen Abschnitt für den Bereich der VP bzw. *v*P argumentiert wurde, ginge man hier davon aus, dass der Kopf der Phrase selbst (hier also T als funktionaler Kopf der TP) darüber entscheidet, ob sein Komplement linear links oder rechts von ihm steht.

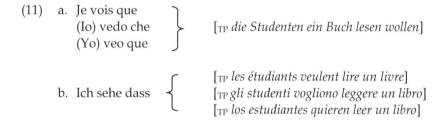

(11) a. Je vois que
(Io) vedo che
(Yo) veo que
[TP *die Studenten ein Buch lesen wollen*]

b. Ich sehe dass
[TP *les étudiants veulent lire un livre*]
[TP *gli studenti vogliono leggere un libro*]
[TP *los estudiantes quieren leer un libro*]

In (11a) stammt das finite Verb *wollen* aus dem Deutschen, womit die deutsche Abfolge hervorgerufen wird, nämlich eine finale Position von T. In den Beispielen in (11b) hingegen gehen die jeweiligen romanischen finiten Verben *veulent*, *vogliono*, *quieren* mit der romanischen Abfolge einher: Das finite Verb folgt dem Subjekt.

Die Idee, dass das funktionale T die Abfolge zwischen dem Finitum in T und dem *v*P-Komplement bestimmt, wird u. a. von Mahootian (1993) und Mahootian und Santorini (1996) vertreten: Wenn – wie oben erörtert – funktionale wie lexikalische Köpfe immer die Abfolge ihrer Komplemente bestimmen, hängt die Abfolge zwischen dem Finitum in T und dem *v*P-Komplement von dem funktionalen Kopf T ab. Ist das finite Verb in T also deutsch, sollten wir das Finitum in satzfinaler Position finden, wohingegen wir bei einem romanischen Finitum auch die romanische Abfolge im Nebensatz finden. Der Einfluss der funktionalen Kategorie C würde sich nach diesem Ansatz darauf beschränken, dass er die

Position seines Komplements, also der TP, bestimmen würde. Diese ist sowohl in den romanischen Sprachen als auch im Deutschen immer rechts von C. Die Abfolge zwischen dem Finitum und seinem Komplement wird also allein von der Sprache des Elements in T bestimmt.

Diese Ansicht teilt Chan (2003; 2007), der mit seiner Annahme, dass ein funktionaler Kopf immer die Position seines Komplements bestimmt, hier zu dem gleichen Ergebnis kommt: T bestimmt die Position seines VP- bzw. vP-Komplements, wohingegen C die Position des TP-Komplements determiniert. Die Position des finiten Verbs wird also ausschließlich von der Sprache dieses Verbs beeinflusst, wie in (11) dargestellt.

Ein anderer Standpunkt in Bezug auf die grammatische Domäne des CS in Nebensätzen besagt, dass nicht die Sprache des finiten Verbs in T, sondern die Sprache des Komplementierers in C ausschlaggebend für die Abfolge ist. Dieser Annahme zufolge würden gemischtsprachliche Äußerungen der Art erwartet, wie sie in (12) dargestellt werden.

(12) a. Je vois que
         (Io) vedo che   [TP *die Studenten wollen ein Buch lesen*]
         (Yo) veo que

                                 [TP *les étudiants lire un livre veulent*]
      b. Ich sehe dass   [TP *gli studenti leggere un libro vogliono*]
                                 [TP *los estudiantes leer un libro quieren*]

In diesen Sätzen stimmt also die Position des Finitums in T überein mit der Sprache des Komplementierers. (12a) weist die romanischen Komplementierer *que, che, que* zusammen mit einer romanischen Verbstellung (Finitum) auf, obwohl das finite Verb (*wollen*) deutsch ist. Gleichermaßen finden wir in (12b) den deutschen Komplementierer *dass* und eine dem Deutschen entsprechenden finale Stellung der (romanischen) finiten Verben *veulent, vogliono, quieren* in der TP.

Den Ansatz, dass C die Position des finiten Verbs in der TP bestimmt, vertritt z. B. Cantone (2007). Die Autorin formuliert in ihrer Studie über deutsch-italienisches CS die Hypothese, dass die subordinierende Konjunktion in C von wesentlicher Bedeutung für die Abfolge der Elemente innerhalb ihres Komplements ist:

> The language of the highest functional category has a strong impact on the projections below, in that they will be from the same language, at least covertly. Consequently, if the Italian item C^0 is picked by Select, it projects an Italian type of CP, and then an Italian type of TP. (Cantone 2007:152)

Die TP, die von C f-selektiert wird, sollte demnach der Sprache des Komplementierers entsprechen, während die einzelnen Items aus beiden Sprachen entnommen sein können.

In diesem Sinn argumentieren prinzipiell auch González-Vilbazo und López (2011, 2012): Die Autoren befürworten die Idee, dass generell die Sprache von C die Syntax innerhalb der CP[4] bestimmt. Für die von ihnen untersuchte Sprachkombination Deutsch-Spanisch jedoch bewerten sie CS zwischen dem Komplementierer und dem finiten Verb in T als ungrammatisch. Genauso betrachtet auch Myers-Scotton CS zwischen C und T als ungrammatisch, da als *system morphemes* sowohl C als auch T der ML entstammen müssen und somit nach dem MLF-Modell immer der gleichen Sprache angehören und niemals eine Sprachmischung aufweisen können.

MacSwan (1999) bewertet in seiner Studie CS zwischen C und T als grammatisch, formuliert aber keine Vorhersagen für die syntaktischen Eigenschaften solcher Sprachmischungen, da dies für die von ihm untersuchte Sprachkombination (Spanisch-Nahuatl) nicht relevant ist.

Ebenso wie für Sprachmischungen zwischen MOD/AUX und VP bzw. vP gibt es demnach auch für CS zwischen C und TP konträre syntaktische Richtungen, denen zufolge die Position des finiten Verbs entweder durch das Modalverb bzw. tempusbildende Hilfsverb in T oder durch den Komplementierer in C bestimmt wird (wohingegen auch die Position existiert, dass diese Art von Sprachmischungen ungrammatisch ist). Diese Hypothesen, deren Vorhersagen in der folgenden Tabelle 8.3 noch einmal zusammengefasst werden, werden anhand der empirischen Sprachdaten in Kapitel 8.3 überprüft.

Ansatz	Abfolge in der TP mit CS zwischen C und T
Mahootian (1993), Mahootian und Santorini (1996)	die Sprache des funktionalen Kopfes in T bestimmt die Abfolge innerhalb der TP
MLF-Modell nach Myers-Scotton (1993b)	Code-Switching ist nicht erlaubt
MacSwan (1999)	Code-Switching ist erlaubt
Chan (2003; 2007)	die Sprache des funktionalen Kopfes in T bestimmt die Abfolge innerhalb der TP
Cantone (2007)	die Sprache des funktionalen Kopfes in C bestimmt die Abfolge innerhalb der TP
phase head hypothesis nach González-Vilbazo und López (2011, 2012)	die Sprache des funktionalen Kopfes in C bestimmt grundsätzlich die Abfolge innerhalb der TP, aber Code-Switching ist nicht (immer) erlaubt

Tabelle 8.3:
Syntax im CS zwischen C und TP

8.3 Datenanalyse

In diesem Kapitel werden die bilingualen Daten vorgestellt, die für die vorliegende Untersuchung herangezogen wurden. Die Longitudinal- und Querschnittstudien wurden bereits in Kapitel 2 und 5 genauer beschrieben. Dabei wurde auf

---

[4] Genauer argumentieren González-Vilbazo und López (2011, 2012) im Rahmen von Chomskys (1999) Phasentheorie, welche hier jedoch nicht berücksichtigt werden soll.

24 der Longitudinalstudien[5] zurückgegriffen, welche in Tabelle 8.4 kurz aufgeführt werden, sowie auf Daten aus den Elizitationstests zum kindlichen CS (insgesamt 46 Querschnittstudien, davon 18 deutsch-italienische und 28 deutsch-spanische).

Sprachen	Name	Altersspanne	monolinguale Basis	relevante Sprachmischungen
Frz./Dt.	Alexander	2;2,6 – 5;2,21	8.715 dt./9.800 frz.	9
	Amélie	1;6,12 – 5;0,16	12.798 dt./13.343 frz.	8
	Caroline	1;8,23 – 3;7,28	2.471 dt./3.039 frz.	0
	Céline	2;0,9 – 5,4,14	13.369 dt./5.775 frz.	5
	Elina	3;7,17 – 4;5,22	981 dt./0 frz.	17
	Emma	1;4,1 – 4;2,24 dt. 1;4,1 – 4;11,24 frz.	7.764 dt./8.518 frz.	19
	Julie	1;7,28 – 4;10,14 dt. 2;7,29 – 4;10,14 frz.	10.834 dt./317 frz.	4
	Marie	1;9,19 – 5;1,23	1.541 dt./5.496 frz.	1
It./Dt.	Aurelio	1;9,27 – 4;0,28	4.625 dt./7.043 it.	34
	Carlotta	1;8,28 – 5;7,24	12.910 dt./9.802 it.	8
	Jan-Philip	2;0,11 – 5;0,8	9.437 dt./6.577 it.	2
	Lilli	2;0,10 – 4;0,1	3.829 dt./3.212 it.	6
	Luca-Daniele	1;6,5 – 4;0,5	8.077 dt./3.795 it.	2
	Lukas	1;7,12 – 5;0,2	11.768 dt./6.742 it.	42
	Marta	1;6,26 – 4;2,15 dt. 1;6,26 – 4;0,24 it.	6.716 dt./7.623 it.	2
	Valentin	1;11,3 – 4;0,7	3.083 dt./8.063 it.	16
Sp./Dt.	Arturo	2;3,23 – 5;3,29	6.680 dt./4.906 sp.	30
	Erik	1;6,17 – 2;6,22 dt. 1;6,3 – 3;4,9 sp.	667 dt./5.945 sp.	2
	Lucas	1;7,10 – 3;6,10	4.313 dt./5.922 sp.	1
	Nora	1;4,8 – 3;3,8 dt. 1;6,9 – 3;3,8 sp.	1.874 dt. / 1.295 sp.	3
	Teresa	1;5,29 – 5;0,29	9.035 dt./6.857 sp.	5
Frz./It.	Juliette	1;8,16 – 4;11,15 frz. 1;8,16 – 4;11,19 it.	7.331 frz./6.108 it.	(8)
	Siria	1;6,12 – 4;7,6 frz. 1;6,12 – 4;6,6 it.	3.646 frz./9.135 it.	(9)

---

[5] Die Daten des deutsch-spanischen Mädchens Teresa sind den Auswertungen von Eichler (2011) entnommen.

Frz./Sp.	Syca-Inès	2;2,15 – 2;10,23 frz. 2;2,0 – 3;8,30 sp.	2.207 frz./6.627 sp.	(1)

Tabelle 8.4:
Longitudinalstudien und absolute Anzahl relevanter Sprachmischungen[6]

Aus der Tabelle 8.4 geht hervor, dass in der Longitudinalstudie neben den deutsch-romanisch bilingualen Kindern auch die Sprachdaten zweier französisch-italienischer sowie eines französisch-spanischen Mädchens ausgewertet wurden. Die romanischen Sprachen sind hinsichtlich der Oberflächenabfolge gleich (VO und SVO im Nebensatz), weshalb gemischte Äußerungen dieser Sprachkombination keinen Aufschluss auf die Syntax geben können. Da jedoch oft behauptet wird, dass zwischen strukturell gleichen Sprachen leichter oder mehr gemischt werden kann als zwischen unterschiedlichen Sprachen (vgl. z. B. Poplacks (1980) Äquivalenzbeschränkung), sollen die Daten hier zum quantitativen Vergleich dienen. Weil aus dieser Sprachkombination jedoch keine für diese Untersuchung auswertbaren Sprachmischungen hervorgingen (in der Tabelle 8.4 ist die Anzahl der Mischungen in Klammern notiert), werden diese Studien im Verlauf des Kapitels nicht weiter berücksichtigt, weshalb in diesem Kapitel auch oft nur von deutsch-romanischen Kindern die Rede ist.

Eine wichtige Beobachtung soll vor der näheren Datenanalyse konstatiert werden. Betrachtet man die Anzahl der relevanten Sprachmischungen, so wird deutlich, wie selten diese eigentlich in der spontanen Sprache bilingualer Kinder sind. Dies gilt sowohl für Mischungen zwischen Modalverben bzw. tempusbildenden Hilfsverben und VP bzw. vP als auch für solche zwischen C und TP. Die Seltenheit der Sprachmischungen dieser Art wird noch deutlicher, wenn man diese Zahl mit der Gesamtanzahl der monolingualen (deutschen und romanischen) Äußerungen aller untersuchten Longitudinalstudien vergleicht, die bei über 300.600 liegt. Es sei an dieser Stelle auch darauf hingewiesen, dass eines der untersuchten Kinder (Caroline) keinerlei für uns relevante CS-Äußerungen aufweist. Zudem treten bei sieben Kindern nur jeweils ein oder zwei relevante CS-Äußerungen insgesamt auf, nämlich bei Marie (deutsch-französisch), Jan-Philip, Luca-Daniele und Marta (deutsch-italienisch) und Erik und Lucas (deutsch-spanisch) sowie bei Syca-Inès (französisch-spanisch). Die Analyse derjenigen Kinder, die zwei romanische Sprachen erwerben, zeigt deutlich, dass Sprachmischungen des fokussierten Typs auch hier nicht häufiger auftreten, sondern ebenso selten sind wie bei den deutsch-romanischen Kindern. Diese generellen Tendenzen sind im Einklang mit der Beobachtung, dass intra-sententiales CS bei bilingualen Kindern im Vergleich zum inter-sententialen CS und besonders zu einsprachigen (d. h. nicht gemischten) Äußerungen grundsätzlich sehr selten auftritt (vgl. z. B. Arencibia Guerra 2008). Dieses Ergebnis geht auch aus den

---

[6] Als relevante Mischungen werden alle Äußerungen der Art gezählt, wie sie in Kapitel 8.2.1 und 8.2.2 dargestellt wurden. Hierzu zählt auch CS zwischen VP und O sowie zwischen TP und V.

durchgeführten Querschnittstudien zum CS hervor (vgl. Kapitel 5). Auf insgesamt 167 Test-Items mit Sprachmischung zwischen tempusbildendem Hilfsverb und V seitens der Interaktionspartner enthielten lediglich vier kindliche Reaktionen die Mischung der relevanten Art; der Großteil der Antworten war hierbei entweder einsprachig oder für uns nicht auswertbar. Ein ähnliches Resultat zeigte sich beim CS zwischen C und T, mit nur sechs relevanten Sprachmischungen zwischen dem Komplementierer und dem finiten Verb in Relation zu 181 vorgegebenen gemischtsprachliche Test-Items. Es stellt sich hierdurch natürlich die Frage nach der Repräsentativität der Daten. Es wird deutlich, dass sehr große Mengen an Daten angesehen werden müssen, um eine zufriedenstellende Anzahl an relevanten Sprachmischungen zu erhalten. Die Datenbasis sollte also durch zukünftige empirische Studien unbedingt ausgeweitet werden, um mehr gemischtsprachliche Äußerungen der oben dargestellten Strukturen analysieren zu können.

Trotz der geringen Anzahl an relevanten Sprachmischungen soll im nun folgenden Abschnitt genauer auf die gemischtsprachlichen Äußerungen eingegangen werden, die im Hinblick auf ihre Wortstellung analysiert werden können, und zwar sowohl aus den Longitudinal- als auch aus den Querschnittstudien. Zunächst werden die Äußerungen dargestellt, die eine Mischung zwischen einem Modalverb bzw. tempusbildendem Hilfsverb und dem lexikalischen Verb (das über ein Komplement verfügt) aufweisen. Anschließend werden die Sprachdaten diskutiert, die CS zwischen dem Komplementierer und dem finiten Verb aufweisen. Im Laufe der Datenanalyse wird auch auf die verschiedenen, bereits kennengelernten Ansätze eingegangen, die zur Grammatikalität bzw. Syntax gemischtsprachlicher Äußerungen dieser Art formuliert wurden. Es soll gezeigt werden, inwiefern die beobachteten Daten mit den in der Literatur vorgeschlagenen Ansätzen übereinstimmen bzw. diese widerlegen.

8.3.1 Code-Switching zwischen T und VP bzw. vP

Dieses Kapitel untersucht kindliche gemischtsprachliche Äußerungen, die CS zwischen einem Modalverb bzw. tempusbildenden Hilfsverb in T und dem lexikalischen Verb aufweisen, und in denen V ein Komplement[7] hat. Weiterhin werden auch Äußerungen analysiert, in denen T und V der gleichen Sprache angehören und es eine Mischung zwischen V und Objekt-DP gibt. Ebenso umfasst die Analyse auch „reine" OV/VO-Äußerungen (also solche ohne Modalverb bzw. tempusbildendes Hilfsverb). Die hier relevanten Mischungen gehören also einer der folgenden drei Kategorien an:

I) Sprachmischung zwischen T (MOD/AUX) und V
II) Sprachmischung zwischen V und O (ohne realisiertes MOD/AUX)
III) MOD/AUX-Äußerung mit Sprachmischung zwischen V und O

---

[7] Bei diesen Komplementen handelt es sich überwiegend um Objekt-NPn/DPn, vereinzelt aber auch um PPn oder Adverbien

Alle Sprachmischungen dieser Art können eine Antwort auf die Frage geben, welcher der beiden involvierten Sprachen die Abfolge der Elemente innerhalb der VP bzw. vP entspricht.

8.3.1.1 Ergebnisse der Longitudinalstudien

Die Analyse der Longitudinalstudien zeigt, dass Mischungen zwischen Modalverben bzw. tempusbildenden Hilfsverben und VP bzw. vP, also Mischungen des Typs I), zwar relativ selten sind, aber doch von 13 der insgesamt 24 Kinder produziert werden. Insgesamt treten 92 Sprachmischungen von Typ I) auf.

Die folgende Abbildung 8.1 zeigt alle auftretenden Sprachmischungen dieses Typs, kategorisiert nach den jeweiligen Sprachen von MOD/AUX und V (deutsch oder romanisch) und der Syntax innerhalb der VP bzw. vP (deutsch (OV) oder romanisch (VO)). Die Sprache des Objekts ist in diesem Fall irrelevant und kann entweder der der funktionalen Kategorie MOD/AUX oder der des lexikalischen Verbs entsprechen. Die gemischtsprachlichen Äußerungen sind den Kindern zugeordnet, deren Korpora sie entstammen, wobei für alle Kinder wiederum ihre beiden Muttersprachen aus der Legende ersichtlich sind.

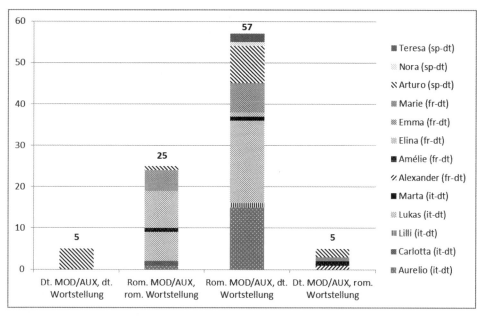

Abbildung 8.1:
Wortstellung in VP bzw. vP mit Sprachmischung zwischen MOD/AUX und V
(vgl. unter www.narr.de/narr-studienbuecher für eine Farbversion)

In Bezug auf die dargestellten systematischen Unterschiede zwischen dem Deutschen als Sprache mit einer OV-Abfolge und Französisch, Italienisch und Spanisch als Sprachen mit einer VO-Abfolge lassen sich nun die relevanten gemischtsprachlichen Beispiele bezüglich der Wortstellung in zwei verschiedene Gruppen einteilen: einerseits diejenigen Äußerungen, in denen die Wortstellung der Sprache der funktionalen Kategorie T (MOD/AUX) folgt, und andererseits die Äußerungen, in denen das nicht der Fall ist. In diesen letztgenannten Fällen stimmt die Abfolge der Elemente innerhalb der VP bzw. *v*P mit der Sprache des lexikalischen Verbs überein. Im Folgenden werden zunächst einige Beispiele der erstgenannten Gruppe aufgelistet. Das Beispiel in (13) entspricht der ersten Säule von links in Abbildung 8.1 oben, wohingegen die Beispiele in (14) für die Äußerungen in der zweiten Säule von links stehen.

(13)   *du muss* eso hace   (=musst ; =hacer; Arturo, 3;1,2)
            du musst$_{MOD}$ [$_{vP}$ das machen]

(14)   a. *je veux* eh , lesen ein minibuch   (Emma, 2;7,15)
            ich will eh [$_{vP}$ lesen ein minibuch]
     b. *tu vas* halten das ?   (Emma, 2;10,3)
            du wirst$_{AUX}$ [$_{vP}$ halten das] ?
     c. devi *finden* un *seil*   (Lukas, 2;11,27)
            (du) musst$_{MOD}$ [$_{vP}$ finden ein seil]
     d. ho *vergessen* ancola la- questo   (=ancora; Lukas, 3;6,30)
            (ich) habe$_{AUX}$ [$_{vP}$ vergessen wieder den- diesen]
     e. [...] yo aquí , voy a *schmeißen* un cedito (=cerdito; Arturo, 3;7,21)
            [...] ich hier, (ich) werde$_{AUX}$ [$_{vP}$ schmeißen ein schweinchen]

In (13) tritt ein deutsches Modalverb zusammen mit einer deutschen OV-Abfolge in der VP bzw. *v*P auf. Dies spricht für die Hypothese, dass die Sprache von MOD einen Einfluss auf die Abfolge der Elemente innerhalb seines VP- bzw. *v*P-Komplements hat. Insgesamt sind fünf gemischtsprachliche Äußerungen dieses Typs aufgetreten – alle von dem deutsch-spanischen Kind Arturo geäußert – was einem prozentualen Anteil von 5,4% der gesamten Sprachmischungen in Abbildung 8.1 entspricht. In den Äußerungen in (14) finden wir ein romanisches MOD bzw. AUX zusammen mit der romanischen Abfolge von Elementen innerhalb des *v*P bzw. VP-Komplements (VO). Auch diese Äußerungen sprechen dafür, dass MOD/AUX die Syntax der VP bzw. *v*P bestimmt. Von diesem Typ treten insgesamt 25 Äußerungen in den Korpora auf. Dies resultiert in einer relativen Häufigkeit von 27,2%.

Neben den Äußerungen, in denen die VP-/*v*P-Abfolge mit der Sprache des Modalverbs bzw. tempusbildenden Hilfsverbs übereinstimmt, finden wir auch Fälle, in denen das lexikalische Verb ausschlaggebend für die Abfolge innerhalb der Verbalphrase zu sein scheint. Diese werden im Folgenden kurz anhand einiger Beispiele näher diskutiert. Die Sätze in (15) repräsentieren die zweite Säule von rechts in Abbildung 8.1, während die Sprachmischungen in (16) der ersten Säule von rechts entsprechen.

(15)   a. *je veux* essen mache   (=machen; Emma, 2;8,21)
            ich will$_{MOD}$ [$_{vP}$ essen machen]
     b. *tu vas* den buch lesn   (=lesen; Emma, 2;9,18)
            du wirst$_{AUX}$ [$_{vP}$ den buch lesn]

      c. [...] devi una *nehm* (=nehmen; Aurelio, 4;0,9)
         [...] (du) musst_MOD [_vP_ eine nehmen]
      d. una ha (n) un *kind angefahren* (Lukas, 3;3,23)
         einer hat_AUX (n) [_vP_ ein kind angefahren]
      e. yo quero *was sehen* (=quiero; Arturo 3;1,16)
         ich will_MOD [_vP_ was sehen]
      f. vamos este *bauen* (=vamos a; Arturo, 3;7,21)
         (wir) werden_AUX [_vP_ dieses bauen]
(16) a. e e , e e , ich konnte , *re,garder un film* (Marie, 3;0,2)
         e e , e e , ich konnte_MOD [_vP_ anschauen einen film]
     b. damit nich ich *bu de la tasse* hab (Amélie, 3;1,2)
         damit nich ich [_vP_ getrunken aus der tasse] hab_AUX
     c. *die müssn* comer ehm – ehm – ehm *die ratones* (Arturo, 3;10,13)
         die müssn_MOD [_vP_ essen ehm – ehm – ehm die mäuse]

In den Äußerungen in (15) zeigt sich ein anderes Bild als in (13) und (14). Hier stammt MOD/AUX jeweils aus den romanischen Sprachen, während aber in der VP bzw. *v*P die deutsche Abfolge (OV) gewählt wird. Dieser Typ von Sprachmischung tritt in den hier untersuchten Korpora am häufigsten auf: Es finden sich 57 Äußerungen dieser Art, was einem prozentualen Anteil von 62% gleichkommt. Weitere gemischtsprachliche Äußerungen, in denen nicht MOD/AUX sondern V die Abfolge in der Verbalphrase zu bestimmen scheint, zeigen die Beispiele in (16). Hier sind MOD/AUX deutsch, die VO-Abfolge entspricht jedoch dem Romanischen, also der Sprache der lexikalischen Verben. Von Sprachmischungen dieser Art sind in den gesamten Korpora fünf aufgetreten, womit sie einem relativen Anteil von 5,4% entsprechen.

Nach diesen Mischungen zwischen MOD/AUX und VP bzw. *v*P, auf denen das Hauptaugenmerk dieses Abschnitts liegt, wenden wir uns nun noch den Sprachmischungen zu, die oben als Typ II und III charakterisiert wurden. Hierzu gehören zunächst einmal solche Sprachmischungen, in denen MOD/AUX nicht realisiert wurde, sondern die Kinder nur ein infinites lexikalisches Verb (als Infinitiv oder Partizip Perfekt) zusammen mit einem Komplement geäußert haben. Solche Äußerungen wurden von 14 der 24 untersuchten Kinder produziert, woraus sich insgesamt eine Anzahl von 39 Sprachmischungen dieses Typs ergibt.

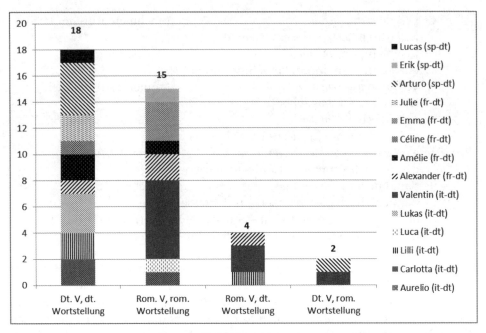

Abbildung 8.2:
Wortstellung in Sprachmischungen zwischen V und O (ohne MOD/AUX) (vgl. unter www.narr.de/narr-studienbuecher für eine Farbversion)

Aus Abbildung 8.2 wird deutlich, dass in den meisten – aber nicht in allen – dieser Fälle die Abfolge innerhalb der VP bzw. vP von der Sprache des infiniten lexikalischen Verbs abzuhängen scheint. Diese Fälle werden durch die linken beiden Säulen repräsentiert, wobei die erste Säule von links (Verb und Abfolge sind deutsch) in (17), die zweite Säule von links (Verb und Abfolge sind romanisch) in (18) verdeutlicht wird.

(17) a. nastique *machen*   (=gymnastique; Julie, 3;8,7)
          [$_{v\text{P}}$ (gym)nastik machen$_{\text{INF}}$]
     b. *shampoing* getut   (=getan; Amélie, 3;8,14)
          [$_{v\text{P}}$ shampoo getan$_{\text{PART}}$]
     c. jetzt *uva* essen   (Carlotta, 2;7,13)
          jetzt [$_{v\text{P}}$ weintraube essen$_{\text{INF}}$]
     d. *[dala] befana* gekauft   (=dalla; Carlotta, 2;6,9)
          [$_{v\text{P}}$ von dem dreikönigsfest gekauft$_{\text{PART}}$]
     e. *este* , hier lassen   (Lucas, 2;1,14)
          [$_{v\text{P}}$ diesen , hier lassen$_{\text{INF}}$]
(18) a. *acheter* eine ein neue , is die   (Alexander, 2;7,6)
          [$_{v\text{P}}$ kaufen$_{\text{INF}}$ eine ein neue] , is die
     b. *fini* buch   (Emma, 2;0,6)
          [$_{v\text{P}}$ beendet$_{\text{PART}}$ buch]

c. *parare* auto (=riparare; Valentin, 3;1,14)
      [$_{vP}$ reparieren$_{INF}$ auto]
   d. no fatto *zimtsterne* (Carlotta, 4;6,8)
      nicht [$_{vP}$ gemacht$_{PART}$ zimtsterne]
   e. *ve- ver- ver* auto *allí* (Erik, 2;1,4)
      [$_{vP}$ se- seh- sehen$_{INF}$ auto dort]

In all diesen Beispielen stimmt die Abfolge zwischen infinitem Verb und seinem Komplement mit der Sprache der jeweiligen lexikalischen (infiniten) Verben überein. Äußerungen dieser Art mit deutschem Verb (wie in (17)) sind mit einer absoluten Anzahl von 18 (46,2%) am häufigsten, gefolgt von 15 solcher Mischungen mit romanischem Verb, was 38,5% entspricht.

Die zwei rechten Säulen in Abbildung 8.2 zeigen hingegen diejenigen Fälle, in denen nur V und sein Komplement (ohne MOD/AUX) realisiert wurden, ohne dass die Sprache des Verbs einen Einfluss auf die Abfolge zu haben scheint. Diese Fälle sind mit insgesamt sechs Äußerungen deutlich seltener und werden exemplarisch in (19) und (20) anhand von Beispielen kindlicher Äußerungen dargestellt.

(19) a. die da da *refaire* da (Alexander, 2;3,24)
        [$_{vP}$ die da da wieder machen$_{INF}$ da]
     b. *questo* nicht *mangiare* (Lilli, 2;7,29)
        [$_{vP}$ dieses nicht essen$_{INF}$]
     c. io *eißebahn* fatto (=eisenbahn; Valentin, 2;8,9)
        ich [$_{vP}$ eißebahn gemacht$_{PART}$]
(20) a. *putzen* casa (Valentin, 2;10,18)
        [$_{vP}$ putzen$_{INF}$ haus]
     b. komm !, *essen pambién galletas* (=también; Arturo, 3;9,9)
        komm !, [$_{vP}$ essen$_{INF}$ auch kekse]

Es treten insgesamt vier Äußerungen (10,3%) mit romanischem Verb und deutscher Abfolge und zwei Mischungen (5,1%) mit deutschem Verb und romanischer Abfolge auf.

Die in Abbildung 8.2 analysierten Sprachmischungen, die oben als Typ II charakterisiert wurden, spiegeln also das in Abbildung 8.1 gewonnene Bild wider: Obwohl in der Mehrheit der Fälle das lexikalische Verb die Abfolge der Elemente innerhalb der VP bzw. *v*P zu bestimmen scheint, gibt es ebenfalls eine gewisse Anzahl von Sprachmischungen, in denen die VP-/*v*P-Ordnung eben nicht mit der Sprache des lexikalischen Verbs übereinstimmt.

Schlussendlich untersuchen wir nun die gemischten Äußerungen, in denen sowohl MOD/AUX als auch V realisiert werden und beide der gleichen Sprache angehören, wobei das Komplement der jeweils anderen Sprache entspricht. Insgesamt werden 49 Mischungen dieses Typs (von 14 verschiedenen Kindern) geäußert. In dem Fall, dass die Abfolge der Sprache der funktionalen und lexikalischen Verben entspricht, können keine Rückschlüsse gezogen werden. Gibt es jedoch Äußerungen, in denen die VP-/*v*P-Syntax nicht mit diesen Verben übereinstimmt, wird sehr deutlich, dass keine dieser beiden Kategorien – ob funktional oder lexikalisch – die Abfolge der Elemente innerhalb der Verbalphrase bestimmen kann.

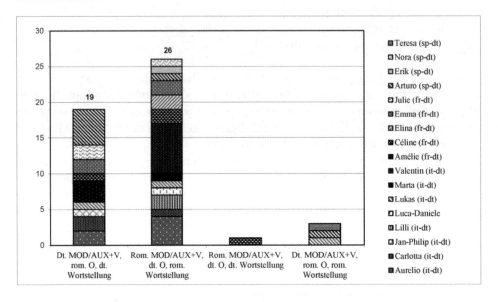

Abbildung 8.3:
Wortstellung in MOD/AUX-Äußerungen mit Sprachmischung zwischen V und O (vgl. unter www. narr.de/narr-studienbuecher für eine Farbversion)

Die beiden linken Säulen in Abbildung 8.3 stellen die Fälle dar, in denen die Sprache von MOD/AUX und V identisch ist und ebenfalls mit der Wortstellung innerhalb der VP übereinstimmt, während das Komplement des Verbs aus der anderen Sprache stammt. Es wird deutlich, dass dies in fast allen dieser Sprachmischungen der Fall ist. Die Beispiele in (21) und (22) stellen die in diesen beiden Säulen abgebildeten Äußerungen exemplarisch dar.

(21) a. *nein ich will* ma bibi là , *reinlegen* (=bébé; Julie, 3;8,7)
  nein ich will$_{MOD}$ [$_{vP}$ mein baby da , reinlegen]
 b. *dann kann man sich auch – uno – una cosa di eisenbahn machen* (Aurelio, 3;10,1)
  dann kann$_{MOD}$ man sich auch – [$_{vP}$ einen – eine sache von eisenbahn machen]
 c. *ich hab sugo gemacht* (Lukas, 2;11,12)
  ich hab$_{AUX}$ [$_{vP}$ saft gemacht]
 d. *dann muss ich eso anziehen* (Arturo, 3;3,0)
  dann muss$_{MOD}$ ich [$_{vP}$ dieses anziehen]
(22) a. *je veux regarder* mama *dans le film* (Emma, 2;10,3)
  ich will$_{MOD}$ [$_{vP}$ anschauen mama] in dem film
 b. *je – j' ai voulu* ein andere rosa […] (Elina, 4;2,22)
  ich – ich habe$_{AUX}$ [$_{vP}$ gewollt ein andere rosa] […]

c. *devo prende'* die zwickzange   (=prendere; Valentin, 3;5,29)
      (ich) muss_MOD [_vP nehmen die zwickzange]
   d. *la bambolina ha fatto* in die hose   (Lilli, 3;6,7)
      die kleine puppe hat_AUX [_vP gemacht in die hose]
   e. *voy a pintar* augen   (Erik, 2;6,8)
      (ich) werde_AUX [_vP malen augen]

Äußerungen wie in (21) dargestellt, in denen beide Verben sowie die Abfolge der Elemente in der VP bzw. *v*P dem Deutschen entsprechen, treten insgesamt 19 Mal auf (dies entspricht 38,8%). Gleichzeitig produzieren die Kinder 26 Sprachmischungen der in (22) dargestellten Art, was 40,8% gleichkommt. In diesen Fällen sind sowohl das funktionale als auch das lexikalische Verb romanisch und es findet sich zudem eine romanische VO-Abfolge. Somit entspricht in 79,6% dieser Äußerungen die lineare Abfolge der Sprache beider Verben. Äußerungen, in denen die Sprache der Verben nicht mit der VP/*v*P-Abfolge übereinstimmt, treten nur sehr selten auf; diese entsprechen den beiden rechten Säulen in Abbildung 8.3 und werden in (23)[8] und (24) dargestellt.

(23)   on peut ici *w- was* écrier   (=écrire; Céline, 3;9,18)
       man kann_MOD hier [_vP w- was schreiben]
(24) a. vielleicht können wir malen *paperino* (Lukas, 2;5,20)
       vielleicht können_MOD wir [_vP malen donald duck/gänserich]
     b. du darfst sein *la mamá*   (Teresa, 3;3,4)
       du darfst_MOD [_vP sein die mama]
     c. *hab gemacht* la [t]ula   (=basura; Arturo, 2;4,27)
       hab_AUX gemacht [_vP den müll]

Es gibt demnach insgesamt nur eine Äußerung (2%), in denen die Abfolge innerhalb der VP bzw. *v*P deutsch ist, obwohl beide Verben romanisch sind, und drei Sprachmischungen (6,1%), die eine romanische Abfolge aufweisen, während beide Verben dem Deutschen entstammen. Auch wenn dies sehr wenige Beispiele sind, so verdeutlicht die Tatsache, dass sie überhaupt auftreten, gemeinsam mit der Beobachtung der Mischungen vom Typ I) und II) (vgl. (13)-(20)), dass weder das Verb in T (MOD/AUX) noch das lexikalische (infinite) Verb systematisch die Abfolge der Elemente innerhalb der Verbalphrase bestimmen können.

Nach der Auswertung der Daten der Longitudinalstudien wenden wir uns jetzt im nächsten Schritt denjenigen Sprachdaten zum CS zu, die durch die Elizitationstests erhoben wurden.

8.3.1.2 Ergebnisse der Querschnittstudien

In den Querschnittstudien gestaltet sich das Bild ähnlich wie in den Longitudinalstudien. Wir wissen bereits, dass die getesteten bilingualen Kinder auf die gemischten Test-Items sehr selten mit gemischtsprachigen Äußerungen rea-

---

[8] Diese Äußerung ist die einzige dieser Art, die in den gesamten hier untersuchten Korpora aufgetreten ist.

giert haben. In der deutsch-spanischen Studie wurden den Kindern insgesamt 101 Test-Items mit Sprachmischung zwischen AUX und VP bzw. *v*P seitens der Interaktionspartner präsentiert, von denen lediglich eine einzige Antwort die Sprachmischung der relevanten Art enthielt. Diese Äußerung wird zusammen mit dem vorgegebenen Input in (25) dargestellt.

(25) a. Input durch Interaktionspartner (dt.-sp.):
 und dann *mi mamá ha* den hasen und das pony gestreichelt
 und dann meine mama hat [*v*P den hasen und das pony gestreichelt]
 b. Reaktion des Kindes (Eva, 4;8,0, dt.-sp.):
 entonces mi mamá ha eh los ponis y los con- y los conejos gestreichelt
 dann meine mama hat eh [*v*P die ponys und die has- und die kaninchen gestreichelt]

Der Satz wurde demnach gemischtsprachlich vorgegeben, mit einem Sprachenwechsel zwischen dem romanischen Auxiliar *ha* und dem deutschen Verb *gestreichelt* in der komplett deutschen VP bzw. *v*P. Während der Erwachsene die gesamte VP bzw. *v*P also in einer Sprache äußert, gibt das bilinguale Kind das Objekt (*los ponis y los conejos*) auf Spanisch wieder. Der für uns relevante Switch zwischen dem tempusbildenden Hilfsverb *ha* und dem lexikalischen Verb *gestreichelt* bleibt jedoch erhalten. Auch die Abfolge ändert sich nicht: Eva äußert eine OV-Abfolge, die demnach mit der Sprache des lexikalischen Verbs (Deutsch) übereinstimmt. Obwohl dem Mädchen der entsprechende Testsatz vorgegeben wurde, kann man vermuten, dass es den Satz nicht einfach unreflektiert wiedergibt, da sie wesentliche Dinge im Satz ändert, wie z. B. die Sprache des Objekts und innerhalb dieses Objektes die Reihenfolge der Tiere sowie den Numerus (von Singular nach Plural).

Auch in der deutsch-italienischen Studie zum kindlichen CS traten nur wenige (drei) relevante Äußerungen mit einer Mischung zwischen dem tempusbildenden Hilfsverb und dem lexikalischen Verb auf (vgl. (26b-d)), während insgesamt 66 entsprechende gemischtsprachliche Test-Items vorgegeben wurden.

(26) a. Input durch Interaktionspartner (dt.-it.):
 die weiße ziege hat *una mela dalla mia mano mangiato*
 die weiße ziege hat [*v*P einen apfel aus-der meiner hand gegessen]
 b. Reaktion des Kindes (Alessia, 4;0,19, dt.-it.):
 eh die ziege hat ehm *mangiato una mela dalla sua mano*
 eh die ziege hat ehm [*v*P gegessen einen apfel aus-der meiner hand]
 c. Reaktion des Kindes (Davide, 4;5,26, dt.-it.):
 ehm die weiße ziegen haben – eh die *dalla mia mano mangiato*
 ehm die weiße ziegen haben – eh [*v*P die aus-der meiner hand gegessen]
 d. Reaktion des Kindes (Melissa, 4;5,1, dt.-it.):
 die weiße ziege hat *una mela da me mangiato*
 die weiße ziege hat [*v*P einen apfel von mir gegessen]

Code-Switching und funktionale Kategorien 233

In (26b) kann beobachtet werden, dass die Sprachmischung zwischen dem deutschen Auxiliar *hat* und der komplett italienischen VP bzw. *v*P (inklusive des italienischen lexikalischen Verbs *mangiato*) beibehalten wurde, wohingegen die Abfolge der Elemente innerhalb der VP bzw. *v*P jedoch geändert wurde. Während der Erwachsene eine OV-Abfolge produziert hat, gibt das Kind die Äußerung mit einer italienischen VO-Abfolge wieder. Auch hier könnte die Datenlage dafür sprechen, dass die Abfolge innerhalb der Verbalphrase durch den lexikalischen Kopf V bestimmt wird, da ein italienisches lexikalisches Verb und gleichzeitig die italienische Abfolge gewählt wird, obwohl der Interaktionspartner die deutsche Abfolge vorgegeben hat. Dies könnte eventuell darauf hindeuten, dass das Kind die Äußerung des Erwachsenen als nichtwohlgeformt betrachtet und ihn deshalb „korrigiert". Ein anderes Bild ergibt sich in (26c-d). Hier produzieren die Kinder ebenfalls ein deutsches Auxiliar, in der Verbalphrase zeigt sich jedoch die deutsche OV-Abfolge, die auch vom erwachsenen Sprecher vorgegeben wurde. Da in beiden Fällen die Verbalphrase leicht abgeändert wurde, kann davon ausgegangen werden, dass die Kinder die Äußerungen nicht „nachgeplappert" haben. Möglicherweise könnte dies darauf hindeuten, dass MOD/AUX einen Einfluss auf die Abfolge der Elemente innerhalb der VP bzw. *v*P hat. Es bleibt jedoch anzumerken, dass es sich insgesamt eindeutig um zu wenige CS-Äußerungen handelt, um weitreichende Schlussfolgerungen zu ziehen.

8.3.1.3 Auswertung der Ergebnisse zum CS zwischen T (MOD/AUX) und VP bzw. *v*P

In diesem Kapitel wurden die Sprachmischungen zwischen Modalverb bzw. tempusbildendem Hilfsverb in T und lexikalischen Verben analysiert. Im Vergleich zu der großen Datenbasis wurden verhältnismäßig wenige dieser Sprachmischungen beobachtet. Trotzdem konnte im Allgemeinen gezeigt werden, dass gemischtsprachliche Äußerungen dieser Art mit allen Sprachenpaaren auftreten. Die Annahme, dass Sprachmischungen der hier fokussierten Art (und somit CS zwischen funktionalen Kategorien und ihren Komplementen) ungrammatisch sind und nicht in spontaner Sprache geäußert werden, wie es die Beschränkung über funktionale Köpfe postuliert, kann also anhand der hier untersuchten Daten widerlegt werden.

Gleiches gilt in Bezug auf Joshis (1985) Ansatz: Für diesen stellt z. B. die Sprachmischung in (15c) (*devi una nehm*) einen Gegenbeleg dar. Hier müsste man davon ausgehen, dass Italienisch die Matrixsprache darstellt, da das Modalverb *devi* (und somit das oberste Element) aus dem Italienischen stammt und der höchste Knoten einer Äußerung laut dem Autor nicht in eine andere Sprache gemischt werden kann. Ferner findet sich das Beispiel (15c) in der italienischen Sprachaufnahme. Aufgrund der deutschen OV-Abfolge müsste man nach Joshi weiterhin argumentieren, dass die gesamte VP bzw. *v*P (*una nehm*) zunächst ins Deutsche, die eingebettete Sprache, gewechselt wurde, wonach dann das Objekt *una* wieder zurück ins Italienische gemischt wurde. Gerade dieser Sprachenwechsel zurück in die Matrixsprache wird jedoch durch Joshis (1985) Asymmetriebeschränkung verboten, weshalb diese Sprachmischung dem Autor nach als ungrammatisch einzustufen wäre und nicht auftreten sollte. Ähnliches gilt auch für Äußerungen wie sie beispielhaft in (15d,f), (16c), (23) und (24a-c) gezeigt werden. Die Daten veranschaulichen also, dass Joshis Annahmen durch einen Teil der hier ausgewerteten Sprachmischungen widerlegt werden.

Die Kinder zeigen bei Sprachmischungen zwischen MOD/AUX und VP bzw. vP verschiedene Wortstellungsmuster. Es wird deutlich, dass auch innerhalb der Sprachmischungen eines Kindes verschiedene Strukturen auftreten, sodass ein und dasselbe Kind nicht immer nach dem gleichen Schema verfährt, wenn es gemischtsprachliche Äußerungen zwischen MOD/AUX und VP bzw. vP produziert. Zusammenfassend lässt sich sagen, dass die erhobenen Daten keine einheitlichen Rückschlüsse auf die Syntax in Äußerungen mit Sprachmischungen zwischen MOD/AUX und VP bzw. vP zulassen. Hier wurde einerseits die Hypothese geprüft, dass die funktionale Kategorie T (MOD/AUX) die Abfolge der Elemente innerhalb der Verbalphrase bestimmt, wovon u. a. Myers-Scotton (1992, 1993b) und MacSwan (1999) ausgehen. Andererseits wurde überprüft, ob das lexikalische Verb die Position seines Komplements bestimmt (wie u. a. Mahootian 1993, Santorini und Mahootian 1995, Mahootian und Santorini 1996, MacSwan 1999, Cantone 2007 und Chan 2003, 2007 argumentieren). Die folgende Tabelle 8.5 gibt einen Überblick darüber, welche der in diesem Kapitel analysierten Sprachmischungen aus den Longitudinal- und Querschnittstudien jeweils für (gekennzeichnet durch „√") und gegen (gekennzeichnet durch „x") die Relevanz der Kategorien MOD/AUX bzw. V für die Abfolge der Elemente innerhalb der Verbalphrase sprechen.

CS-Typ (Beispiele)	VP/vP-Abfolge entspricht der Sprache von		Anzahl der Äußerungen
	MOD/AUX	V	
(15), (16)	√	x	62
(21), (22)	√	√	45
(17), (18)		√	33
(13), (14)	√	x	26
(19), (20)		x	6
(23), (24)	x	x	4
(25b), (26b)	x	√	2
(26c), (26d)	√	x	2

Tabelle 8.5:
Relevanz von MOD/AUX bzw. V für die Abfolge innerhalb der Verbalphrase (Longitudinal- und Querschnittstudie)

Die empirisch erhobenen Daten sprechen also teilweise für, vor allem aber auch gegen beide dargestellten Ansätze. Letztere Beobachtung soll auch noch einmal visuell in Abbildung 8.4 verdeutlicht werden.

Code-Switching und funktionale Kategorien

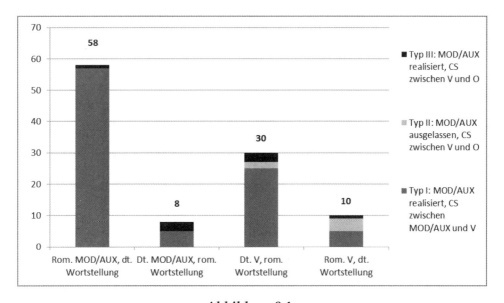

Abbildung 8.4:
Weder MOD/AUX noch V bestimmen die Abfolge innerhalb der VP bzw. vP
(Longitudinal- und Querschnittstudie)

Während die beiden linken Säulen die Äußerungen repräsentieren, in denen die Sprache des Modalverbs bzw. tempusbildenden Hilfsverbs nicht mit der Abfolge zwischen Verb und Komplement übereinstimmt (insgesamt 66 Äußerungen), zeigen die beiden rechten Säulen solche Sprachmischungen, in denen die Sprache des lexikalischen Verbs nicht kompatibel mit der Abfolge der Elemente innerhalb der Verbalphrase ist (insgesamt 40 Äußerungen). Es lässt sich also feststellen, dass die vorliegenden empirischen Sprachdaten gegen beide dargestellten alternativen Ansätze sprechen. Dies zeigt, dass die Wortstellung (OV/VO) innerhalb gemischtsprachlicher Äußerungen mit Modalverb bzw. tempusbildendem Hilfsverb, lexikalischem Verb und Objekt weder von der funktionalen Kategorie T (MOD/AUX) noch von der lexikalischen Kategorie V systematisch und einheitlich bestimmt werden kann. In Bezug auf die Rolle funktionaler Kategorien kann man hieraus schließen, dass T keinen Einfluss auf die Wortstellung innerhalb seines VP- bzw. vP-Komplements hat. Es stellt sich nun die Frage, was dann die Syntax solcher Sprachmischungen bestimmt. Der Gedanke, dass es keine Beschränkung gibt bzw. die Abfolge variieren kann, scheint unplausibel und nicht zufriedenstellend. Deshalb wird in Kapitel 8.4 ein Ansatz vorgestellt werden, der von einer komplexeren Struktur innerhalb des Komplements ausgeht, welches von T f-selektiert wird. Somit bietet sich eine weitere Möglichkeit, wie funktionale Kategorien Einfluss auf die Wortstellung ausüben können, und wie eine einheitliche Erklärung für die Syntax derartiger Sprachmischungen gegeben werden kann. Wie später gezeigt wird, lässt sich dieser Ansatz optimal mit den in Kapitel 8.3.2 analysierten Sprachmischungen zwischen C und TP vereinbaren. Im nächsten Abschnitt soll nun also zunächst die Analyse der Sprachmischungen zwischen dem Komplementierer als funktionalem Element und TP erfolgen.

8.3.2 Code-Switching zwischen C und TP

In diesem Abschnitt werden auf der Basis der durchgeführten Longitudinal- und Querschnittstudien Sprachmischungen in Nebensätzen analysiert, genauer CS zwischen dem Komplementierer C und dem finiten Verb in TP. Auch in diesem grammatischen Bereich kann man – aufgrund der unterschiedlichen Sprachoberflächen (satzfinale Position im Deutschen, SV-Stellung in den romanischen Sprachen) – in gemischtsprachlichen Äußerungen dieser Art die Abfolge einer der beiden involvierten Sprachen zuordnen.

8.3.2.1 Ergebnisse der Longitudinalstudien

In diesem Abschnitt sollen die Sprachmischungen zwischen C und TP im Hinblick auf ihre Wortstellung untersucht werden. Unglücklicherweise beinhalten die meisten Sprachmischungen dieser Art die Konjunktion *weil* oder eines ihrer romanischen Äquivalente (*parce que, perché, porque*). Der Grund dafür ist möglicherweise der „lose" Charakter der deutschen Konjunktion (vgl. Uhmann 1998 für eine Beschreibung der Variation finiter Verbstellung in *weil*-Sätzen). *Weil*-Sätze erlauben im gesprochenen Deutschen alle Arten von Hauptsatzphänomenen, wie z. B. *topic-drop*, d. h. das Auslassen von Phrasen (hier als durchgestrichen markiert), von denen der Sprecher vermutet, dass sie dem Hörer bekannt sind. Ein Beispiel ist: Person A: *Hast du das Fenster zugemacht?* Person B: *Nee, es is noch offen*. Zudem erfordern sie nicht notwendigerweise eine satzfinale Position des finiten Verbs, sondern erlauben auch eine Wortstellung wie im Hauptsatz, womit eine Äußerung wie *weil ich bin müde* im gesprochenen Deutsch als grammatisch einzustufen ist. Aus diesem Grund können Sprachmischungen mit der Konjunktion *weil* oder ihren romanischsprachigen Äquivalenten nicht herangezogen werden, um die Sprache, welche die Wortstellung bestimmt, zu analysieren. Neben diesen Äußerungen enthielten die Korpora auch Sprachmischungen zwischen C und TP, in denen die Konjunktionen eine eindeutig sprachspezifische Wortstellung erfordern (SVO in den romanischen Sprachen, satzfinale Position des finiten Verbs im Deutschen). Anhand dieser Daten können die in Kapitel 8.2 dargestellten Hypothesen überprüft werden. Wie bereits aus Tabelle 8.4 hervorging, finden sich in den untersuchten Korpora sehr wenig relevante Sprachmischungen, hierunter insgesamt lediglich 14 Mischungen zwischen subordinierenden Konjunktionen und dem finiten Verb. Aufgrund der geringen Anzahl der Sprachmischungen zwischen C und TP können alle relevanten Äußerungen im Folgenden in (27)-(31) und (34) aufgeführt werden.

(27) a. hai visto che *geht leicht* (Lukas, 3;4,25)
  (du) hast gesehen dass$_C$ [$_{TP}$ (es) geht leicht]
 b. così che *soll sein* (Lukas, 3;7,15)
  so dass$_C$ [$_{TP}$ (es) soll sein]

c. guarda che *war hier*! (Lukas, 3;10,3)
guck dass_C [_TP (er/sie) war hier]
d. [...] perché quando uno *nehm'* piselli [...] (Aurelio, 3;8,13)
[...] weil wenn_C einer nehm' erbsen [...]
(28) a. [...] *qui* mach' fußball *avec* – (=macht; Elina, 3;8,16)
[...] der/die_C macht fußball mit –
b. *qui* mach' fußball *avec* inas *et* jusna (=ina; =jonas; =macht; Elina, 3;8,16)
der/die_C macht fußball mit inas und jusna
c. ja *ces* – *ces* hex *ça* , *qui* mach angst (=hexen; =macht; Elina, 4;2,22)
ja diese – diese hexen diese , die_C macht angst
d. [...] *si* – *si il* – *i'* – *i' peut i' peut i' peut* fahn (=fahren; Elina, 3;7,17)
[...] ob_C – ob_C er – er – er kann er kann er kann fahren
(29) *aber wenn du* ehm – *en lo ojo cierra* (=los ojos cierras; Teresa, 3;8,6)
aber wenn_C du ehm – in die augen schließt

In den Beispielen unter (27) finden wir die italienischen Konjunktionen *che* (‚dass') und *quando* (‚wenn'). Die Position des Finitums ist ebenfalls romanisch. Da in der TP zusätzlich zu dem finiten Verb noch weitere sprachliche Elemente auftreten, wird deutlich, dass das Verb in Bezug auf die lineare Abfolge an der Stelle steht, die es auch in italienischen Hauptsätzen einnehmen würde (SVO). Im Deutschen hingegen müsste die finiten Verben *geht*, *soll*, *war* und *nehm'* in finaler Position stehen (*leicht geht*, *sein soll*, *hier war* bzw. *erbsen nimmt*). Die Sprache der Konjunktion scheint also die Syntax der gemischten Äußerung zu bestimmen. Weiterhin fällt auf, dass auch die anderen syntaktischen Eigenschaften der Äußerung mit der Sprache der Konjunktion (hier: Italienisch) übereinstimmen. So weisen die Sprachmischungen in (27a-c) Auslassungen des pronominalen Subjekts auf, was im Italienischen den unmarkierten Fall darstellt, im Deutschen aber ungrammatisch wäre (Subjekte können in deutschen Hauptsätzen unter bestimmten Umständen ausgelassen werden (*topic-drop*), in Nebensätzen jedoch nicht; vgl. Patuto 2012). Auch die Sprachmischungen in (28) unterstützen die Annahme, dass die Sprache des Komplementierers die Position von Finitum und dem Restsatz bestimmt. Die Nebensätze in (28a-c), allesamt Relativsätze, weisen das französische *qui* (‚der/die/das') zusammen mit einer dem Französischen entsprechenden SVO-Abfolge auf. Auch die Äußerung in (28d) deutet darauf hin, kann aber aufgrund der mehrmaligen Abbrüche nicht als eindeutiger Beleg identifiziert werden. Zuletzt unterstreicht auch die deutsch-spanische Mischung in (29) die Relevanz des Komplementierers für die Abfolge der Elemente innerhalb von TP in gemischtsprachlichen Äußerungen. Hier liegt neben der deutschen Konjunktion *wenn* auch die deutsche Verb-End-Stellung vor, obwohl das Verb aus dem Spanischen stammt.

Diese Daten zeigen also, dass die Sprache des finiten Verbs in T nicht ausschlaggebend für die Position des Finitums in Relation zu seinem Komplement zu sein scheint, womit sie die Hypothesen von Mahootian (1993), Mahootian & Santorini (1996) und Chan (2003; 2007) widerlegen. Im Gegensatz dazu deuten die Sprachmischungen an, dass sich die Abfolge der Elemente innerhalb der TP möglicherweise nach der Sprache des Komplementierers C richtet, wie u. a. Cantone (2007) und González-Vilbazo und López (2011, 2012) argumentieren. Die Beobachtung, dass die Sprache von C relevant für die Eigenschaften von Sprachmischungen zu sein scheint, wird auch durch die Äußerungen in (30) gestützt.

(30)   a. dai che *kämpfen* !   (Lukas, 3;2,19)
            komm dass (wir) kämpfen
       b. sì che *passt*   (Jan-Philip, 3;9,15)
            ja dass (es) passt

Diese Sprachmischungen enthalten einzig das finite (deutsche) Verb innerhalb der TP, sodass die Wortstellung weder als Deutsch oder Italienisch identifiziert werden kann. Allerdings enthalten auch diese Äußerungen Auslassungen des pronominalen Subjekts, die nur mit der italienischen Syntax kompatibel sind. Dies könnte also ebenfalls dadurch erklärt werden, dass die Sprache von C (hier: Italienisch) die Syntax innerhalb der CP bestimmt und somit auch die Subjektauslassung in TP erlaubt.

Neben den Mischungen in (27) bis (30) treten auch gemischtsprachliche Äußerungen auf, die auf den ersten Blick problematisch für die hier dargestellte Hypothese zu sein scheinen. Diese Äußerungen, die in (31) und (32) dargestellt sind, werden im Folgenden näher diskutiert, wobei gezeigt werden wird, dass es sich nicht um handfeste Gegenbelege handelt, auf der Basis welcher man die Hypothese revidieren müsste.

(31)   *wenn* beno es   (=bueno; Arturo, 3;6,7)
            wenn [$_{TP}$ (es) gut ist]

In (31) finden wir die deutsche Konjunktion *wenn* und eine End-Stellung des spanischen finiten Verbs *es*, womit die Wortstellung der Sprache von C entspricht. Allerdings ist die Auslassung des Subjekts im Nebensatz nicht kompatibel mit der deutschen Syntax. Diese Äußerung verdient eine feinere Analyse, die hier nicht vollständig geliefert werden kann. Einige zentrale Anmerkungen können jedoch gemacht werden, die diese Sprachmischung als Gegenbeleg für unsere Hypothese entkräften. In kindlichen Sprachdaten wird die Konjunktion *wenn* häufig dort gebraucht, wo erwachsene Sprecher die Konjunktion *weil* wählen würden. Dies konnte auch für das hier betroffene deutsch-spanische Kind Arturo gezeigt werden.[9] Somit kann *wenn* in kindlichen Grammatiken auch eine kausative Interpretation haben, die möglicherweise mit den Hauptsatzphänomenen, die *weil* erlaubt, assoziiert wird. Für Arturo kann weiterhin gezeigt werden, dass er auch in nichtgemischten (einsprachig deutschen) Nebensätzen nicht immer

---

9   Ein Beispiel, welches dies verdeutlicht, ist die Äußerung *aber ich geh schon bald weil noch – wenn ich noch klein bin* (Arturo, 4;4,26, dt.-sp.) als Antwort auf die Frage, ob er schon einmal im Fußballstadion war. Dies zeigt, dass *wenn* und *weil* bei Kindern, die das Deutsche erwerben, unter Umständen verwechselt werden.

das Subjekt realisiert (vgl. z. B. die Äußerung in (32)). Die Auslassung des Subjekts (*subject-drop*) ist im adulten System zwar unter bestimmten Bedingungen in deutschen Hauptsätzen möglich (vgl. (33a)), nicht aber in Nebensätzen (vgl. (33b)).

(32) *und wenn regnet bleib drinn (Arturo, 4;7,26)
(33) a. regnet mal wieder ganz schön heute (konstruiertes Beispiel)
      b. *wenn mal wieder ganz schön regnet (konstruiertes Beispiel)

Somit lässt sich nicht feststellen, ob das deutsch-spanische Kind das Subjekt auslässt, weil es auf die spanische Wortstellung zugreift, oder ob es (fälschlicherweise) *subject-drop* mit der Konjunktion *wenn* assoziiert. Das Beispiel stellt also keinen eindeutigen Gegenbeleg für die Hypothese dar, dass die Sprache von C die syntaktischen Eigenschaften innerhalb der CP bestimmt.

Die gemischtsprachlichen Äußerungen in (34) hingegen scheinen die Relevanz der Sprache von C für die Syntax im CS zu widerlegen.

(34) a. di quella che là *liegt* (Lukas, 3;6,13)
         von derjenigen die [$_{TP}$ da liegt]
      b. quando il cavalieli schl- schl- (s) (n) (n) *wach sind* (=cavalieri; Lukas, 3;6,13)
         wenn [$_{TP}$ der ritter schl- schl- (s) (n) (n) wach sind]

Hier finden wir die romanischen Konjunktionen *che* (‚dass') und *quando* (‚wenn'), gleichzeitig scheinen die Verben aber satz-final aufzutreten. Auch hier zeigt eine genauere Betrachtung der Datenlage, dass es sich nicht um eindeutige Gegenbelege handelt. Würde man in (34a) davon ausgehen, dass sich das finite Verb *liegt* in satzfinaler Position befindet, so ließe sich die Behauptung, dass die Sprache von C die Syntax bestimmt, nicht aufrechterhalten. Es ist jedoch nicht notwendigerweise so, dass der eingebettete Satz als Verb-End-Struktur interpretiert werden muss. Das Italienische verfügt über ein Klitikon, *ci*, welches mit dem Verb *stare* kombiniert genau die Bedeutung von *là liegt* ausdrücken kann, und zwar in der Form *ci sta*. Die Konstruktion *ci* + *stare* tritt recht spät im bilingualen Erstspracherwerb auf (vgl. Arnaus Gil 2013). Außerdem beinhaltet die Sprachmischung ein Adverb (*là*), das recht weit oben im Satz positioniert sein kann (als Schwester von TP). Demnach könnte das finite Verb sehr wohl in der dem Italienischen entsprechenden T-Position liegen, während das Adverb oberhalb der TP positioniert worden sein kann. Die Situation in Bezug auf das Beispiel in (34b) verhält sich anders. Der Satz kann allein aufgrund der vielen Zögerungen und Abbrüche nicht analysiert werden. Möglicherweise wollte das Kind mit *schl-* zu dem Verb *schlafen* ansetzen, wonach es aber einen Bruch gibt. Die Äußerung geht dann auf andere Weise weiter und es ist nicht möglich zu entscheiden, ob das Kind den *quando*-Satz weiterführt oder eher eine neue Äußerung intendiert. Somit kann festgehalten werden, dass beide Sprachmischungen in (34) zwar auf den ersten Blick Gegenbelege darstellen, bei näherer Betrachtung aber nicht eindeutig gegen die formulierte Hypothese sprechen. Welche Art von Sprachdaten eindeutig zu einer Verwerfung der Hypothese führen würde und diese somit falsifizierbar macht, wird an späterer Stelle ausführlich diskutiert.

Aufgrund der geringen Anzahl an Sprachmischungen dieser Art (d. h. CS zwischen dem Komplementierer und dem finiten Verb) werden im Folgenden noch weitere Sprachmischungen hinzugezogen. Hierbei handelt es sich um Äußerungen, in denen nicht C und T sondern C und V aus unterschiedlichen Sprachen stammen. Insgesamt traten 20 Äußerungen dieses Typs in den untersuchten Korpora auf.

(35) a. sì che voiono *sägen* questo   (=vogliono; Lukas, 3;1,30)
     ja dass [TP (wir) wollen sägen diesen]
  b. una donde te vas a *verstecken*   (Teresa, 4;2,4)
     eine wo [TP dich (du) wirst verstecken]
  c. [...] *qui a* geschlaf *avec nous la dernière fois* (=geschlafen; Elina, 3;8,16)
     [...] der/die hat geschlafen mit uns das letzte Mal
  d. damit nich ich *bu de la tasse* hab   (Amélie, 3;1,2)
     damit [TP nich ich getrunken aus der tasse hab]
  e. [...] wenn die sich *dai- sdra- sdraiare* will [...]   (Carlotta, 4;4,20)
     [...] wenn [TP die sich hin- hin- hinlegen will [...]

Obwohl diese Daten keine Aussage darüber ermöglichen, ob C oder T die Wortstellung der gemischtsprachlichen Äußerungen bestimmt (da C und T jeweils die gleiche Sprache haben), zeigen sie doch zumindest, dass die Wortstellung in allen Äußerungen kompatibel mit der Sprache von C ist. In (35a) finden wir die romanische Konjunktion *che* (‚dass') zusammen mit einer dem Italienischen entsprechenden Position des finiten Verbs *vogliono* (SVO). Zudem tritt im Nebensatz eine Subjektauslassung auf, wie es im Italienischen erlaubt ist, nicht aber im Deutschen. Auch in (35b) tritt ein romanischer Komplementierer auf, nämlich das spanische *donde* (‚wo'), und gleichzeitig richten sich sowohl die Wortstellung (SVO) als auch die Auslassung des Subjekts nach dem Spanischen. Die in (35c) dargestellte Äußerung enthält den französischen Komplementierer *qui* (‚der/die/das'), der einen Relativsatz einleitet. Dieser Nebensatz entspricht der Verbstellung in den romanischen Sprachen, nämlich SVO. Die Sprachmischung in (35d) hingegen zeigt die deutsche satzfinale Position des finiten Verbs *hab*, womit die Wortstellung mit der Sprache der Konjunktion *damit* übereinstimmt. Das gleiche ist der Fall in (35e), wo der deutsche Komplementierer *wenn* zusammen mit der Verb-End-Stellung auftritt.

Da wir in Kap. 8.1.2 gezeigt haben, dass die Sprachmischungen in Nebensätzen hier überwiegend bei Kindern auftreten, die keine Erwerbsprobleme mit der Wortstellung eingebetteter Sätze aufweisen, kann eine Erklärung der Sprachdaten auf der Basis eines unvollständigen Erwerbs der Syntax weitgehend ausgeschlossen werden. Zusammenfassend halten wir also fest, dass es einige Äußerungen gibt, die dagegensprechen, dass die Sprache von T die Syntax der TP bestimmt. Im Gegensatz dazu sind aber alle Daten mit der Annahme kompatibel, dass die Abfolge der Elemente in TP durch den funktionalen Kopf in C bestimmt wird.

8.3.2.2 Ergebnisse der Querschnittstudien

Schauen wir uns nun die Daten der Querschnittstudien an. In der deutsch-spanischen Studie wurden insgesamt 109 Test-Items mit Sprachmischung zwischen C und T seitens der Interaktionspartner geäußert. Die Antworten der Kinder enthielten jedoch keine einzige Sprachmischung der relevanten Art. In den deutsch-italienischen Elizitationstests zum kindlichen CS finden sich unter 72 präsentierten Sprachmischungen insgesamt vier gemischtsprachliche Äußerungen, die eine Sprachmischung zwischen dem Komplementierer und dem finiten Verb beinhalten. Diese werden im Folgenden in (36) bis (39) inklusive der entsprechenden Input-Items dargestellt.

(36) a. Input durch Interaktionspartner (deutsch-italienisch):
[…] dass *il leone piccolo dormire voleva*
[…] dass [$_{TP}$ der löwe kleine schlafen wollte]
b. Reaktion des Kindes (Giorgia, 3;8,19, dt.-ital.):
dass *il leone piccolo dormire voleva*
dass [$_{TP}$ der löwe kleine schlafen wollte]

(37) a. Input durch Interaktionspartner (deutsch-italienisch):
mia mamma ed io abbiamo visto che *der mann fegen wollte*
meine mama und ich haben gesehen dass [$_{TP}$ der mann fegen wollte]
b. Reaktion des Kindes (Lilly Valentina, 5;0,19, dt.-ital.):
eh mia mamma e i- e io abbiamo visto che *ein mann wollte fegen*
meine mama und ich haben gesehen dass [$_{TP}$ ein mann wollte fegen]

In den oben dargestellten Sprachmischungen stimmt die Abfolge innerhalb der TP bzw. die Position des finiten Verbs mit der Sprache des Komplementierers überein. Während in (36) die deutsche Konjunktion *dass* mit einer satzfinalen Position des finiten Verbs *voleva* einhergeht, tritt in (37) die italienische Konjunktion *che* auf und gleichzeitig liegt eine dem Italienischen entsprechende SVO-Abfolge vor. Ein Unterschied zeigt sich aber in Bezug auf das vorgegebene Test-Item. In (36) wurde dem bilingualen Kind eine satzfinale Stellung des Finitums vorgegeben, die das Kind in seiner gemischtsprachlichen Antwort genauso beibehält. Es ist also nicht klar, ob es sich um eine reflektierte Antwort oder möglicherweise auch um eine bloße Imitation handelt. Dies ist in (37) nicht der Fall: Hier ändert das bilinguale Kind die ihm vorgegebene Verb-End-Stellung und produziert stattdessen eine SVO-Stellung nach dem italienischen Muster. Dies könnte so interpretiert werden, dass das Kind möglicherweise bewusst die italienische Wortstellung auswählt und sogar die Sprachmischung des Erwachsenen als ungrammatisch empfindet und ihn „korrigiert". Neben der Abfolge ändert Lilly Valentina auch die Determinante (sie benutzt einen indefiniten an Stelle des definiten Artikels), was ebenfalls darauf hindeutet, dass es sich hier nicht um Nachplappern handelt, sondern um eine reflektierte Antwort.

Während die vorgenannten Daten für die zuvor postulierte Wichtigkeit des Komplementierers für die Wortstellung im Satz sprechen, stellen die beiden folgenden Sprachmischungen möglicherweise Gegenbelege für diese Hypothese dar.

(38) a. Input durch Interaktionspartner (deutsch-italienisch):
[...] dass *la schimmia piccola sapeva correre*
[...] dass [$_{TP}$ der affe kleine konnte laufen]
b. Reaktion des Kindes (Giorgia, 3;8,19, dt.-ital.):
dass das eh *la scimmia piccola sapeva correre*
dass [$_{TP}$ das eh der affe kleine konnte laufen]

(39) a. Input durch Interaktionspartner (deutsch-italienisch):
mia mamma ed io abbiamo visto che *der mann fegen wollte*
meine mama und ich haben gesehen dass [$_{TP}$ der mann fegen wollte]
b. Reaktion des Kindes (Alessia, 4;0,19, dt.-ital.):
che la mamma *fegen wollte*
dass [$_{TP}$ die mama fegen wollte]

In den beiden gemischtsprachlichen Reaktionen in (38) und (39) übernehmen die Kinder jeweils die ihnen vorgegebene Position des Finitums. In diesen Fällen stimmt die Position des Finitums (satzfinal) aber nicht mit der Sprache der Komplementierer (Italienisch) überein. Die Frage, ob es sich hier um Imitationen der vorgegeben Testsätze handelt oder ob die Kinder die Struktur bewusst gewählt haben, muss leider unbeantwortet bleiben. Da sie aber keine positionale Änderung in Bezug auf das finite Verb vornehmen, sondern die gemischtsprachlichen Äußerungen syntaktisch wiedergeben, wie sie ihnen präsentiert wurden, stellen diese Sprachmischungen keine eindeutigen Gegenbelege für die Hypothese dar, dass die Sprache von C die Position der Elemente innerhalb der TP bestimmt.

Schließlich traten bei den Kindern noch zwei Äußerungen auf, in denen C und T zwar aus der gleichen Sprache (Italienisch) stammen, das lexikalische Verb aber deutsch ist (vgl. (40) und (41)).

(40) a. Input durch Interaktionspartner (deutsch-italienisch):
mia mamma ed io abbiamo visto che *der mann fegen wollte*
meine mama und ich haben gesehen dass [$_{TP}$ der mann fegen wollte]
b. Reaktion des Kindes (Micol, 4;0,9, dt.-ital.):
voi avete visto che il signore fa *fegen*
ihr habt gesehen dass [$_{TP}$ der mann tut fegen]

(41) a. Input durch Interaktionspartner (deutsch-italienisch):
mia mamma ed io abbiamo visto che *die giraffe wollte tanzen*
meine mama und ich haben gesehen dass [$_{TP}$ die giraffe wollte tanzen]
b. Reaktion des Kindes (Lilly Valentina, 5;0,19, dt.-ital.):
eh mia mamma era – e io abbiamo visto che la *giraffe* voleva *tanzen*
meine mama war – und ich haben gesehen dass [$_{TP}$ die giraffe wollte tanzen]

Ähnlich wie es bei dieser Art von CS in den Longitudinalstudien der Fall war, haben diese Sprachmischungen keine Aussagekraft darüber, ob das Element in C

Code-Switching und funktionale Kategorien 243

oder in T die Abfolge der Elemente innerhalb der TP bestimmt, da hier beide funktionalen Kategorien aus dem Italienischen stammen und somit mit der SVO-Abfolge übereinstimmen. Es wird jedoch deutlich, dass beide Äußerungen mit der Idee, dass der funktionale Kopf C für die Abfolge zwischen Finitum und seinem VP- bzw. vP-Komplement verantwortlich ist, zumindest kompatibel sind.

Dass bei zwei CS-Äußerungen der Mischpunkt auf diese Art verschoben wurde (sodass C und T der gleichen Sprache entsprechen), während es nur vier Sprachmischungen mit Beibehaltung des Mischpunktes gibt, könnte möglicherweise auch darauf hindeuten, dass es für bilinguale Sprecher eher unüblich ist, auf diese Weise zu mischen.

8.3.2.3 Auswertung der Ergebnisse zum Code-Switching zwischen C und TP

In den vorherigen Abschnitten wurde auf Sprachmischungen zwischen Komplementierern und ihrem Komplement (TP) eingegangen. Auch diese Art von Sprachmischung trat eher selten auf, konnte aber in den Korpora verzeichnet werden. Auch hier ist die Beschränkung über funktionale Köpfe, das CS dieses Typs generell „verbietet", demnach nicht gültig.

Auch die Vorhersagen von Myers-Scottons (1993b) MLF-Modell treffen für den hier untersuchten grammatischen Bereich nicht zu. Da nach ihrem Ansatz sowohl C als auch T als *system morphemes* der Matrixsprache (und somit immer derselben Sprache) entsprechen müssten, dürften Sprachmischungen des hier fokussierten Typs niemals auftreten, was sie jedoch tun. Myers-Scottons Ansatz kann demnach anhand der dargestellten Sprachmischungen falsifiziert werden.

In Bezug auf Joshis (1985) *Constraint on Closed-Class Items* ist die Situation weniger eindeutig. In den meisten gemischten Nebensätzen ist entweder nur das Verb als einzelnes Element oder die gesamte VP bzw. vP als Einheit von der Matrixsprache (d. h. der Sprache des höchsten Knotens, also der Sprache von C) in die eingebettete Sprache gemischt worden, was mit Joshis Beschränkung vereinbar ist. Eine Äußerung, die möglicherweise gegen diesen Ansatz sprechen würde, ist (34a). Wenn man hier davon ausgeht, dass die deutsche Wortstellung vorliegt, müsste man annehmen, dass zunächst die gesamte VP bzw. vP ins Deutsche gemischt wurde und anschließend das Adverb *là* zurück ins Italienische gewechselt wurde; dies wiederum würde gegen Joshis Ansatz sprechen, da der Sprachenwechsel von der eingebetteten Sprache in die Matrixsprache in diesem Modell grundsätzlich als ungrammatisch bewertet wird. Wenn man jedoch, wie wir hier argumentieren, zu der Schlussfolgerung kommt, dass die Äußerung nicht unbedingt eine deutsche Wortstellung aufweist, erübrigt sich dieses Problem, da in diesem Fall nur das Verb *liegt* ins Deutsche gemischt wurde, was mit Joshis Vorhersagen kompatibel ist.

Insgesamt kann festgehalten werden, dass die meisten der hier aufgezeigten Sprachmischungen die Hypothese unterstützen (oder mindestens damit kompatibel sind), dass die Sprache des Komplementierers C die Abfolge der Elemente innerhalb der TP bestimmt; zu dieser Evidenz gehören die Beispiele in (27)-(31), (35)-(37) und (40)-(41). Diese Beobachtungen decken sich mit dem, was auch Cantone (2007) und González-Vilbazo und López (2011, 2012) postulieren, widerlegt jedoch die Ansätze von Mahootian (1993), Mahootian und Santorini (1996) und Chan (2003; 2007). CS-Äußerungen, die möglicherweise problematisch unter dieser Annahme sein könnten, sind in (31), (34), (38) und (39) dargestellt. Es wurde jedoch gezeigt, dass diese Beispiele keine eindeutigen Gegenbelege zu der Hypothese der Bedeutung von C für die Syntax der gemischten Sätze darstellen, sodass diese auf der Basis aller bisher evaluierten Sprachmischungen aufrechterhalten werden kann. Es muss insgesamt bedacht werden, dass die fokussierte Struktur – der Nebensatz – in gemischtsprachlichen Äußerungen relativ selten auftritt, weshalb zusätzliche empirische Evidenz benötigt wird.

8.4 Die Rolle der funktionalen Kategorie C im Code-Switching

In diesem Kapitel wird eine neue, innovative Analyse vorgeschlagen, mit der die hier fokussierten Typen von CS einheitlich analysiert werden können (vgl. Jansen, Müller & Müller 2012). Die Kernhypothese ist, dass die Sprache des Komplementierers in C nicht nur im CS zwischen C und TP, sondern auch in den Sprachmischungen zwischen MOD/AUX und VP bzw. *v*P – hier allerdings kovert (unsichtbar) – die Syntax bestimmt. Es kann gezeigt werden, dass diese Analyse mit allen Daten kompatibel ist und somit eine mögliche, einheitliche Erklärung für die strukturellen Eigenschaften der untersuchten Sprachmischungen darstellt. In diesem Zusammenhang wird der entwickelte Ansatz auch kritisch beleuchtet und es wird dargelegt, welche ungeklärten Fragen zu diskutieren bleiben und wie die weitere Forschungsarbeit aussieht.

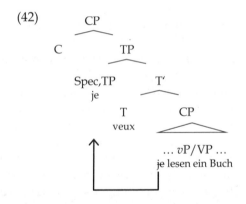

Im Folgenden soll erläutert werden, wie C als funktionaler Kopf entscheidend für die Syntax in Sprachmischungen zwischen Modalverb bzw. tempusbildendem Hilfsverb und seinem Komplement sein kann. Neben der klassischen Analyse von Modalverben bzw. tempusbildenden Hilfsverben, nach der diese eine VP bzw. *v*P f-selektieren (vgl. z. B. Radford 1997), gibt es auch die Annahme, dass MOD als funktionaler Kopf einen ganzen Satz selektiert, nämlich eine CP. Dieser Ansatz wird z. B. von Jones (1996), Zagona (2002) und Rowlett (2007) vertreten, die für Strukturen der Art argumentieren, wie sie in (42) dargestellt ist.

In der hier exemplarisch dargestellten deutsch-französischen Sprachmischung *je veux lesen ein buch* (‚ich will ein buch lesen') nimmt das Modalverb *veux* nicht eine VP/*v*P, sondern eine komplette CP als Komplement, wobei die Position des funktionalen Kopfes C nicht durch ein lexikalisches Element gefüllt (also kovert) ist.[10] Ein ähnlicher Ansatz wurde von Kayne (1993) auch für tempusbildende Hilfsverben entwickelt. Im Folgenden soll nun also einmal angenommen werden, dass sowohl MOD als auch AUX in T eine CP f-selektieren, deren funktionaler C-Kopf kovert ist. Auf diese Vorstellung lässt sich nun die in Kapitel 8.3.2 für Komplementierer gezeigte Beobachtung übertragen, nämlich dass die Sprache von Komplementierern die Wortstellung in der gemischtsprachlichen Äußerung bestimmt. Die Sprache des leeren C muss in Sprachmischungen nicht identisch mit der Sprache des Modalverbs bzw. tempusbildenden Hilfsverbs sein; somit könnte dieser Ansatz die Variation innerhalb der Komplemente von MOD/AUX (vgl. die Beispiele in (13) bis (26)) erklären. Außerdem wäre auf diese Art eine einheitliche Beschreibung der Rolle der funktionalen Kategorie für die Syntax gemischtsprachlicher Äußerungen möglich, der zufolge die Wortstellung einer gemischtsprachlichen Äußerung immer durch die Sprache von C determiniert wird. Dies würde im Falle der Konjunktionen overt geschehen, wohingegen C die Abfolge der Elemente im phrasalen Komplement von MOD/AUX als koverter Kopf bestimmen würde. Zur Veranschaulichung werden in (43) bis (45) noch einmal einige der oben dargestellten Sprachmischungen mit den entsprechenden syntaktischen Strukturen (in vereinfachter Form) dargestellt. Im Kapitel 7 haben wir eine VP-Struktur kennengelernt, in der Platz für das Subjekt (in Spec,*v*P), das direkte Objekt (in Spec,VP) und das indirekte Objekt (als Schwester von V) ist. Wir wollen im Folgenden vereinfacht *v*P notieren.

(43) a. hai visto [$_{CP}$ **che** [$_{TP}$ *geht* [$_{vP}$ ~~geht~~ *leicht*]]]   (Lukas, 3;4,25)
        (du) hast gesehen dass (es) geht leicht
      b. [$_{CP}$ **damit** [$_{TP}$ nich ich [... [$_{vP}$ ~~nich ich~~ *bu de la tasse*] hab]]] (=nicht; Amélie, 3;1,2)
        damit nicht ich getrunken aus der tasse hab

(44) a. *du muss* [$_{CP}$ C [... [$_{vP}$ *eso hace*]]]   (=musst; =hacer; Arturo, 3;1,2)
        du musst das machen
      b. *vamos* [$_{CP}$ C [... [$_{vP}$ *este bauen*]]]   (=vamos a; Arturo, 3;7,21)
        (wir) werden dieses bauen

(45) a. *tu vas* [$_{CP}$ C [... [$_{vP}$ *halten das*]]] ?   (Emma, 2;10,3)
        du wirst halten das ?
      b. e e , e e , ich konnte [$_{CP}$ C [... [$_{vP}$ *re,garder un film*]]]   (Marie, 3;0,2)
        e e , e e , ich konnte anschauen einen film

Für die Beispiele in (43) kann gesagt werden, dass die Abfolge der Elemente innerhalb des f-selektierten Komplements (CP) durch die Sprache des Komplementierers bestimmt wird, sodass in (43a) eine italienische und in (43b) eine deutsche Wortstellung vorliegt. Dies zeigt sich an der Stellung des finiten Verbs, die in (43a) dem Italienischen und in (43b) dem Deutschen entspricht. In den Beispielen in (44) und (45) ist C hingegen kovert. Aufgrund der Wortstellung würde man

---

[10] Jones (1996), Zagona (2002) und Rowlett (2007) sowie Kayne (1993) argumentieren auf der Basis nichtgemischter Äußerungen. Die syntaktische Analyse ist aber übertragbar auf Sprachmischungen der hier untersuchten Art.

nun annehmen, dass die Sprache des koverten C in (44) deutsch ist: In beiden Fällen finden wir eine dem Deutschen entsprechenden OV-Stellung. Die Beispiele verdeutlichen erneut, dass die jeweilige Abfolge der Elemente innerhalb der VP/vP unabhängig von der Sprache von MOD/AUX in T (deutsch in (44a) und spanisch in (44b)) und von der des lexikalischen Verbs (spanisch in (44a) und deutsch in (44b)) sein muss. Ähnliches gilt für die Sprachmischungen in (45): Die Strukturen weisen darauf hin, dass das koverte C in beiden Fällen französisch ist, da wir die Anordnung VO finden.

Im folgenden Abschnitt soll nun kurz diskutiert werden, wie die dargestellten Hypothesen falsifizierbar wären. Im Fall der Sprachmischungen zwischen dem Komplementierer als overtem C und seinem Komplement würden Sprachmischungen, die einen deutschen Komplementierer und eine eindeutig romanische Wortstellung (oder andersherum) aufweisen, Gegenbelege darstellen. Für die Analyse der Hypothese, dass C auch bei Sprachmischungen zwischen MOD/AUX und seinem Komplement die Syntax bestimmt, ist der Sachverhalt komplizierter. Da C als koverter funktionaler Kopf angenommen wird, kann es niemals eine direkt sichtbare Evidenz zur Untermauerung der formulierten Hypothese geben. Die Annahme, dass die Sprache des koverten C die Abfolge der Elemente innerhalb der CP bestimmt, ist aber empirisch falsifizierbar. Im Folgenden wird ausgeführt, welche Art von Sprachmischungen den Ansatz widerlegen könnte, wobei gleichzeitig darauf hingewiesen wird, dass bisher keine solchen Beispiele aufgetreten sind. Mit der Annahme, dass die Sprache des nicht lexikalisch realisierten C-Kopfes verantwortlich für die Abfolge der Elemente innerhalb der TP ist, geht die Konsequenz einher, dass die Wortstellung aller Elemente, welche TP dominiert, sich nach einer der beiden in die Mischung involvierten Sprachen richtet. Dies schließt also den Fall aus, dass die TP syntaktische Merkmale beider Sprachen gleichzeitig zeigt; die Syntax einer gemischtsprachigen Äußerung der analysierten Art sollte also durchweg entweder romanischsprachig oder deutsch sein. Konkret untersuchen lässt sich das bei Sprachmischungen, die in der VP bzw. vP nicht nur über ein, sondern über zwei Komplemente des Verbs verfügen. Dies ist in den Äußerungen in (46)[11] dargestellt.

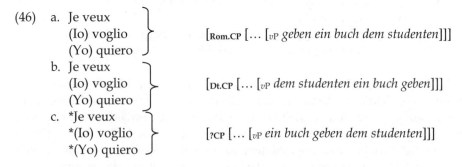

---

[11] Ob die Subjekt-DPn/NPn in den konstruierten Beispielen in (46) romanisch oder deutsch sind, ist für die Argumentation nicht von Bedeutung.

In Sprachmischungen dieser Art sollten, wie in (46a), beide Komplemente dem Verb folgen, was der romanischen Wortstellung entspräche, oder, wie (46b) zeigt, beide dem Verb vorangehen, was der deutschen Syntax gleichkäme. Der Fall, dass ein Komplement vor und das andere nach dem Verb positioniert ist, wäre mit der oben dargestellten Hypothese nicht vereinbar. Eine Sprachmischung wie in dem konstruierten Beispiel in (46c) würde somit Evidenz darstellen, auf deren Basis der hier skizzierte Ansatz falsifiziert werden würde.

In den bisher untersuchten, umfangreichen Korpora traten keine Mischungen des oben skizzierten Typs auf, womit die aufgestellten Hypothesen bislang nicht falsifiziert wurden. Der hier dargestellte Ansatz kann also die Sprachdaten erklären und ist, im Gegensatz zu den in der Literatur vorgestellten Hypothesen, mit sämtlichen erhobenen Daten kompatibel. Somit lässt sich einheitlich argumentieren, dass die Sprache der funktionalen Kategorie C für gemischtsprachliche Äußerungen von großer Bedeutung ist, da sie die Syntax innerhalb der CP zu bestimmen scheint. Im Falle der overt realisierten Komplementierer ist also die Sprache dieses Elements die, nach der sich die Syntax der CP richtet. Für die Sprachmischungen zwischen MOD/AUX und VP bzw. *v*P stellt sich aber die zentrale Frage, wodurch die Sprache des koverten C bestimmt wird. Man könnte annehmen, dass die die Wortstellung bestimmende Sprache durch einen festen sprachinternen oder -externen Faktor determiniert ist. So könnte z. B. durch eine Basis- oder Matrixsprache festgelegt sein, welcher Sprache das koverte C angehört (vgl. z. B. Myers-Scottons 1992, 1993b). Dieser Idee wird in den folgenden Abschnitten nachgegangen.

Es wurden in der Literatur diverse Ansätze entwickelt, wie man die Basissprache einer gemischtsprachlichen Äußerung identifizieren kann. Möglicherweise ließe sich so zeigen, dass eine solche Basissprache die Syntax der gemischtsprachlichen Äußerungen bestimmen könnte. Einige dieser Hypothesen werden dafür im Folgenden vorgestellt und anhand der oben vorgestellten Daten überprüft.

Im Rahmen ihres *Matrix Language Frame* (MLF) Modells, durch den die Autorin den Begriff der Matrixsprache (*Matrix Language*, ML) prägt, schlägt Myers-Scotton (1992, 1993b) verschiedene Wege zur Identifizierung einer übergeordneten Sprache in der bilingualen Konversation vor. Aus einer psychologischen Perspektive weist sie darauf hin, dass die relative Sprachfertigkeit (engl. *proficiency*) in den beiden Sprachen eines Individuums zur Bestimmung der Matrixsprache herangezogen werden soll. Gleichzeitig gibt die Autorin jedoch zu bedenken, dass die empirische Erfassung der Sprachfertigkeit sich als schwierig erweist. Im Fall der hier analysierten Kinder hingegen könnte man unter diesem Gesichtspunkt argumentieren, dass die dominante Sprache der unbalancierten Kinder die Matrixsprache darstellen sollte. Jedoch zeigt eine Analyse des deutsch-spanischen Jungen Arturo, der Deutsch als starke Sprache erwirbt (vgl. Kapitel 3), dass die Wortstellung in den von ihm produzierten Sprachmischungen nicht immer dieser dominanten Sprache entspricht. So produziert er gemischtsprachliche Äußerungen, in denen die Wortstellung seiner schwachen Sprache (Spanisch) entspricht, wie exemplarisch in (47) gezeigt wird.

(47)   du muss *hace mu mu grande*   (=musst hacer muy; Arturo, 2;11,6, dt.-sp.)
       du musst [CP C [... [vP machen sehr sehr groß]]]

Hier liegt eine dem Spanischen entsprechende VO-Abfolge vor, obwohl das Deutsche seine starke Sprache darstellt. Es ist also nicht der Fall, dass die Sprachdominanz der Kinder systematisch einen Einfluss auf die Wortstellung in den Sprachmischungen hat.

Für ein zweites Kriterium zur Identifikation der Matrixsprache argumentiert Myers-Scotton (1993b:67f.) aus soziolinguistischer Perspektive. Hiernach sollte die Matrixsprache entweder diejenige Sprache sein, die in der jeweiligen Konversation, in der die Sprachmischung auftritt, der unmarkierte (d. h. typischere) Fall ist, oder diejenige, die in der Umgebung dominant ist. Erstere entspricht in den hier zugrunde liegenden Studien der Sprache der jeweiligen Aufnahme, d. h. der Muttersprache des Interaktionspartners, wohingegen Letztere der Landessprache gleichkommt. Anhand der erhobenen Daten kann jedoch gezeigt werden, dass auch nach diesen Definitionen der Matrixsprache diese nicht für die Syntax in gemischtsprachlichen Äußerungen der hier untersuchten Art verantwortlich sein kann. In (47) wird deutlich, dass es sich um eine spanische VO-Abfolge in der VP bzw. vP handelt, wohingegen die Kontextsprache (d. h. die Sprache der Videoaufnahme) Deutsch ist. Auch Sprachmischungen anderer Kinder führen zu dem gleichen Resultat: Die Abfolge der Elemente innerhalb der VP bzw. vP wird nicht durch die Kontextsprache festgelegt. Die deutsch-französisch bilingualen Kinder Emma und Amélie realisieren die Sprachmischungen zwischen Modalverb bzw. tempusbildendem Hilfsverb und dem Rest des Satzes immer im deutschen Kontext, und zwar sowohl mit OV- als auch mit VO-Stellung. Marie, Amélie und Alexander äußern jeweils nur eine relevante Sprachmischung. Hierbei handelt es sich um eine VO-Stellung innerhalb der VP bzw. vP, wobei der Kontext deutsch ist. Dies widerspricht also ebenfalls der Kontextsprache als ML-Indikator. Und auch die deutsch-italienischen Kinder liefern keine Evidenz für die Annahme, dass die Wortstellung durch die Kontextsprache bestimmt werden könnte: Aurelios Sprachmischung zwischen T und VP bzw. vP (OV geordnet) tritt im italienischen Kontext auf und auch sämtliche Sprachmischungen dieser Art von Lukas sind in italienischen Aufnahmesituationen zu finden (sowohl OV als auch VO).

Die Sprachmischung in (48) zeigt exemplarisch, dass auch die Landessprache nicht auslösend für die VP-Syntax sein kann:

(48)   *tu vas* den buch lesn?   (=lesen; Emma, 2;9,18, dt.-frz.)
       du wirst [CP C [... [VP den buch lesen]]] ?

Hier produziert das deutsch-französische Kind Emma eine Sprachmischung, die eine dem Deutschen entsprechende OV-Ordnung aufweist, obwohl es in Frankreich aufwächst und somit Französisch die Umgebungssprache darstellt.

Das Kriterium, das Myers-Scotton als das empirisch am besten erfassbare Kriterium zur Erfassung der Matrixsprache einschätzt, ist die relative Morphemanzahl. Nach diesem Ansatz geht Myers-Scotton (1992, 1993b, 2002) davon aus,

Code-Switching und funktionale Kategorien

dass die Matrixsprache diejenige Sprache ist, die relativ gesehen mehr Morpheme in die untersuchte Konversation bzw. Diskurseinheit einbringt. Die Autorin merkt dazu an, dass die Matrixsprache nur in einem weiteren Kontext, nicht aber anhand nur einer Äußerung bestimmt werden kann.

> Frequency counts must be based on a discourse sample; they offer no reliable evidence if they are performed on single sentences. That is, if a sentence is analysed in isolation [...] there is no way to identify the ML. The ML can only be identified in sentences containing CS material if such sentences are considered as a larger corpus. How large is 'large enough' is an unresolved issue; but certainly a discourse sample must mean more than one sentence. (Myers-Scotton 1993b:68)

Da der Umfang einer solchen Diskurseinheit (*discourse sample*) von der Autorin nur vage umrissen wird, mussten die für die vorliegende Untersuchung ausgewerteten Ausschnitte eher intuitiv und in Abhängigkeit der jeweiligen Gesprächssituation ausgewählt werden. Die Diskurseinheiten umfassen aber ein Minimum von sechs Äußerungen seitens des Kindes. Dass auch die durch Morphemzählung ermittelte Matrixsprache nicht determinierend für die Syntax der hier untersuchten Sprachmischungen sein kann, zeigt exemplarisch der folgende Konversationsausschnitt, in dem gemischtes Sprachmaterial (in diesem Fall französisch) erneut kursiv gesetzt ist, während die relevante Sprachmischung durch Fettdruck hervorgehoben wird.

Emma, 2;8,1, DK

Äußerung der Interaktionspartnerin	Äußerung des Kindes
	ja *je veux du* , (xx) *des* ei /
warum denn ? warum muss das denn in die badewanne ? / das is doch nich toll he ↑ / warum ?	das is toll /
	n toll /
emma spinnt /	
	das juck nich /
so /	
	(da) / *je veux* **nehm' bane** /
warum tust du das essn jetz in die badewanne emma ? , he ↑ /	
	je veux essen in badewanne /

Die Diskurseinheit, in die die relevante Sprachmischung *je veux nehm' bane* (=banane; ‚ich will nehmen banane') thematisch eingebettet ist, setzt sich aus 18 deutschen und 13 französischen Morphemen seitens des Kindes sowie aus 32 deutschen Morphemen der erwachsenen Interaktionspartnerin zusammen. Obwohl also in jedem Fall die deutschen Morpheme quantitativ überwiegen, verwendet das Kind in der betreffenden Sprachmischung die französische Wortstellung (VO). Und auch wenn man, wie Myers-Scotton (1993b) es tut, zwischen *content morphemes* und *system morphemes* unterscheidet, führt diese Analyse zu einem negativen Ergebnis. Die Gruppe der *system morphemes* schließt unter anderem die hier fokussierte funktionale Kategorie MOD ein (Myers-Scotton 1992:133), womit diese aus der Matrixsprache stammen muss. Demnach wäre Französisch als Matrixsprache zu benennen, was allerdings wiederum problematisch wäre: Innerhalb der Diskurseinheit treten auch deutsche *system morphemes* auf (z. B. das deutsche finite Verb *is* und somit T), was nach dem MLF-Modell *per se* nicht zulässig ist. Zusammenfassend lässt sich demnach schließen, dass die Matrixsprache nach den von Myers-Scotton (1992, 1993b) formulierten Definitionen nicht zu einer Klärung der Frage beitragen kann, welche Sprache das koverte C, das von T (MOD/AUX) f-selektiert wird, in Sprachmischungen hat.

Eine andere Herangehensweise zur Identifikation der Basissprache vertritt Doron (1983). Nach ihrem Ansatz, der auf dem Prinzip beruht, dass sprachliche Äußerungen „von links nach rechts" verarbeitet werden (*Left-to-right-parsing*), wird die Basissprache einer gemischtsprachigen Äußerung von dem ersten Wort bzw. den ersten Wörtern dieser Äußerung bestimmt. Auch Joshi (1985) argumentiert in diesem Sinn, da er annimmt, dass der höchste Knoten die Matrixsprache einer CS-Äußerung darstellt. Es kann allerdings anhand der hier erhobenen Daten gezeigt werden, dass die Sprache des ersten Wortes der Äußerung nicht immer der für die jeweilige Sprache typischen VP- bzw. vP-Syntax entspricht. Dies wird z. B. in der Sprachmischung in (15a) deutlich, die hier als (50) erneut aufgeführt wird.

(50)   *je veux* essen mache   (=machen; Emma, 2;8,21)
        ich will [$_{v\text{P}}$ essen machen]

Obwohl die Äußerung mit den französischen Lexemen *je veux* beginnt, wird in der VP bzw. vP die deutsche Abfolge (OV) gewählt.

Die Analyse hat gezeigt, dass kein Zusammenhang zwischen der Matrix- oder Basissprache (nach den bisher einbezogenen Kriterien) und der Abfolge der Elemente innerhalb der VP bzw. vP festgestellt werden konnte. Um einen solchen Zusammenhang zu belegen, sollte die Matrixsprache stets mit der VP- bzw. vP-Syntax der jeweiligen Sprache übereinstimmen, was hier aber widerlegt wurde. Ob andere Definitionen einer Basissprache gemischter Äußerungen für die vorliegende Analyse erfolgreich sein können, müssen weitere Forschungsarbeiten zeigen. Wenn es gelingt, einen (sprachinternen oder -externen) Faktor zu finden, der die Sprache des koverten C in den hier aufgeführten Äußerungen bestimmt, kann man dies mit den gemischtsprachigen Äußerungen im Bereich der Komplementierer abgleichen. So kann ein gefundener Ansatz weiter belegt oder gegebenenfalls auch widerlegt werden.

8.5   Zusammenfassung

In diesem Kapitel wurde die Rolle funktionaler Kategorien für die Syntax im intra-sententialen CS untersucht. Die betrachteten funktionalen Elemente sind Modalverben und tempusbildende Hilfsverben sowie Konjunktionen in Äußerungen, die Sprachmischungen innerhalb ihrer Komplemente aufweisen. Auf der

Basis der empirisch erhobenen Sprachdaten konnte die Hypothese erarbeitet werden, dass die Sprache des funktionalen C-Kopfes die Abfolge innerhalb des phrasalen Komplements bestimmt. Konkret bedeutet dies, dass wir mit romanischen Komplementierern eine SV-Abfolge finden, während deutsche Komplementierer mit einer Verb-End-Stellung einhergehen. Die Annahme, dass die Sprache des funktionalen C-Kopfes die Syntax seiner Komplementphrase bestimmt, wurde in einem zweiten Schritt auf die Analyse der Sprachmischungen mit Modalverben und tempusbildende Hilfsverben übertragen. Als Resultat wird im Sinne der von Jansen, Müller und Müller (2012) formulierten Hypothese argumentiert, dass T (MOD/AUX) eine CP mit einem koverten C-Kopf als Komplement nimmt. Der Sprache dieses koverten C wiederum wird die „Entscheidung" über die VP- bzw. *v*P-Syntax zugeschrieben. Sollte sich diese Hypothese im Laufe der weiteren Forschungsarbeit als zutreffend herausstellen, wäre belegt, dass der funktionalen Kategorie C eine erhebliche Rolle in Bezug auf die syntaktische Abfolge in gemischtsprachlichen (wie auch einsprachigen) Äußerungen zukommt. Für die funktionale Kategorie T (MOD/AUX) konnte gezeigt werden, dass diese keinen Einfluss auf die Wortstellung innerhalb ihres gemischtsprachlichen Komplements hat. Neben einer Erweiterung der Datengrundlage muss ebenfalls verstärkt der Frage nachgegangen werden, wodurch die Sprache des koverten C in einer gemischtsprachlichen Äußerung bestimmt wird.

8.6 Aufgaben

1. Diskutieren Sie die Syntax der folgenden Sprachmischungen anhand der in diesem Kapitel vorgestellten Beschränkungen und Hypothesen zum Code-Switching.

    a. Il veut fang das has (=fangen; =den Hasen; Elina, 4;0,4)
    b. Will auch monter tout en haut en haut en haut (Elisa, 2;4,29)
    c. Io voglio queste spielen (=questo; Aurelio, 3;7,9)
    d. Una fafalla che può fliegen (=farfalla; Aurelio, 3;8,13)
    e. Tu puedes die schuhe ausziehn (Nora, 2;8,5)
    f. Que no puede aquí laufen (Nora, 2;6,29)

2. Kommentieren Sie das folgende Zitat von Clyne (1987:744): „It is a matter of doubt whether the notion of grammaticality can be applied to data as variable as that of code-switching."
3. Lesen Sie den Artikel von MacSwan (2009) und diskutieren Sie die Gültigkeit der folgenden Behauptung (S. 325): „Nothing constrains code-switching apart from the requirements of the mixed grammars." Welche Rolle kommt bei dieser Sichtweise der funktionalen Kategorie C zu?

9 Code-Switching zwischen Adjektiv und Nomen

Laia Arnaus Gil

In diesem Kapitel soll das intra-sententiale CS zwischen Adjektiv und Nomen analysiert werden. Während das Deutsche nur eine pränominale Adjektivstellung erlaubt, d. h. Adjektive stehen immer vor dem Nomen, machen die romanischen Sprachen neben der pränominalen häufig auch von der postnominalen Position des Adjektivs Gebrauch, manche bevorzugen diese Position sogar. CS zwischen Adjektiv und Nomen in der Sprachkombination Deutsch-Romanisch ist von besonderem Interesse, da die beiden involvierten Sprachsysteme Stellungsunterschiede aufweisen. Wir werden also in der Lage sein, die Sprache zu bestimmen, welcher die gemischtsprachliche DP folgt.

In diesem Kapitel werden die folgenden Fragen in Bezug auf den Sprachenwechsel zwischen Adjektiv und Nomen fokussiert: (1) Wird beim CS zwischen Adjektiv und Nomen die pränominale oder die postnominale Stellung des Adjektivs bevorzugt? (2) Bestimmt beim Sprachenwechsel zwischen Adjektiv und Nomen die Sprache des Adjektivs die Wortstellung von Adjektiv und Nomen?

Im Folgenden sollen zunächst die jeweiligen Erwachsenensysteme der untersuchten romanischen Sprachen sowie des Deutschen in Bezug auf die Stellung des Adjektivs in attributiver Position vorgestellt werden (Kapitel 9.1.1 und 9.1.2). Anschließend werden verschiedene syntaktische Analysen zur Adjektivstellung diskutiert (Kapitel 9.1.3). Darüber hinaus werden in Kapitel 9.2 ausgewählte Studien zum CS zwischen Adjektiv und Nomen präsentiert. Im Anschluss daran werden die Ergebnisse aus den bilingualen Longitudinal- und Querschnittstudien in Bezug auf die Adjektivstellung in den einsprachigen und gemischtsprachlichen Äußerungen der bilingualen Kinder vorgestellt (Kapitel 9.3). Schließlich sollen die Spracherwerbsdaten im Rahmen der vorgestellten syntaktischen Analysen diskutiert werden.

9.1 Adjektivstellung in den Zielsystemen: Deutsch, Französisch, Italienisch und Spanisch

9.1.1 Adjektivstellung und Interpretation

Die Adjektivstellung unterscheidet sich im Deutschen von den hier analysierten romanischen Sprachen: Das Deutsche erlaubt nur eine pränominale Positionierung des Adjektivs, während die romanischen Sprachen sowohl die prä- als auch die postnominale Adjektivstellung zulassen. In den folgenden Beispielen (1) und (2) wird die Adjektivstellung in den analysierten Sprachen veranschaulicht.

(1) pränominale Adjektivstellung im Deutschen:
 der rote Ball

(2) postnominale Adjektivstellung in den romanischen Sprachen
 a. le ballon rouge
 b. la palla rossa
 c. el balón rojo

Ferner dürfen einige romanische Adjektive sowohl prä- als auch postnominal verwendet werden.

(3) a. la vendeuse joyeuse
 a'. la joyeuse vendeuse
 b. la commessa felice
 b'. la felice commessa
 c. la dependienta alegre
 c'. la alegre dependienta
(4) a. un homme grand
 a'. un grand homme
 b. un uomo grande
 b'. un gran uomo
 c. un hombre grande
 c'. un gran hombre

Die Beispiele in (3) zeigen, dass mit der Position des romanischen Adjektivs der Ausdruck eines Kontrasts ermöglicht wird. Vorangestellte Adjektive drücken eine permanente Eigenschaft des Bezugsnomens aus. Für das Beispiel in (3c') bedeutet dies, dass die Verkäuferin die permanente Eigenschaft des Fröhlichseins aufweist. Nachgestellte Adjektive drücken eine nicht-typische, vorübergehende (auch: nichtpermanente) Eigenschaft des Referenten aus. Im Beispiel (3c) wird eine Verkäuferin, die fröhlich ist, aus der Menge von Verkäuferinnen denotiert. Das Adjektiv in (3c') wird in der Literatur auch als nichtrestriktiv angegeben, da es typische Eigenschaften von Personen bezeichnet, welche diese als inhärente Eigenschaften besitzen. Ein nachstehendes Adjektiv wird als restriktiv bezeichnet, da es bezogen auf das Beispiel (3c) ermöglicht, dass zwei (oder mehrere) Gruppen von Verkäuferinnen miteinander verglichen werden können, die temporäre Eigenschaften aufweisen.[1] Nach Demonte (1999) gehören die spanischen Adjektive wie *rojo, alegre* und *prudente* zu den restriktiven Adjektiven.

Die Beispiele in (4) zeigen, dass in Abhängigkeit von der Position des Adjektivs verschiedene Lesarten erzeugt werden können. In (4a), (4b) und (4c) bezieht sich das Adjektiv auf eine Quantität (Körpergröße). In (4a'), (4b')' und (4c') wird durch die pränominale Position des Adjektivs eine Lesart als Qualität (gute

---

[1] Alexiadou, Haegeman und Stavrou (2007) weisen darauf hin, dass sich das Französische und Italienische hinsichtlich der restriktiven und nichtrestriktiven Lesarten anders verhalten als das Spanische. Cinque (2010) nimmt an, dass das Italienische über eine nichtrestriktive Interpretation postnominaler Adjektive verfügt. Lamarche (1991) beobachtet eine ähnliche Situation im Französischen: Voranstehende Adjektive erlauben nicht nur eine nichtrestriktive, sondern auch eine restriktive Lesart.

menschliche Eigenschaften wie z. B. Ehrlichkeit und Hilfsbereitschaft) erzwungen. Die in Beispiel (4) aufgeführten Adjektive wurden in der Literatur mit der Dichotomie intersektiv/nichtintersektiv (engl. *intersective, non-intersective*) beschrieben. Intersektive Adjektive beziehen sich auf eine Untermenge der durch das Bezugsnomen beschriebenen Referenten. In diesem Fall wird von den möglichen Entitäten, auf die das Bezugsnomen referiert, nur eine Teilmenge ausgewählt, die die Eigenschaft des Adjektivs aufweist. Im Gegensatz zu den intersektiven Adjektiven drücken nichtintersektive Adjektive eine Eigenschaft des Nomens aus, die zu der Bezugsgruppe als Ganze gehört.

Beide Begrifflichkeiten, restriktiv vs. nichtrestriktiv und intersektiv vs. nichtintersektiv stehen nah zueinander, werden aber dennoch in der Literatur unterschieden. Während die erste Dichotomie (restriktiv, nichtrestriktiv) solche Adjektive definiert, die keinen Bedeutungsunterschied aufweisen (Bsp. 3), werden die Begriffe intersektiv vs. nichtintersektiv für Adjektive verwendet, welche einen Bedeutungsunterschied in pränominaler und postnominaler Position ausdrücken. Auf den Grund für diese Abgrenzungen geht Demonte (2008) für das Spanische ausführlich ein. Aus Platzgründen können wir diese Ausführungen hier nicht vorstellen.

Die Unterscheidung zwischen intersektiven und nichtintersektiven Adjektiven ist auch deshalb von Bedeutung, da nachstehende, intersektive Adjektive neben einer attributiven auch eine prädikative Verwendung haben können (vgl. in (5)), während voranstehende Adjektive mit einer nichtintersektiven Lesart in Kopulakonstruktionen ausgeschlossen sind; vgl. in (6).

(5) a. un homme grand→ un homme est grand
    b. un uomo grande→ un uomo è grande
    c. un hombre grande→ un hombre es grande
(6) a. un grand homme→ *un homme est grand
    b. un gran uomo→ *un uomo è grande
    c. un gran hombre→ *un hombre es grande

Die romanischen Sprachen unterscheiden ferner eine kleine Gruppe von Adjektiven, die entweder nur pränominal (vgl. in (7)) oder nur postnominal (vgl. in (8)) auftreten können. Nur die nachgestellten Adjektive dürfen in prädikativen Konstruktionen erscheinen (vgl. in (9)).

(7) a. la pure explication
    a'. *l'explication pure
    b. la mera esplicazione
    b'. *la esplicazione mera
    c. la mera explicación
    c'. *la explicación mera
(8) a. l'énergie nucléaire
    a'. *la nucléaire énergie
    b. l'energia nucleare
    b'. *la nucleare energia

      c. la energía nuclear
      c'. *la nuclear energía
(9)   a. l'énergie est nucléaire
      b. l'energia è nucleare
      c. la energía es nuclear

Die jeweilige deutsche Übersetzung der romanischen Adjektiv-Nomen-Kombinationen zeigt, dass die vorgenannten Adjektive im Deutschen stets pränominal auftreten (vgl. in (10)).

(10) a. ein großer Mann
       b. die fröhliche Verkäuferin
       c. die bloße Erklärung
       d. die nukleare Energie

Zu den romanischen Adjektiven, die nur in pränominaler Position erscheinen, zählen solche, die nichtrestriktiv, nichtintersektiv sind und nicht in Kopulakonstruktionen auftreten dürfen. Das gilt für die Adjektive in (7) und (11):

(11) a. * le maraudeur présomptif / le présomptif maraudeur
       a'. *le maraudeur est présomptif
       b. *il ladro presunto / il presunto ladro
       b'. *il ladro è presunto
       c. *el ladrón presunto / el presunto ladrón
       c'. *el ladrón es presunto

Im Französischen gibt es nun eine Gruppe von pränominalen Adjektiven, wie *gros*, *bon*, *jolie*, *petit* und *haut*, die auch als kurz bezeichnet werden und in der gesprochenen Sprache sehr frequent sind (vgl. in (12)). Im Kontrast zu den französischen Adjektiven ist die Verwendung der Adjektive in den anderen beiden romanischen Sprachen die postnominale, wobei auch eine pränominale Stellung möglich ist (vgl. (13)).

(12) a. le gros arbre / *l'arbre gros
       a'. l'arbre est gros
       b. un bon professeur / *un professeur bon
       b'. un professeur est bon.
       c. le pétit chien / *le chien petit
       c'. le chien est pétit.
       d. la haute tour / *la tour haute
       d'. la tour est haute.
(13) a. un albero alto / un árbol alto
       b. un professore gentile / un profesor amable
       c. un cane piccolo / un perro pequeño
       d. una torre alta / una torre alta

Zusammenfassend lassen sich also im Hinblick auf die Position der romanischen Adjektive drei Gruppen feststellen: 1. Adjektive, die sowohl vor als auch nach dem Nomen auftreten können. Diese Gruppe von Adjektiven kann entweder eine restriktive/intersektive oder eine nichtrestriktive/nichtintersektive Lesart haben, je nachdem, ob das Adjektiv postnominal oder pränominal verwendet wird. 2. Adjektive, die nur pränominal auftreten dürfen und keine prädikative Verwendung erlauben. 3. Adjektive, die nur postnominal stehen dürfen und in einer Kopulakonstruktion auftreten dürfen.

Für die unterschiedlichen Bedeutungen der Adjektive, unabhängig von ihrer syntaktischen Position, hat insbesondere Demonte (2008) eine ausführliche lexikalische Klassifizierung der spanischen Adjektive vorgeschlagen. Diese lexikalische Klassifizierung der Adjektive kann auf die anderen romanischen Sprachen (Französisch, Italienisch) sowie das Deutsche übertragen werden.

9.1.2 Die semantische Klassifikation der Adjektive unabhängig von der syntaktischen Position

Demonte (2008) präsentiert eine ausführliche Klassifikation der spanischen Adjektive, die hier vorgestellt werden soll. Die spanischen Adjektive wie *posible*, *necesario*, *supuesto*, *falso* oder *presumible* werden als modal-epistemische (engl. *modal and epistemic*) bzw. intensionale Adjektive bezeichnet, da sie Wissen um die Sicherheit bzw. Unsicherheit der Eigenschaften des Nomens ausdrücken. Die Beispiele in (14) zeigen die Verwendung des Adjektivs *posible* in den drei romanischen Sprachen, sowie die jeweilige deutsche Übersetzung.

(14)   a. *le possible voyage / le voyage possible
       b. il possibile viaggio / il viaggio possibile
       c. el posible viaje / el viaje posible   (Demonte 1999:49)
       d. die mögliche Reise /*die Reise mögliche

Die Beispiele in (14) verdeutlichen, dass das spanische und das italienische Adjektiv sowohl prä- als auch postnominal auftritt, während das Französische nur die postnominale Stellung erlaubt. Im Deutschen hingegen, kann das Adjektiv nur vor dem Nomen auftreten. Das italienische Adjektiv *possibile* in (14b) und das spanische Adjektiv *posible* in (14c) haben in pränominaler Position eine nichtintersektive/nichtrestriktive Lesart, da auf eine (einzige) Reise referiert wird. Das Adjektiv erzwingt in postnominaler Position eine intersektive/restriktive Lesart: Von allen Reisen, die stattfinden könnten, wird durch die postnominale Stellung des Adjektivs auf eine der möglichen Reisen Bezug genommen. Wie bereits in Abschnitt 9.1.1 erwähnt wurde, kann das postnominale Adjektiv prädikativ gebraucht werden; dies ist auch mit *possibile* bzw. *posible* der Fall (*il viaggio è possibile/el viaje es posible*). Es wird deutlich, dass sich das Französische von den anderen beiden romanischen Sprachen unterscheidet, da hier keine pränominale Stellung dieses Adjektivs erlaubt ist. Die beiden Lesarten, welche im Italienischen und Spanischen durch die syntaktische Position ausgelöst werden, können im Französischen allein durch die postnominale Position ausgedrückt werden.

Das französische Beispiel in (14a), in dem das Adjektiv *possible* postnominal auftritt, weist die oben genannten unterschiedlichen Lesarten auf. Im Französischen kann die postnominale Stellung des Adjektivs also eine nichtintersektive/nichtrestriktive sowie eine intersektive/restriktive Lesart haben. Die intersektive/restriktive Lesart erlaubt auch im Französischen eine prädikative Verwendung des Adjektivs (z. B. *Le voyage est possible*). Das Deutsche erlaubt allein die pränominale Adjektivposition. Dennoch stehen in dieser Position beide Lesarten zur Verfügung, d. h. die intersektive/restriktive und die nichtintersektive/nichtrestriktive.

In allen vier Sprachen existieren Adjektive, die eine oder mehrere Eigenschaften des Bezugsnomens modifizieren. Diese Eigenschaften werden entweder von dem Nomen ganz erfüllt oder es wird eine Eigenschaft des Bezugsnomens mit der Eigenschaft des Adjektivs in Relation gesetzt. Erstere Gruppe sind restriktive bzw. bewertende Adjektive (engl. *restrictive and degree / quantifying adjectives*). Sie werden in (15) dargestellt. Der zweiten Gruppe gehören evaluative bzw. qualitative Adjektive an (engl. *qualitative and evaluative adjectives*). Die nachfolgenden spanischen Beispiele in (15) und (16) stammen aus Demonte (2008:76).

(15) a. Frz. complet, total, parfait, vrai, simple, pur, seul, exclusif, unique
 b. It. completo, totale, perfetto, vero, semplice, puro, mero, esclusivo, unico
 c. Sp. completo, rotundo, perfecto, verdadero, simple, puro, mero, exclusive, único

(16) a. Frz. bon, pauvre, impitoyable, petit, acide, dernier, blanc, sacré, doux, aimable
 b. It. buono, povero, spietato, piccolo, acido, ultimo, bianco, sacro, leggero, gentile
 c. Sp. buen, pobre, despiadado, pequeño, ácido, último, blanco, sagrado, suave, amable

Demonte (2008) bezeichnet die Adjektive in (15) und (16) als epithetische Adjektive (engl. *epithets*), wenn sie eine typische Eigenschaft des Bezugsnomens ausdrücken. Zu den nachfolgenden spanischen Beispielen aus Demonte (2008:77) wird in (17) die jeweilige französische, italienische und deutsche Übersetzung gegeben.

(17) a. Frz. la colombe *blanche* / *la *blanche* colombe
 a'. Frz. la sphère *ronde* / *la *ronde* sphère
 b. It. la colomba *bianca* / *la *bianca* colomba
 b'. It. la sfera *rotonda* / *la *rotonda* sfera
 c. Sp. la paloma *blanca* / la *blanca* paloma
 c'. Sp. la esfera *redonda* / la *redonda* esfera
 d. Dt. *die Taube *weiße* / die *weiße* Taube
 d'. Dt. *die Sphäre *runde* / die *runde* Sphäre

In (17a) und (17a') wird deutlich, dass das Französische keines dieser Adjektive in pränominaler Position erlaubt (Laenzlinger 2005, Knittel 2005). Im Spanischen und Italienischen kann das Adjektiv nur dann pränominal auftreten, wenn ein literarischer Effekt erzielt werden soll. Folglich wird in (17) kein intersektiver vs. nichtintersektiver Bedeutungsunterschied ausgedrückt: Pränominale Adjektive erzwingen im Spanischen und im Italienischen einen literarischen, poetischen Effekt, während postnominale Adjektive eine typisch intersektive Interpretation haben; dementsprechend können sie auch prädikativ verwendet werden (sp. *la paloma es blanca*, it. *la colomba è bianca*). Im Vergleich zu den romanischen Sprachen dürfen die deutschen Adjektive nur in pränominaler Stellung auftreten. In dieser Position erhalten sie eine intersektive/restriktive Lesart, die die spanischen und italienischen Adjektive in der postnominalen Position aufweisen.

Als weiteren Adjektivtyp wollen wir solche einführen, die eine Zeitangabe machen. Diese Adjektive werden von Demonte (2008) deiktische Adjektive genannt (engl. *deictic and event-temporal modifiers*); vgl. in (18).

(18) a. futur, vieux, actuel, nouveau, antérieur, long (voyage)
      b. futuro, vecchio, attuale, nuovo, precedente, lungo (viaggio)
      c. futuro, antiguo, actual, nuevo, anterior, largo (viaje) (Demonte 2008:79)
      d. zukünftig, alt, jetzig, neu, vorherig, lang (Reise)

Die deiktischen Adjektive können in der postnominalen Position eine intersektive Lesart erhalten (dem Bezugsnomen wird eine Eigenschaft zugewiesen), während das pränominale deiktische Adjektiv eine nichtintersektive Lesart hat. Im Gegensatz zum Deutschen (pränominal) und Französischen (pränominal) können im Spanischen und Italienischen deiktische Adjektive sowohl in prä- als auch in postnominaler Position auftreten.

(19) a. *le président futur / le futur président
      b. il presidente futuro / il futuro presidente
      c. el presidente futuro / el futuro presidente
      d. *der Präsident zukünftige / der zukünftige Präsident
      d'. *ein Präsident zukünftiger / ein zukünftiger Präsident

In (19) wird deutlich, dass das Italienische und Spanische sowohl die pränominale als auch die postnominale Stellung des Adjektivs erlauben; hier hat das voranstehende Adjektiv eine temporale, das nachstehende Adjektiv eine intersektive Bedeutung. Im Französischen hingegen darf das Adjektiv *futur* nur vor dem Nomen erscheinen. Die beiden Lesarten, die man durch die unterschiedlichen Positionen im Italienischen und Spanischen erhält, werden im Französischen in einer Position, der pränominalen erzeugt. Das französische Beispiel (19a) weist die folgenden Lesarten auf: *Der nächste Präsident nach der jetzigen Wahl wird X sein* und *der Präsident in Y Jahren wird X sein*. Im Vergleich zu den romanischen Sprachen besitzt das pränominale Adjektiv im Deutschen nur eine Lesart. Der deutsche Beispielsatz in (19d) hat nur eine Lesart, nämlich dass der nächste Präsident nach der jetzigen Wahl X sein wird. Im Gegensatz dazu zeigt das Beispiel in

(19d'), dass man den unbestimmten Artikel *ein* im Deutschen verwenden muss, um die folgende Lesart zu erhalten: *Der Präsident in Y Jahren wird X sein*. Im Deutschen erzwingt der Gebrauch eines temporalen Modifizierers (z. B. *zukünftig*) eine temporale Lesart. Eine intersektive Lesart kann also ausschließlich mit Hilfe des unbestimmten Artikels erreicht werden.

Des Weiteren führt Demonte (2008) für das Spanische die sogenannten *extreme degree adjectives* ein, die in der Literatur auch als elative Adjektive (engl. *elative adjectives*) bezeichnet werden (Bosque 2001). Die Auflistung in (20) zeigt solche elativen Adjektive in den vier Sprachen; sie drücken Steigerungen aus (Demonte 2008:79).

(20)   a. horrible, idiot, épouvantable, merveilleux, beau, magnifique
       b. orribile, stupido, terribile, meraviglioso, bellissimo, magnifico
       c. horrible, necio, espantoso, maravilloso, hermoso, magnífico
       d. schrecklich, dumm, entsetzlich, großartig, schön, ausgezeichnet

Im Spanischen ist die Bedeutung dieser Adjektive unabhängig von der Position, in der sie auftreten. Das spanische Adjektiv *horrible* in *un horrible concierto* und *un concierto horrible* weist dem Bezugsnomen *concierto*, unabhängig von seiner Position, die Eigenschaft zu, schrecklich zu sein. Demnach bezieht sich das Adjektiv auf alle Entitäten einer Menge, nicht auf eine Untermege (Demonte 2008:10). Im Gegensatz zum Spanischen erlauben das Französische und Italienische diese Adjektive in der Regel nur in postnominaler Position.[2] In den Sprachen Deutsch, Französisch und Italienisch weisen die obengenannten Adjektive keine Eigenschaften einer Untermenge des Bezugsnomens zu, sondern der ganzen Menge der mit dem Nomen bezeichneten Referenten.

Im Folgenden soll ein letzter Typ von Adjektiv präsentiert werden, der in allen drei romanischen Sprachen nur postnominal auftreten darf:

(21)   a. l'énergie nucléaire
       a'. *la nucléaire énergie
       b. l'energia nucleare
       b'. *la nucleare energia
       c. la energía nuclear
       c'. *la nuclear energía

In der Literatur werden die in (21) genannten Adjektive als klassifizierende Adjektive (engl. *classifying adjectives*) bezeichnet. Alexiadou, Haegeman und Stavrou (2007:318) definieren die klassifizierenden Adjektive folgendermaßen: „[they] subcategorize the denotation of the noun: they create a subset of the set denoted by the noun". Typische klassifizierende Adjektive sind solche, die eine Farbe, einen Stoff usw. ausdrücken, also die Menge der Bezugsreferenten in Teilmengen einteilen. Relationale Adjektive wie die Beispiele (21) aber auch (22) gehören auch zu der Gruppe der klassifizierenden Adjektive. Da klassifizierende Adjek-

---

[2] Das französische Adjektiv *beau* tritt aber nur pränominal auf.

Code-Switching zwischen Adjektiv und Nomen

tive postnominal stehen, können sie prädikativ verwendet werden, wie (23) zeigt.

(22) a. les voitures italiennes
      b. le macchine italiane
      c. los coches italianos
(23) a. l'énergie nucléaire → l'énergie est nucléaire
      a'. les voitures italiennes → les voitures sont italiennes
      b. l'energia nucleare → l'energia è nucleare
      b'. le macchine italiane → le macchine sono italiane
      c. la energía nuclear → la energía es nuclear
      c'. los coches italianos → los coches son italianos

Die semantische Klassifikation der Adjektive nach Demonte (2008) hat gezeigt, dass diese nicht ausreicht, um die Adjektivstellung in den romanischen Sprachen zu erklären. Sie veranschaulicht jedoch, dass im Spanischen fast alle Adjektive vor oder nach dem Nomen auftreten können, während die Adjektivstellung im Französischen und Italienischen weniger „frei" ist. Im Gegensatz zu den romanischen Sprachen verfügt das Deutsche nur über die pränominale Adjektivstellung. Das Deutsche erlaubt somit als einzige Sprache keine Variation im Hinblick auf die prä- und postnominale Stellung. Zusammenfassend kann die folgende Rangfolge in (24) vorgeschlagen werden, welche die Stellungsfreiheit der Adjektive in den hier analysierten Sprachen beschreibt. Die Rangfolge in (24) verdeutlicht, dass die Sprachen im linken Bereich des Kontinuums mehr Freiheit in Bezug auf die Adjektivstellung erlauben, während die Sprachen im rechten Bereich eher eine feste Position des Adjektivs aufweisen:

(24) Stellungsfreiheit der Adjektive in den hier analysierten Sprachen

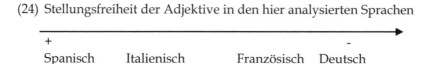

Das Kontinuum in (24) zeigt, dass die beiden romanischen Sprachen Spanisch und Italienisch eine „freiere" Stellung des Adjektivs erlauben, während das Französische eine festere Adjektivstellung hat, aber dennoch über zwei mögliche Positionen verfügt. Am rechten Ende des Kontinuums befindet sich das Deutsche, das nur eine pränominale Adjektivstellung besitzt. Im Spanischen und Italienischen können viele Adjektive sowohl prä- oder postnominal auftreten. Dennoch gibt es einige Adjektive, die nur vor dem Nomen (im Fall von sp./it. *mero*, it. *altro* usw.) oder nur nach dem Nomen (klassifizierende Adjektive wie z. B. sp. *italiano*, it. *nucleare*) vorkommen.

In der generativen Grammatiktheorie werden hauptsächlich zwei Ansätze für die syntaktische Struktur prä- und postnominaler Adjektive vertreten: (I) Attributive Adjektive in pränominaler oder postnominaler Position werden in derselben syntaktischen Position generiert und über Verschiebung abgeleitet und (II) aufgrund der semantischen Unterschiede zwischen pränominalen und postnominalen Adjektiven und ihren unterschiedlichen syntaktischen Beschränkungen werden pränominale und postnominale Adjektive in unterschiedlichen Positionen generiert. Im nachfolgenden Abschnitt werden die beiden syntaktischen Erklärungsansätze für die romanischen Sprachen und für das Deutsche vorgestellt.

9.1.3 Die Struktur von DPn mit attributivem Adjektiv im Deutschen, Französischen, Italienischen und Spanischen

9.1.3.1 Reduktionsansätze

Die romanischen attributiven Adjektive weisen zwei unterschiedliche Oberflächenstrukturen auf. Es ist nun dafür argumentiert worden, dass sie ihren Ursprung in derselben syntaktischen Position haben. Einige Autoren nehmen an, dass die attributive Adjektivverwendung ihren Ursprung im prädikativen Gebrauch hat, d. h. der attributive Gebrauch wird aus der prädikativen Verwendung abgeleitet (vgl. in (25)).

(25)   a. die Katze ist lieb → die Katze lieb → die liebe Katze
       b. [die [Katze lieb]] → [die liebe [Katze ~~liebe~~]]

Das Beispiel (25a) veranschaulicht den sogenannten Reduktionsansatz. Die attributive Verwendung des Adjektivs *lieb* wird aus der Reduktion der Kopulakonstruktion, in der *lieb* zum Prädikat des Satzes gehört, abgeleitet. (25b) zeigt die Schritte der Ableitung. In einem ersten Schritt wird das Kopulaverb aus der Konstruktion getilgt. Danach wird das Adjektiv *lieb* aus der prädikativen Position in die pränominale Position verschoben, wodurch man die gewünschte pränominale Adjektivstellung im Deutschen erhält. Insgesamt zeigt die syntaktische Analyse in (25b), dass sich die deutschen Adjektive in der Syntax bewegen müssen, wenn sie auf der Sprachoberfläche pränominal auftreten. Alexiadou et al. (2007:295f.) kritisieren diesen Ansatz. Die Argumentation soll kurz wiedergegeben werden: 1. Nicht alle Adjektive erlauben eine prädikative Verwendung. Nichtintersektive Adjektive bzw. pränominale Adjektive, die nur in dieser Position vorkommen können, dürfen nicht mit einem Kopulaverb gebraucht werden (Beispiel (11)). 2. Es gibt Adjektive, die in beiden Positionen erlaubt sind, aber jeweils eine andere Lesart in der jeweiligen Position haben. Allein die postnominale Position ist diejenige, die eine prädikative Umsetzung erlaubt (Beispiele (5) und (6)). Da die vorgenannten Adjektive keine prädikative Verwendung ermöglichen, ist ein Reduktionsansatz unplausibel.

Im Rahmen des Reduktionsansatzes ist ebenfalls dafür argumentiert worden, dass das Nomen aus seiner Basisposition verschoben wird und dass die pränominale Position die universale[3] syntaktische Position für Adjektive darstellt. Es wird angenommen, dass Adjektive in der zugrunde liegenden Struktur (also der Struktur vor der Verschiebung von Kategorien, vgl. Kapitel 10) stets in der prä-

---

[3] Universal bedeutet in allen natürlichen Sprachen gültig.

nominalen Position stehen. Zwei Vertreter dieses Ansatzes sind Cinque (1993, 2005) und Kayne (1994). Sie behaupten, dass das Nomen aus einer universalen Basisposition A+N in eine höhere Position in der syntaktischen Struktur verschoben wird, wenn das Adjektiv postnominal auftritt. Im Gegensatz zu den romanischen Sprachen verbleibt das deutsche Nomen in seiner Basisposition. Demnach findet im Deutschen keine N-Verschiebung statt. (26) wäre die Struktur, aus der ohne N-Verschiebung die pränominale und mit N-Verschiebung die postnominale Position der Adjektive (hier am Beispiel des Französischen) abgeleitet ist.

Bei der postnominalen Stellung muss das Nomen in eine höhere funktionale Kategorie XP verschoben werden. Für die funktionale Kategorie XP, die zwischen der DP und NP angesiedelt ist, wurden in der Literatur verschiedene Namen vorgeschlagen. Eine Möglichkeit ist, dass hier das syntaktische Genus angesiedelt ist (Picallo, 1991), Numerus (Cinque 1990, 2005, Valois 1991, Knittel 2005), Kongruenz (Demonte 1999, 2008) oder Kasus (Mallen 1996, 2001). Die Verschiebung wird z. B. folgendermaßen motiviert: X ist für Genus spezifiziert, dessen Wert jedoch von dem Genusmerkmal des Nomens „ausgefüllt" werden muss. Aus diesem Grund bewegt sich das Nomen nach X; das Genusmerkmal des Nomens kann so für die Kategorie X übernommen werden. Auch mehrere dieser funktionalen Kategorien sind zwischen DP und NP möglich. Es gibt zu diesem Analysevorschlag viele kritische Stimmen, die wir aber nicht referieren können. Das größte Problem dieses Ansatzes ist, dass er die unterschiedlichen Lesarten der Adjektive nicht berücksichtigt.

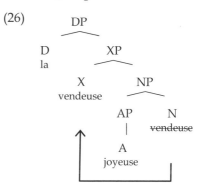

9.1.3.2 Zwei unterschiedliche As

Wie bereits erwähnt, existiert in der Literatur auch der Ansatz, dass eine Trennung zwischen den Strukturen für pränominale und postnominale Adjektive nötig ist. Wir hatten aufgezeigt, dass postnominale Adjektive in den romanischen Sprachen prädikativ verwendet werden können, da sie eine intersektive bzw. restriktive Lesart haben. Im Deutschen können voranstehende Adjektive mit einer intersektiven bzw. restriktiven Lesart ebenfalls Teil des Prädikats sein. Nach Kayne (1994) können diese attributiven Adjektive aus einer Struktur abgeleitet werden, welche auch benötigt wird, wenn sie in Relativsätzen gebraucht werden.[4] Kaynes syntaktischer Erklärungsansatz für attributive Adjektive basiert auf der Annahme, dass der Kopf D einer DP einen reduzierten Relativsatz CP

---

[4] Kayne (1994) wendet seine Analyse auf alle Adjektive an, d. h. auch auf solche, die nicht prädikativ verwendet werden können. Wir wollen Alexiadou (2001) und Alexiadou et al. (2007) folgen und diese Analyse nur auf diejenigen Adjektive anwenden, die tatsächlich eine prädikative Verwendung aufweisen.

(engl. *reduced relative clause*) als Komplement selektiert (vgl. (27)). Reduziert ist der Relativsatz u. a. deshalb, da er kein Finitum in T enthalten darf.

(27)

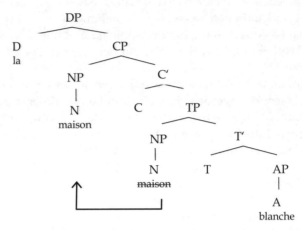

Die Struktur (27) zeigt für die französischsprachige DP *la maison blanche*, dass die NP aus der Spezifikatorposition der TP (die wir in Kapitel 7 als Subjektposition eines Satzes kennengelernt haben) in die Spezifikatorposition der CP verschoben wird. Die AP ist Schwester von T; in einer Kopula- oder Relativsatzkonstruktion würde T dann das finite Verb *est* enthalten: *la maison est blanche*. Die AP verbleibt in ihrer Position als Schwester von T.

Die Struktur (28) illustriert Kaynes (1994) Analyse pränominaler Adjektive im Deutschen und Englischen[5]: *das weiße Haus*. Im Vergleich zu den romanischen Sprachen nimmt er für das Deutsche und Englische an, dass die AP in die Spezifikatorposition der CP verschoben wird. Auch diese Position haben wir in Kapitel 7 bereits kennengelernt. Sie nimmt in deutschen Hauptsätzen die erste Phrase auf.

---

[5] Zu dieser Gruppe gehören auch die wenigen, aber häufig verwendeten französischen Adjektive *gros, bon, jolie, petit* und *haut*.

(28)

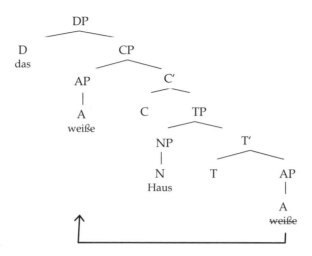

Zusammenfassend kann festgehalten werden, dass nur solche attributiven Adjektive mit Hilfe eines reduzierten Satzes analysiert werden, die prädikativ gebraucht werden können. Dies gilt nicht nur für die postnominalen romanischen Adjektive, sondern auch für die pränominalen Adjektive im Deutschen und Englischen sowie für die kleine Gruppe pränominaler französischer Adjektive. Demnach müssen Adjektive, die sowohl in den romanischen Sprachen als auch im Deutschen keine prädikative Verwendung erlauben, anders analysiert werden.

Im Folgenden werden wir die Struktur von DPn mit Adjektiven vorstellen, die es uns erlauben wird, die Lesart direkt aus der syntaktischen Struktur abzuleiten. Adjektive wie *arm* bzw. *poor* besitzen eine intersektive und eine nichtintersektive Lesart. Die intersektive Lesart ist auch in einer Kopulakonstruktion erlaubt. Die nichtintersektive Lesart ist in Kopulakonstruktionen ausgeschlossen. Es liegt nahe zu vermuten, dass nichtintersektive Adjektive nicht über reduzierte Sätze abgeleitet sind. Interessanterweise beobachten Alexiadou et al. (2007:344, 345) für das Englische und das Französische den folgenden Fall in (29). In (30) findet sich die jeweilige deutsche, italienische und spanische Übersetzung.

(29) a. the poor poor boy
     b. le pauvre garçon pauvre
(30) a. der arme arme Junge
     b. il povero ragazzo povero
     c. el pobre chico pobre

Die Verwendung ein und desselben Adjektivs in den Beispielen (29a) und (30a) geht mit einer Intensivierung der Adjektivbedeutung einher. Allerdings gibt es noch eine andere Lesart. Das unterstrichene Adjektiv in den romanischen Beispielen erzwingt eine intersektive, restriktive Lesart. Diese Adjektive stehen in den romanischen Sprachen postnominal. Die nicht hervorgehobenen Adjektive haben eine nichtintersektive, nichtrestriktive Lesart und stehen in den romanischen Sprachen pränominal. Im Deutschen und Englischen, die beide nur die pränominale Position für attributive Adjektive kennen, muss es also zwei unterschiedliche Adjektivstrukturen geben, um die Beispiele in (29a) und (30a) erklären zu können. Kaynes Analyse über den reduzierten Satz bietet eine Möglichkeit, die unterstrichenen Adjektive in (29) und (30) zu analysieren. Die germanischen pränominalen unterstrichenen Adjektive können wie in (28) analysiert werden, während die postnominalen romanischen Adjektive der Analyse in (27) folgen. Wie können die nicht markierten Adjektive syntaktisch analysiert werden?

Demonte (1999) vermutet, dass sich nichtintersektive, nichtrestriktive pränominale Adjektive (im Deutschen und in den romanischen Sprachen) in einer funktionalen Kategorie befinden, welche zwischen der DP und der NP interveniert. Wir haben diese funktionale Kategorie als XP gekennzeichnet. Ein armer, bemitleidenswerter Junge würde in allen Sprachen gleich über eine solche DP analysiert (vgl. in (31) und (33)). Ein armer, mittelloser Junge würde über einen reduzierten Satz mit Verschiebung der NP in den romanischen Sprachen und Verschiebung der AP in den germanischen Sprachen gebildet (vgl. in (32) und (34)).

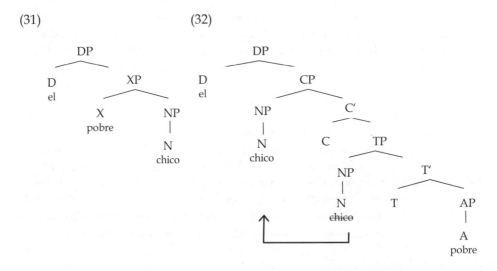

(33)   (34)

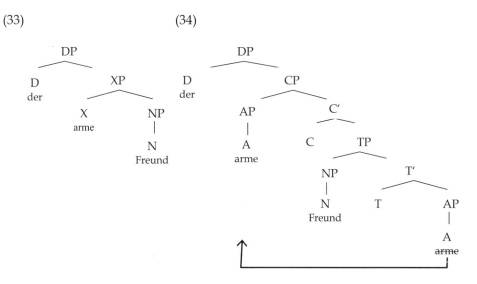

Wir wollen nun noch auf die Strukturen eingehen, in denen beide Adjektivtypen auftreten. Wir beschränken uns hierfür auf die deutsche DP ‚ein armer armer Junge' und auf die französische DP ‚le pauvre garçon pauvre'.

(35)

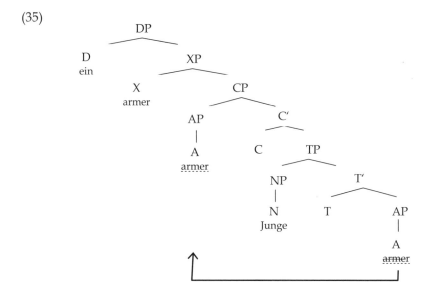

(36)

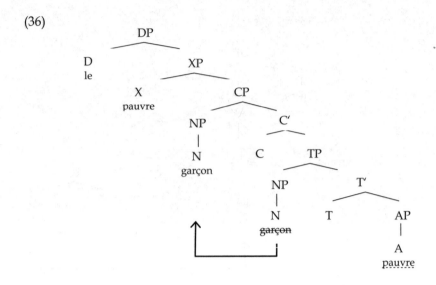

Die Struktur für evaluative Adjektive, von denen einige im Französischen vor dem Nomen stehen und welche im Spanischen und Italienischen postnominal auftreten, illustrieren (37) und (38).

(37)

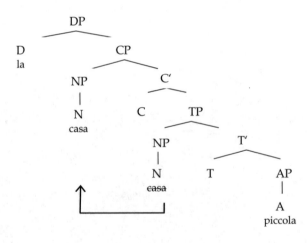

(38)

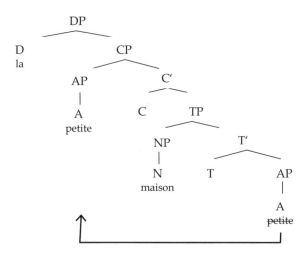

Der syntaktische Unterschied zwischen dem italienischen postnominalen Adjektiv *piccola* und dem französischen pränominalen Adjektiv *petite* besteht also darin, dass sich das italienische Nomen *casa* aus der Position Spec,TP in die Position Spec,CP bewegt, während im Französischen das pränominale Adjektiv aus der Schwesterposition von T in die Spec,CP Position verschoben wird.

Mit diesen Strukturen wird das Ablesen der Lesart der jeweiligen DP direkt aus der syntaktischen Struktur möglich. Mit diesen Ausführungen wollen wir uns wieder den CS-Beschränkungen zuwenden.

9.2 Code-Switching zwischen den lexikalischen Kategorien A und N

Wir kennen bereits viele Beschränkungen, welche für das intra-sententiale CS vorgeschlagen wurden. Wir haben im Kapitel 7 erläutert, dass nach der Äquivalenzbeschränkung CS zwischen Adjektiv und Nomen ausgeschlossen sein sollte, wenn die eine Sprache nur pränominale, die andere auch postnominale Adjektivstellungen zulässt. Beispiele für CS zwischen Adjektiv und Nomen in der Kindersprache beim Sprachenpaar Deutsch/Englisch-Romanisch sind die folgenden:

(39) a. i *boxerhunde* piccole (Jan, 4;9,16, IK, Cantone 2007:225)
  b. con suo *teppich* volante (Jan, 4;10,6, IK, Cantone 2007:225)
  c. ich hat *trovato un* schwarze *capello* (Giulia, 2;9, DK, Taeschner 1983:95)
  d. yo tengo un *brown* perro (McClure 1981:88)
  e. my *rose* bat (Olivier, 2;10, EK, Paradis, Nicoladis und Genesee 2000:255)

Mit der Analyse dieser Beispiele ist eine Frage verbunden: Beim CS zwischen Adjektiv und Nomen handelt es sich um zwei lexikalische Kategorien. Die Sprache welcher dieser beiden Kategorien bestimmt die Abfolge zwischen Adjektiv und Nomen in der gemischtsprachlichen DP?

Lederberg und Morales (1985) und Chan (2003) u. a. haben darauf hingewiesen, dass eine Unterscheidung zwischen den lexikalischen und funktionalen Sprachmischungen wichtig ist (vgl. auch Kapitel 8). Chan (2003) analysiert Sprachmischungen in den Sprachen Kantonesisch und Englisch zwischen dem lexikalischen Verb und seinem Komplement, z. B. einem englischen, lexikalischen Verb und einem kantonesischen Objekt, und zwischen einer funktionalen Kategorie und ihrem Komplement, z. B. zwischen kantonesischem T bzw. C und einer englischen VP/vP bzw. TP. Wir haben diesen Ansatz bereits in Kapitel 8 vorgestellt.

Chan (2003) beobachtet, dass die lexikalische Kategorie (das lexikalische Verb) die Wortstellung des Komplements bestimmt. Jedoch findet er in seinem Korpus ebenfalls Äußerungen, die hiervon abweichen. Diese Fälle werden von ihm als Abweichungen, als ein Phänomen der Sprachperformanz und nicht als Kompetenzmangel angesehen. Für die beiden lexikalischen Kategorien A und N ergeben sich die folgenden Möglichkeiten: Unter der Voraussetzung, dass Adjektive lexikalische Köpfe sind (Kapitel 7.1.1), kann der bilinguale Sprecher zwischen einem pränominalen Adjektiv (A+NP) oder einem postnominalen Adjektiv (NP+A) auswählen. Sobald die Entscheidung getroffen ist, wird der bilinguale Sprecher das Adjektiv aus dem Lexikon der einen oder der anderen Sprache entnehmen. Das heißt, der Sprecher kann ein Adjektiv A aus einer A+NP-Sprache (A_{A+NP}) wie z. B. *hübsch* oder ein Adjektiv A von einer NP+A-Sprache (A_{NP+A}) wie z. B. *bonito* auswählen. Es ergeben sich vier mögliche Kombinationen.

(40)   a. A_{A+NP} + NP
        b. A_{NP+A} + NP
        c. NP + A_{A+NP}
        d. NP + A_{NP+A}

Die Möglichkeiten (40a) und (40d) entsprechen den Fällen, in denen die Adjektivstellung zu dem ausgewählten Adjektiv passt, d. h. es wurde auf das Adjektiv jener Sprache zugegriffen, welche die zuvor ausgewählte Adjektivregel bereitstellt. (40a) wollen wir erläutern: Der bilinguale deutsch-spanische Sprecher hat die deutsche Regel ausgewählt, nämlich A+NP. Sobald diese Entscheidung getroffen ist, entnimmt er ein Adjektiv aus einem der beiden Lexika. In diesem Fall entstammt das Adjektiv der deutschen Sprache, also einer Sprache mit der Ordnung A_{A+NP}. Die ausgewählte Regel A+NP stimmt mit dem ausgewählten Adjektivtyp (Sprache A_{A+NP}) überein. Genauso bei (40d) für eine Sprache mit postnominalem Adjektiv. Die Möglichkeiten in (40b) und (40c) illustrieren Diskrepanzen zwischen der Stellungsregel und der Sprache, aus der das Adjektiv stammt. In (41c) hat der bilinguale deutsch-spanische Sprecher die spanische Regel ausgewählt. Adjektive stehen hiernach meistens in postnominaler Position (NP+A). Sobald die Regel festgelegt wurde, hat der Sprecher die Möglichkeit ein Adjektiv aus dem deutschen oder dem spanischen

Lexikon zu entnehmen. In diesem Fall hat er sich für ein deutsches Adjektiv entschieden, also ein Adjektiv vom Typ A_{A+NP}. Die Diskrepanz ergibt sich nun dadurch, dass die spanische AP-Regel NP+A zusammen mit einem Adjektiv aus einer A_{A+NP}-Sprache realisiert wurde. Die Adjektivregeln in (40) legen zugrunde, dass die Adjektivstellung über Phrasenstrukturregeln analysiert wird (vgl. Kapitel 7.1.1).

Nun treten Adjektive und Nomen oft in Wortgruppen auf, die auch eine Determinante enthalten. Man könnte mit Chan (2003), der auch Mischungen zwischen einer funktionalen Kategorie (z. B. einem kantonesischen C) und ihrem Komplement (z. B. einer englischen TP) analysiert, und auf der Basis der Ausführungen im Kapitel 8 vermuten, dass die Sprache der funktionalen Kategorie C die Wortstellung ihres Komplements bestimmt. In unseren Strukturen, welche ein Adjektiv enthalten, spielt diese funktionale Kategorie eine wichtige Rolle, da sie entweder die AP oder die NP aufnimmt. In Chans (2003) Modell wird im Falle einer funktionalen Kategorie zunächst diese ausgewählt und erst in einem zweiten Schritt die Syntax entschieden. Diskrepanzen zwischen der Syntaxregel und der Sprache, aus der die funktionale Kategorie stammt, sind aus diesem Grund nicht möglich. Adjektive haben nach den in 9.1.3 aufgeführten Strukturen einen Zwitterstatus: Sie sind in manchen Fällen lexikalische Kategorien, in anderen Fällen können sie auch als funktionale Kategorie fungieren (wir haben diese Kategorie mit X bezeichnet). Pränominale Adjektive kommen für eine Analyse als funktionale Kategorie in Frage. Da sie jedoch im Deutschen und in den romanischen Sprachen möglich sind, ist auf der Basis der vorliegenden Sprachenpaare keine Vorhersage für die Spracherwerbsdaten möglich.

Wir haben bereits in Kapitel 9.1.3 eine syntaktische Adjektivanalyse vorgestellt, die besagt, dass attributive (sowohl romanische als auch deutsche) Adjektive, die eine prädikative Verwendung haben, aus einem reduzierten Relativsatz abgeleitet werden. Die deutschen pränominalen attributiven Adjektive werden in die Position Spec,CP verschoben. Die romanischen postnominalen attributiven Adjektive verbleiben hingegen in ihrer Position; hier ist es das Nomen, welches sich nach Spec,CP bewegt. Die Hypothese auf der Basis von Chans Analysemodell wäre für die Adjektivstellung in gemischtsprachlichen DPn die folgende:

(41)   Die Sprache der funktionalen Kategorie C bestimmt die Stellung der attributiven Adjektive in einer gemischten DP.

Diese Hypothese konnte bereits für die im Kapitel 8 diskutierten Daten richtige Vorhersagen machen. Wir wollen ihr im anschließenden empirischen Teil für die gemischsprachlichen DPn mit einem Adjektiv nachgehen.

9.3   Die empirischen Daten

9.3.1   Code-Switching zwischen A und N in den Longitudinalstudien

In diesem Kapitel werden wir die Sprachdaten von 15 bilingualen Kindern in Bezug auf das Sprachmischen zwischen A und N vorstellen. Hierfür wurden die

Daten von 5 bilingual deutsch-französischen, 6 bilingual deutsch-italienischen, 2 bilingual deutsch-spanischen und 2 bilingual französisch-italienischen Kindern untersucht; vgl. Tabelle 9.1. Die CS-Äußerungen werden mit den einsprachigen deutschen und romanischen Äußerungen verglichen, welche die bilingualen Kinder im Verlauf ihres Spracherwerbs produziert haben.

Kind	Sprachen	Anzahl der DPn mit einem Adjektiv			
		Einsprachig Spr1	Einsprachig Spr2	Gemischt	TOTAL
Alexander	dt / frz	144[6] (29,81%)	313 (64,80%)	26 (5,38%)	483
Amélie	dt / frz	361 (42,07%)	478 (55,71%)	19 (2,21%)	858
Céline	dt / frz	382 (76,55%)	112 (22,44%)	5 (1%)	499
Marie	dt / frz	13 (4,17%)	294 (94,23%)	5 (1,60%)	312
Julie	dt / frz	403 (99,51%)	1 (0,25%)	1 (0,25%)	405
Aurelio	dt / it	98 (50,26%)	91 (46,67%)	6 (3,08%)	195
Carlotta	dt / it	374 (68,75%)	159 (29,23%)	11 (2,02%)	544
Marta	dt / it	69 (43,13%)	90 (56,25%)	1 (0,63%)	160
Jan-Philip	dt / it	195 (70,65%)	69 (25%)	12 (4,35%)	276
Valentin	dt / it	46 (13,57%)	260 (76,70%)	33 (9,73%)	339
Lukas	dt / it	356 (77,22%)	99 (21,47%)	6 (1,30%)	461
Arturo	dt / sp	150 (70,75%)	57 (26,89%)	5 (2,36%)	212
Teresa	dt / sp	66 (83,54%)	13 (16,46%)	0 (0%)	79
Juliette	frz / it	437 (69,15%)	190 (30,06%)	5 (0,79%)	632
Siria	frz / it	52 (14,21%)	310 (84,70%)	4 (1,09%)	366

Tabelle 9.1:
Überblick über die untersuchten Kinder für das Sprachmischen zwischen A und N

Tabelle 9.1 zeigt, dass gemischte DPn mit einem Adjektiv sehr selten vorkommen. Allein bei dem deutsch-französischen Kind Alexander und dem deutsch-italienischen Kind Valentin liegen die Mischungen zwischen einem attributiven Adjektiv und einem Nomen über 5%.

Abbildung 9.1 zeigt die 15 bilingualen Kinder in der Reihenfolge gemischter DPn mit einem Adjektiv.

---

[6] Die Kontextsprache, in der die Aufnahmen durchgeführt wurden, wurde nicht berücksichtigt.

Code-Switching zwischen Adjektiv und Nomen

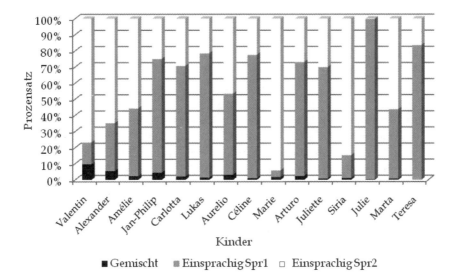

Abbildung 9.1:
Bilinguale Kinder geordnet nach Anzahl der gemischten DPn mit einem Adjektiv

Unsere Forschungsfrage, nämlich welche Sprache die Abfolge von Adjektiv und Nomen in gemischtsprachigen DPn bestimmt, kann nur beantwortet werden, wenn wir uns einen Überblick über die einsprachigen DPn der Kinder machen. In der Tabelle 9.2 sind alle einsprachigen DPn, welche ein attributives Adjektiv enthalten, aufgeführt. Es wird deutlich, dass im Deutschen bei allen drei Sprachenpaaren fast ausnahmslos die pränominale Stellung gebraucht wird, was der Zielsprache entspricht.

Kinder	Einsprachig dt (/ frz[7]))		Einsprachig rom	
	Pränominales A	Postnominales A	Pränominales A	Postnominales A
dt / frz	1286 (98,70%)	17 (1,30%)	1046 (87,31%)	152 (12,69%)
dt / it	1098 (96,49%)	40 (3,51%)	303 (39,45%)	465 (60,55%)
dt / sp	212 (98,15%)	4 (1,85%)	4 (5,71%)	66 (94,29%)
frz / it	390 (79,15%)	99 (20,25%)	270 (54%)	230 (46%)

Tabelle 9.2:
Adjektivstellung nach Muttersprache und Sprachkombination

---

[7] Die Nennung des Französischen an dieser Stelle zusammen mit den einsprachig deutschen Äußerungen bezieht sich ausschließlich auf den Fall der bilingual französisch-italienische Kinder, bei welchen das Italienische in der einsprachig romanischen Spalte aufgeführt wurde. Dies erlaubt einen direkten Vergleich des Französischen mit dem Italienischen jener Kinder, so wie es auch bei den Sprachpaaren der anderen bilingualen Kinder der Fall ist.

Nichtzielsprachliche postnominale Stellung illustriert (42).

(42) a. alle flugzeug *klein* (Alexander, 2;8,28)
b. eine hose *blau* (Amélie, 2;11,14)
c. ein pilze *großes* (Carlotta 2;3,2)
d. eine katze *böse* (Teresa, 2;10,22)

Die bilingual französisch-italienischen Kinder verwenden im Französischen das attributive Adjektiv in der Regel pränominal. Die Tabelle 9.2 zeigt für die romanischen Sprachen eine Variation hinsichtlich der Verwendung von postnominalen Adjektiven, welche von der Sprache abhängig ist. Am häufigsten ist die postnominale Stellung im Spanischen, gefolgt vom Italienischen. Mit 13% (deutschfranzösisch) bzw. 20% (französisch-italienisch) ist diese Stellung eher selten im Französischen. Sie entspricht in den allermeisten Fällen der Zielsprache, d. h. die Kinder platzieren solche Adjektive postnominal, die in der jeweiligen Sprache auch an dieser Position stehen dürfen. Die von den Kindern am häufigsten verwendeten französischen Adjektive sind die kurzen Adjektive, welche zu der kleinen Gruppe der pränominal platzierten Adjektive gehören. Hierunter fallen z. B. die Adjektive *gros*, *bon*, *jolie*, *petit* und *haut*. Getrennt nach Typen und Token (vgl. Kapitel 3) illustriert Abbildung 9.2, dass hinsichtlich der Token die pränominale Stellung deutlich überwiegt. Unter den gebrauchten Typen befinden sich allerdings eine Reihe postnominaler Adjektive. Folglich kann man die hohe Anzahl an voranstehenden französischen Adjektiven bei den bilingual deutsch-französischen und französisch-italienischen Kindern mit der Häufigkeit der pränominalen kurzen Adjektive erklären.

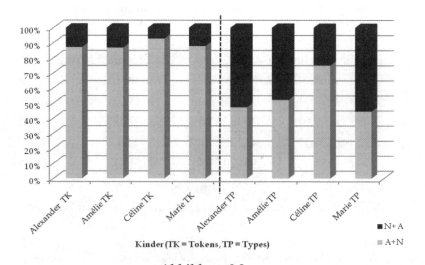

Abbildung 9.2:
Typen- und Tokenanalyse der französischen Adjektive bei 4 bilingual deutsch-französischen Kindern

Code-Switching zwischen Adjektiv und Nomen

Wir wollen uns im Folgenden mit der Zielsprachlichkeit der Adjektive in einsprachigen DPn befassen.

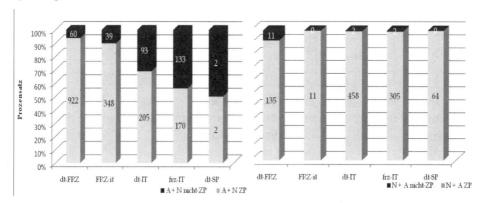

Abbildung (9.3a): Zielsprachlichkeit der pränominalen Adjektivstellung im Romanischen

Abbildung (9.3b): Zielsprachlichkeit der postnominalen Adjektivstellung im Romanischen

Abbildung 9.3a zeigt die Gesamtzahl und den Prozentsatz von pränominalen Adjektiven in den jeweiligen romanischen Sprachen. Die jeweils untersuchte Sprache ist in Majuskeln angegeben. Wie man gut erkennen kann, ist die pränominale Adjektivstellung in den romanischen Sprachen nicht immer zielsprachlich. Das Französische der deutsch-französischen und französisch-italienischen Kinder ist dadurch gekennzeichnet, dass die pränominale Position überwiegend zielsprachlich (grau markiert) ist. Nichtzielsprachliche (schwarz markiert) pränominale Stellungen sind mit zirka 10% selten. Das Bild ist deutlich anders im Italienischen und Spanischen, wo die pränominale Stellung zwischen 30% und 50% nichtzielsprachlich gebraucht wird. Mit anderen Worten verwenden die Kinder in diesen Sprachen in mehr als einem Viertel der Fälle ein Adjektiv in pränominaler Position, welches in den Zielsprachen postnominal steht.

Bezüglich der postnominalen Stellung zeigt Abbildung 9.3b, dass diese fast immer zielsprachlich ist. Allein die bilingual deutsch-französischen Kinder zeigen 12% an postnominalen, französischen Adjektiven (11 Fälle), die im Erwachsenensystem vorangestellt werden.

Wir wollen uns nun in einem weiteren Schritt die Sprachmischungen der Kinder ansehen. Zunächst kann man feststellen, dass diese Art der Mischung in den Spracherwerbsdaten selten vorkommt. Tabelle 9.3 gibt einen Überblick über die gemischtsprachlichen DPn in Abhängigkeit von der Stellung des Adjektivs.

	Pränominales A	Postnominales A
dt/ fr	54 (96,43%)	2 (3,57%)
dt / it	44 (67,69%)	21 (32,31%)
dt / sp	5 (100%)	0 (0%)
fr / it	6 (66,67%)	3 (33,33%)

Tabelle 9.3:
Gesamtzahl und prozentualer Anteil der gemischten DPn mit einem A je nach Adjektivstellung

Tabelle 9.3 zeigt, dass alle bilingualen Kinder unabhängig von der Sprachkombination selten die Sprachen zwischen A und N mischen. Dabei bevorzugen sie pränominale Adjektive. Laut Chan (2003) sollte das Adjektiv die Wortstellung innerhalb der gemischtsprachlichen DP bestimmen. Um dies untersuchen zu können, werden die gemischten DPn in Abbildung 9.4 nach der Sprache des Adjektivs und seiner Stellung dargestellt.

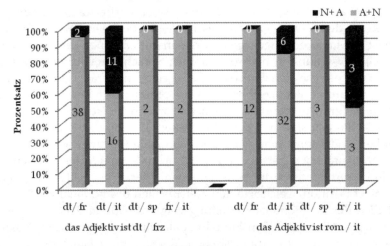

Abbildung 9.4:
Sprache des Adjektivs in einer gemischten DP und seine Stellung in den verschiedenen Sprachkombinationen der bilingualen Kinder[8]

Die Abbildung 9.4 zeigt, dass das deutsche und das romanische Adjektiv in gemischtsprachlichen DPn hauptsächlich pränominal verwendet werden. Die postnominale Position wird bei den deutsch-italienischen und den französisch-

---

[8] Die Beschriftung für die X-Achse liest sich wie folgt: Für die vier linken Säulen ist das Adjektiv deutsch bei den bilingual deutsch-romanischen Kindern oder französisch bei den bilingual französisch-italienischen Kindern. Analog dazu lässt sich die Beschriftung der rechten Säulen lesen: Die Sprache des Adjektivs ist romanisch bei den bilingual deutsch-romanischen Kindern und italienisch bei den bilingual französisch-italienischen Kindern.

Code-Switching zwischen Adjektiv und Nomen

italienischen Kindern mit italienischen Adjektiven häufiger gebraucht als bei den anderen Sprachkombinationen.

Die folgenden Beispiele (43) illustrieren die postnominale Verwendung von deutschen Adjektiven, welche den romanischen Adjektiven bei den deutsch-italienischen und französisch-italienischen Kindern in (44) entsprechen könnte.

(43)   a. eine boule *groß*   (Alexander, 2;5,25)
      b. der giraff *groß*   (Alexander, 2;6,25)
      c. una cosa *schwerer*   (Aurelio, 4;0,9)
      d. ein pannolino *klein*   (Carlotta, 2;9,25)
      e. un gato *schwarz*   (Valentin, 2;11,30)
      f. pancia *groß*   (Valentin, 2;11,16)
      g. un bambino *gelb*   (Lukas, 2;11,12)
(44)   a. i boxehunde *piccole*   (Jan-Philip, 4;9,16)
      b. con suo teppich *volante* (Jan-Philip, 4;10,6)
      c. il stadion *grande*   (Jan-Philip, 4;10,27)
      d. eisenbahn *rotto*   (Valentin, 2;6,30)
      e. schere *piccola*   (Valentin, 3;5,4)
      f. das auto *verde*   (Lukas, 2;5,6)
      g. éléphant *grande*   (Siria, 2;2,15)
      h. le papillon *piccolo*   (Siria, 2;3,3)
      i. les ciseaux *grande*   (Siria, 2;3,3)

Wenden wir uns nun den pränominalen Verwendungen des attributiven Adjektivs in gemischtsprachlichen DPn zu. Wir hatten bereits gesehen, dass diese Stellung in gemischtsprachlichen DPn überwiegt. Wie bei den postnominalen Verwendungen gibt es auch im Bereich der pränominalen Adjektive Stellungsfehler, d. h. die Kinder verwenden ein postnominales Adjektiv fälschlicherweise pränominal.

Sprachen	A+N	*A+N[9]
dt / frz	8 (66,67%)	4 (33,33%)
dt / it	13 (40,63%)	19 (59,38%)
dt / sp	0 (0%)	3 (100%)
frz / it	1 (33,33%)	2 (66,67%)

Tabelle 9.4:
Verwendung eines romanischen pränominalen Adjektivs in einer gemischtsprachlichen DP

Tabelle 9.4 verdeutlicht, dass die bilingualen Kinder romanische Adjektive in einer gemischtsprachlichen DP voranstellen. Die Verwendung dieser Adjektive

---

[9] Der Asterisk (*) bezieht sich auf jene kindlichen, pränominalen Adjektivrealisierungen welche im Erwachsenensystem postnominal erscheinen müssen.

entspricht jedoch nicht immer dem Erwachsenensystem, d. h. manche der Adjektive müssten in einsprachigen, romanischen Äußerungen postnominal auftreten. Die Beispiele in (45), (46) und (47) zeigen diese pränominalen Adjektive in gemischtsprachlichen DPn im Französischen, Italienischen und Spanischen.

(45) a. die *blanke* farbe (Alexander, 4;4,25)
 b. die *jaune* handschuhe (Julie, 4;7,17)
 c. une *grande* kleid (Marie, 3;0,2)
 d. un *vilain* ritter (Amélie, 3;6,24)
(46) a. quello *rotto* ente (Valentin, 2;11,30)
 b. un *grosso* nest (Jan-Philip, 4;5,17)
 c. *lunga* hörner (Valentin, 2;10,18)
 d. ein *gran* fisch (Carlotta, 3;8,27)
 e. una *vecchia* crayon (Juliette, 4;6,24)
 f. les *gran* ciseaux (Siria, 2;3,3)
(47) a. muy *malo* kind (Arturo, 3;1,16)
 b. un *grande* ohr (Arturo, 3;6,7)
 c. mu (=muy) *larga* beine (Arturo, 3;1,16)

Die Beispiele in (45) zeigen französische Adjektive in pränominaler Position. Französische Farbadjektive treten im Erwachsenensystem in der Regel nach dem Nomen auf. Das französische Adjektiv *vilain* in (45d) gehört nicht zu der kleinen Gruppe pränominaler Adjektive, die wir bereits kennengelernt haben. Das Adjektiv *grand* in (45c) gehört zu den Adjektiven, die sowohl prä- als auch postnominal auftreten können. Allerdings variiert ihre Lesart je nach Position (vgl. die Beispiele in (3)). Marie äußert die gemischten DPn in einem Kontext, in dem sie dem Referenten ‚Kleid' die Eigenschaft des Großseins zuweist, d. h. sie drückt eine restriktive, intersektive Lesart aus. Infolgedessen müsste das Adjektiv *grand* postnominal stehen.

Italienische Adjektive sind, im Gegensatz zu den französischen, freier in ihrer Stellung. Die Beispiele in (46) zeigen, dass bilingual deutsch-italienische und französisch-italienische Kinder Schwierigkeiten mit intensionalen italienischen Adjektiven haben. Beispiele (46d)-(46f) gehören zu dieser Adjektivgruppe. Das Adjektiv *gran/grande* und *vecchia* werden in postnominaler Stellung als intersektiv, restriktiv interpretiert. Die Kontexte, in denen die Beispiele (46d)-(46f) geäußert wurden, sprechen für eine intersektive, restriktive Lesart, die erwachsenensprachlich nicht mit einer pränominalen Stellung ausgedrückt wird. Die Beispiele (46a)-(46c) verdeutlichen den Gebrauch der pränominalen Stellung mit Adjektiven, die im Erwachsenensystem in der Regel nachgestellt werden.

Die spanischen Beispiele in (47) zeigen ein ähnliches Bild, wie es bereits für das Französische und das Italienische gezeichnet wurde. (47a) und (47b) sind intensionale Adjektive, d. h. sie können entweder vor oder nach dem Nomen (mit einem Bedeutungsunterschied) auftreten. Arturo verwendet diese Adjektive in ihrer intersektiven, restriktiven Lesart. Im Beispiel (47a) erlaubt die Verwendung des Adverbs *muy*, dass *malo* als restriktiv und intersektiv interpretiert werden muss, da intensionale pränominale Adjektive keinen Steigerungsgrad erlau-

Code-Switching zwischen Adjektiv und Nomen

ben. Das Adjektiv *larga* in (47c) darf in der Erwachsenensprache auch voranstehen, dies jedoch nur als epitethischer Ausdruck (*un largo camino, una larga noche*). Arturo weist dem Referenten *Beine* die Eigenschaft „lang zu sein" zu; die intendierte Lesart ist also intersektiv und hätte in der Erwachsenensprache die postnominale Stellung ausgelöst.

Zusammenfassend kann man also beobachten, dass gemischtsprachliche DPn mit einem Adjektiv tendenziell ein romanischsprachiges Adjektiv in pränominaler Position enthalten. Pränominale romanische Adjektive werden auch in gemischtsprachlichen DPn nicht immer mit der Zielsprache konform positioniert. Die hier untersuchten Kinder verwenden in gemischtsprachlichen DPn romanische Adjektive mit einer intersektiven, restriktiven Lesart in pränominaler Position. Das Erwachsenensystem verwendet hierfür die Postposition.

Im folgenden Kapitel werden die gemischtsprachlichen DPn mit einem Adjektiv aus den deutsch-italienischen und deutsch-spanischen Querschnittstudien analysiert.

9.3.2 Code-Switching zwischen A und N in den Querschnittstudien

Das Kapitel 5 hatte bereits die Vorstellung der Querschnittstudien zum Ziel. Der Test enthielt auch Testsätze für die Mischung zwischen A und N. Insgesamt wurden den Kindern 16 deutsch-spanische bzw. deutsch-italienische gemischtsprachliche Sätze vorgegeben. Davon enthielten vier Mischungen zwischen A und N. (48)-(51) stellen diese vier Testsätze in den jeweiligen Sprachkombinationen vor.

(48) Testsatz 1
 a. La jirafa grande llevaba un *grünen* sombrero en su cabeza
 b. La giraffa grande aveva un *grünen* capello sulla sua testa
(49) Testsatz 2
 a. der große Pinguin hatte einen *negro* Punkt auf seinem Bauch
 b. der große Pinguin hatte einen *nero* Punkt auf seinem Bauch
(50) Testsatz 3
 a. El jersey *gelb* war super für diesen kalten Tag
 b. Il maglione *gelb* war super für diesen kalten Tag
(51) Testsatz 4
 a. Die Ziegen *marrones* haben das Futter aus einem Eimer gefressen
 b. Die Ziegen *marroni* haben das Futter aus einem Eimer gefressen

Testsätze 1 und 2 enthalten ein pränominales Adjektiv, das jeweils deutsch oder romanisch[10] ist. Testsätze 3 und 4 illustrieren die postnominale Stellung. Die Testsätze entsprechen den vier AP-Regeln, die wir in (40) formuliert hatten. Sätze 2 und 3 entsprechen den AP-Regeln (40b) und (40c): die Adjektivstellung weicht

---

[10] Für die empirischen Daten der Querschnittstudien stehen nur die Sprachkombinationen deutsch-spanisch und deutsch-italienisch zur Verfügung. Deshalb bezieht romanisch in den Querschnittstudien nur das Spanische und das Italienische ein.

von der Sprache des Adjektivs ab bzw. das romanische Adjektiv steht in einer pränominalen Position (Satz 2) oder das deutsche Adjektiv erscheint nach dem Nomen (Satz 3).

Nicht alle Kinder, die an den Studien teilgenommen haben, haben den Mischpunkt zwischen Adjektiv und Nomen beibehalten. In der deutsch-spanischen Studie taten dies nur 4 von 28 Kindern; sie haben entweder den Mischpunkt wie im Ausgangssatz produziert oder ihn korrigiert bzw. verlagert. In der deutsch-italienischen Studie haben 8 von 16 Kindern die gemischtsprachliche DP beibehalten.

	Mischpunkt beibehalten	Mischpunkt verlagert
Testsatz 1	2	0
Testsatz 2	4	0
Testsatz 3	3	1
Testsatz 4	5	0

Tabelle 9.5:
Gesamtzahl der Antworten der dt.-sp. und dt.-it. Kinder auf die Testsätze (1)-(4) nach wiedergegebener oder verlagerter Sprachmischung

Tabelle 9.5 zeigt deutlich, dass die gemischtsprachlichen Testsätze hauptsächlich mit dem gleichen Mischpunkt wie im Ausgangssatz produziert wurden. Nur in einem Fall wurde der Mischpunkt verlagert bzw. das deutsche Adjektiv anstelle einer postnominalen in eine pränominale Position gestellt. (52) und (53) stellen diese Fälle dar.

(52) Mischpunkt beibehalten
  a. Testsatz 1
  - la jirafa un grünen sombrero en la cabeza (dt-sp, Carlotta, 5;3,15)
  - il la giraffa c´avevo un capello - grün capello aufm - sulla testa (dt-it, Lilly, 5;0,29)
  b. Testsatz 2
  - dass der- das der pinguin ein´ nero punkt auf dem bauch hat (dt-it, Giorgia, 3;8,19)
  - der pinguin hatte ein nero pink- punkt auf dem bauch (dt-it, Micol, 4;0,9)
  - der große pinguin hatte nero punkt (dt-it, Gabriel, 4;8,19)
  - der große pinguin hatte einen nero fleck auf seinem bauch (dt-it, Emma, 5;10,15)
  c. Testsatz 3
  - dass el jersey gelb super für diesen tag war (dt-sp, Fernando, 5;10,20)
  - dass der jersey gelb ehm ganz gut für den tag war (dt-sp, Nick, 6;3,11)
  - il maglione gelb era perfetto per questo giorno (dt-it, Lilly, 5;0,29)

    d. Testsatz 4
    - die ziegn marrones haben von/aus ein eimer gegessen (dt-sp, Amelia, 3;11,2)
    - die ziegen marroni haben aus einem eimer gegessen (dt-it, Alessia, 4;0,19)
    - der hat gesagt die ziegen marroni- die ziegen haben aus einem blat gegessen (dt-it, Milena, 4;6,3)
    - die ziegen *marroni* haben das futter von einem eimer gegessen (dt-it, Lilly, 5;0,29)
    - le ziegen *marroni* hanno mangiato di- di un secchio (dt-it, Sonia, 5;0,14)
(53) Mischpunkt verlagert
    a. *Testsatz 3*
    - der *gelbe* jersey war super für den kalten tag (dt-sp, Carlotta, 5;3,15)

In der Tabelle 9.5 wurden die Fälle, in denen die Sprache des Adjektivs nicht mit der Wortstellung in dieser Sprache korrespondiert, grau hervorgehoben. Allein im Testsatz 3 wurde ein Mischpunkt verlagert, ansonsten haben die Kinder die Mischpunkte beibehalten.

12 von 46 Kindern haben den gemischtsprachlichen Satz beibehalten. Wie haben die anderen Kinder geantwortet? Dies zeigt die Tabelle 9.6.

	einsprachig dt	einsprachig rom	keine relevante Reaktion	Switch (relevant)	Switch (nicht-relevant)
dt-it Studie	13 (22,03%)	6 (10,17%)	30 (50,85%)	10 (16,95%)	0 (0%)
dt-sp Studie	26 (23,85)	6 (5,50%)	72 (66,06%)	4 (3,67%)	1 (0,92%)

Tabelle 9.6:
Klassifikation der kindlichen Antworten in den Querschnittstudien

Der höchste Prozentsatz ist in der Spalte „keine relevante Reaktion" zu verzeichnen. Danach folgen nach Häufigkeit einsprachige Antworten. In 22% bzw. 23% wurde die gemischtsprachliche DP einsprachig deutsch wiedergegeben. Die einsprachigen romanischen Antworten entsprechen nur 10% bzw. 5%.

Alle einsprachigen deutschen DPn waren zielsprachlich, d. h. für den Fall dass das deutsche Adjektiv postnominal vorgegeben wurde (Testsatz 3), wurde das Adjektiv in der einsprachigen deutschen Antwort pränominal platziert (vgl. in (54)).

(54) Testsatz 3:
    a. El jersey *gelb* war super für diesen kalten Tag
    a'. Il maglione *gelb* war super für diesen kalten Tag
    b. der manuel hat ein´ **gelbn** pulli angezogn (dt-sp, Erika, 4;3,14)
    b'. der eisbär hat ein **gelben** pulli angehabt (dt-it, Emma, 5;10,5)

In Bezug auf die einsprachigen romanischen Antworten zeigt Tabelle (9.7), dass die Adjektivstellung nicht immer zielsprachlich war.

	A = rom	
	*A+N	N+A
Testsatz1	1	3
Testsatz2	2	3
Testsatz3	0	3
Testsatz4	0	0
TOTAL	3 (25%)	9 (75%)

Tabelle 9.7:
Einsprachige romanische Reaktionen auf die Testsätze in den Querschnittstudien

Die für die Testsätze ausgewählten Adjektive sind Farbadjektive, die in den romanischen Sprachen in der Regel postnominal auftreten; vgl. in (55) [11]

(55) Erwartungen in Bezug auf die Adjektivstellung
   a. Testsatz 1: un *grünen* sombrero/capello → un sombrero/capello **verde**
   b. Testsatz 2: ein *nero/negro* Punkt → un punto **nero/negro**
   c. Testsatz 3: el jersey/il maglione *gelb* → el jersey **amarillo** /il maglione **giallo**
   d. Testsatz 4: die ziegen *marrones/marroni* → las cabras **marrones**/le capre **marroni**

Die untersuchten bilingualen Kinder hatten mehr Schwierigkeiten, wenn die vorgegebene gemischtsprachliche DP ein pränominales Adjektiv enthielt (Testsätze 1 und 2). In diesen Fällen haben sie die DP einsprachig romanisch wiedergegeben, jedoch das Adjektiv pränominal produziert. Die folgenden Beispiele in (56) zeigen dies.

(56) a. la giraffa aveva un *verde* cappello sulla testa (dt-it, Sonia, 5;0,14)
   b. il pinguino aveva un ne- un *nero* puntino sulla pancia (dt-it, Sonia, 5;0,14)
   c. un *negro* punto, en la panza (dt-sp, Mateo, 3;10,13)

Zusammenfassend kann man für die CS-Studie Folgendes feststellen: Die bilingualen Kinder haben meistens keine relevanten Reaktionen gezeigt. Die einsprachig deutschen Reaktionen waren immer zielsprachlich, d. h. das Adjektiv wurde in pränominaler Position produziert. Die einsprachig romanischen Reaktionen enthielten Farbadjektive, die nichtzielsprachlich vorangestellt wurden. Mit Farbadjektiven verwendeten die Kinder in der Mehrzahl der Fälle die postnominale Stellung. Mit anderen Worten: Die Kinder haben erkannt, dass ihre romanische

---

[11] Eine Ausnahme sind epithetische Adjektive, die pränominal erscheinen, vgl. in 9.1.2.

Muttersprache Farbadjektive in postnominaler Position verlangt. Die beibehaltenen gemischtsprachlichen Testsätze ließen keine Rückschlüsse auf das Mischverhalten der Kinder zu, da ihre Zahl zu gering war.

Im folgenden Kapitel werden ganz besonders die Ergebnisse aus den Longitudinalstudien vor dem Hintergrund der Beschränkungen für das CS zwischen A und N diskutiert.

9.4 Bewertung der Ergebnisse mit Hinblick auf die Beschränkungen für Code-Switching

Die Longitudinalstudien haben gezeigt, dass Sprachmischungen zwischen A und N selten auftreten. Gemischtsprachliche DPn enthielten vornehmlich ein romanischsprachiges Adjektiv in pränominaler Position. Dieses Ergebnis ist von der Sprachkombination unabhängig. Die Sprache des Adjektivs und die der Adjektivstellung korrespondieren also in den meisten Fällen, d. h. Chans Ansatz macht für die vorliegenden Daten richtige Vorhersagen. Die Daten zeigen jedoch, dass romanische Adjektive in gemischtsprachlichen DPn auch dann pränominal verwendet werden, wenn sie im Erwachsenensystem postnominal stehen müssten. Die fälschlicherweise pränominal gebrauchten romanischen Adjektive sind solche mit einer restriktiven bzw. intersektiven Lesart. Wie wir im Kapitel 9.1.1 ausgeführt haben, geht diese Lesart mit einer prädikativen Verwendung des Adjektivs einher. In den einsprachigen DPn der Kinder steht das Adjektiv in den meisten Fällen zielsprachlich. Stellungsabweichungen betreffen die pränominale Position, d. h. fast alle nichtzielsprachlichen Stellungen des Adjektivs sind darauf zurückzuführen, dass die Kinder ein postnominales romanisches Adjektiv pränominal gestellt haben.

Bilinguale Kinder mischen auch wenig, wenn sie auf CS getestet werden. Einsprachige deutsche DPn wurden von allen Kindern bevorzugt, welche dann immer zielsprachlich waren.

Im Kapitel 9.1.3 haben wir uns für eine getrennte Analyse von attributiven Adjektiven in Abhängigkeit von ihrer Lesart entschieden. Attributive Adjektive, die eine prädikative Verwendung aufweisen, haben wir als reduzierte Relativsätze analysiert. Diese Analyse gilt für postnominale intersektive romanische Adjektive sowie für pränominale intersektive deutsche (und englische) Adjektive. Nichtintersektive pränominale Adjektive wie *pobre* oder *groß* werden in einer XP zwischen D und NP positioniert. Diese Strukturen haben wir für einsprachig deutsche und romanische DPn mit einem Adjektiv vorgeschlagen. Welche Struktur haben nun die kindlichen gemischtsprachlichen DPn und stimmt es, dass C ihre Struktur bestimmt?

In den Longitudinalstudien waren die kindlichen gemischtsprachlichen DPn mit einem Adjektiv vom Typ A+N, unabhängig davon, ob das Adjektiv deutsch oder romanisch war. Diese Adjektive hatten eine restriktive bzw. intersektive Lesart. Die Beobachtungen lassen sich erklären, wenn man davon ausgeht, dass bilinguale Kinder in den romanischen Sprachen der pränominalen Position auch eine restriktive bzw. intersektive Lesart zuweisen, vergleichbar mit dem Deutschen. Für die Analyse gemischtsprachlicher DPn heißt dies Folgendes: (1) sowohl deutsche als auch romanische Adjektive werden als reduzierte Relativsätze analysiert, (2) das Adjektiv in der Komplementposition bewegt sich im Deutschen fast immer und in den romanischen Sprachen überwiegend nach Spec,CP, (3) eine restriktive bzw. intersektive Lesart des Adjektivs wird in der kindlichen Grammatik neben der Komplementposition (Schwester von T) auch durch Verschiebung der AP in die Position Spec,CP erreicht.

Die Strukturen in (57), (58) und (59) stellen eine mögliche Analyse für die romanische pränominale Adjektivverwendung in gemischtsprachlichen DPn dar. Die Kinder verwenden die im Deutschen für restriktive bzw. intersektive Adjektive gültige Analyse mit dieser Lesart für eine gemischtsprachliche DP mit einem romanischen Adjektiv. Nach unseren Ausführungen in Kapitel 8 könnten wir für die Beispiele in (57), (58) und (59) auch behaupten, dass die Kinder ein deutsches C ausgewählt haben und damit die deutsche syntaktische Analyse. Warum sie ein deutsches C ausgewählt haben, muss wie schon im Kapitel 8 leider offen bleiben.

(57)

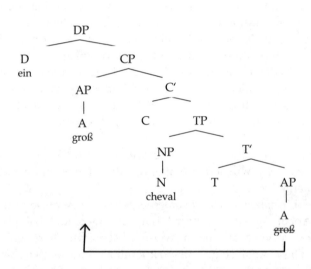

(58)

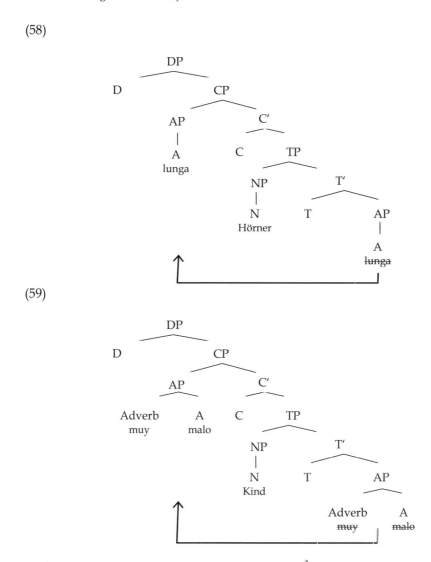

(59)

Die gemischtsprachlichen DPn in (60), (61) und (62) weisen ein postnominales Adjektiv auf. Unabhängig davon, ob das Adjektiv aus dem deutschen oder dem romanischen Lexikon stammt, gebraucht das bilinguale Kind die für postnominale Adjektive gültige romanische Analyse. Wir könnten behaupten, dass die Kinder ein romanisches C ausgewählt haben und damit die romanische syntaktische Analyse.

(60)

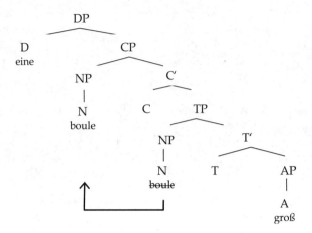

(61)

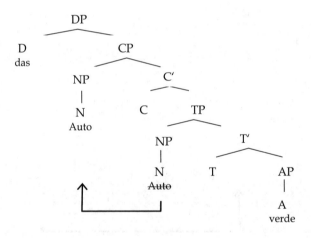

(62)

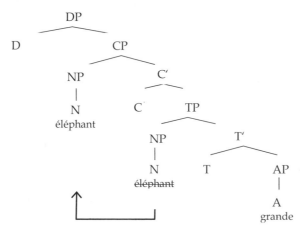

Wie in Kapitel 8 bereits ausführlich diskutiert wurde, könnten wir auch für die Adjektivstellung in gemischtsprachlichen DPn behaupten, dass die Sprache von C entscheidend ist.

Dem vorgestellten Ansatz zufolge sollten die folgenden Adjektivstellungen in gemischtsprachlichen DPn möglich sein: (1) ein pränominales deutsches Adjektiv mit einem romanischen Nomen (Beispiele in (63, vgl. Struktur 57)), (2) ein pränominales romanisches Adjektiv, das mit einem deutschen Nomen auftritt (Beispiele in (64), vgl. Struktur 58) und (3) ein postnominales deutsches Adjektiv zusammen mit einem romanische Nomen (Beispiele in (65, vgl. Struktur 60)). Diese Adjektivstellungen in gemischtsprachlichen DPn entsprechen 95,08% der gesamten Mischungen zwischen A und N im Korpus[12].

(63) a. ein *groß* cheval (Alexander, 2;6,8)
     b. eine *kleine* tazze (Carlotta, 3;8,6)
     c. *kleine* totilla (=cosquillas) (Arturo, 3;1,16)
(64) a. un *petit* mäuschen (Marie, 4;0,24)
     b. un *bel* schwanzele (Valentin, 3;8,28)
     c. un *grande* ohr (Arturo, 3;6,7)
(65) a. eine boule *groß* (Alexander, 2;5,25)
     b. un gato *schwarz* (Valentin, 2;11,30)
     c. un bambino *gelb* (Lukas, 2;11,12)

Selten ist die folgende Stellungsvariante: (4) ein postnominales romanisches Adjektiv zusammen mit einem deutschen Nomen (vgl. auch in Arnaus Gil, Eichler, Jansen, Patuto und Müller 2012); vgl. die Beispiele in (66).

(66) a. i boxerhunde *piccole* (Jan-Philip, 4;9,16)
     b. con suo teppich *volante* (Jan-Philip, 4;10,6)

---

[12] Dieser Prozentsatz entspricht den Longitudinalstudien mit der Sprachkombination deutsch-romanisch.

c. il stadion *grande* (Jan-Philip, 4;10,27)
d. eisenbahn *rotto* (Valentin, 2;6,30)
e. eisenbahn *grande* (Valentin, 2;7,13)
f. hase *piccolo* (Valentin, 2;7,26)
g. krokodil *grande* (Valentin, 3;0,13)
h. schere *piccola* (Valentin, 3;5,4)
i. das auto *verde* (Lukas, 2;5,6)

Die Beispiele in (66) wurden hauptsächlich von den bilingual deutschitalienischen Kindern Jan-Philip und Valentin geäußert, während die restlichen 4 bilingualen Kinder mit dieser Sprachkombination keine gemischtsprachlichen DPn von diesem Typ realisiert haben. Für die Sprachkombinationen deutschfranzösisch und deutsch-spanisch wurden keine derartigen Mischungen verzeichnet. Man könnte an dieser Stelle die Frage stellen, ob das Fehlen bzw. das Auftreten der Daten in (66) mit der Balanciertheit der Sprachentwicklung zusammenhängt. Jan-Philip gehört zu den balancierten Kindern, die eine Tendenz hin zum Deutschen haben, während Valentin ein unbalanciertes Kind ist, das das Italienische als starke Sprache spricht. Da auch andere unbalancierte Kinder in der Studie existieren, kann zumindest ausgeschlossen werden, dass Unbalanciertheit notwendigerweise auch mit der Verwendung von Beispielen wie in (66) einhergeht. Nach dem hier verfolgten Ansatz belegen die Beispiele in (66), dass die Kinder ein romanisches C (bzw. CP) auswählen (vgl. Arnaus Gil et al. 2012) und eine deutsche NP in diese funktionale Kategorie verschieben. Mit anderen Worten: Wie bereits im Kapitel 8 ausführlich besprochen wurde, hängt die Wahl der Sprache von C nicht von dem Sprachmaterial ab, welches sich in dieser Kategorie befindet.

Zusammenfassend dürfen wir auch für die Sprachmischungen zwischen A und N festhalten, dass sie keineswegs einen Kompetenzmangel widerspiegeln. Sie zeigen jedoch, dass das bilinguale Kind dem Spracheneinfluss ausgesetzt ist und in manchen Fällen eine syntaktische Analyse der Sprache A verwendet, wenn es Sprache B gebraucht oder aber eine gemischtsprachliche DP, bei der die Wortstellung aufgrund der Sprache des Adjektivs nicht erwartet war.

9.5 Zusammenfassung

Gegenstand des vorliegenden Kapitels waren Mischungen zwischen Adjektiv und Nomen innerhalb der DP. Gemischtsprachliche DPn mit einem Adjektiv enthalten tendenziell ein romanischsprachiges Adjektiv in pränominaler Position. Dabei ist die pränominale Position attributiver Adjektive sowohl in gemischtsprachlichen, als auch in einsprachigen DPn nicht immer zielsprachlich. Die hier untersuchten Kinder verwenden in gemischtsprachlichen DPn romanische Adjektive mit einer intersektiven, restriktiven Lesart in pränominaler Position. Das Erwachsenensystem verwendet hierfür die Postposition.

Für die Analyse der Adjektivposition in den Erwachsenensystemen wurden zwei Strukturen vorgestellt: Eine reduzierte Satzstruktur für solche attributiven

Adjektive, die prädikativ gebraucht werden können. Sie gilt nicht nur für die postnominalen romanischen Adjektive, sondern auch für die pränominalen Adjektive im Deutschen sowie für die kleine Gruppe pränominaler französischer Adjektive. Die Adjektivstellung wird in den romanischen Sprachen in der Regel durch Verschiebung der NP, im Deutschen durch Verschiebung der AP abgeleitet. Die aufnehmende Kategorie ist die Spezifikatorposition von CP, weshalb die Vermutung aufgestellt wurde, dass der Sprache von C eine große Rolle bei der Bestimmung der Adjektivstellung in gemischtsprachlichen DPn zukommt. Die zweite Struktur ist für Adjektive gültig, die sowohl in den romanischen Sprachen als auch im Deutschen keine prädikative Verwendung erlauben. Dieser Struktur zufolge wird das Adjektiv in einer Position zwischen DP und NP positioniert.

Die gemischtsprachlichen DPn der bilingualen Kinder sind mit einer Struktur kompatibel, in der die Sprache von C bestimmt, ob die NP oder die AP nach Spec,CP bewegt wird. Evidenz für die Annahme kommt aus den einsprachigen DPn der Kinder, welche dieselben Regularien widerspiegeln. Welche Umstände dazu führen, dass ein deutschsprachiges oder ein romanischsprachiges C ausgewählt wird, muss wie im Kapitel 8 offen bleiben.

9.6 Aufgaben

1. Betrachten Sie die spanischen Adjektiv-Nomen-Adjektiv Kombinationen in (a) und (a'') und bestimmen Sie, welche der französischen DPn welchen spanischen DPn hinsichtlich ihrer Lesart entsprechen. Stellen Sie Unterschiede zwischen den romanischen Sprachen fest?

   a. un mal político viejo
   a'. un viejo político malo
   b. un vieux politique méchant
   b'. un vieux politique mauvais

2. In (40) haben wir die folgenden möglichen Adjektivregeln nach Chan (2003) kennengelernt und beobachtet, dass (a) und (d) den Fällen entsprechen würden, in denen die Adjektivstellung zu dem ausgewählten Adjektiv passt:

   a. A_{A+NP} + NP   c. NP + A_{A+NP}
   b. A_{NP+A} + NP   d. NP + A_{NP+A}

Welche Möglichkeiten bei der Adjektivstellung in einer gemischtsprachlichen Äußerung gäbe es, wenn die funktionale Kategorie D die Stellung des Adjektivs bestimmt? Illustrieren Sie die Möglichkeiten jeweils mit einem Beispiel.

3. Demonte (1999:68-69) diskutiert die folgenden Beispiele:

   a. Su <u>distinguido</u> mérito y servicio
   a'. *Sus <u>distinguidos</u> mérito y servicio
   b. Con <u>ferviente</u> devoción y cariño
   b'. Con <u>fervientes</u> devoción y cariño
   c. Presunción y osadía <u>inexcusables</u>
   d. a. El <u>gran</u> <u>buen</u> rey
   e. El rey <u>grande</u> y <u>bueno</u>

   Was beobachten Sie in diesen Beispielen bezüglich der Adjektive? Welche möglichen Erklärungen gäbe es für die Beobachtungen, wenn Sie die im Kapitel vorgestellten syntaktischen Analysen in Betracht ziehen?

4. Überlegen Sie, wie Chans (2003) Performanzansatz widerlegt werden könnte.

10 Die Äquivalenzbeschränkung am Beispiel von wh-in-situ- und wh-ex-situ-Fragesätzen

Jasmin Geveler

In den Kapiteln 7.2.4 und 8.2.1 haben wir bereits das *Equivalence Constraint* von Poplack (1980) kennengelernt. Wir haben gesehen (vgl. Kap. 8), dass die Vorhersagen, welche diese Beschränkung bezüglich des Sprachenwechsels zwischen einem Modalverb bzw. tempusbildenden Hilfsverb in T und der *vP* bzw. VP macht, nicht zutreffend sind.

In diesem Kapitel soll die Äquivalenzbeschränkung am Beispiel von W-Fragesätzen (im Folgenden Wh-Fragesätze[1]) im Deutschen und Französischen diskutiert werden. Dafür werden wir zunächst die Äquivalenzbeschränkung genauer betrachten. In einem weiteren Schritt sollen dann Sprachmischungen für den grammatischen Bereich der Wh-Fragesätze mit Hilfe der Äquivalenzbeschränkung vorhergesagt werden. Wir wollen im Anschluss anhand von bei bilingualen Kindern tatsächlich auftretenden Sprachmischungen diskutieren, ob die Beschränkung möglicherweise modifiziert werden muss.

10.1 Die Äquivalenzbeschränkung: Definition und Kritik

Wie einige andere Autoren geht auch Poplack davon aus, dass das intrasententiale CS syntaktischen Beschränkungen unterliegt (vgl. Kapitel 7). In ihrem 1980 formulierten *Equivalence Constraint* versucht sie, anhand der linearen Elementabfolge der Sprachen vorherzusagen, ob eine Sprachmischung innerhalb einer Äußerung möglich ist. In der Literatur gehört Poplacks Äquivalenzbeschränkung zu einer der meist diskutierten Annahmen in Bezug auf das CS. Viele Arbeiten wenden Poplacks Beschränkung auf unterschiedliche Sprachkombinationen und diverse grammatische Bereiche an. Hierbei stoßen einige auf Sprachmischungen, die nicht im Einklang mit der Beschränkung sind. Zunächst wollen wir uns jedoch Poplacks syntaktische Beschränkung anschauen.

10.1.1 Die Äquivalenzbeschränkung nach Poplack

Die Äquivalenzbeschränkung besagt laut Poplack (1980), dass die Reihenfolge der sprachlichen Einheiten eines Satzes, die direkt vor und direkt nach dem

---

[1] Der Terminus Wh-Fragesätze ist aus dem Englischen entlehnt. Im Englischen beginnen viele Fragewörter mit wh- (*where, when, who, why* etc.). In der Literatur wird deshalb häufig von Wh-ex-situ- und Wh-in-situ-Fragen gesprochen. In Anlehnung an das Englische wird deshalb im Folgenden anstelle von W-Fragesätzen der Terminus Wh-Fragesätze gebraucht.

Mischpunkt liegen, gemäß den grammatischen Regeln beider involvierter Sprachen korrekt sein muss (vgl. Kapitel 7.2.4).

> The equivalence constraint: the order of sentence constituents immediately adjacent and on both sides of the switch point must be grammatical with respect to both languages involved simultaneously. This requires some specification: the local co-grammaticality or equivalence of the two languages in the vicinity of the switch holds as long as the order of any two sentence elements, one before and one after the switch point, is not excluded in either language. (Sankoff und Poplack 1981:5)

Das Beispiel (1) (Poplack 1980:586) soll die Äquivalenzbeschränkung veranschaulichen. Hierbei ist die Sprache A das Englische, die Sprache B das Spanische und in C ist die Sprachmischung aufgeführt.

(1)

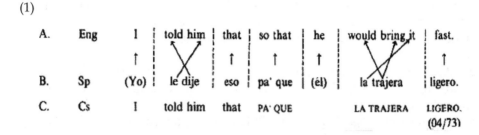

Im Beispiel (1) stellen die gestrichelten Linien die möglichen Switch-Punkte in den Sprachen Englisch und Spanisch dar (vgl. aber weiter unten). Wichtig ist, dass laut der Autorin innerhalb der Linien keine Sprachmischungen auftreten dürfen. Die Pfeile veranschaulichen die Äquivalenz oder das Fehlen dieser. Im Falle der ersten Verbalphrase *told him/le dije* ist nach der Äquivalenzbeschränkung keine Sprachmischung möglich, da im Spanischen das Objektpronomen präverbal auftritt, während es im Englischen nach dem Verb positioniert wird. Die Pfeile überkreuzen sich, da hier die Abfolge der Elemente in den beiden Sprachen nicht äquivalent ist. Die Elementabfolge der zweiten Verbalphrase *would bring it/la trajera* ist im Englischen und Spanischen ebenfalls nicht äquivalent. Wie in der ersten Verbalphrase steht das Objektpronomen prä- bzw. postverbal. Des Weiteren wird im Englischen das Imperfekt mit dem Modalverb *would* gebildet, während es im Spanischen mit Hilfe gebundener Flexionsmorphologie am lexikalischen Verb ausgedrückt wird. Nimmt man den Wortlaut der Äquivalenzbeschränkung genau, so dürfte auch nicht zwischen dem Subjekt und dem darauffolgenden Restsatz gemischt werden *I le dije* .... In beiden Sprachen treten zwar Subjekte vor dem Finitum auf, das Spanische positioniert jedoch im Gegensatz zum Englischen das Objektpronomen vor dem Finitum.

Um Sprachmischungen basierend auf der Äquivalenzbeschränkung vorherzusagen, ist es erforderlich, die Sätze der zu analysierenden Sprachen wie in diesem Beispiel gegenüberzustellen und nach äquivalenten Elementabfolgen zu untersuchen. Poplacks Beschränkung vergleicht somit die lineare Abfolge der Elemente in den Sprachen. Bedeutet das, dass in Sprachen, die eine ähnliche

Grundordnung haben, mehr Sprachmischungen auftreten, als in Sprachen, bei denen die Grundordnungen unterschiedlich sind? Um diese Frage zu beantworten, wenden wir die Äquivalenzbeschränkung auf einige Sprachkombinationen an. Im Beispiel (1) vergleicht Poplack das Englische mit dem Spanischen. Beide Sprachen sind SVO geordnete Sprachen. Wir haben gesehen, dass trotz dieser gleichen Abfolge einige Elementabfolgen innerhalb des Satzes nicht äquivalent sind (z. B. die Position der Objektpronomina). Das Deutsche zählt zu den SOV geordneten Sprachen, während dem Französischen wie dem Spanischen und Englischen eine SVO Struktur zugrunde liegt. Die Abfolgen unterscheiden sich und trotzdem sagt die Äquivalenzbeschränkung auch hier Sprachmischungen voraus. Allerdings kommt es hierbei auf den betrachteten grammatischen Bereich an. In Deklarativ-sätzen ähnelt sich die Elementabfolge in den Sprachen (vgl. in (2)).

(2) a. Der Mann isst einen Apfel
    b. L' homme mange une pomme

In diesem Beispiel ist die Elementabfolge in beiden Sprachen identisch. Die Sprachen könnten somit nach Poplack überall im Satz gemischt werden. Ersetzen wir jedoch das Objekt des Satzes *einen Apfel/une pomme* durch ein Objektpronomen *ihn/le*, dann ändert sich die Struktur und somit auch die Äquivalenz der Sätze, wie in (3) verdeutlicht wird.

(3) a. Der Mann isst ihn
    b. L' homme le mange

In diesem Beispiel darf nach der Äquivalenzbeschränkung innerhalb der Verbalphrase des Satzes keine Sprachmischung auftreten. Die Elementabfolge der VP bzw. *v*P ist nicht äquivalent. Wie wir weiter oben angedeutet haben, dürfte laut der Äquivalenzbeschränkung auch kein Sprachenwechsel zwischen dem Nomen N und dem Restsatz auftreten: *L'homme isst ihn. Ein Sprachenwechsel zwischen D und N wäre jedoch grammatisch: *Le mann isst ihn.*

Die Beispiele veranschaulichen, dass die Grundordnung (SVO vs. SOV) der Sprachen keine Aussage über die möglichen Punkte von Sprachmischungen zulässt. Sprachen, die unterschiedliche Grundordnungen aufweisen, können je nach grammatischem Bereich trotzdem über äquivalente Elementabfolgen verfügen, während andere Sprachen trotz identischer Grundordnungen unterschiedliche lineare Abfolgen enthalten (wie am Beispiel von Spanisch-Englisch gezeigt). Für eine richtige Vorhersage bzgl. der Sprachmischungen basierend auf der Äquivalenzbeschränkung ist es demzufolge von Nöten, die Sprachoberfläche zu betrachten.

10.1.2 Bisherige Studien zur Äquivalenzbeschränkung

In der bisherigen Forschung ist die Äquivalenzbeschränkung sehr umstritten. Einige Arbeiten liefern Evidenz für Poplacks Beschränkung (u. a. Pfaff 1979:314).

Pfaff untersucht wie Poplack Sprachmischungen mit der Sprachkombination Englisch-Spanisch. Ihr Ergebnis deckt sich mit Poplacks Beobachtung, dass Strukturen, die in beiden Sprachen vorhanden sind, für Sprachmischungen favorisiert werden.

Im Gegensatz dazu gibt es jedoch auch Arbeiten wie die von Di Sciullo, Muysken und Singh (1986) oder Redouane (2005), die Kritik an Poplacks Beschränkung äußern. Die Autoren untersuchen die Vorhersagen der Äquivalenzbeschränkung unabhängig von einem grammatischen Phänomen und anhand empirischer CS Daten für ausgewählte Sprachkombinationen. Sie behaupten, dass die Äquivalenzbeschränkung vom theoretischen Standpunkt betrachtet nicht wünschenswert ist. Sie verweisen hierbei zunächst auf die folgenden zwei theoretischen Schwachstellen:

- Das *Equivalence Constraint* berücksichtigt nicht die hierarchisch strukturell geordnete Relation der Sprachelemente
- Es impliziert eine kategoriale Äquivalenz der Sprachen

Die Autoren kritisieren, dass die Beschränkung lediglich für die lineare Elementabfolge der Sprachen formuliert ist und folglich die strukturell hierarchisch geordnete Relation der Elemente außer Acht lässt. Das Phänomen CS ist aber ein Aspekt der grammatischen Kompetenz und aus diesem Grund sollte eine Theorie die hierarchische Struktur der Sprachen berücksichtigen. Di Sciullo, Muysken und Singh (1986) formulieren die Rektionsbeschränkung (vgl. Kapitel 7.2.5), die im Gegensatz zur Äquivalenzbeschränkung die zugrunde liegende Struktur der Sprachen integriert.

Die Äquivalenzbeschränkung impliziert des Weiteren nach Di Sciullo, Muysken und Singh (1986), dass es eine kategoriale Äquivalenz in den Sprachen geben muss. Damit ist gemeint, dass sie nur Vorhersagen über Sprachmischungen in Sprachen machen kann, die dieselben Kategorien aufweisen. Das heißt, wenn eine Sprache A die Kategorien Determinante und Konjunktion besitzt, dann muss Sprache B diese ebenfalls besitzen, ansonsten kann eine Sprachmischung, die eine von den Kategorien oder beide betrifft, nicht grammatisch sein, da eine Äquivalenz gar nicht gegeben sein kann. Während viele Linguisten davon ausgehen, dass Verben und Nomen in allen Sprachen vorkommen, gibt es viele andere Kategorien, die nur in bestimmten Sprachen auftreten. Ein Beispiel sind die in (1) auftretenden klitischen Objektpronomen im Spanischen, welche im Englischen nicht existieren. Und selbst wenn es nun eine kategoriale Übereinstimmung in den Sprachen gibt, heißt das laut Di Sciullo, Muysken und Singh (1986) noch nicht, dass die Kategorien auch wirklich miteinander korrespondieren. Ein Beispiel ist das deutsche semantisch leere Pronomen *es* in *es scheint dass ...*, das auch Expletivum genannt wird. Wie die klitischen Pronomina in den romanischen Sprachen ist es nicht betonbar und wird in der gesprochenen Sprache phonetisch zu *s* reduziert, es verhält sich jedoch syntaktisch wie die DP *einen Apfel*. In den romanischen Sprachen weisen klitische Pronomina hingegen syntaktische Besonderheiten auf. So ist im Französischen die Inversion zwischen finitem Verb und Subjekt nur möglich, wenn das Subjekt ein klitisches Pronomen ist. Vgl.

Quand est-il arrivé? vs. **Quand est Paul arrivé?* und **Quand est lui arrivé?* Obwohl die Form *es* also einige Eigenschaften mit romanischen klitischen Pronomina teilt, ist es dennoch kein syntaktisches Klitikon.

Die theoretischen Schwächen des *Equivalence Constraint* werden laut Di Sciullo, Muysken und Singh (1986) durch empirische ergänzt. Die Autoren nennen Sprachkombinationen und grammatische Bereiche, für die die Äquivalenzbeschränkung falsche Vorhersagen macht. In einigen Fällen sagt die Beschränkung Sprachmischungen voraus, die in Sprachkorpora nicht auftreten, in anderen Sprachkombinationen wiederum werden Sprachmischungen ausgeschlossen, die jedoch in den Korpora nachgewiesen sind. Schauen wir uns zunächst den ersten Fall an. Di Sciullo, Muysken und Singh (1986) finden bei französisch-italienischen Sprechern trotz äquivalenter Elementabfolge der beiden Sprachen Beschränkungen für Sprachmischungen.

> In the case of French-Italian code-mixing in Montreal, switching should be possible at every juncture, given the equivalence constraint, since the word orders of the languages involved are rather similar. In fact we find numerous restrictions in the case of French-Italian code-mixing […]. (Di Sciullo, Muysken und Singh 1986:3)

Andere Sprachkombinationen hingegen weisen „ungrammatische" Sprachmischungen auf, z. B. das Sprachenpaar Hindi und Englisch. Laut den Autoren sollten nach der Äquivalenzbeschränkung hier kaum Sprachmischungen auftreten, da Hindi die Abfolge SOV und Englisch SVO aufweist.

> Given that Hindi is in many respects typical of an SOV language, Hindi-English code-mixing is predicted to be virtually non-existent. Quite a few switches of different types are possible in the Hindi-English mixed codes. (Di Sciullo, Muysken und Singh 1986:4)

Problematisch an diesen Gegenbeispielen ist, dass die Autoren von der Grundordnung der Sprachen ausgehen. Wie wir bereits festgehalten haben, muss die Äquivalenzbeschränkung auf der Basis von der Sprachoberfläche geprüft werden. Die Beispiele, die die Autoren nennen, entkräften nur zum Teil Poplacks Äquivalenzbeschränkung. Nichtsdestotrotz können wir festhalten, dass, auch wenn Di Sciullo, Muysken und Singh (1986) die Beschränkung nicht im Sinne von Poplack anwenden, es dennoch Gegenbeispiele in den Daten gibt.

Auch Redouane (2005) kritisiert die Äquivalenzbeschränkung. Anhand französisch-arabischer CS Daten zeigt sich, dass Sprachmischungen an Punkten auftreten, an denen die Sprachen strukturell nicht übereinstimmen. Redouane untersucht Deklarativsätze beim Sprachenpaar Arabisch-Französisch und zeigt, dass trotz unterschiedlicher Elementabfolge Sprachmischungen auftreten. Die Elementabfolge von arabischen Deklarativsätzen lautet VSO. Somit steht das Verb in der satzinitialen Position, während das Subjekt dem Verb folgt. Im Französischen ist es genau umgekehrt. Das Verb folgt hier dem Subjekt, wobei das Subjekt in satz-initialer Position auftritt (SVO). Der Äquivalenzbeschränkung folgend sollten in der arabisch-französischen CS-Situation bzgl. der Deklarativsätze keine Sprachmischungen vorkommen. Redouane findet jedoch in ihren Daten genau in diesen Fällen Mischungen zwischen dem Subjekt und dem Verb und zwischen dem Verb und dem Objekt (Redouane 2005:1927). Die Äquivalenzbeschränkung kann das Auftreten solcher Sprachmischungen nicht erklären. Ähnliche Ergebnisse liefern Arbeiten von Ene (2003), die u. a. Sprachmischungen zwischen der Negation und dem Verb beim Sprachenpaar Englisch-Rumänisch untersucht. Im Englischen steht die Negationspartikel *not* postverbal, wohingegen diese im Rumänischen präverbal positioniert wird. Die Elementabfolge ist demzufolge nicht äquivalent, so dass hier nach der Äquivalenzbeschränkung keine Sprachmischungen auftreten sollten. Ene findet jedoch Sprachmischungen wie in (4).

(4)

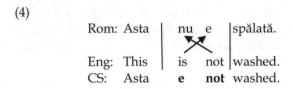

```
        Rom: Asta    nu  e    spălată.
        Eng: This    is  not  washed.
        CS:  Asta    e   not  washed.
```

Die Arbeit von Timm (1994) zeigt ebenfalls, dass trotz der unterschiedlichen linearen Abfolge die Sprachkombinationen Bretonisch-Französisch und Irisch-Englisch (in beiden Fällen VSO/SVO) Sprachmischungen zwischen dem Verb und dem Subjekt aufweisen. Diese dürften nach der Äquivalenzbeschränkung jedoch nicht auftreten.

Wir können somit folgendes Ergebnis aus der bisherigen Diskussion in der Literatur festhalten: Die Äquivalenzbeschränkung nach Poplack macht in einigen Fällen falsche Vorhersagen. Es gibt Sprachmischungen, die trotz nicht äquivalenter linearer Elementabfolge auftreten.

Bevor wir uns anschauen, ob die Äquivalenzbeschränkung bei den Wh-Fragesätzen Sprachmischungen korrekt voraussagt, werden zunächst die Wh-Fragesätze in den Zielsprachen vorgestellt. Dieser Abschnitt (10.2.1) wird in zwei Teile unterteilt. Zunächst wird die Sprachoberfläche der Wh-Fragesätze vorgestellt (Kap. 10.2.1.1). Diese ist mit Blick auf die Äquivalenzbeschränkung von großem Interesse, da aufgrund der linearen Elementabfolge mögliche Mischpunkte vorhergesagt werden. In Abschnitt 10.2.1.2 wird dann in Anlehnung an Di Sciullo, Muysken und Singh (1986) die hierarchisch strukturelle Relation der Satzelemente dargestellt. Der Fokus liegt hierbei auf der Frage, ob die Sprachen dieselbe zugrunde liegende Struktur aufweisen.

10.2 Wh-ex-situ und Wh-in-situ im Deutschen und Französischen

Im Deutschen und Französischen hat ein Sprecher mehrere Möglichkeiten eine Frage zu formulieren. Neben den sogenannten Entscheidungsfragen gibt es auch den Fragetyp der Ergänzungs- bzw. Informationsfrage, den wir bereits in Kapitel 7 kennengelernt haben. Dieses Kapitel befasst sich ausschließlich mit den Wh-Fragesätzen in den beiden hier fokussierten Sprachen. Zunächst werden die möglichen syntaktischen Konstruktionen in Bezug auf die Wh-Fragen in den beiden Sprachen betrachtet. Danach werden wir uns kurz diesem grammatischen Bereich im bilingualen Spracherwerb widmen.

10.2.1 Die syntaktische Struktur der Wh-Fragesätze

Im Kapitel 7 haben wir gesehen, dass mit Hilfe der Phrasenstrukturregeln Sätze gebaut werden können. In diesem Zusammenhang wurde bereits das Baumdiagramm vorgestellt, welches die Relationen zwischen den Satzelementen darstellt. Am Beispiel der Adjektive wurde gezeigt, dass es eine zugrunde liegende Struktur gibt, die die Basisstruktur darstellt, anhand derer die jeweiligen Oberflächenstrukturen hergeleitet werden können. Für den grammatischen Bereich der Fragesätze ist es von besonderer Wichtigkeit, den Unterschied zwischen der Oberflächenstruktur und der zugrunde liegenden Struktur zu verstehen. Entstanden ist die Unterscheidung aus der Beobachtung, dass Sätze wie *Paul liebt Clara* und *Clara wird von Paul geliebt* dieselbe Proposition aufweisen und zudem noch ähnliche Lexeme enthalten; sie weisen aber deutlich unterschiedliche Oberflächenstrukturen auf.

> **Oberflächenstruktur:** Im Engl. *surface structure* (auch SS, OS oder S-Struktur). Die Oberflächenstruktur ist die unmittelbar beobachtbare Struktur eines Satzes. Sie bezeichnet die lineare Abfolge von Wörtern und wird von einer zugrunde liegenden Struktur mit Hilfe syntaktischer Operationen abgeleitet.

> **Zugrunde liegende Struktur:** Im Engl. *deep structure* (auch DS, TS oder D-Struktur). Die zugrunde liegende Struktur bildet die hierarchische Struktur ab und wird mit Hilfe der Phrasenstrukturregeln hergeleitet und enthält neben den syntaktischen Informationen auch Informationen zu den betreffenden Lexikoneinträgen. Aufgrund dieser Informationen wird dann die zugrunde liegende Struktur in die möglichen Oberflächenstrukturen abgeleitet.

Im Folgenden wird zunächst die Oberflächenstruktur der Fragesätze in den beiden hier betrachteten Sprachen dargestellt. Hierbei soll gezeigt werden, dass es Oberflächenstrukturen gibt, die in beiden Sprachen äquivalent sind, und andere, die es nicht sind. Dieser Aspekt ist mit Blick auf die Äquivalenzbeschränkung von großer Wichtigkeit. Danach soll die zugrunde liegende Struktur der Sprachen vorgestellt werden.

10.2.1.1 Die Oberflächenstruktur der Wh-Fragesätze

Im Deutschen steht das Fragewort in satzinitialer Position. In Abschnitt 10.2.1.2 werden wir sehen, warum dieser Fragesatztyp in der Literatur als *Wh-ex-situ* bezeichnet wird. In der Wh-ex-situ-Frage im Deutschen wird nicht nach dem Fragetworttyp unterschieden, das heißt, ob nach einer Person, einem Ort, der Zeit oder der Ursache etc. gefragt wird. Das Fragewort steht immer am Satzanfang.

(5) a. *Wo* ist der Ball?
    b. *Wer* hat Robert gesehen?
    c. *Warum* werden die beiden kochen?
    d. *Was* aß Paul?
    e. *Wann* kommt sie?
    f. *Für welches Menü* hast du dich entschieden?

Des Weiteren folgt das finite Verb (V_{fin}) im Deutschen immer dem Fragewort bzw. der Wortgruppe, welche das Fragewort enthält (vgl. (5f)). Wir wollen solche Phrasen als Wh-Phrasen (WhP) bezeichnen.

Es gibt im Deutschen einen Fragetyp, der eine von den Beispielen in (5) abweichende Struktur aufweist. In den sogenannten Echofragen, die in der Literatur auch Bestätigungs-, Gegen-, Nach-, Rück- und Vergewisserungsfragen heißen, steht das Wh-Element an derjenigen Position, an der die erfragte Phrase im Deklarativsatz stehen würde. Eine Echofrage ist entweder eine Reaktion auf eine andere Frage (6a) oder erfragt eine Information, die im Diskurskontext zwar als bekannt gelten kann, die jedoch aus bestimmten Gründen (z. B. weil sie akustisch nicht verständlich war) nicht erfasst wurde (vgl. (6b)).

(6) a. Wo ist der Ball? – Wo der Ball ist?
    b. Der Ball ist im Gebüsch. – Der Ball ist WO?

Beide Echofragekonstruktionen (6a) und (6b) weichen von der generellen Fragesatzstruktur ab. So steht in Beispiel (6a) das finite Verb satzfinal, wie wir es sonst aus deutschen Nebensätzen und Exklamativsätzen kennen (*wie groß der Ball ist!*). Im Beispiel (6b) steht *wo* an derjenigen Position, an der die erfragte Phrase im Deklarativsatz stehen würde, also *in-situ* (lat. ‚am Platz'). Eine echte Frage, in der das Fragewort in-situ verbleibt, kennt das Deutsche nicht.

Im Französischen hingegen hat ein Sprecher mehrere Möglichkeiten, eine Wh-Frage zu bilden. Neben der unterschiedlichen Positionierung der Fragewörter, satzinitial und in-situ, kann im Französischen eine Wh-Frage mit Hilfe der Periphrase *est-ce que* gebildet werden (7a,b). Hierbei steht das Wh-Wort wie im Deutschen satzinitial, gefolgt von der Periphrase. Nach der Periphrase steht das Subjekt, ungeachtet dessen, ob es durch ein Pronomen oder eine NP bzw. DP realisiert wird (7a,b).

(7) a. Où est-ce que la boule roule?
    b. Où est-ce qu'elle roule ?
    c. Où roule la boule ?
    d. Où elle roule ?
    e. Où roule-t-elle ?
    f. Elle roule où ?
    g. Où elle a roulé?
    h. Où a roulé la boule?
    i. La boule/elle a roulé où ?

Französische Fragesätze erlauben neben der Abfolge Subjekt-V$_{fin}$ (7d) auch die Abfolge V$_{fin}$-Subjekt. Letztere Abfolge wird als Inversion bezeichnet (vgl. Jones 1996:Kap. 10.2), vgl. z.B. in (7e), wo das klitische Subjektpronomen *elle* dem Finitum folgt. Einige dieser Inversionsstrukturen entsprechen deutschen Strukturen, z. B. (7c) *wo rollt die Kugel*.

Wir haben zuvor gesehen, dass im Deutschen das Fragewort nur bei Echofragen in-situ verbleiben darf. Im Französischen hingegen kann die WhP auch in echten Fragen in-situ stehen (7f,i).

Im Deutschen hat, wie zuvor erwähnt, die Art des Fragewortes keinen Einfluss auf die Abfolge der Satzelemente. Das Wh-Element steht ungeachtet dessen, ob es nach einer Person, einem Ort, nach der Zeit oder nach der Ursache etc. fragt, am Anfang des Satzes. Im Gegensatz dazu gibt es im Französischen Wh-Elemente, die auf eine syntaktische Struktur beschränkt sind. So steht das Wh-Wort *pourquoi* immer satzinitial und nie in der in-situ Position (8a,b). Das Fragewort *quoi* muss zu *que* verändert werden, wenn es sich satzinitial befindet (8c,d).

(8) a. Pourquoi tu pleures?
    b. *Tu pleures pourquoi?
    c. Que fais-tu?
    d. Tu fais quoi?

Zusammengefasst gibt es in beiden Sprachen Konstruktionen, die eine ähnliche Elementabfolge aufweisen, und andere die sich unterscheiden.

10.2.1.2 Die zugrunde liegende Struktur der Wh-Fragesätze

Wir haben in Kapitel 10.2.1.1 die möglichen Fragesatzstellungen kennengelernt. Das Deutsche und das Französische weisen beide Wh-ex-situ- und Wh-in-situ-Strukturen auf, wobei die Wh-in-situ-Struktur nur im Französischen eine echte Frage darstellen kann. In diesem Abschnitt soll die zugrunde liegende Struktur der Fragesätze dargestellt werden.

Wir haben in Abschnitt 10.2.1 den Unterschied zwischen der Oberflächen- und der zugrunde liegenden Struktur kennengelernt. Im Folgenden soll gezeigt werden, aus welchen Strukturen die Oberflächenstrukturen von Fragesätzen abgeleitet werden.

Schauen wir uns zunächst das Französische an und machen hierbei einen Exkurs zu den Entscheidungsfragen (die kein Wh-Element enthalten). Diese werden aus einem zugrunde liegenden Deklarativsatz hergeleitet (9a). Das Subjekt steht im französischen Deklarativsatz in der TP, genauer in Spec,TP (vgl. Kapitel 7). Bei Fragen mit Subjekt-Verb-Inversion verschiebt sich das finite Verb (*lit*) vor das Subjekt. Es wird also ein Landeplatz für das Verb oberhalb des Subjekts benötigt. Im Französischen steht C als Landeposition zu Verfügung (die Subjekt-Verb-Inversion ist auch in Nebensätzen, die eine nebensatzeinleitende Konjunktion in C enthalten, ausgeschlossen). Das lexikalische Verb verschiebt sich dabei vom Kopf der TP zum Kopf der CP. Diese Verbverschiebung wird auch Kopfbewegung genannt. Die Beispiele in (9) sind Gabriel und Müller (2013²:39ff.) entnommen.

(9) a. [_TP Il [_VP lit [_NP le livre]]].   zugrunde liegender Deklarativsatz
    b. [_CP Lit-[_TP il [_NP le livre]]]?   V → T → C
    c. [_TP Il [_VP lit [_WhP quel livre]]] ?   V → T

Wie werden nun Wh-in-situ-Fragesätze hergeleitet? Wenn wir uns den französischen Deklarativsatz im Beispiel (9a) anschauen, dann unterscheidet sich eine Objektfrage von einem Deklarativsatz lediglich dadurch, dass die VP-interne DP eine Wh-Phrase (WhP) ist (9c). Die zugrunde liegende Struktur zeichnet sich dadurch aus, dass die WhP in der VP generiert wird. Die Wh-in-situ-Frage ist somit Ausgangspunkt für alle strukturellen Herleitungen von Fragesätzen oder anders gesagt, die Wh-in-situ-Frage (9c) ist die zugrunde liegende Struktur der Fragesätze. Deshalb heißt dieser Fragesatztyp auch Wh-in-situ, da das in der VP generierte Wh-Element nicht bewegt wird, sondern in-situ verbleibt. In der Struktur (10) notiert das Merkmal [+wh] in C, dass der Sprecher eine Frage stellt. Innerhalb von *v*P/VP trägt das Merkmal die Phrase mit dem Fragewort.

(10)

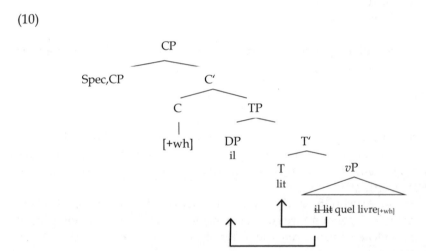

Schaut man sich die Struktur in (10) an, so fällt auf, dass der ganze Fragesatz in der *v*P generiert wird. Es stellt sich also die Frage, warum überhaupt etwas bewegt werden muss, wenn die *v*P bereits die gesamte Wh-in-situ-Struktur enthält. In Kapitel 7 haben wir gelernt, dass das finite Verb nach T verschoben werden muss, da hier das Merkmal für Tempus und das Merkmal für die Subjekt-Verb-Kongruenz kodiert ist. Das Subjekt wird aus der *v*P nach Spec,TP verschoben, damit Finitum und Subjekt miteinander kongruieren können.

Für die französische Wh-in-situ-Frage haben wir nun die Bewegungsschritte kennengelernt. Sie sind identisch mit denen, die für einen Deklarativsatz notwendig sind. Wir werden in Kürze noch einmal auf diese Struktur zurückkommen. Zunächst sollen jedoch die Bewegungsschritte für die Wh-ex-situ-Struktur des Französischen dargestellt werden. Wir sehen an der Oberflächenstruktur, dass das Wh-Element hierbei am Satzanfang steht. Somit muss sich die WhP aus der vP heraus bewegt haben. Diese Bewegung muss jedoch durch etwas motiviert sein. Es sollte also beispielsweise ein Merkmal geben, welches die Bewegung an den Satzanfang ermöglicht. Wir erinnern uns, dass in Fragesätzen ohne Wh-Element nur C (als Landeplatz für das finite Verb) ohne die Spec,CP Position nötig ist. Wir haben außerdem in Struktur (10) mit dem Merkmal [+wh] in C angenommen, dass in C Merkmale gespeichert sind, die den Satzmodus kodieren (interrogativ bzw. deklarativ). In Spec,CP können diese nicht kodiert sein, da diese Position nicht in allen Fragesätzen nötig ist. Nehmen wir also an, dass in C ein Merkmal [+wh] gespeichert ist, dann wird in Wh-ex-situ-Fragen mit Inversion (*Quel livre lit-il?*) die Verbbewegung wie folgt motiviert. Das Verb bewegt sich zunächst von V bzw. *v* nach T, da sich hier die Merkmale für Tempus und Kongruenz befinden. Dann bewegt sich das finite Verb weiter nach C, da hier das Merkmal [+wh] kodiert ist. Für die WhP bleibt als Landeplatzposition lediglich Spec,CP. Dies wird in der Struktur (11) illustriert.

(11)

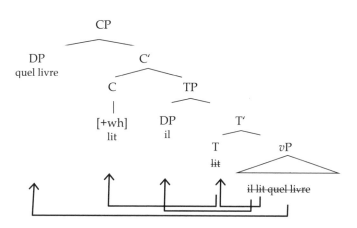

Wie ist die obligatorische Verschiebung der WhP nach Spec,CP motiviert? Hierfür benötigen wir den Vorgang des Merkmalsabgleichs. Für das [+wh]-Merkmal hat Rizzi (1991) das Wh-Kriterium formuliert. Es regelt, dass ein Kopf mit dem Merkmal [+wh] ein Element mit diesem Merkmal in seiner Umgebung benötigt.

> Das **Wh-Kriterium** besagt:
> a) Jeder Kopf mit der Spezifikation [+wh] muss in einer Spezifikator-Kopf-Relation mit einer Wh-Phrase stehen.
> b) Jede Wh-Phrase muss mit einem Kopf mit der Spezifikation [+wh] in einer Spezifikator-Kopf-Relation stehen.

Alle WhPn müssen nach Spec,CP bewegt werden, damit diese in einer Spezifikator-Kopf-Relation mit dem [+wh]-markierten C steht; vgl. Strukur (12).

(12)

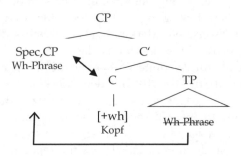

Die Wh-ex-situ-Fragen erfüllen Rizzis Kriterium. Die Wh-Bewegung nach Spec,CP ist in Wh-ex-situ-Fragen obligatorisch. Aber was ist mit den Sprachen, die auch die Wh-in-situ-Struktur erlauben? Hier verbleibt die WhP in der vP und bewegt sich nicht in die Nähe von C. Wie kann dies erklärt werden, denn C hat auch in diesem Fall das Merkmal [+wh]? Zunächst schauen wir uns das von Chomsky entwickelte T-Modell an, um die unterschiedlichen Repräsentationsebenen eines Satzes kennenzulernen (Chomsky 1981; vgl. in Gabriel und Müller 2013[2]:44).

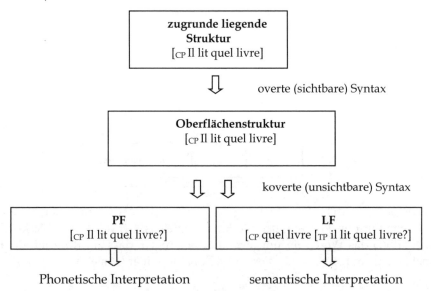

Abbildung 10.1:
Das T-Modell

Im Modell werden zwei getrennte Repräsentationsebenen angenommen: Die *Phonetische Form* (PF), deren Informationen als Input für die phonologischen Regeln dienen, und die *Logische Form* (LF), die die Basis für die semantischen Interpretationen ist (Gabriel und Müller 2013[2]:42). Im T-Modell wird zunächst auf der Ebene der zugrunde liegenden Struktur nach den Phrasenstrukturregeln die CP aufgebaut. Die WhP *quel livre* steht in der VP bzw. (bei Subjektfragen) *v*P. Bei der Wh-in-situ-Frage verbleibt das Wh-Element auch auf der Oberflächenstruktur in der *v*P, so dass es keine overte, d.h. sichtbare Verschiebung gibt. Bei der Wh-ex-situ-Frage verschiebt sich die WhP an den Satzanfang, also sichtbar. Das T-Modell unterscheidet zwischen einer overten, also sichtbaren Syntax und einer Syntax, die unsichtbar bleibt (kovert) und nur bei der semantischen Interpretation (also auf LF) stattfindet (Gabriel und Müller 2013²:43). Angewandt auf die französische Frage bedeutet dies, dass sich beide Fragetypen in der overten Syntax und auf PF voneinander unterscheiden. Sie werden jedoch semantisch gleich interpretiert. Dies ist der Grund, weshalb man annimmt, dass sich die WhP auch bei einer Wh-in-situ-Frage nach Spec,CP bewegt, allerdings erst auf LF, also in der unsichtbaren Syntax. Die Wh-in-situ-Frage hat somit auf der Ebene der LF dieselbe Struktur und dieselbe semantische Interpretation wie die Wh-ex-situ-Frage. So kann bei beiden Fragen, der Wh-ex-situ- und der Wh-in-situ-Frage, eine LF-Repräsentation der folgenden Art angenommen werden: *Für welche Zeitschrift x gilt: er liest x*.

Wir haben in diesem Abschnitt Rizzis Wh-Kriterium kennengelernt und gesehen, dass aufgrund des Merkmalsabgleichs die WhP immer nach Spec,CP bewegt werden muss. Hierbei haben wir uns die Frage gestellt, wie die Wh-in-situ-Fragen das Wh-Kriterium erfüllen können, wenn keine Bewegung stattfindet. Die Lösung liegt im T-Modell auf der Hand. Das Kriterium muss in Sprachen wie dem Französischen erst auf LF erfüllt sein. Das heißt, je nach Fragesatztyp wird das Wh-Merkmal entweder in der overten (Wh-ex-situ-Frage) oder aber erst in der koverten Syntax (Wh-in-situ-Frage) mit einer WhP im Spezifikator der CP „verbunden".

In Anlehnung an den in (10) dargestellten Strukturbaum zeigt das Baumdiagramm in (13) die Wh-in-situ-Struktur des französischen Fragesatzes, wobei die koverte Bewegung mit Hilfe des gestrichelten Pfeils dargestellt wird.

(13)

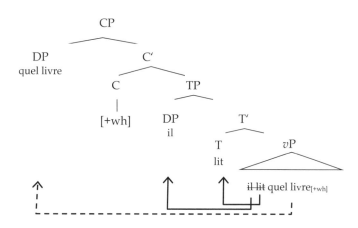

Was ist aber mit den deutschen Echofragen? Echofragen stellen keine Informationsfragen dar. Dies soll auch im Baumdiagramm aufgezeigt werden. Deshalb wird davon ausgegangen, dass bei Echofragen kein Wh-Merkmal in C kodiert ist. Die Echofrage wird wie ein deutscher Deklarativsatz strukturiert. Das Subjekt wird in Struktur (14) im Deutschen nach Spec,CP angehoben, während die WhP in der vP verbleibt. Das finite Verb bewegt sich wie im deutschen Deklarativsatz üblich nach C. In (14) fällt auf, dass die deutsche TP anders angeordnet ist als die Französische. Während im Französischen der Kopf der TP links von vP steht, ist dies im Deutschen umgekehrt.

(14)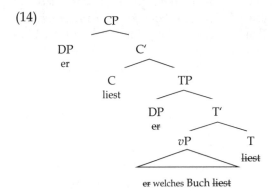

Die Wh-in-situ-Strukturen des Deutschen und Französischen unterscheiden sich somit nicht nur in ihrer semantischen Interpretation, sondern auch bezüglich ihrer zugrunde liegenden Struktur. Dieser Unterschied ist auf der Ebene der Oberflächenstruktur nicht sichtbar. Hier ist die lineare Abfolge der Elemente exakt gleich.

Schauen wir uns als nächstes die syntaktische Struktur der deutschen Wh-ex-situ-Fragesätze an. In Kapitel 7.1.3 haben wir bereits gesehen, dass das Deutsche, im Gegensatz zum Französischen, eine SOV geordnete Sprache ist. Des Weiteren haben wir für drei Verbpositionen argumentiert, die in manchen Konstruktionen alle mit Sprachelementen ausgefüllt sind (*Welches Buch wird er gelesen haben?*). Für einen deutschen Fragesatz wollen wir die Struktur in (15) annehmen. Der Kopf T steht rechts von der Schwester vP. In deutschen Fragesätzen muss das Frageelement obligatorisch nach Spec,CP und das Finitum nach C bewegt werden.

(15)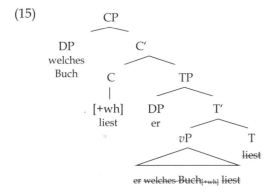

Wir können also Folgendes festhalten: Die Wh-in-situ-Struktur weist im Deutschen und Französischen Unterschiede auf. Während im Französischen C ein [+wh]-Merkmal trägt und sich die WhP kovert nach Spec,CP bewegt, fehlt dieses Merkmal im Deutschen und es findet dementsprechend auch keine Wh-Bewegung (weder kovert noch overt) statt. Die beiden Sprachen teilen die Eigenschaft der Bewegung der WhP nach Spec,CP.

10.2.2 Der bilinguale Spracherwerb der Wh-Fragesätze

Wir haben bereits gesehen, dass die Oberflächenstrukturen beider Sprachen Ähnlichkeiten aufweisen, die zugrunde liegenden Strukturen jedoch sehr unterschiedlich sind. Wie erwerben bilinguale Kinder diesen grammatischen Bereich?

Um bei den gemischten Äußerungen der Kinder beurteilen zu können, welcher Syntax diese angehören, und weil Kinder die Grammatiken im Lauf der Zeit erst entwickeln, wollen wir zunächst die Fragesatzentwicklung in einsprachigen Äußerungen betrachten. Hierfür wurden die Daten von insgesamt 7 Longitudinalstudien ausgewertet (Tabelle 10.1 aus Geveler in Vorb.). Das Besondere an der Untersuchung ist, dass für diejenige Sprache, in der das Kind zwei Optionen für die Wh-Frage zur Verfügung hat, auch der Input angeschaut wurde. Dies war der französische Elternteil einiger Kinder. Ferner wurden die Daten von drei monolingual französischsprachigen (vgl. MacWhinney 2000[3]) und einem deutschsprachigen Kind ausgewertet.

Daten	Altersspanne	analysierte Wh-Fragesätze	
		deutsch	französisch
Bilinguale Daten			
Alexander	2;2,6 – 5;2,21	128	126
Amèlie	1;6,12– 5;0,16	197	205
Céline	2;0,9 – 5,4,14	177	77
Emma	1;4,1 – 4;2,24 (dt.) 1;4,1 – 4;11,24 (frz.)	164	172
Marie	1;9,19 – 5;1,23	10	144
Caroline	1;8,23 – 3;7,28	7	13

Elina	3;7,17 – 4;5,22 (dt.)	31	--[2]
Monolinguale Daten			
Madeleine	1;6,04-3;6,08		164
Théophile	2;3,01-3;03,02		40
Léonard	1;10,24-3;02,25		207
Chantal	1;10,18-5;0,11	172	
Adulter Input			
Emmas Vater	--		1438
Théophiles Mutter	--		487
Maries Vater	--		693
Madeleines Mutter	--		571
Léonards Mutter	--		255
Emmas Mutter	--	795	

Tabelle 10.1:
Longitudinalstudien und absolute Anzahl relevanter Wh-Fragesätze im Deutschen und Französischen

Beginnen wollen wir mit dem Erwerb der französischen Fragesätze. Die Abbildung 10.2 verdeutlicht, dass im Allgemeinen die Wh-in-situ-Frage (in dunkelgrauer Farbe) im gesprochenen Französisch sehr frequent ist. So belassen Emmas und Maries Vater in über 90% der Fälle das Frageelement in-situ. Auch Madeleine und Marie produzieren mit ähnlicher Häufigkeit die Wh-in-situ-Frage. Léonard, Amélie, Alexander und Caroline hingegen weisen eine Präferenz für die Wh-ex-situ-Frage auf. Wir können zunächst festhalten, dass die Verteilung der Wh-in- und -ex-situ Frage je nach Individuum stark variiert (vgl. Geveler und Müller 2015).

---

[2] Derzeit liegen nur die deutschen Daten von Elina vor.

Die Äquivalenzbeschränkung am Beispiel von Fragesätzen 307

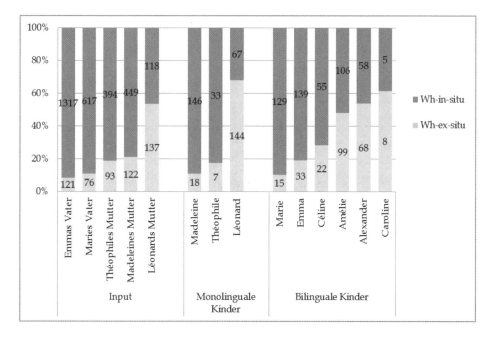

Abbildung 10.2:
Prozentuale Verteilung der französischen Wh-Fragesätze

Die Kinder Alexander und Elina sind mit Blick auf die in diesem Kapitel vorgestellten Sprachmischungen von großer Bedeutung. Da für die Untersuchung lediglich die deutschen Daten von Elina vorliegen, soll für den französischen Erwerb Alexander genauer betrachtet werden.

Alexander erwirbt wie in Kapitel 3 dargestellt das Französische als seine dominante Sprache. Er verwendet, wie die Abbildung 10.3 veranschaulicht, beide Wh-Fragesatzstrukturen von Beginn an. Die x-Achse ist in die jeweiligen MLU-Phasen unterteilt. Alexander produziert ab einem MLU von 2 die hier relevanten Fragesatzkonstruktionen. Auch wenn die Wh-in-situ-Frage in den ersten MLU-Phasen überwiegt, ist die allererste Frage eine Wh-ex-situ-Frage. Somit hat Alexander auf beide Strukturen Zugriff. Generell lässt sich sagen, dass die prozentuale Häufigkeit der Verwendung beider Konstruktionen ausgeglichen ist und bei fast 50% für die Wh-in-situ- und bei 50% für die Wh-ex-situ-Frage liegt.

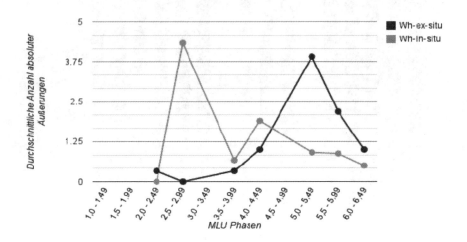

Abbildung 10.3:
Durchschnittliche Anzahl der geäußerten Wh-Fragesätze im Französischen bei Alexander

Alexander erwirbt somit beide Fragesatzkonstruktionen simultan (vgl. Geveler und Müller 2015). Dies gilt auch für die anderen bilingualen Kinder im Französischen.

Schauen wir uns als nächstes den Erwerb der deutschen Fragesätze an. Die Abbildung 10.4 zeigt, dass im monolingualen Erwerb und im Input keine Wh-in-situ-Frage auftritt. Des Weiteren bewegen die meisten bilingualen Kinder in 100% der Fälle das Fragewort an den Satzanfang, wie es im Deutschen zielsprachlich ist. Auffällig ist, dass Elina hingegen häufiger auch die WhP in-situ belässt. Elina erwirbt das Deutsche als schwache Sprache. Alexander scheint keine Probleme zu haben. Er positioniert in allen relevanten Fragesätzen das Fragewort satzinitial.

Die Äquivalenzbeschränkung am Beispiel von Fragesätzen

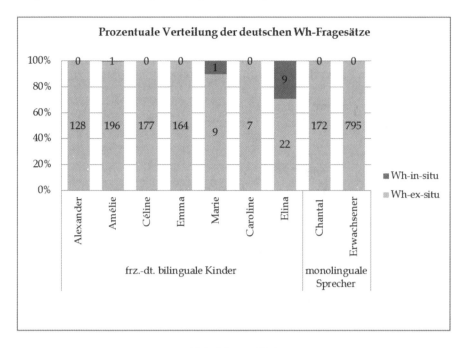

Abbildung 10.4:
Prozentuale Verteilung der deutschen Wh-Fragesätze

Es kann somit festgehalten werden, dass in den Daten aller Kinder mit Ausnahme von Elina keine Evidenz für Spracheneinfluss (vgl. Kap. 3.4) vorliegt. Unter Bezugnahme auf den Spracheneinfluss hätte man erwarten können, dass die bilingualen Kinder Wh-in-situ-Fragen im Deutschen produzieren. Elina verhält sich so, wie die bilingualen Kinder in der Studie von Strik und Pérez-Leroux (2011); sie zeigt also Einfluss. Beispiele für Wh-in-situ-Fragen im Deutschen finden sich in (16).

(16) a. die sind wo die katz?   (Elina, dt.-frz. 4;3,5)
      b. da steht geschriebn was?   (Elina, dt.-frz. 4;3,5)
      c. der mach was?   (Elina, dt.-frz. 3;10,24)

10.3 Vorhersagen für Sprachmischungen auf Basis der Äquivalenzbeschränkung

Wir sind bereits auf einige Äquivalenzen zwischen den Oberflächenstrukturen des Französischen und Deutschen eingegangen. Diejenigen Konstruktionen, bei denen die linearen Elementabfolgen in beiden Sprachen gleich sind, sollten Sprachmischungen erlauben. Bei der Prüfung der Gültigkeit der Äquivalenzbeschränkung spielt die Semantik der Sätze keine Rolle. Für den hier betrachteten Grammatikbereich bedeutet dies, dass auch in einigen Wh-in-situ-Konstruktionen Sprachmischungen möglich sein sollten.

Schauen wir uns zunächst die Subjektfragen an. Von den möglichen Fragesatzkonstruktionen gibt es Abfolgen, die in beiden Sprachen zielsprachlich sind. Diese Subjektfragen weisen dieselbe lineare Elementabfolge auf und es sollte demnach an jedem Punkt der Äußerung möglich sein, die Sprache zu wechseln.

(17) a. D: Wer | nimmt | das | Auto?
         F: Qui | prend | la | voiture?
             WhP V_{fin} DP
     b. D: Wer | nimmt | es?
         F: Qui | prend | ça ?
             WhP V_{fin} Pronomen

Die folgenden Sätze sind in beiden Sprachen nicht äquivalent.

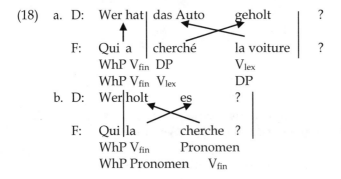

Für (18a) sagt die Äquivalenzbeschränkung voraus, dass zwischen dem Wh-Element und dem finiten Verb ein möglicher Mischpunkt besteht. Das Sprachenmischen ist ausgeschlossen zwischen dem direkten Objekt und dem Partizip Perfekt, da die Sprachen eine unterschiedliche lineare Abfolge aufweisen.

Objektfragen verhalten sich ähnlich. Allerdings existiert hier eine weitere äquivalente Oberflächenstruktur, nämlich die Inversion, vgl. (19a).

(19) a. D: Wo | ist | | er?
         F: Où | est- | | il?
             WhP V_{fin} Pronomen
     b. D: Wo ist | der Ball gewesen ?
         F: Où a | été   la boule ?

Unter den Wh-in-situ-Fragen existieren zwei Konstruktionen, die in beiden Sprachen möglich sind und die gleiche Elementabfolge aufweisen.

(20) a. D: Peter | holt | was?
         F: Pierre | cherche | quoi?
    b. D: Der | Student | hat | was geholt | ?
        F: l' | étudiant | a | cherché quoi | ?

Im Folgenden schauen wir uns die Sprachmischungen von zwei bilingualen Kindern an. Wir werden die geäußerten Sprachmischungen vor dem Hintergrund der Äquivalenzbeschränkung analysieren.

10.4 Die Datenanalyse

Im Folgenden werden die Sprachmischungen der beiden bilingualen Kinder Alexander und Elina vorgestellt. Die Analyse der Fragesatzkonstruktionen wird in zwei Abschnitte unterteilt. Zunächst werden die Sprachmischungen analysiert, die in Wh-in-situ-Fragen geäußert wurden. Danach schauen wir uns die gemischtsprachlichen Wh-ex-situ-Fragen an.

In Alexanders Daten treten keine relevanten Sprachmischungen auf. Zwar mischt Alexander innerhalb der Fragesätze, allerdings lediglich innerhalb der DP bzw. zwischen Adjektiv und Nomen (vgl. in (21)).

(21) a. wo is der *colundeur*?   (2;5,25)
      b. wo is der andere blau *cheval*? (2;6,25)
      c. wo is dannnn groß *cheval* mama? (2;6,25)
      d. wo is der große *cheval*?   (2;6,25)
      e. wo is das blau *cheval* klein?   (2;7,06)
      f. wo is der äh die *montre*?   (2;7,27)
      g. il est où mes *salztangen* ?   (2;8,12)
      h. où elle est le *karotte* ?   (3;10,26)

Die Beispiele (21a-f) sind in deutschsprachigen Spielsituationen entstanden, während die Beispiele (21g) und (21h) in französischen Aufnahmen geäußert wurden.

Schauen wir uns im Folgenden Elinas Sprachmischungen an. Ihre Daten weisen insgesamt 35 relevante Switches auf. In einem ersten Schritt werden die Daten mit Blick auf die Äquivalenzbeschränkung analysiert. Dies wird zunächst an den Sprachmischungen der Wh-in-situ-Fragen diskutiert.

10.4.1 Sprachmischungen in Wh-in-situ-Fragen

Elina belässt in 17 gemischtsprachlichen Fragesätzen das Fragewort in-situ (vgl. (22)). Die folgenden Sprachmischungen sind alle in deutschen Spielsituationen entstanden.

(22) a. *et c'est* was? (3;8,16)
b. *c'est* wo das bauernhof? (3;10,24)
c. *c'est* was ein *tgv*? (4;0,4)
d. das *c'est* was? (4;0,20)
e. *et c'est wo*? (4; 3,5)
f. *c'est* wo? (4; 3,5)
g   das *c'est* was? (4;3,19)
h. *mais il est* wo? (3;10,24)
i. *il est* wo die dame papa? (3;11,11)
j. *il est* wo das urlaub? (3;11,11)
k. *papa il est* wo *le canard*? (3;11,11)
l. *il est* wo das papa? (4;2,15)
m. da *il est* wo? (4;2,15)
n. *il est* wo da? (4;2,15)
o. *papa il est* wo die andere katz? (4;3,5)
p. *il etait* wo der katz? (4;3,5)
q. *mais il est* wo da? (4;3,5)
r   *et papa ils sont* wo die zwei Kinder? (4;5,22)
s. *il va* wo der katz? (4;3,5)

Alle hier aufgeführten Sprachmischungen werden von der Äquivalenzbeschränkung vorhergesagt und liefern somit Evidenz für die Beschränkung. Schauen wir uns zunächst die Konstruktionen (22a-r) an.

Die lineare Elementabfolge der Struktur *c'est* +WhP und *il est/ils sont* + WhP sind in beiden Sprachen äquivalent.

(23) a. D: Der | ist | wo | der | bauernhof?
         F: C' | est | où | la | ferme   ?
         CS: C' | est | wo das bauernhof?
     b. D: Er | ist | wo | der | Vogel?
         F: Il | est | où | le | canard?
         CS: Il | est | wo le canard ?

Elina produziert bei diesem Fragesatztyp häufig sogenannte Rechts- und Linksdislokationen. Was aber sind Dislokationen? Jansen (2015:1) definiert die Dislokation wie folgt:

> Mit dem Begriff der Dislokation ist das Auftreten einer XP außerhalb des Satzes (links oder rechts von diesem) gemeint, was häufig mit einer Wiederaufnahme der Konstituente durch ein resumptives Element innerhalb des Satzes einhergeht.

Tritt also eine XP am linken Satzrand auf und wird diese durch ein Element innerhalb des Satzes noch einmal aufgegriffen, dann liegt eine Linksdislokation vor. Ein Beispiel für eine Linksdislokation finden wir in Elinas Daten in der Konstruktion *das c'est was?* Die DP *das* befindet sich in der linken Satzperipherie und wird durch das klitische Pronomen *ce* wiederaufgenommen. Ein Beispiel für eine Rechtsdislokation ist die Frage *c'est wo das bauernhof?*, wobei hier die DP *das bau-*

ernhof das disloziierte Element darstellt. Jansen zeigt in ihrer Arbeit, dass die Dislokation im gesprochenen Französisch sehr häufig ist. Interessanterweise verwendet Elina die Dislokationen auch in der deutschen Sprache und, wie die Beispiele in (22) zeigen, in ihren gemischtsprachlichen Sätzen.

Wir wollen eine Auffälligkeit erwähnen, nämlich dass alle gemischtsprachlichen wh-in-situ-Fragen das Kopulaverb *être* enthalten. Elina produziert nur eine Äußerung mit einem lexikalischen Verb, hier *aller* (vgl. in (22s)).

10.4.2 Sprachmischungen in Wh-ex-situ-Fragen

In (24) sind alle Sprachmischungen von Elina aufgelistet, die innerhalb einer Wh-ex-situ-Frage aufgetreten sind.

(24) a. *qui* mach fußball *avec inas et jusna* ?   (3;8,16)
      b. warum *il y a des toilettes* ?   (3;9,25)
      c. warum *ils ont* das ?   (3;10,24)
      d. warum *il y a des mamies*?   (3;11,11)
      e. warum *ils ont* wasser ?   (3;11,11)
      f. papa warum *c'est* weiß da ?   (4;0,04)
      g. warum is sein *chapeau* von wickie ?   (4;0,20)
      h. warum *il y a* das ?   (4;0,20)
      i. *mais papa* warum *il est* so ?   (4;4,08)
      j. nein warum *sa tête il tourne*?   (4;4,08)
      k. warum *il a* das kokodil ?   (4;4,08)
      l. *mais papa* warum *i' i' s'ennuient* die zwei?   (4;5,22)
      m. *où il veut* gehn - *ehm où* kann gehn ?   (3;11,11)
      n. et wo *il va* abholn ?   (4;0,04)
      o. warum *il* mach milch ?   (3;11,11)
      p. warum *il* geh nicht da ?   (3;11,11)
      q. warum *il est* tragen das mann die *canard*?   (3;11,11)
      r. warum *il* lacht ?   (4;0,20)

Die Sprachmischungen in (24g) und (24m) sind für den diskutierten grammatischen Bereich uninteressant, da die Mischung einmal das Nomen betrifft und einmal zwischen Modalverb und Infinitiv auftritt bzw. kein Subjekt realisiert ist. Die Mischung in (24a) wird von der Äquivalenzbeschränkung richtig vorhergesagt, alle anderen Beispiele in (24) verstoßen gegen die Beschränkung. Bis auf (24a) produziert Elina nur Wh-ex-situ-Fragen mit dem Fragewort *warum*. Die *warum*-Frage zieht im Deutschen, wie alle anderen Fragewörter, eine V2-Stellung des Finitums nach sich: *Warum ist die banane krumm*? Im Französischen ist, wie wir bereits ausgeführt hatten, die Inversion mit *pourquoi* ausgeschlossen. Wir wollen das Fehlen der Äquivalenz in den Beispielen noch einmal mit Hilfe von Poplacks Notation illustrieren. In einer Frage wie *warum ils ont wasser?* (24e) gibt es genau genommen nach der Äquivalenzbeschränkung keine Möglichkeit, die Sprachen zu mischen.

(25) D: Warum | haben sie | Wasser?
F: Pourquoi | ils ont | (l') eau?
CS : Warum | ils ont | wasser ?

(25) zeigt, dass die Sprachen an dem Punkt, der zwischen dem Wh-Wort und dem Restsatz liegt, nicht äquivalent sind. Auch die Mischung in (24n) sollte laut der Äquivalenzbeschränkung nicht auftreten, da im Deutschen die WhP *wo* stets eine V2-Konstruktion nach sich zieht.

(26) D: Wo | will er | (uns) abholen?
F: Où | il va | (nous) chercher?
CS: | Wo il va | abholn ?

Viele Äußerungen in (24) enthalten ein französisches Subjekt und ein französischsprachiges Finitum. Überhaupt könnte man behaupten, dass ihnen eine französische Syntax zugrunde liegt, obwohl die Wörter aus beiden Sprachen stammen. Äußerungen wie *warum is sein chapeau von wickie* und *qui mach fußball avec inas et jusna* bilden bzgl. des dem Deutschen entsprechend platzierten Finitums somit eine Ausnahme. Schauen wir uns die Vorhersagen auf der Basis der Äquivalenzbeschränkung für das Beispiel (24a) an:

(27) D: Wer | macht | mit Inas und Jusna | | | Fußball?
F: Qui | fait | (du) football | avec | inas | et | jusna?
CS: Qui | mach | fußball | mit | Inas | und | Jusna?

Die Mischung zwischen der WhP und dem Rest des Satzes ist mit der Äquivalenzbeschränkung vereinbar.

Wir können also bzgl. der bisherigen Analyse Folgendes festhalten: Alexander produziert keine relevanten Sprachmischungen im Bereich der Wh-Fragesätze. Elina hingegen mischt häufig. Die Mischungen innerhalb der Wh-in-situ-Fragen sind alle im Einklang mit der Äquivalenzbeschränkung. Das Finitum ist in diesen Sätzen stets in französischer Sprache und Elina verwendet häufig Dislokationen, die wiederum bis auf eine Äußerung auf Deutsch sind. Viele der Wh-ex-situ-Fragen von Elina liefern Evidenz gegen die Äquivalenzbeschränkung.

10.4.3 Die zugrunde liegende Sprache der Sprachmischungen

In Kapitel 10.2.1.1. haben wir uns die Oberflächenstrukturen der Wh-in-situ- und der Wh-ex-situ-Fragen im Deutschen und Französischen angeschaut. Wir haben gesehen, dass in beiden Sprachen beide Strukturen auftreten. In Kapitel 10.2.1.2. wurde gezeigt, dass sich diese Konstruktionen jedoch in der zugrunde liegenden Struktur unterscheiden. Wie können wir aber feststellen, welche Struktur den Sprachmischungen von Elina zugrunde liegt?

In der Literatur wird häufig angenommen, dass Sprachmischungen eine Matrixsprache haben (vgl. Kapitel 5, 7 und 8). Die Matrixsprache ist diejenige Sprache, welche die zugrunde liegende Struktur für die gemischtsprachliche Äußerung bereitstellt. Wir haben gesehen, dass zur Bestimmung der Matrixsprache unterschiedliche Annahmen diskutiert worden sind. So definiert Cantone (2007) die Matrixsprache als die Sprache der Aufnahmesituation. Andere Autoren wie Klavans (1983) und Jansen (Kapitel 8) gehen von einer Bestimmung durch die Syntax aus. Klavans (1983) behauptet, dass T die Matrixsprache bestimmt, Jansen, Müller & Müller (2012) finden Hinweise dafür, dass die Sprache, welche C bereitstellt, die zugrunde liegende Struktur festlegt. In diesem Abschnitt sollen die Daten von Elina mit Blick auf die Matrixsprache diskutiert werden. Welche Sprache bestimmt die Struktur der Sprachmischung?

Wie bereits erwähnt ist die Matrixsprache nach Cantone die Aufnahmesprache, in der CS auftritt. Von Elina liegen derzeit nur die Sprachmischungen vor, die in den deutschen Spielsituationen entstanden sind. Somit müsste nach Cantone die zugrunde liegende Struktur immer die deutsche Fragesatzkonstruktion sein. Es gibt nun mehrere Hinweise darauf, dass Elina sehr häufig den Sprachmischungen die französische Struktur zugrunde legt.

Elina verwendet 17 gemischtsprachliche Wh-in-situ-Fragen. Unter Berücksichtigung der Spielsituation wird klar, dass es sich hierbei nicht um die im Deutschen erlaubten Echofragen handelt, sondern dass Elina die Fragestruktur verwendet, um Informationen zu erhalten. Ein Beispiel ist in (28) aufgeführt. Elina und ihr Vater schauen sich gemeinsam ein Buch an.

(28) Vater: ein eis/eis isst der junge /
 Elina: **il est wo die dame papa?** /   (dame frz. ausgesprochen)
 Vater: welche - welche frau meinst du denn?
 Elina: die dame qui - qui glace ähm - die glace /
 Vater: ah die eisverkäuferin /
 Elina: ja / wo? /
 Vater: hier schau mal /   (Elina, 3;11,11)

Elina scheint hier die französische Wh-in-situ-Struktur zu gebrauchen, während sie deutsch spricht. Wir erinnern uns, dass Elina auch in den monolingualen Äußerungen die Wh-in-situ-Struktur im Deutschen verwendet, um eine Frage zu stellen

In insgesamt 13 der 17 Wh-in-situ-Fragen verwendet Elina Dislokationen. Unter Berücksichtigung der Arbeit von Jansen (2015) könnte der häufige Gebrauch der Dislokationen ein Indiz dafür sein, dass Elina die französische Wh-in-situ-Struktur zugrunde legt und lediglich einige Lexeme aus dem Deutschen in die französische Struktur mischt. Jansen (2015) zeigt, dass Dislokationen im Deutschen nur sehr selten auftreten.

Nach Klavans (1983) sollte T die Matrixsprache bestimmen. Das heißt, dass die Sprache, in der das finite Verb geäußert wurde, die Matrixsprache für die

Sprachmischung darstellt. Mit Blick auf unsere gemischtsprachigen Wh-in-situ-Fragen scheint dies zunächst eine plausible Annahme zu sein. Das finite Verb stammt in allen Fragekonstruktionen in (22) aus der französischen Sprache. Somit sollte nach Klavans (1983) trotz der deutschen Spielsituation immer die französische Struktur die Basis der Mischung sein. Bevor wir hier eine Entscheidung treffen, müssen wir die Struktur der Wh-ex-situ-Fragen bestimmen. Die Sätze in (24) sind bis auf (24g) mit einer aus dem Französischen stammenden zugrunde liegenden Struktur kompatibel. In (26g) liegt der Mischpunkt allerdings nicht in dem hier relevanten Bereich. Entgegen der Vermutung von Klavans (1983) ist das Finitum in den gemischten Sätzen auch der deutschen Sprache entnommen, wie *machen, sein, gehen, lachen*.

Wir haben bereits Ansätze kennengelernt (vgl. Kapitel 3), die behaupten, dass unbalancierte Kinder die zugrunde liegende Struktur der starken Sprache verwenden und einzelne Lexeme aus der schwachen Sprache entnehmen. Elina erwirbt das Deutsche als schwache Sprache und legt die französische Struktur in den hier diskutierten Sprachmischungen zugrunde. Für diese Longitudinalstudie könnte die Sprachdominanz eine Erklärung darstellen, jedoch müssen zunächst Elinas französische Daten analysiert werden, um sich hier abschließend eine Meinung zu bilden.

Jansen, Müller & Müller (2012) stellen die These auf, dass C die Matrixsprache bestimmt (vgl. Kap. 8). Ist diese Wahl einmal vollzogen, können die Lexeme aus der deutschen oder französischen Sprache entnommen werden. Diese These ist kompatibel mit den hier aufgeführten Sprachmischungen. Allerdings werden auch für die Wh-Fragen mehr Daten für die Überprüfung der These benötigt. Für das hier behandelte Thema bedeutet dies, dass C mit seinen französischen oder deutschen Merkmalen ausgewählt wird und den Rest der Satzstruktur bestimmt. Elina, ein stark unbalanciertes Kind mit Französisch als starker Sprache, wählt in den Sprachmischungen das französische C aus.

10.5 Modifikation der Äquivalenzbeschränkung

Für den Bereich der Wh-Fragesätze macht die Äquivalenzbeschränkung nur zum Teil richtige Vorhersagen. Für die gemischt-sprachlichen Wh-in-situ-Fragesätze ist sie ein adäquates Mittel, um Mischungen zu analysieren, bei den Wh-ex-situ-Fragen jedoch gibt es viele Gegenbelege. Es wurde gezeigt, dass Elina an Stellen mischt, die nach der Äquivalenzbeschränkung den Sprachenwechsel verbieten. Die Äquivalenz der linearen Abfolge der Sprachelemente scheint somit kein guter Hinweis darauf zu sein, ob Sprachmischungen stattfinden dürfen. Dies wurde bereits in der Literatur anhand anderer Sprachkombinationen und grammatischer Phänomene herausgearbeitet.

Wenn wir an dem Gedanken der Äquivalenz festhalten wollen, stellt sich die Frage, welche Ebene die Äquivalenz betrifft. Wenn es nicht die Oberflächenstruktur ist, so ist es möglicherweise die zugrunde liegende Struktur, die äquivalent ist. Aber wir haben gesehen, dass die zugrunde liegenden Strukturen in den beiden analysierten Sprachen unterschiedlich sind. Auch die Wh-in-situ-Struktur ist nicht äquivalent. Dennoch wird innerhalb dieser gemischt, was nach der Äquivalenzbeschränkung nicht möglich sein sollte. Weder die Oberflächenstruktur noch die zugrunde liegende Struktur können somit den Sprachenwechsel korrekt vorhersagen. Welche Äquivalenz würde alle von Elina geäußerten Sprachmischungen vorhersagen, auch Sprachmischungen wie *warum il mach milch*, die gegen die Äquivalenzbeschränkung nach Poplack verstoßen?

In Kapitel 10.2.1 wurde gesagt, dass die beiden Sprachen gemein haben, dass die WhP an den Satzanfang bewegt wird oder die WhP in *v*P bzw. VP verbleiben kann. Eine Äquivalenz würde sich in diesem Fall nicht auf die Strukturen beziehen, sondern lediglich auf die Existenz von Bewegung der WhP bzw. des Verbleibens in *v*P bzw. VP. Sollten wir mit diesem Gedanken Recht haben, so müsste sich die Äquivalenzbeschränkung auf syntaktische Operationen beziehen. Überprüfbar ist diese Sichtweise allerdings nur bei einem Sprachenpaar, bei dem die eine Sprache über die konkrete Operation verfügt, die andere jedoch nicht. In diesem Fall sollte eine Sprachmischung ausgeschlossen sein. Zukünftige Forschungen werden dies klären müssen.

10.6 Zusammenfassung

In diesem Kapitel haben wir die Äquivalenzbeschränkung von Poplack anhand der Sprachmischungen im Bereich der Wh-Fragesätze diskutiert. Es wurde gezeigt, dass die Beschränkung die auftretenden Sprachmischungen nicht korrekt vorhersagen kann. Mit Hilfe des bilingualen Spracherwerbs und einer genauen Betrachtung der Zielsysteme wurde zunächst untersucht, welche Unterschiede und Gemeinsamkeiten die hier analysierten Sprachen aufweisen. Dabei haben wir gesehen, dass die Oberflächen- und die zugrunde liegenden Strukturen des Deutschen und Französischen erhebliche Unterschiede aufweisen.

Für die Analyse der Sprachmischungen wurde ein deutsch-französisches Kind ausgesucht, welches die Sprachen besonders häufig mischt. Die Sprachmischungen, die in den Wh-Fragesätzen auftreten, legen eine zugrunde liegende französische Struktur nahe. Wir haben gesehen, dass weder die Sprache der Spielsituation, noch die Sprache von T für die Bestimmung der Matrixsprache in Frage kommen. Die These, dass C die Matrixsprache bestimmt, ist mit den Daten kompatibel, müsste jedoch anhand weiterer Daten überprüft werden.

Aufgrund der hier vorgestellten Sprachmischungen wird deutlich, dass die Äquivalenzbeschränkung nach Poplack modifiziert werden muss, damit die aufgetretenen Mischpunkte korrekt vorhergesagt werden. Die Idee ist, die Äquivalenz auf einer anderen Ebene zu suchen, als auf der Sprachoberfläche. In diesem Kapitel wurde überlegt, ob die Gemeinsamkeit auf der Ebene der syntaktischen Operationen zu finden ist. Die Wh-Bewegung bzw. das Ausbleiben von Bewegung der WhP ist im Deutschen und Französischen äquivalent. Somit scheint die Existenz der Wh-Bewegung möglicherweise die Äquivalenz zu sein, die wir suchen und die die Sprachmischungen in Wh-Fragesätzen richtig vorhersagt. Weitere Studien sind notwendig, um diese Annahme zu bestätigen.

10.7 Aufgaben

1. Elina produziert nur Sprachmischungen in den Wh-in-situ-Fragen, die mit der Äquivalenzbeschränkung konform sind. Überlegen Sie sich gemischtsprachliche Wh-in-situ-Fragesätze (Deutsch-Französisch), die gegen die Äquivalenzbeschränkung verstoßen.
2. Im Chinesischen verbleibt das Wh-Fragewort obligatorisch in-situ. Im Kantonesischen wird das Wh-Element nur in Subjektfragen an den Satzanfang bewegt. Was würde die hier vorgestellte Idee der Äquivalenz der syntaktischen Wh-Bewegungsoperationen für ein chinesisch-deutsch bilinguales und für ein kantonesisch-deutsch bilinguales Kind vorhersagen?
3. Lesen Sie den Text von Poplack (1980). Stellen Sie die wichtigsten Belege für die Äquivalenzbeschränkung zusammen. Nehmen Sie vor dem Hintergrund des Artikels Stellung zu der folgenden deutsch-spanischen Sprachmischung aus Ebert (2008:153): *No sé wen Juan amenazó*.
4. Welche Sprachmischungen in Wh-Fragesätzen könnten die Hypothese widerlegen, dass die Sprache von C die zugrunde liegende Struktur des gemischtsprachlichen Satzes darstellt?

11 Code-Switching und Psycholinguistik

Nadine Eichler

In diesem Kapitel soll das Code-Switching mit dem Forschungszweig der Psycholinguistik verknüpft werden. In der psycholinguistischen Forschung wird hauptsächlich untersucht, wie stark die beiden Sprachen im bilingualen Sprecher innerhalb eines zwei- oder mehrsprachigen Gesprächs aktiviert sind. Grosjean (1998, 2001) nimmt an, dass der Aktivierungsgrad der beiden Sprachen in Abhängigkeit von der jeweiligen Gesprächssituation (monolingual/bilingual) variiert. In einer mehrsprachigen Gesprächssituation, in der es häufiger zu einem Sprachenwechsel kommen kann, sind die beiden Sprachen im bilingualen Individuum ähnlich stark aktiviert (engl. *bilingual mode*). Befindet sich eine bilinguale Person in einer monolingualen Gesprächssituation, dann unterscheidet sich der Aktivierungsgrad der beiden involvierten Sprachen, da die jeweils nicht gesprochene Sprache nicht vollständig deaktiviert bzw. inhibiert wird. Der monolinguale und bilinguale Sprachmodus stellen hierbei die Endpunkte auf einem Kontinuum dar. Hierbei nimmt der Aktivierungsunterschied der beiden Sprachen in Richtung des monolingualen Sprachmodus zu, d. h. eine der beiden Sprachen ist fast vollständig deaktiviert. Je mehr sich ein bilingualer Sprecher im bilingualen Sprachmodus befindet, desto kleiner ist der Aktivierungsunterschied in beiden Sprachen, was eine fast gleich starke Aktivierung beider Sprachen impliziert.

Aus einer psycholinguistischen Perspektive wird dafür argumentiert, dass die Aktivierung der Sprache A immer eine Inhibition (Hemmung) der Sprache B im bilingualen Individuum verursacht (vgl. u. a. Grosjean 2001, Green 1993, 1998). Green (1986) behauptet, dass hierbei die nicht beteiligte Sprache von einem mehrsprachigen Sprecher im Sprachproduktionsprozess aktiv inhibiert werden muss. Daraus folgt, dass Bilinguale über einen inhibitorischen Kontrollmechanismus verfügen, welcher in diesem Fall die konkurrierende Sprache unterdrückt. Entscheidet sich ein bilingualer Sprecher für den Gebrauch von Sprache A, dann muss die nichtaktive Sprache B gehemmt bzw. inhibiert werden. Die Frage, von welchen Faktoren die inhibitorische Kontrolle einer Sprache abhängig ist und wie Bilinguale ihre beiden Sprachen kontrollieren, ist insbesondere bei der Untersuchung von unbalancierten bilingualen Sprechern von Interesse. In der psycholinguistischen Literatur wurde in verschiedenen Experimenten gezeigt, dass der Sprachenwechsel von der schwachen in die starke Sprache mit mehr Aufwand verbunden ist als von der starken in die schwache Sprache (vgl. Losaby 1998, Meuter und Allport 1999). Der Verarbeitungsaufwand wird von den Forschern durch unterschiedliche Reaktionszeiten der Versuchspersonen gemessen, indem längere Reaktionszeiten auf einen größeren Verarbeitungsaufwand hindeuten. Bei einer unbalancierten Mehrsprachigkeit erweist sich die Inhibition der dominanten Sprache als aufwendiger und erfordert somit mehr inhibitorische Kontrolle (vgl. u. a. De Bot 1992, Green 1993, 1998, Paradis 1981, 2004). Angenommen ein bilingualer Sprecher hat Sprache A als starke Sprache und Sprache B als schwache Sprache und er entscheidet sich für den Gebrauch von Sprache B, dann sollte die Unterdrückung von Sprache A (starke Sprache) mehr inhibitorische Kontrolle erfordern, als die Inhibition von Sprache B (schwache Sprache) beim Gebrauch der Sprache A. Die Bedeutung der Inhibition für den Sprachproduktionsprozess eines mehrsprachigen Sprechers betonte bereits Green (1993), indem er auf den dafür benötigten kognitiven Aufwand hinwies. Ein sprachliches System zu kontrollieren, erfordert kognitive Ressourcen. Dass hierbei die Inhibition der starken gegenüber der schwachen Sprache mit mehr Aufwand verbunden ist, zeigen u.a. die experimentellen Studien von Meuter (1994) und Meuter und Allport (1999). Die Autoren Meuter und Allport (1999) untersuchen den Sprachenwechsel bei bilingual englisch-chinesischen Sprechern, die verschiedene Numerale in ihrer L_1 (starke Sprache) und anschließend in ihrer L_2 (schwache Sprache) bzw. andersherum benennen sollten. Die jeweiligen Testitems wurden hierbei auf einem Bildschirm in unterschiedlichen Farben, welche die *response language* signalisieren, angezeigt. Je nach Farbe des Testitems mussten die Sprecher in der L_1 oder L_2 sequentiell antworten. Hierbei sollten die Versuchspersonen (a) von ihrer L_1 in ihre L_2 ($L_1 \rightarrow L_2$) und (b) von ihrer L_2 in ihre L_1 ($L_2 \rightarrow L_1$) mischen (*switch trials*). Außerdem wurden zum Vergleich sogenannte *nonswitch trials* (Kontrollbedingung) durchgeführt, bei denen die Versuchspersonen die jeweiligen Testitems in ihrer L_1 ($L_1 \rightarrow L_1$) oder in ihrer ($L_2 \rightarrow L_2$) benennen sollten. Insgesamt bringt die Studie die folgenden Ergebnisse hervor: (1) Die Versuchspersonen reagieren bei den sogenannten *switch trials* langsamer als bei den *nonswitch trials*. (2) Bei den *nonswitch trials* werden schnellere Reaktionszeiten in der Sequenz $L_1 \rightarrow L_1$ als in der Abfolge $L_2 \rightarrow L_2$ beobachtet. (3) Die durchschnittliche Reaktionszeit beim Mischen von der schwachen in die starke Sprache ($L_2 \rightarrow L_1$) beträgt 143ms, die Reaktionszeit beim Mischen von der starken in die schwache Sprache nur 85ms ($L_1 \rightarrow L_2$). Demzufolge ist der Sprachenwechsel von der schwachen in die starke Sprache mit mehr Aufwand (gemessen in Reaktionszeit) verbunden als der Wechsel von der starken in die schwache Sprache. Diese auf den ersten Blick paradoxe Asymmetrie im Hinblick auf das dritte Ergebnis erklären die Autoren folgendermaßen: Verläuft der Sprachenwechsel von der L_2 in die L_1, dann muss die konkurrierende L_1 zu Anfang inhibiert werden, damit die Benennung in der L_2 stattfinden kann. Der Sprachenwechsel in die L_1 bewirkt, dass die zu Anfang inhibierte L_1 aktiviert und die L_2 inhibiert werden muss ($L2_{\text{Inhibiton der L1}} \rightarrow L1_{\text{Inhibition der L2}}$). Verläuft der Sprachenwechsel in die andere Richtung, d. h. von der starken Sprache in die schwache Sprache, dann muss zu Beginn die schwache Sprache inhibiert und beim Wechsel in die L_2 anschließend aktiviert werden ($L1_{\text{Inhibiton der L2}} \rightarrow L2_{\text{Inhibition der L1}}$). Da die Inhibition der L_1 und die inhibitorische Kontrolle der L_2 mit unterschiedlichem Aufwand verbunden sind, insofern als die Inhibition der L_1 schwieriger ist, verursacht der Wechsel von der L_2 in die L_1 längere Reaktionszeiten als der Wechsel von der L_2 in die L_1. Das Mischen von der L_2 in die L_1 erfordert zunächst eine Inhibition der L_1, weshalb eine darauffolgende *Response* in der L_1 erschwert wird und zu längeren Reaktionszeiten im Vergleich zum Sprachenwechsel von der L_1 in die L_2 führt. Mit anderen Worten bleibt die Inhibition der L_1 bis zum folgenden *switch trial* in die L_1 länger bestehen, in Form eines „negativen primings" des gesamten Lexikons der L_1.

Code-Switching und Psycholinguistik

> **Priming:** Mit Priming wird die Beeinflussung der Verarbeitung eines Reizes verstanden. Dies wird dadurch erreicht, dass ein vorausgegangener Reiz Gedächtnisinhalte aktiviert hat, welche die Verarbeitung eines neuen Reizes beeinflussen. Wird die Verarbeitung des nachfolgenden, neuen Reizes verzögert, spricht man auch von negativem Priming. Wird die Verarbeitung beschleunigt, so liegt positives Priming vor.

Es wird deutlich, dass die Aktivierung der L_1 durch die vorherige Inhibition, die für einen bilingualen Sprecher mit mehr Aufwand verbunden ist als die inhibitorische Kontrolle der L_2, zu längeren Reaktionszeiten führt. Im Gegensatz dazu erfordert das Mischen von der L_1 in die L_2 zu Anfang eine Inhibition der L_2. Die inhibitorische Kontrolle der L_2 ist mit weniger Aufwand verbunden, sodass der Sprachenwechsel von der L_1 in die L_2 leichter fällt bzw. schneller erfolgt. Insgesamt liefert die Studie von Meuter und Allport Evidenz dafür, dass der Aufwand beim Sprachenwechsel über einen inhibitorischen Kontrollmechanismus erklärt werden kann und die Switchkosten beim Mischen von der starken in die schwache Sprache und andersherum berücksichtigt werden müssen. Paradis (1993) behauptet, dass dieser Inhibitionsmechanismus sowohl für ein ganzes Sprachsystem als auch für bestimmte sprachliche Elemente, z. B. Wörter oder syntaktische Konstruktionen, gilt. Die Untersuchung von Meuter und Allport (1999) hat verdeutlicht, dass der Sprachenwechsel bei unbalancierten bilingualen Sprechern asymmetrische Switchkosten verursacht, während bei balancierten Sprechern die Switchkosten symmetrisch sind, d. h. der Sprachenwechsel von Sprache A nach Sprache B und andersherum impliziert die gleichen Switchkosten.

Die Analyse von Sprachmischungen ist von besonderem Interesse, da sie Aufschluss über die Interaktion der beiden Sprachsysteme im bilingualen Individuum liefert. Das folgende Kapitel 11.1 beschäftigt sich zunächst mit der Schnittstelle von Genus, Psycholinguistik und der Mehrsprachigkeit bilingualer Sprecher. Es sollen zwei unterschiedliche Annahmen bezüglich der Repräsentation von Genus im mentalen Lexikon (vgl. Kapitel 3) bilingualer Individuen vorgestellt werden, die in der psycholinguistischen Literatur von Costa, Kovacic, Franck und Caramazza (2003) vorgeschlagen wurden. Basierend auf den in Kapitel 11.1 vorgestellten psycholinguistischen Annahmen zur Genusrepräsentation soll die Genusmarkierung an D (Determinante) beim Sprachenwechsel zwischen Determinante und Nomen bei bilingual aufwachsenden Kindern analysiert werden. Die Untersuchung des Genus in gemischtsprachlichen DPn kann Aufschluss darüber geben, wie die beiden Lexika im bilingualen Individuum interagieren. Ferner können psycholinguistische Erkenntnisse über den Zugriff auf die Genusinformation gewonnen werden und es können Aussagen darüber erfolgen, wie Genus im bilingualen Individuum repräsentiert ist. Beim Sprachenwechsel zwischen Determinante und Nomen sind besonders die Fälle interessant, in denen das Genus des Nomens in den beiden Sprachen voneinander abweicht. Das folgende Beispiel zeigt den Sprachenwechsel zwischen einem deutschen D und einem französischen N, wobei das Genus des französischen Nomens *chat* von dem Genus des deutschen Äquivalents *Katze* abweicht. Das französische Nomen *chat* ist maskulin, während das deutsche Übersetzungsäquivalent *Katze* feminin ist. Die Sprachmischung *der*$_{mask}$ *chat*$_{mask}$ macht deutlich, dass sich das Genus des deutschen D nach dem Genus des französischen Nomens richtet. Im Gegensatz dazu zeigt die gemischte DP *die*$_{fem}$ *chat*$_{mask}$, dass das feminine Genus des deutschen Übersetzungsäquivalents *Katze*$_{fem}$ das Genus des deutschen D bestimmt. Für den Sprachenwechsel zwischen D und N stellt sich schließlich die Frage, wonach sich das Genus von D richtet, wenn das Genus der Nomina in beiden Sprachen voneinander abweicht. Ist bei einem D aus Sprache A und einem Nomen aus Sprache B das Genus des Nomens aus Sprache B oder das Genus des jeweiligen Übersetzungsäquivalents aus Sprache A für die Genusmarkierung ausschlaggebend? Aus einer psycholinguistischen Perspektive können in diesem Zusammenhang unterschiedliche Vorhersagen in Abhängigkeit von der Genusrepräsentation im bilingualen Individuum gemacht werden, die im folgenden Abschnitt vorgestellt werden sollen.

11.1 Zur autonomen und integrierten Genusrepräsentation im bilingualen Individuum

In diesem Abschnitt werden zwei psycholinguistische Annahmen bezüglich der Repräsentation von Genus im bilingualen Individuum vorgestellt, die von Costa, Kovacic, Franck und Caramazza (2003) vorgeschlagen wurden. Die grammatische Kategorie Genus bereitet Muttersprachlern in der Regel keine Probleme, da Genusinformationen regelmäßig aus dem mentalen Lexikon abgerufen und Genusfehler bei der Sprachproduktion nur äußert selten beobachtet werden. Es wird deutlich, dass der Genusabruf mit einem gewissen Automatismus verbunden sein muss, der einem Sprecher nicht unbedingt bewusst ist. In diesem Zusammenhang weist Levelt (1989) darauf hin, dass ein kompetenter Sprecher bei der Sprachproduktion zwischen zwei und fünf Wörtern pro Sekunde aus seinem aktiven Wortschatz, der ca. 30.000 Einträge umfasst, auswählt. Der Zugriff auf das mentale Lexikon erfolgt demnach mit einer enormen Geschwindigkeit, bei dem Sprecher erstaunlich wenige Fehler machen. In der Psycholinguistik sind insgesamt drei unterschiedliche Ansätze vorherrschend, die jeweils von einer unterschiedlichen Speicherung der Genusinformation ausgehen: (1) lexikalische Speicherung (2) Berechnung von Genusinformation (3) lexikalische Speicherung und Berechnung von Genus. In der psycholinguistischen Forschung werden im Hinblick auf die lexikalische Speicherung von Genus zwei unterschiedliche Arten angenommen: (a) Speicherung des Genus für jedes einzelne Nomen sowie (b) generische Speicherung der Genusinformation (vgl. Neumann 2000). Generische Speicherung meint, dass es jeweils einen Genusknoten für die jeweiligen Genusklassen in einer Sprache gibt, unter dem alle Nomina mit diesem Genus subsumiert werden. Die generische Speicherung erweist sich somit als eine „speicherfreundliche" Methode, da die Anzahl von Genuseinträgen gleich der Anzahl der in der jeweiligen Sprache vorhandenen Genera ist. Daraus folgt, dass die jeweiligen Genuseinträge mit allen Nomen der zugehörigen Kategorie fest verbunden sind. Die Berechnung von Genus erfolgt beispielsweise auf der Basis von Genusanzeigern (u. a. Suffixen, die mit einem bestimmten Genus assoziiert werden, z. B. im Französischen *-ation* in *organisation*). Dass Muttersprachler auf der Basis von semantischen und formalen Genusregularitäten nie zuvor gehörten Nomina oder Kunstwörtern ein bestimmtes Genus zuweisen können, liefert Evidenz dafür, dass das Verarbeitungssystem Genus *online* berechnen kann. Sogenannte hybride Modelle nehmen sowohl eine lexikalische Speicherung der Genusinformation als auch eine Berechnung von Genus an. Es wird deutlich, dass die Berechnung von Genus nicht notwendigerweise eine lexikalische Speicherung ausschließt. Schließlich kann das Genus auch dann als abstraktes, grammatisches Merkmal gespeichert sein, wenn auf der Basis formaler und semantischer Genusregularitäten die Genusinformation abgeleitet werden kann.

Die Autoren Costa et al. (2003) beschäftigen sich in ihrer Untersuchung mit der Frage, inwieweit sich die zugrunde liegenden Genussysteme bei der Sprachproduktion, die eine Selektion der passenden lexikalischen Einheiten und ihrer grammatischen Eigenschaften erfordert, im bilingualen Individuum beeinflussen. Um eine Antwort auf diese Frage zu gewinnen, haben die Autoren insgesamt fünf Experimente mit bilingualen Sprechern durchgeführt, die Aufschluss über die Interaktion der grammatischen Genussysteme der beiden Sprachen geben sollen. Die Studie wurde mit bilingualen Erwachsenen durchgeführt, die unterschiedliche Sprachkombinationen aufweisen, in denen die Anzahl der Genera sprachenabhängig variiert: Sprachen, die strukturell asymmetrisch bezüglich der Anzahl der Genera sind: Kroatisch mit drei Genera und Katalanisch/Spanisch und Italienisch/Französisch mit jeweils zwei Genera. Die Versuchspersonen hatten die Aufgabe zwei verschiedene Bilderserien mit einsprachigen genusmarkierten NPn in ihrer L2 zu benennen. Das Bildmaterial wurde so konzipiert, dass die zu produzierenden NPn in der jeweiligen Sprache, gleiches oder unterschiedliches Genus mit dem Übersetzungsäquivalent aufweisen (z. B. it. mela$_{fem}$ – kroat. jabuka$_{fem}$ dt. Apfel vs. it. pomodoro$_{mask}$ und kroat. račica$_{fem}$ dt. Tomate). In der ersten Bildserie haben die zu bezeichnenden Nomina in der L1 und der L2 gleiches Genus, während diese in der zweiten Serie unterschiedliches Genus aufweisen. Das Ziel der Studie bestand darin zu überprüfen, ob die grammatischen Eigenschaften derjenigen Sprache, in der die Testaufgabe nicht durchgeführt wird (engl. *non-response-language*), den lexikalischen Abruf des Genus des Nomens, in der die Benennungsaufgabe durchgeführt wird (engl. *response-language*), beeinflussen.

Es stellt sich schließlich die Frage, wie bilinguale Sprecher Genus repräsentieren und wie dieses Merkmal bei der Sprachproduktion zugänglich ist? Nach dem *automatic gender-access* Modell (vgl. Caramazza, Miozzo, Costa, Schiller und Alario 2001) geht der Zugriff auf die Genusinformation mit einer lexikalischen Selektion einher, in dem Sinne, dass, sobald ein Nomen ausgewählt worden ist, die Genusinformation zugänglich wird. In diesem Fall wird die Genusinformation des jeweiligen Übersetzungsäquivalents nicht aktiviert. Folglich kann im Rahmen des *automatic gender-access* Modell für die Produktion genusmarkierter NPn die Vorhersage formuliert werden, dass das Genus des Übersetzungsäquivalents bei der Benennungsaufgabe keine Effekte auf den Abruf der Genusinformation in der *response-language* haben sollte. Es sollte immer die gleiche Reaktionszeit beim Zugriff auf die Genusinformation von Nomina mit gleichem oder unterschiedlichem Genus in der *response-language* beobachtet werden. Im Rahmen des sogenannten *activation-dependent* Modells hängt die Schnelligkeit des Abrufs von Genusinformationen mit der Stärke der Aktivierung des Genusmerkmals zusammen (vgl. u.a. Levelt 2001, Schriefers 1993). Das Genusmerkmal mit der höchsten Aktivierung wird ausgewählt. Diese Annahme impliziert, dass andere Genusmerkmale ein niedrigeres Aktivierungsniveau aufweisen als das aktuell erforderte Merkmal. Im Rahmen des *activation-dependent* Modells kann schließlich die Vorhersage formuliert werden, dass der Zugriff auf die Genusinformation bei Nomina mit gleichem Genus (z. B. kroat. jabuka$_{fem}$ vs. it. mela$_{fem}$) schneller verlaufen sollte als bei Nomina, die unterschiedliches Genus aufweisen (z. B. kroat. rajcica$_{fem}$ vs. it. pomodoro$_{mask}$). Die Untersuchungsergebnisse der Studie von Costa et al. (2003) zeigen, dass die Genuseigenschaften der einen Sprache keinen Einfluss auf die Produktion genusmarkierter NPn in der anderen Sprache im bilingualen Individuum haben. Das Genusmerkmal des Übersetzungsäquivalents hat bei der Sprachproduktion weder einen beschleunigenden noch verlangsamenden Effekt hervorgerufen. Die Studie von Costa et al. (2003) zeigt, dass die beiden Genussysteme im bilingualen Individuum unabhängig voneinander existieren, da die Genusinformation eines Nomens in der sogenannten *non-response language* die *response-language* bei den Benennungsaufgaben nicht beeinflusst hat. Die *non-response language* beeinflusst bei der Lexikalisierung und bei der Verarbeitung die *response-language* nicht, da keine Interaktion zwischen den beiden Genussystemen beobachtet wurde. Im Gegensatz dazu zeigen andere psycholinguistische Studien, welche die formale Ähnlichkeit von Übersetzungsäquivalenten untersucht haben, dass sich die *non-response language* und die *response-language* gegenseitig beeinflussen können. Interessant ist nun, dass diese Beobachtungen auf phonologisch ähnlichen Wörtern (engl. *cognates*) z. B. *organ* (engl.) und *organo* (it.) basiert, da in diesem Zusammenhang eine schnellere Reaktionszeit bei der Sprachproduktion festgestellt wurde, als bei phonologisch unähnlichen Übersetzungsäquivalenten (engl. *non-cognates*) (vgl. u.a. Costa, Caramazza und Sebastián-Gallés 2000, Janssen 1999, Schriefers 2000). Folglich scheint ein möglicher Einfluss und die damit verbundene Interaktion der beiden Sprachsysteme von unterschiedlichen linguistischen Ebenen (Lemma- vs. Lexemebene) abhängig zu sein.

> **Lemma- vs. Lexemebene:** In der Psycholinguistik werden im Rahmen hierarchisch-serieller Modelle zwei getrennte Ebenen (Lemma- und Lexemebene) im mentalen Lexikon angenommen. Beim Zugriff auf das mentale Lexikon werden zwei Verarbeitungssequenzen unterschieden: (1) die lexikalische Verarbeitung (Lemmainformation) und (2) die phonologische, morphologische Verarbeitung (Lexeminformation). Die Lemmaebene beinhaltet syntaktische und semantische Informationen, während auf der Lexemebene phonologische und morphologische Informationen kodiert werden.

Im Folgenden sollen die beiden unterschiedlichen Arten der Genusrepräsentation im bilingualen Individuum vorgestellt werden, die auf den folgenden Grundannahmen basieren: (1) Die beiden Sprachen eines bilingualen Sprechers weisen ein gemeinsames konzeptuelles System auf und (2) das semantische System aktiviert beide involvierten Lexika, wenn der Sprecher ein Wort aus Sprache A oder Sprache B produziert (vgl. u.a Costa et. al. 2000, Costa, Colomé und Caramazza 2000, Costa, Colomé, Gomez und Sebastián-Gallés 2003). Ein bilingual kroatisch-italienischer Sprecher, der in seiner Äußerung das italienische Wort *mela* (Apfel) verwenden möchte, wird automatisch das kroatische Übersetzungsäquivalent *jabuka* (Apfel) mitaktivieren, d. h. die beiden Lexika eines bilingualen Sprechers sind bei der Sprachproduktion aktiv. Die folgende Abbildung 11.1 veranschaulicht die *gender integrated hypothesis* nach Costa et al. (2003). Bilinguale Sprecher, die eine integrierte Art der Genusrepräsentation im mentalen Lexikon aufweisen, haben nur ein einziges integriertes Genussystem für beide Sprachen. Im oberen Teil der Darstellung wird die konzeptuelle Ebene im mentalen Lexikon abgebildet und es wird deutlich, dass die semantischen Knoten in beiden Sprachen miteinander verknüpft sind. Darüber hinaus wird deutlich, dass das italienische Nomen mela$_{fem}$ und das kroatische Übersetzungsäquivalent jabuka$_{fem}$ einen gemeinsamen Genusknoten teilen, da die beiden Nomina feminin sind (vgl. Abb. 11.1 Panel A). Wenn das Zielwort und das Übersetzungsäquivalent das gleiche Genus haben, dann wird dieses Merkmal von zwei unterschiedlichen Quellen aktiviert (hier: italienisches und kroatisches Lexikon). Selbst wenn die beiden Nomina unterschiedliches Genus haben, weisen sie nur einen gemeinsamen Genusknoten auf (vgl. Abb. 11.1 Panel B). Das kroatische Nomen račica$_{fem}$ ist feminin, während das italienische Nomen pomodoro$_{mask}$ maskulines Genus hat. Im Rahmen der *gender intergrated hypothesis* wird das Genus des Übersetzungsäquivalents in der jeweils anderen Sprache, unabhängig davon, welches Genus das äquivalente Nomen aufweist, in einem einzigen Knoten repräsentiert.

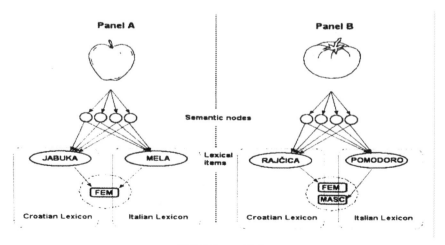

Abbildung 11.1:
Integrierte Genusrepräsentation (Costa et al. 2003:182)

Costa et al. (2003) zeigen, dass die Annahme eines integrierten Systems, in dem zwei Genussysteme in einem einzigen System repräsentiert werden, eher unplausibel ist. Wenn ein bilingualer Sprecher Genus in einer integrierten Weise repräsentiert, dann müsste er zwei grammatische Eigenschaften in verschiedenen Sprachen, die ihrerseits sprachspezifisch andere Auswirkungen haben können, wie eine einzige Eigenschaft behandeln. Im Folgenden nennen die Autoren mehrere Gründe für diese Annahme: 1. Die Korrelation zwischen dem natürlichen Geschlecht (Sexus) und dem Genus ist in vielen Sprachen ähnlich und tritt oft bei den gleichen Konzepten auf. 2. Oftmals korrelieren phonologische Auslaute mit einem bestimmten Genus. Eine große Anzahl italienischer Nomen, die auf -o enden, sind maskulin, während Nomina, die auf -a auslauten, feminin sind. 3. Die Existenz eines genusmarkierenden Systems in der L1 kann den Erwerb des Genuskongruenzsystems in der L2 vereinfachen. Im Gegensatz dazu scheinen Bilinguale, deren L1 kein Genuskongruenzsystem besitzt, größere Schwierigkeiten im L2-Erwerb eines genusmarkierenden Systems aufzuweisen.

Im Rahmen der *gender autonomous hypothesis* wird eine komplette Autonomie der Genussysteme beider Sprachen im bilingualen Individuum postuliert. Die Abbildung 11.2 macht deutlich, dass selbst für die Nomina, die ein gemeinsames Genusmerkmal teilen, zwei unterschiedliche Genusknoten angenommen werden (vgl. Panel A). Obwohl das kroatische und italienische Nomen jeweils feminin sind, wird die Genusinformation in einem separaten Genusknoten repräsentiert. Unabhängig davon, ob die Nomina gleiches oder unterschiedliches Genus in den beiden Sprachen haben, wird eine autonome Genusrepräsentation postuliert (vgl. Panel B).

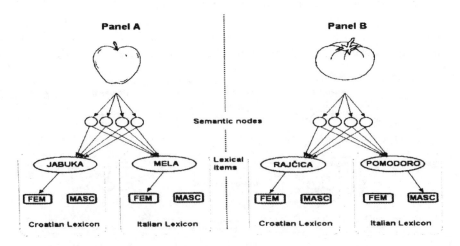

Abbildung 11.2:
Autonome Genusrepräsentation (Costa et al. 2003:184)

Zusammenfassend lässt sich festhalten, dass die *non-response language* keinen Einfluss auf die *response language* hat. Die Ergebnisse der Studie von Costa et al. (2003) zeigen, dass beim lexikalischen Abruf der Genusinformation in der *respon-*

se language die gleichen Reaktionszeiten beobachtet werden, unabhängig davon, ob das Äquivalent in der jeweils anderen Sprache dasselbe Genus aufweist oder jeweils unterschiedliche Genuswerte vorliegen. Wenn die Genussysteme der beiden Sprachen ein integriertes System bildeten und man das sogenannte *activation dependent model* zugrunde legt, dann sollte der Genusabruf des Zielwortes schneller verlaufen, wenn das Übersetzungsäquivalent in der anderen Sprache dasselbe Genus hat. Das Genus des Nomens, das in der *response language* produziert werden soll, müsste einen höheren Aktivierungsgrad aufweisen, wenn es von zwei verschiedenen Quellen, also dem Wort in der *response-* und in der *non-response language* aktiviert wird. Die Untersuchungsergebnisse zeigen jedoch, dass die *non-response language* keinen Einfluss auf den Genusabruf in der *response-language* hat. Bei einer autonomen Repräsentation der Genussysteme sollte der Genusabruf für die äquivalenten Nomina mit demselben und mit unterschiedlichem Genus gleich sein. Die Erklärung wäre in diesem Fall, dass das Genus des Zielwortes keine Aktivierung durch das Übersetzungsäquivalent erhält, da eben keine geteilte Repräsentation der Genussysteme vorliegt.

Im folgenden Kapitel sollen ausgewählte Studien zum Genus in der gemischtsprachlichen DP vorgestellt werden. Von besonderem Interesse wird die Untersuchung von Cantone und Müller (2008) sein, in der die Genuszuweisung in gemischtsprachlichen DPn bei bilingual deutsch-italienisch aufwachsenden Kindern untersucht wurde. Cantone und Müller (2008) nehmen an, dass der Zugriff auf das Genus des Nomens bzw. der Zugriff auf das Genus des Äquivalents in Abhängigkeit von der Genusrepräsentation (autonom vs. intergiert) im bilingualen Individuum erfolgt.

11.2 Studien zum Genus in der gemischten DP

In der CS-Literatur gibt es bis heute nur sehr wenige Studien, in denen die Genuszuweisung in der gemischten DP untersucht wurde. Zunächst soll die Studie von Liceras, Fernández Fuertes, Perales, Pérez-Tattam & Spradlin (2008) vorgestellt werden, in der die Autoren sowohl Spontandaten als auch Experimentaldaten erhoben haben. Als Datenbasis dienen (1) Spontandaten simultan-bilingualer Kinder und Erwachsener mit Spanisch und Englisch als Erstsprachen und Spontandaten erwachsener L1-Erwerber des Spanischen mit Englisch als L2 sowie (2) Experimentaldaten erwachsener L1-Erwerber des Spanischen mit Englisch als L2, erwachsener Muttersprachler des Englischen mit Spanisch als L2 und erwachsener L1-Erwerber des Französischen mit Englisch als L2 und Spanisch als L3. Es wird deutlich, dass Liceras et al. (2008) überwiegend den Sprachenwechsel zwischen einer Genussprache (Spanisch bzw. Französisch) und einer Nicht-Genussprache (Englisch) untersucht haben. Die Experimentaldaten wurden mithilfe eines CS-Tests erhoben, bei dem die Versuchspersonen insgesamt 64 gemischte DPn, die in einen Satz eingebettet waren, auf einer Skala von 1-5 (1 = wohlgeformt, 5 = nichtwohlgeformt) bewerten sollten. Von den 64 Testitems beinhalteten 32 gemischte DPn einen Sprachenwechsel zwischen einem spanischen D und einem englischen Nomen (z. B. la *house*) und 32 gemischte DPn einen Sprachenwechsel zwischen einem englischen D und einem spanischen Nomen (z. B. *the silla*). Darüber hinaus wurde die Genusmarkierung am spanischen D in den Testitems (D_{sp} + N_{engl}) manipuliert, da den Versuchspersonen 16 gemischte DPn mit dem femininen Artikel *la* und 16 gemischte DPn mit dem maskulinen Artikel *el* präsentiert wurden. Dabei wurden die jeweils 16 gemischten DPn mit maskulinem bzw. femininem Artikel in zwei weitere Gruppen eingeteilt: In jeweils 8 gemischten DPn entspricht die Genusmarkierung am spanischen D dem Genus des spanischen Übersetzungsäquivalents (z. B. *el_{mask} plane – el_{mask} avión$_{mask}$* und *la_{fem} beach – la_{fem} playa$_{fem}$*), während in den restlichen 8 gemischten DPn das Genus des spanischen D von dem Genus des spanischen Äquivalents abweicht (z. B. *el_{mask} church – la_{fem} iglesia$_{fem}$* und *la_{fem} tree – el_{mask} arból$_{mask}$*).

Im Rahmen der sogenannten *grammatical features spell-out hypothesis* machen die Autoren die Vorhersage, dass in gemischten DPn die funktionale Kategorie aus derjenigen Sprache stammt, die eine größere Anzahl uninterpretierbarer Merkmale aufweist. Uninterpretierbare Merkmale sind solche wie das Genus, die geprüft werden müssen. Die Überprüfung erfolgt über die Schwester, die NP, welche das Nomen enthält, das inhärent ein bestimmtes Genusmerkmal trägt (vgl. Chomsky 2000). Das uninterpretierbare Merkmal auf D kann also erst dann interpretiert werden, wenn es mit einem inhärent für Genus spezifizierten Nomen zusammen gebraucht wird. Wenn die beiden involvierten Sprachen beim CS die gleiche Anzahl an uninterpretierbaren Merkmalen bereitstellen, dann wird die funktionale Kategorie aus keiner der beiden Sprachen präferiert (vgl. Liceras, Spradlin und Fernández Fuertes 2005:228). Demnach sollte beim CS zwischen einer Genussprache wie dem Spanischen und einer Nicht-Genussprache wie dem Englischen eine spanische Determinante ausgewählt werden, da diese die beiden uninterpretierbaren Merkmale für Genus und Numerus trägt, während englische Determinanten ausschließlich ein uninterpretierbares Numerusmerkmal tragen. Folglich sollten bilinguale Sprecher überwiegend ein spanisches D mit einem englischen N verwenden (z. B. *la house*). Diese Vorhersage können die Autoren jedoch nur für die simultan bilingualen Kinder, die simultan bilingualen Erwachsenen und die L1-Erwerber des Spanischen in den Spontandaten bestätigen. Die Studie von Liceras et al. (2008) bringt insgesamt die folgenden Ergebnisse hervor: In den Spontandaten zeigt sich, dass die spanisch-englisch bilingualen Kinder und Erwachsenen überwiegend ein spanisches D mit einem englischen Nomen mischen (z. B. *la house*). Für die L1-Erwerber des Spanischen bestätigt sich dieses Ergebnis ausschließlich in den Spontandaten, da sie im CS-Test die gemischten DPn mit einem englischen D bevorzugen (z. B. *the silla*). Dennoch wird deutlich, dass sie bei der Bewertung der gemischten DPn mit einem spanischen D und einem englischen Nomen die gemischten DPn präferieren, in denen sich das Genus des spanischen D nach dem Genus des spanischen Äquivalents richtet (z. B. la_{fem} *chair* – la_{fem} *silla*$_{fem}$). Die Zweitspracherwerber des Spanischen bevorzugen die gemischten DPn, in denen ein englisches D zusammen mit einem spanischen Nomen realisiert wird (z. B. *the silla*). Bei der Bewertung der gemischten DPn mit einem spanischen D und einem englischen Nomen zeigt sich, dass die L2-Erwerber systematisch das maskuline spanische D präferieren (z. B. el_{mask} *chair* – la_{fem} *silla*$_{fem}$). Für die bilingualen Kinder konnte hingegen keine Präferenz für das maskuline Genus nachgewiesen werden. Vielmehr zeigte sich, dass ein spanisches D eher zufällig mit dem femininen oder maskulinen Genus markiert wurde. Die Autoren argumentieren dafür, dass die Mischrichtung ein Indikator für die jeweilige bilinguale Kompetenz ist, da sie ausschließlich eine Präferenz für die gemischten DPn mit einem spanischen D und einem englischen Nomen bei den bilingualen Kindern und Erwachsenen nachweisen können. Nicht-Muttersprachler des Spanischen präferieren hingegen gemischte DPn, in denen die funktionale Kategorie aus dem Englischen und die lexikalische Kategorie aus dem Spanischen stammen. Liceras et al. (2008) gehen davon aus, dass L2-Erwerber des Spanischen gemischte DPn mit einem englischen D bevorzugen, da dieses kein uninterpretierbares Genusmerkmal aufweist. Spanisches D trägt hingegen ein uninterpretierbares Genusmerkmal. Durch die Auswahl eines genuslosen englischen D, das kein uninterpretierbares Genusmerkmal trägt, minimieren L2-Erwerber des Spanischen den Berechnungsaufwand. Darüber hinaus zeigen auch die Testergebnisse der L1-Erwerber des Spanischen, dass sie die gemischten DPn mit einem englischen D und einem spanischen Nomen besser bewerten als die gemischten DPn, in denen die Determinante aus dem Spanischen stammt. Die Autoren argumentieren dafür, dass bei einer gezielten Befragung nach einem Grammatikalitätsurteil die gemischten DPn mit einem englischen D besser bewertet wurden. Die Analyse der kindlichen Spontandaten zeigt hingegen, dass überwiegend eine spanische Determinante mit einem englischen Nomen gemischt wird. Liceras et al. (2008) erklären diesen Befund, indem sie auf die *Grammatical Features Spell-out Hypothesis* (GFSH) referieren. Das uninterpretierbare Genusmerkmal löst die Übereinstimmung zwischen D und N hinsichtlich des Genusmerkmals aus. Nach Liceras et al. (2008:13) verwenden bilinguale Kinder systematisch ein spanisches D, um diese Übereinstimmung – die Kongruenz – im spanischen System einzuüben.

Ein weiteres Ergebnis der Studie ist, dass die L2-Lerner des Spanischen bei der Bewertung der gemischten DPn mit einem spanischen D und einem englischen Nomen systematisch das maskuline spanische D bevorzugen. Für Liceras et al. (2008) liefert dieses Ergebnis Evidenz, dass die maskuline Determinante die unmarkierte Form – oder auch Defaultform – im Spanischen darstellt.

> **Defaultform:** Mit einer Defaultform wird in der Linguistik eine unmarkierte Form bezeichnet. Veranschaulichen kann man dies sehr gut im Deutschen an Sprachelementen, die kein inhärentes Genus haben, wie Präpositionen. Verwendet man diese mit einem D, so muss ein Genus zugewiesen werden, im Deutschen das Neutrum: *Das Für und Wider*. In den romanischen Sprachen kann das Defaultgenus an der Kongruenz von Pronomina abgelesen werden: Referiert man auf eine Gruppe von Frauen, in der sich ein einziger Mann befindet, so muss die maskuline Form des Pronomens ausgewählt werden.

Die Studie von Franceschina (2001) zeigt ebenfalls, dass nichtmuttersprachliche Sprecher des Spanischen auf diese Option zurückgreifen, wenn sie zwischen einem spanischen D und einem englischen Nomen mischen, während echte bilinguale Sprecher D sowohl feminin als auch maskulin markieren und somit keine eindeutige Präferenz zeigen. Die Studie von Liceras et al. (2008) verdeutlicht, dass die bilingualen Kinder ebenso keine Präferenz für maskuline Formen haben.

Im Folgenden soll die Untersuchung von Radford, Kupisch, Köppe & Azzaro (2007) vorgestellt werden, in der die Autoren den intra-sententialen Sprachenwechsel zwischen D und N bei einem bilingual italienisch-englisch aufwachsenden Kind und vier bilingual deutsch-französisch aufwachsenden Kindern in der Spontansprache analysiert haben (eines der untersuchten bilingualen Kinder ist Céline). Die Autoren argumentieren dafür, dass CS zwischen D und N den folgenden Beschränkungen unterliegt, um potentielle Genusinkongruenzen zu vermeiden (vgl. Radford et al. 2007:243):

- Der Sprachenwechsel zwischen einem genuslosen D und einem für Genus spezifizierten N führt zu einem Abbruch der syntaktischen Verarbeitung (z. B. a_{engl} $macchina_{it}$).
- Der Sprachenwechsel zwischen einem für Genus spezifizierten D und einem genuslosen N führt zu einem Abbruch der syntaktischen Verarbeitung (z. B. il_{it} car_{engl})
- Das Mischen zwischen einem Modifizierer, der eine Genusmarkierung trägt und einem Nomen, das ein sprachspezifisches Genus aufweist (d. h. ein Genusmerkmal, das in der Sprache des Modifizierers nicht existiert), führt zu einem Abbruch der syntaktischen Verarbeitung (z. B. un_{frz} $grand_{frz}$ $Buch_{dt}$).

Alle Fälle, in denen die syntaktische Verarbeitung abgebrochen werden muss, sollten in Sprachdaten nicht auftreten. In der Literatur gibt es jedoch viele Studien zum kindlichen CS, in denen Sprachenwechsel zwischen D und N beobachtet werden, die den oben genannten Beschränkungen widersprechen (vgl. u. a. Liceras et al. 2008, Lindholm und Padilla 1978, Galasso 2003, Petersen 1988). Aus diesem Grund formulieren Radford et al. (2007) die sogenannte *Accomodation Hypothesis*, die besagt, dass in Sprachen, die sich hinsichtlich ihrer Genussysteme unterscheiden, nur zwischen Modifizierer und Nomen gemischt werden darf, wenn die morphologischen Eigenschaften des Nomens an die seines Modifizierers in der gemischten DP angepasst werden.

Accomodation Hypothesis

> When mixing between a modifier and a noun from different types of languages, bilingual children accommodate the morphological properties of the noun to those of its modifier. (Radford et al. 2007: 244)

Insgesamt bringt die Studie von Radford et al. (2007) die folgenden Ergebnisse hervor: Das englisch-italienisch bilinguale Kind Lucy produziert insgesamt 49 gemischte DPn mit einem englischen D und einem italienischen Nomen. Diese intra-sententialen Mischungen verletzen zunächst die Beschränkung, dass zwischen D, das aus einer Nicht-Genussprache (Englisch) stammt, und einem Nomen, das aus einer Genussprache (Italienisch) stammt, die Sprache nicht gewechselt werden darf.

(1) a. You want a *bagno*?   (Lucy 2;6 Radford et al. 2007:246)
     b. I want the *ciuccio*.   (Lucy 2;6 Radford et al. 2007:246)
     c. Shall I do a *cavallino*? (Lucy 2;9 Radford et al. 2007:246)
     d. Yeah, you have a *gelato*. (Lucy 2;9 Radford et al. 2007:246)

Die Autoren argumentieren dafür, dass die intra-sententialen Mischungen keinen Abbruch der syntaktischen Verarbeitung auslösen, wenn das italienische Nomen genuslos, d. h. wie ein englisches Nomen behandelt wird. Gemäß der *Accomodation Hypothesis* modifiziert in (1) demnach ein genusloses D ein genusloses Nomen. Darüber hinaus zeigen die Untersuchungsergebnisse der englisch-italienischen Studie, dass das Kind Lucy insgesamt 30 gemischte DPn produziert hat, in denen D aus dem Italienischen und das Nomen aus dem Englischen stammt. Erneut verletzen die intra-sententialen Mischungen die Beschränkung, dass zwischen D, das aus einer Genussprache (Italienisch) stammt und einem Nomen, das aus einer Nicht-Genussprache (Englisch) stammt, die Sprache nicht gewechselt werden darf.

(2) a Con la$_{fem}$ *butterfly*   (Lucy 2;10 Radford et al. 2007:247)
     b. È il$_{mask}$ *lion*.   (Lucy 2;9 Radford et al. 2007:247)

Im Rahmen der *Accomodation Hypothesis* gehen Radford et al. (2007) davon aus, dass die morphologischen Eigenschaften eines englischen Nomens an die Kongruenzanforderung einer italienischen DP angepasst werden müssen. Dies erfolgt, indem das italienische D das Genus des italienischen Übersetzungsäquivalents in der gemischten DP realisiert. Mit anderen Worten wird das englische Nomen in (2) wie ein italienisches Nomen behandelt.

Mit Hinblick auf die Mischungen zwischen einem französischen D und einem deutschen Nomen im Neutrum machen die Autoren folgende Beobachtung: Alle bilingual deutsch-französischen Kinder mischen zwischen einem französischen D und einem deutschen Nomen im Neutrum. Obwohl das französische Genussystem binär und das deutsche Genussystem ternär ist, findet ein Wechsel zwischen einem französischen D und einem deutschen N im Neutrum statt.

(3) a. un$_{mask}$ *kind*$_{neutr}$ (Radford et al. 2007:252)
     b. le$_{mask}$ *kopfkissen*$_{neutr}$ (Radford et al. 2007: 252)
     c. le$_{mask}$ *paddel*$_{neutr}$ (Radford et al. 2007: 252)

Darüber hinaus zeigen die Ergebnisse in der deutsch-französischen Studie, dass die bilingualen Kinder eher ein maskulines französisches D mit einem neutralen Nomen mischen, als mit einem femininen D. Die Autoren interpretieren dieses Ergebnis dahingehend, dass das unmarkierte Genus im Französischen (Maskulinum) bei der Genuszuweisung zu den deutschen Neutra von Bedeutung ist.

Im Folgenden soll die Studie von Cantone und Müller (2008) präsentiert werden, in der die Autorinnen die Genuszuweisung in der gemischten DP bei vier bilingual deutsch-italienisch aufwachsenden Kindern in Spontansprache analysiert haben. Cantone und Müller (2008) legen die Annahme zugrunde, dass CS nur dann grammatisch ist, wenn die Regularitäten der beiden Grammatiken nicht verletzt werden. Demzufolge gehen sie wie MacSwan (2000) davon aus, dass nichts außer den sprachspezifischen Grammatiken die kindlichen und erwachsenen Sprachmischungen regelt. Cantone und Müller (2008) konzentrieren sich insbesondere auf die gemischten DPn, in denen das Genus des Nomens in der gemischten DP von dem Genus des jeweiligen Übersetzungsäquivalents aus der anderen Sprache abweicht:

- Das Nomen in der gemischten DP bestimmt das Genus von D (z. B. die$_{fem}$ pentola$_{fem}$ – dt. der$_{mask}$ Topf$_{mask}$ / it. la$_{fem}$ pentola$_{fem}$).
- Das Genus von D wird durch das Genus des übersetzungsäquivalenten Nomens determiniert (z. B. der$_{mask}$ pentola$_{fem}$ – dt. der$_{mask}$ Topf$_{mask}$ / it. la$_{fem}$ pentola$_{fem}$).

In der gemischten DP *die$_{fem}$ pentola$_{fem}$* richtet sich das Genus des deutschen D nach dem femininen Genus des italienischen Nomens *pentola$_{fem}$* und nicht nach dem Genus des deutschen maskulinen Äquivalents *Topf$_{mask}$*. Dies ist jedoch in der gemischten DP *der$_{mask}$ pentola$_{fem}$* der Fall, da das Genus des deutschen maskulinen Äquivalents *Topf* das Genus am deutschen D festlegt. Die Untersuchungsergebnisse der Studie von Cantone und Müller (2008) lassen sich folgendermaßen zusammenfassen: Von insgesamt 481 gemischten DPn bestimmt in 125 Fällen (26%) das Genus des Nomens das Genus von D, während in 24 gemischten DPn (5%) das Genus des jeweiligen Übersetzungsäquivalents das Genus von D festlegt. Des Weiteren zeigt die Untersuchung, dass in 319 gemischten DPn (66%) das Genus des realisierten Nomens und das seiner Entsprechung aus der jeweils anderen Sprache gleich sind (z. B. una$_{fem}$ Biene$_{fem}$ – dt. eine$_{fem}$ Biene$_{fem}$ und it. una$_{fem}$ ape$_{fem}$). Ferner werden 13 gemischte DPn (3%) als Genusfehler klassifiziert, da die Genusmarkierung an D weder dem Genus des Nomens noch dem Genus des jeweiligen Übersetzungsäquivalents entspricht (z. B. il$_{mask}$ Puppe$_{fem}$ – dt. die$_{fem}$ Puppe$_{fem}$ und it. la$_{fem}$ bambola$_{fen}$). Vergleicht man die Anzahl der gemischten DPn, in denen sich das Genus von D nach dem Genus des Nomens richtet, mit der Anzahl der gemischten DPn, in denen das Genus von D durch das Genus des äquivalenten Nomens determiniert wird, dann zeigt sich deutlich, dass die bilingualen Kinder häufiger das Genus des Nomens an D markieren, als das Genus des jeweiligen Äquivalents. Dennoch greifen die bilingualen Kinder in 24 gemischten DPn (5%) auf das Genus des entsprechenden Übersetzungsäquivalents zu. Das Modell von MacSwan (2000) liefert für diese Beobachtung keine Erklärung, da bei der Sprachproduktion ein Nomen mit seinen lexikalischen Eigenschaften (hier: Genus) aus dem Lexikon ausgewählt und in eine gemischte DP eingesetzt wird. Demzufolge sollte immer das Genus des Nomens das Genus von D bestimmen, auch wenn diese aus einer anderen Sprache stammt. Cantone und Müller (2008) zeigen in ihrer Studie, dass der Zugriff auf das Genus des äquivalenten Nomens hauptsächlich bei zwei bilingualen Kindern beobachtet wird, die eine unausgeglichene Sprachentwicklung aufweisen. Das deutsch-italienische Kind Aurelio entwickelt das Deutsche als schwache Sprache, während das deutsch-italienische Kind Jan die romanische Sprache als schwache Sprache erwirbt. Wie lässt sich der Zugriff auf das Genus des äquivalenten Nomens erklären? Eine Möglichkeit wäre, dass die bilingualen Kinder das Nomen in der gemischten DP in das Lexikon der anderen Sprache entlehnen (vgl. Toribio 2001). Das deutsche Nomen *Topf* ist maskulin, während das entsprechende italienische Nomen *pentola* feminin ist. Der Zugriff auf das Genus des äquivalenten deutschen Nomens in der gemischten DP der_{mask} $pentola_{fem}$ würde bedeuten, dass das bilinguale Kind das italienische Nomen in das deutsche Lexikon entlehnt hat und dem italienischen Nomen *pentola* auf der Basis des deutschen Übersetzungsäquivalents das maskuline Genus zugewiesen hat. Warum sollte es sich hierbei überhaupt um Entlehnung handeln, wenn das Kind das Genus des deutschen Nomens kennt? Die Genusmarkierung am deutschen Artikel *der* entspricht dem Genus des deutschen Äquivalents, warum sollte das Kind dann ein italienisches Nomen entlehnen? Es wird deutlich, dass Entlehnung keine ausreichende Erklärung für den Zugriff auf das Genus des Äquivalents liefert. Aus diesem Grund lehnen Cantone und Müller (2008) die Annahme ab, dass es sich bei dem Zugriff auf das Genus des Äquivalents um ein kompetenzgetriebenes Phänomen wie Entlehnung handelt. Vielmehr argumentieren die Autorinnen dafür, dass der Zugriff auf das Genus des Nomens in der gemischten DP bzw. der Zugriff auf das Genus des Äquivalents in Abhängigkeit von der Genusrepräsentation im bilingualen Individuum erfolgt. In Kapitel 11.1 wurden hierzu zwei grundlegende Annahmen vorgestellt, die sich mit der Repräsentation von Genus im mentalen Lexikon bilingualer Sprecher beschäftigen. Während die *Gender autonomous representation hypothesis* eine komplette Autonomie der Genussysteme im bilingualen Individuum postuliert, wird im Rahmen der *Gender integrated representation hypothesis* ein einziges System für die beiden Genussysteme angenommen. Cantone und Müller (2008) erklären ihre Untersuchungsergebnisse unter Berücksichtigung dieser beiden Hypothesen, indem sie dafür argumentieren, dass überwiegend das Genus des Nomens in der gemischten DP die Genusmarkierung an D bestimmt, wenn die beiden Sprachen jeweils über ein autonomes Genussystem verfügen (vgl. Abbildung 11.2). Im Gegensatz dazu kann der Zugriff auf das Genus des entsprechenden Nomens im Sinne der *Gender integrated representation hypothesis* interpretiert werden (vgl. Abbildung 11.1). Bei dieser Annahme wird nur ein einziger Genusknoten angenommen, der Genusmerkmale aus beiden Sprachen zusammen repräsentiert. Wenn das Genus des Nomens in beiden Sprachen voneinander abweicht, wie bei dem italienischen Nomen $pentola_{fem}$ und dem deutschen Äquivalent $Topf_{mask}$, dann werden im Rahmen der *Gender integrated representation hypothesis* das feminine und maskuline Genusmerkmal in einem gemeinsamen Genusknoten abgespeichert. Somit könnte die integrierte Repräsentation dafür verantwortlich sein, dass beim lexikalischen Zugriff häufig das Genus des äquivalenten Nomens ausgewählt wird, da die beiden Genusmerkmale einer integrierten Repräsentation unterliegen. Cantone und Müller (2008) vermuten, dass die integrierte Genusrepräsentation möglicherweise eine Entwicklungsphase darstellt, die bilinguale Kinder auf dem Weg zu einer autonomen Genusrepräsentation durchlaufen. Die Autorinnen zeigen in ihrer Studie, dass die beiden unbalancierten Kinder Jan und Aurelio im Vergleich zu den balancierten Kindern besonders häufig auf das Genus des Übersetzungsäquivalents zugreifen, wenn sie ein Nomen aus der schwachen Sprache mischen. Cantone und Müller (2008) nehmen an, dass die unbalancierten Kinder Jan und Aurelio noch über eine integrierte Genusrepräsentation verfügen, während die balancierten Kinder bereits eine autonome Repräsentation der beiden Genussysteme entwickelt haben. Dennoch weisen sie daraufhin, dass diese Interpretation keine ausreichende Erklärung liefert, um die Ergebnisse adäquat zu beschreiben. Schließlich bleiben die folgenden Fragen im Rahmen des vorgeschlagenen psycholinguistischen Erklärungsansatzes offen: Welche Faktoren bestimmen den Wechsel von einer integrierten zu einer autonomen Genusrepräsentation im bilingualen Kind? Wie kann man den Prozess der Differenzierung von einem integrierten in ein geteiltes autonomes System erklären? Insgesamt besteht der Hauptbefund von Cantone und Müller (2008) darin, dass bilinguale Individuen mit einer balancierten Sprachentwicklung Genus in autonomer Weise repräsentieren, während unbalancierte Bilinguale über ein einziges integriertes Genussystem verfügen, das sich vermutlich im Laufe der Entwicklung in ein autonomes System differenziert.

Die Studie von Eichler (2011), in der insgesamt 17 Longitudinalstudien im Hinblick auf die Genuszuweisung in gemischten DPn analysiert wurden, zeigt jedoch, dass kein kausaler Zusammenhang zwischen der Sprachdominanz im bilingualen Kind und dem Zugriff auf das Genus des jeweiligen Übersetzungsäquivalents beim Sprachenwechsel zwischen D und N besteht. Die empirischen Befunde liefern Evidenz dafür, dass sich die Art der Genusrepräsentation in beiden Sprachen unabhängig von dem jeweiligen Balanciertheitsgrad im bilingualen Kind vollzieht. Für die Genuszuweisung in gemischten DPn können die folgenden Hypothesen formuliert werden, die in Kapitel 11.4 auf die CS-Daten der untersuchten bilingualen Kinder angewandt werden:

a. Balancierte Kinder weisen eine autonome Genusrepräsentation auf und verwenden das Genus des Nomens in der gemischten DP. Sie greifen nicht auf das Genus des Übersetzungsäquivalents zu. Unabhängig davon, aus welcher Sprache das Nomen in der gemischten DP stammt, sollte das Genus des äquivalenten Nomens für die Genusmarkierung an D nicht relevant sein.
b. Unbalancierte Kinder verfügen über eine intergrierte Genusrepräsentation. Sie greifen auf das Genus des Äquivalents aus der starken Sprache zu, wenn sie ein Nomen aus der schwachen Sprache mischen. Die schwache Sprache ist diejenige, die den Genuszugriff auf das Äquivalent aus der starken Sprache fördert.

Im folgenden Kapitel werden die bilingualen Daten vorgestellt, die für die vorliegende Untersuchung herangezogen wurden.

Code-Switching und Psycholinguistik

11.3 Datenanalyse

Im Rahmen der vorliegenden Studie wurde auf insgesamt 17 Longitudinalstudien zurückgegriffen, die in der nachfolgenden Tabelle kurz aufgeführt werden. In der dritten Spalte (Basis DP) wird die absolute Anzahl der einsprachigen DPn (z. B. dt. *der Hund*, frz. *le chien*, sp. *el perro*, it. *il cane*) dargestellt, die in den Sprachdaten der bilingualen Kinder aufgetreten sind. Die vierte Spalte (Sprachmischungen DP) zeigt die absolute Anzahl der Sprachmischung innerhalb der DP, d. h. zwischen D und N.

Kinder	Sprachkombination	Basis DP[1]	Sprachmischungen DP
Amélie (Am)	Frz. / Dt.	4.001 / 5.517	116 / 102
Céline (Cé)	Frz. / Dt.	3.555 / 1.252	5 / 119
Alexander (Alex)	Frz. / Dt.	1.754 / 4.005	110 / 72
Emma (Em)	Frz. / Dt.	2.082 / 554	82 / 1
Julie[2] (Jul)	Frz. / Dt.	2.303	---
Marie (Mar)	Frz. / Dt.	212 / 2.183	49 / 51
Teresa (Te)	Sp. / Dt.	1.222 / 580	8 / 12
Arturo (Ar)	Sp. / Dt.	1.145 / 568	33 / 99
Marta (Ma)	It. / Dt.	1.301 / 2.192	92 / 45
Aurelio (Au)	It. / Dt.	786 / 1.511	60 / 151
Lukas (Luk)	It. / Dt.	2.869 / 1.228	44 / 263
Valentin (Va)	It. / Dt.	170 / 1.775	116 / 26
Jan (Jan)	It. / Dt.	1.031 / 569	7 / 46
Carlotta (Ca)	It. / Dt.	1.408 / 1.627	55 / 40
Luca (Lu)	It. / Dt.	1.381 / 721	16 / 22
Siria[3]	Frz. / It.	2.687	17
Juliette[4]	Frz. / It.	3203 / 1938	11 / 70
Gesamt		57.330	1.940

Tabelle 11.1:
Longitudinalstudien und absolute Anzahl an relevanten Sprachmischungen, aus Eichler (2011:67)

Die Untersuchung basiert auf insgesamt 57.330 einsprachigen und 1.940 gemischtsprachlichen DPn. Es wird deutlich, dass die Sprachmischungen zwischen

---

[1] In der vorliegenden Tabelle mit den Spaltenbezeichnungen (Basis DP und Sprachmischungen DP) steht die erste Zahl immer für das Deutsche, die darauffolgende für die jeweiligen romanischen Sprachen.
[2] Für das Französische konnte keine Analyse erfolgen, da die Transkriptionen noch nicht vorliegen.
[3] Bei dem Kind Siria steht die zweite Zahl für das Italienische. Für das Französische konnte keine Analyse erfolgen, da die Transkriptionen noch nicht vorliegen.
[4] Bei dem Kind Juliette steht die erste Zahl für das Französische, die darauffolgende für das Italienische.

D und N einem prozentualen Anteil von nur 3,5% entsprechen. Im Verhältnis zur monolingualen Datenbasis treten recht wenige gemischtsprachliche DPn in den Longitudinalstudien auf. Wie bereits im Kapitel 7 beschrieben, behaupten einige Autoren, dass der Sprachenwechsel innerhalb der DP nicht erlaubt sei, weil das funktionale Element (D) und das lexikalische Element (N) nicht aus der gleichen Sprache stammen. Die Beschränkung über funktionale Köpfe kann durch Gegenbelege in der Spontansprache verworfen werden, da Sprachmischungen in diesem Bereich sowohl bei Kindern als auch bei Erwachsenen ein häufig beobachtetes Phänomen darstellen. Sprachmischungen zwischen Determinante und Nomen bilden den häufigsten Mischpunkt von allen intra-sententialen Mischungen (vgl. u. a. Eichler 2011, Myers-Scotton & Jake 2001, Vihman 1998). Die Untersuchung von Eichler (2011) bringt das Ergebnis hervor, dass von allen intra-sententialen Mischungen die DP-Mischungen einem prozentualen Anteil von 52% entsprechen.

Im folgenden Abschnitt der Datenanalyse soll zunächst überprüft werden, ob in den Sprachaufnahmen der bilingualen Kinder die jeweiligen Übersetzungsäquivalente zu den gemischten Nomina in der jeweils zweiten Erstsprache des Kindes aufgetreten sind. In der Literatur wird oftmals behauptet, dass bilinguale Kinder ihre beiden Sprachen mischen, weil sie die entsprechenden Wörter bzw. Übersetzungsäquivalente (z. B. *voiture* und *Auto*) in der jeweils anderen Sprache nicht kennen. Einige Studien haben jedoch gezeigt, dass Kinder bereits in sehr frühen Phasen der Sprachentwicklung über Übersetzungsäquivalente verfügen und ein Fehlen der entsprechenden Lexeme (*lexical need*) für das kindliche Mischen nicht verantwortlich sein kann (vgl. Vihman 1985, Meisel 1994, Cantone & Müller 2005, Cantone 2007). Wenn das entsprechende Äquivalent zu dem gemischten Nomen im Lexikon des Kindes bereits vorhanden ist, dann können die Sprachmischungen nicht auf ein Fehlen von Übersetzungsäquivalenten (*lexical need*) zurückgeführt werden.

11.3.1 Übersetzungsäquivalente Nomen

Die folgende Analyse wird im Einzelnen überprüfen, ob die übersetzungsäquivalenten Nomen in der jeweils anderen Sprache in den Sprachaufnahmen geäußert wurden. Hierbei ist es wichtig, aus dem Fehlen von Übersetzungsäquivalenten nicht zu folgern, dass Kinder die äquivalenten Nomina nicht kennen. Aus der negativen Evidenz darf also nicht gefolgert werden, dass bilinguale Kinder ihre beiden Sprachen aufgrund einer lexikalischen „Lücke" mischen. Vielmehr liefert nur das Vorhandensein von Übersetzungsäquivalenten Evidenz dafür, dass Sprachmischungen nicht auf einen Kompetenzmangel zurückzuführen sind. Das folgende Beispiel verdeutlicht das methodische Vorgehen der vorliegenden Untersuchung: Das deutsch-italienische Kind Marta produziert mit 3;2,26 Jahren folgende Sprachmischung in den deutschen Sprachaufnahmen: eine *scimmia*. Zunächst wurde überprüft, ob Marta das deutsche Übersetzungsäquivalent *Affe* in den Sprachaufnahmen geäußert hat. Hierbei sind die folgenden Möglichkeiten in Betracht gezogen worden:

Code-Switching und Psycholinguistik

(a) Das äquivalente Nomen wird vor der relevanten Sprachmischung in den Sprachaufnahmen geäußert.
(b) Das äquivalente Nomen tritt in der gleichen Sprachaufnahme bzw. zum gleichen Alterszeitpunkt wie die relevante Sprachmischung auf.
(c) Das äquivalente Nomen wird erst nach der relevanten Sprachmischung geäußert.
(d) Das äquivalente Nomen wird in den Sprachaufnahmen nicht geäußert.

Wenn Äquivalente später oder überhaupt nicht in den Sprachaufnahmen auftreten, dann darf daraus nicht gefolgert werden, dass die Äquivalente auch tatsächlich später bzw. gar nicht erworben wurden. Schließlich kann das bilinguale Kind ein Übersetzungsäquivalent, unabhängig vom Zeitpunkt seines Auftretens in den Sprachaufnahmen, bereits erworben haben. Aus diesem Grund dürfen nur die Fälle ernst genommen werden, in denen das Äquivalent früher bzw. zeitgleich zum gemischten Nomen in den Sprachaufnahmen aufgetreten ist. Nur für diese Fälle kann eindeutig ausgeschlossen werden, dass das Kind aufgrund eines fehlenden Äquivalents gemischt hat. Die Darstellung der Ergebnisse wird zunächst für die balancierten und anschließend für die unbalancierten Kinder, die in der vorliegenden Studie analysiert wurden, erfolgen. Die folgende Abbildung 11.3 stellt den prozentualen Anteil der übersetzungsäquivalenten Nomen im Deutschen und in der jeweiligen romanischen Sprache für die balancierten Kinder dar:

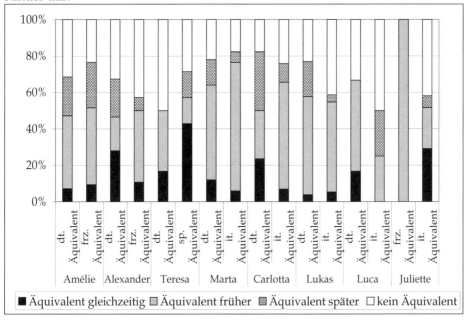

Abbildung 11.3:
Übersetzungsäquivalente Nomen: Die balancierten Kinder

Die Abbildung macht deutlich, dass die übersetzungsäquivalenten Nomina überwiegend in den Sprachaufnahmen früher oder gleichzeitig zu dem gemischten Nomen aufgetreten sind. Die Annahme, dass fehlende Übersetzungsäquivalente als einzige Erklärung für das kindliche Mischen in Frage kommen, kann somit als relativiert gelten. Für die unbalancierten Kinder könnte man vermuten, dass sie Nomina aus der starken Sprache mischen, weil sie das entsprechende Übersetzungsäquivalent in der schwachen Sprache noch nicht erworben haben. Die Ergebnisse der vorliegenden Untersuchung widerlegen diese Annahme und zeigen, dass die äquivalenten Nomina in der schwachen Sprache überwiegend früher oder gleichzeitig in den Sprachaufnahmen aufgetreten sind. Die folgende Abbildung 11.4 stellt die Anzahl der übersetzungsäquivalenten Nomen in beiden Sprachen für die unbalancierten Kinder im Einzelnen dar:

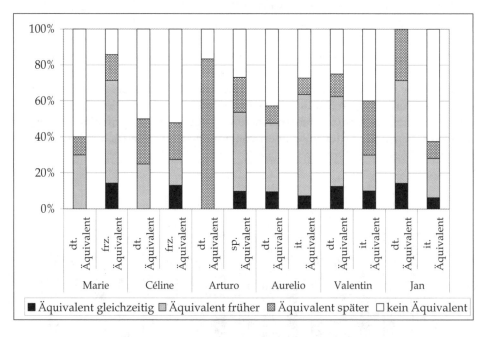

Abbildung 11.4:
Übersetzungsäquivalente Nomen: Die unbalancierten Kinder

Die bilingualen Kinder Marie, Valentin und Aurelio entwickeln jeweils das Deutsche als schwache Sprache. Die Ergebnisse zeigen, dass alle Kinder die deutschen Äquivalente überwiegend gleichzeitig bzw. früher erworben haben. Dieses Untersuchungsergebnis spricht erneut gegen die Annahme, dass bilinguale Kinder mischen, weil sie das jeweilige Äquivalent nicht kennen. *Lexical need* kann selbst für die unbalancierten Kinder nicht als einzige Erklärung für das Mischen in Betracht gezogen werden. Auch für die unbalancierten Kinder Céline, Jan und Arturo, die jeweils die romanische Sprache als schwache Sprache entwickeln, zeigt sich, dass in den meisten Fällen das romanische Äquivalent früher oder gleichzeitig in den Sprachaufnahmen aufgetreten ist. Für das deutsch-spanische

Kind Arturo wird deutlich, dass die deutschen Übersetzungsäquivalente erst später in den Sprachaufnahmen geäußert wurden. Dieses Ergebnis ist erstaunlich, da Arturo eine Dominanz im Deutschen aufweist. Es wurde aber bereits darauf hingewiesen, dass aus dem späteren Auftreten bzw. dem Fehlen von Äquivalenten in den Sprachaufnahmen keine Schlussfolgerungen gezogen werden dürfen.

Zusammenfassend lässt sich festhalten, dass bei allen bilingualen Kindern, bis auf das deutsch-spanische Kind Arturo, die meisten übersetzungsäquivalenten Nomina in den Sprachaufnahmen früher oder gleichzeitig zum Zeitpunkt der gemischtsprachlichen Äußerung in den Sprachaufnahmen aufgetreten sind.

11.3.2 Kategorien und Genus in der gemischten DP

Bevor die Präsentation der Untersuchungsergebnisse erfolgt, werden zunächst die Kategorien vorgestellt, die zur Klassifizierung der gemischten DPn in der vorliegenden Studie zugrunde gelegt werden. Die Datenanalyse orientiert sich an den von Cantone (2007) und Cantone & Müller (2008) vorgeschlagenen Kategorien zum Genus in der gemischten DP. Die Autorinnen schlagen insgesamt vier Kategorien vor, die mit den im Folgenden vorgestellten Kategorien (1), (2a,b) und (3) übereinstimmen. Zusätzlich zu den von den Autorinnen vorgeschlagenen Kategorien, werden zwei weitere Kategorien (4) und (5) in der vorliegenden Studie angenommen:

(1) Gleiches Genus:
Der Sprachenwechsel betrifft ein Nomen, dessen Übersetzungsäquivalent dasselbe Genus in der jeweils anderen Sprache aufweist. Das Genus des Nomens in der gemischten DP und das Genus des jeweiligen Übersetzungsäquivalents stimmen überein (vgl. Beispiele (4) bis (7)).

(2) Unterschiedliches Genus:
Das Nomen in der gemischten DP und seine Entsprechung in der jeweils anderen Sprache haben unterschiedliches Genus. Hierbei wird zwischen zwei weiteren Untergruppen differenziert:
a. Genus des realisierten N:
In der gemischten DP gehört das Genus von D zum Genus des Nomens, das phonetisch umgesetzt worden ist, das aber in der jeweils anderen Sprache ein anderes Genus hat. Das Genus des Nomens in der gemischten DP bestimmt das Genus von D (vgl. Beispiele (8) bis (10)).
b. Genus des äquivalenten N:
In der gemischten DP trägt die Determinante nicht das Genus des Nomens in der gemischten, sondern das Genus des jeweiligen Übersetzungsäquivalents (vgl. Beispiele (11) bis (14)).

(3) Genusfehler:
Weder das Genus des Nomens in der gemischten DP noch das Genus des jeweiligen Übersetzungsäquivalents bestimmt das Genus von D. Unabhängig davon, ob das Genus des Nomens in der gemischten und das Genus des äquivalenten Nomens gleich oder verschieden sind,

wird ein nichtzielsprachliches Genus an D markiert (vgl. Beispiele (15) bis (18)).

(4) Unentscheidbar:

a. Die Determinante weist keine Genusmarkierung auf. Aus diesem Grund können keine Aussagen über die Genusmarkierung an D gemacht werden (vgl. Beispiele (19) bis (27)).

b. In der gemischten DP trägt die Determinante entweder das Genus des Nomens in der gemischten DP oder das Genus des Übersetzungsäquivalents in der jeweils anderen Sprache. Dieser Fall tritt genau dann ein, wenn ein maskulines Nomen aus der romanischen Sprache, dessen deutsches Übersetzungsäquivalent ein Neutrum ist, mit einem deutschen Artikel gemischt wird, der für das Neutrum und Maskulinum unterspezifiziert ist, z. B. *ein* (vgl. Beispiele (28) bis (30)).

(5) Die deutschen Neutra

Der Sprachenwechsel betrifft D aus der romanischen Sprache und ein deutsches Nomen im Neutrum ($D_{rom} + N_{neutr}$). Da die untersuchten romanischen Sprachen nur zwei Genera (Maskulinum und Femininum) aufweisen, kann die Genusmarkierung am romanischen D nur einer dieser beiden Genusklassen entsprechen (vgl. Beispiele (31) bis (33)).

Bevor die Analyse der Sprachdaten erfolgt, sollen im Folgenden Beispiele aus den analysierten Longitudinalstudien für jede Kategorie gegeben werden. Die Beispiele (4) – (7) verdeutlichen Mischungen, die zur Kategorie (1) gezählt werden. Hierbei stimmt das Genus der Nomina aus beiden Sprachen überein.

(4) Deutsch-Französisch:

ein$_{mask/neutr}$ *docteur*$_{mask}$

Französisch: le$_{mask}$ docteur$_{mask}$
Deutsch: der$_{mask}$ Arzt$_{mask}$
(Amélie, deutscher Kontext, 3;8,6)

(5) Italienisch-Französisch:

il$_{mask}$ *couteau*$_{mask}$

Französisch: le$_{mask}$ couteau$_{mask}$
Italienisch: il$_{mask}$ coltello$_{mask}$
(Siria, italienischer Kontext, 2;4,0)

(6) Italienisch-Deutsch:

un$_{mask}$ *junge*$_{fmask}$

Italienisch: il$_{mask}$ ragazzo$_{mask}$
Deutsch: der$_{mask}$ Junge$_{mask}$
(Marta, italienischer Kontext 3;2,12)

(7) Spanisch-Deutsch:

un$_{mask}$ *löwe*$_{mask}$

Deutsch: der$_{mask}$ Löwe$_{mask}$
Spanisch: el$_{mask}$ león$_{mask}$
(Arturo, spanischer Kontext, 3;6,7)

Die Beispiele (8) – (10) verdeutlichen die Kategorie (2a) und zeigen, dass das Genus des Nomens das Genus von D festlegt. Diese Fälle sind von besonderem Interesse, da das Genus der Nomina in beiden Sprachen voneinander abweicht.

Code-Switching und Psycholinguistik

(8) Deutsch-Italienisch:
  eine$_{fem}$ *scimmia*$_{fem}$
      Italienisch: la$_{fem}$ scimmia$_{fem}$
      Deutsch: der$_{mask}$ Affe$_{mask}$
      (Marta, deutscher Kontext, 3;2,26)

(9) Französisch-Deutsch
  une$_{fem}$ *schlange*$_{fem}$
      Deutsch: die$_{fem}$ Schlange$_{fem}$
      Französisch: le$_{mask}$ serpent$_{mask}$
      (Céline, französischer Kontext, 2;3,15)

(10) Spanisch-Deutsch:
  un$_{mask}$ *smetterling*$_{mask}$
      Deutsch: der$_{mask}$ Schmetterling$_{mask}$
      Spanisch: la$_{fem}$ mariposa$_{fem}$
      (Arturo, spanischer Kontext, 3;8,6)

Die Beispiele (11) – (14) repräsentieren die Kategorie (2b). In diesen Fällen wurde auf das Genus des Übersetzungsäquivalents aus der jeweils anderen Sprache zugegriffen. Das Genus des jeweiligen Übersetzungsäquivalents determiniert das Genus von D.

(11) Deutsch-Spanisch:
  die$_{fem}$ *cita*$_{fem}$ *roja*$_{fem}$
      Spanisch: la$_{fem}$ cita$_{fem}$ roja$_{fem}$
      Deutsch: das$_{neutr}$ Rotkäppchen$_{neutr}$
      (Arturo, deutscher Kontext, 2;11,24)

(12) Spanisch-Deutsch:
  una$_{fem}$ *bart[a]*^{5}$_{mask}$
      Deutsch: der$_{mask}$ Bart$_{mask}$
      Spanisch: la$_{fem}$ barba$_{fem}$
      (Arturo, spanischer Kontext, 3;4,5)

(13) Französisch-Deutsch:
  une$_{fem}$ *sattel*$_{mask}$
      Deutsch: der$_{mask}$ Sattel$_{mask}$
      Französisch: la$_{fem}$ selle$_{fem}$
      (Céline, französischer Kontext, 2;3,15)

(14) Italienisch-Deutsch:
  la$_{fem}$ *mond*$_{mask}$
      Deutsch: der$_{mask}$ Mond$_{mask}$
      Italienisch: la$_{fem}$ luna$_{fem}$
      (Carlotta, italienischer Kontext, 2;4,7)

Die Beispiele (15) – (18) verdeutlichen die Kategorie (3). Die gemischten DPn werden hier als Genusfehler klassifiziert, da in diesen Fällen weder das Genus des realisierten Nomens in der gemischten DP noch das Genus des Übersetzungsäquivalents das Genus von D bestimmt.

---

[5] Die wortinterne Mischung Bart*a* zeigt, dass Arturo das *-a* mit der deutschen Basis *Bart* verbunden hat.

(15) Deutsch-Französisch:
das$_{neutr}$ *bonnet*$_{mask}$ Französisch: le$_{mask}$ bonnet$_{mask}$
 Deutsch: die$_{fem}$ Mütze$_{fem}$
 (Amélie, deutscher Kontext, 3;8,28)

(16) Italienisch-Französisch:
i$_{mask}$ *perle*$_{fem}$ Französisch: la$_{fem}$ perle$_{fem}$
 Italienisch: la$_{fem}$ perla$_{fem}$
 (Juliette, französischer Kontext, 2;5,10)

(17) Italienisch-Deutsch:
il$_{mask}$ *puppe*$_{fem}$ Deutsch: die$_{fem}$ Puppe
 Italienisch: la$_{fem}$ bambola$_{fem}$
 (Lukas, italienischer Kontext, 3;5,18)

(18) Spanisch-Deutsch:
un$_{mask}$ *tüte*$_{fem}$ Deutsch: die$_{fem}$ Tüte$_{fem}$
 Spanisch: la$_{fem}$ bolsa$_{fem}$
 (Arturo, spanischer Kontext, 3;2,10)

Die Beispiele (19) – (27) repräsentieren die Kategorie (4a). Es handelt sich um Mischungen, in denen D keine Genusmarkierung aufweist, d.h. das Genus von D kann in diesen Fällen nicht entschieden werden. Aus diesem Grund werden diese Mischungen in einer eigenen Kategorie (4a) zusammengefasst.

(19) Deutsch-Französisch:
meine *bottes* (Amélie, deutscher Kontext, 3,5,27)
(20) Französisch-Deutsch:
les *salzstangen* (Alexander, französischer Kontext, 2;7,6)
(21) Französisch-Deutsch:
l'*auto* (Marie, französischer Kontext, 2;2,15)
(22) Deutsch-Italienisch:
die *case* (Marta, deutscher Kontext, 2;10,20)
(23) Italienisch-Deutsch:
due *eisenbahn* (Valentin, italienischer Kontext, 2;11,16)
(24) Italienisch-Deutsch:
dell'*arztkoffer* (Marta, italienischer Kontext, 3;9,8)
(25) Deutsch-Spanisch
die ojos (Arturo, spanischer Kontext, 3;8,6)
(26) Spanisch-Deutsch
mi *maus* (Arturo, spanischer Kontext, 2;8,14)
(27) Französich-Italienisch
deux *carte* (Juliette, italienischer Kontext 2;2,9)

Für die gemischten DPn in der Kategorie (4b) wird deutlich, dass hier nicht entschieden werden kann, ob das bilinguale Kind auf das Genus des romanischen Nomens oder auf das Genus des deutschen Übersetzungsäquivalents zugegriffen hat. Im Deutschen ist u. a. der indefinite Artikel *ein* sowohl für das Maskulinum als auch für Neutrum spezifiziert. In der gemischten DP ist das romanische No-

Code-Switching und Psycholinguistik

men maskulin und das deutsche Äquivalent ein Neutrum. Aufgrund der Unterspezifikation des indefiniten Artikels *ein* kann nicht entschieden werden, ob sich das Genus des deutschen D nach dem Genus des romanischen Nomens richtet oder nach dem Genus des deutschen Äquivalents. Diese Beobachtung gilt für alle deutschen Determinanten, die für das Maskulinum und Neutrum formidentisch sind (z. B. *mein*, *dein* etc.).

(28) Deutsch-Französisch:
 ein$_{mask/neutr}$ *bracelet*$_{mask}$ Französisch: le$_{mask}$ bracelet$_{mask}$
                                              Deutsch: das$_{mask}$ Armband$_{neutr}$
                                              (Amélie, deutscher Kontext, 4;2,12)

(29) Deutsch-Spanisch:
 ein$_{mask/neutr}$ *libro*$_{mask}$ Spanisch: el$_{mask}$ libro$_{mask}$
                                              Deutsch: das$_{neutr}$ Buch$_{neutr}$
                                              (Arturo, deutscher Kontext, 2;5,21)

(30) Deutsch-Italienisch
 ein$_{mask/neutr}$ *regalo*$_{mask}$ Italienisch: il$_{mask}$ regalo$_{mask}$
                                              Deutsch: das$_{neut}$ Geschenk$_{neutr}$
                                              (Valentin, deutscher Kontext, 3;5,15)

Im Folgenden werden die Beispiele (31) – (33) zur Verdeutlichung der Kategorie (5) dargestellt, in denen jeweils ein deutsches Nomen im Neutrum geäußert wurde.

(31) Französisch-Deutsch:
 une$_{fem}$ *motorrad*$_{neutr}$ Deutsch: das$_{neutr}$ Motorrad$_{neutr}$
                                              Französisch: la$_{fem}$ moto$_{fem}$
                                              (Alexander, französischer Kontext, 3;2,16)

(32) Spanisch-Deutsch:
 un$_{mask}$ *auto*$_{neutr}$ Deutsch: das$_{neutr}$ Auto$_{neutr}$
                                              Spanisch: el$_{mask}$ coche$_{mask}$
                                              (Arturo, spanischer Kontext, 2;11,6)

(33) Italienisch-Deutsch
 il$_{mask}$ *wasser*$_{neutr}$ Deutsch: das$_{neutr}$ Wasser$_{neutr}$
                                              Italienisch: l'aqua$_{fem}$
                                              (Carlotta, italienischer Kontext, 2;6,23)

Das binäre Genussystem in den romanischen Sprachen (Femininum und Maskulinum) und das ternäre Genussystem im Deutschen (Femininum, Maskulinum und Neutrum) führen dazu, dass keine Kongruenz mit Hinblick auf die Genusmarkierung am romanischen D und dem Genus des deutschen Nomens erreicht werden kann, wenn das deutsche Nomen ein Neutrum ist. Aufgrund der asymmetrischen Verteilung der Genusklassen müssen die gemischten DPn (D$_{rom}$ + N$_{neutr}$), gesondert analysiert werden. Insgesamt sind für die vorliegende Studie besonders die Fälle interessant, in denen das Genus des Nomens in der gemischten DP und das Genus seiner Entsprechung in der anderen Sprache voneinander abweichen. Bei der vorliegenden Untersuchung der kindlichen Sprachmischungen steht die folgende Frage im Fokus: Gibt es einen Zusammenhang zwischen der Sprachdominanz im bilingualen Kind und dem Zugriff auf das Genus des Übersetzungsäquivalents beim Sprachenwechsel zwischen D und N? Für eine Beantwortung soll den in Kapitel 11.2 aufgestellten Hypothesen nachgegangen werden.

11.4 Ergebnisse

Im Folgenden soll zunächst ein quantitativer Überblick darüber gegeben werden, wie häufig die gemischten DPn in den einzelnen Kategorien aufgetreten sind. In der vorliegenden Studie fallen 278 von insgesamt 1.940 gemischten DPn (14,3%) in die Kategorie (4) *Unentscheidbar*. Davon weist die Determinante in 214 gemischten DPn (11%) keine Genusmarkierung auf (vgl. Kategorie 4a). Außerdem haben die bilingualen Kinder in 64 (3,3%) Fällen ein für das Maskulinum und Neutrum formidentisches deutsches D mit einem maskulinen romanischen Nomen gemischt, dessen deutsche Entsprechung ein Neutrum ist (vgl. Kategorie 4b). Darüber hinaus sind insgesamt 222 (11,4%) gemischte DPn aufgetreten, in denen ein deutsches Nomen im Neutrum mit einem romanischen D gemischt wurde (vgl. Kategorie 5)[6]. Die folgende Abbildung 11.5[7] stellt ausschließlich die Anzahl der gemischten DPn dar, in denen das Genus von D eindeutig entschieden werden kann.

---

[6] Die Sprachmischungen zwischen einem romanischen D und einem deutschen N im Neutrum werden detailliert in Eichler (2011) diskutiert. Die Autorin zeigt, dass die deutschen Neutra überwiegend mit einem romanischen maskulinen D gemischt werden, unabhängig davon, welches Genus das romanische Äquivalent hat. Von insgesamt 222 deutschen Neutra treten 212 (95,5%) mit einem maskulinen romanischen D auf.

[7] In der Graphik werden die absoluten Zahlen (über den Säulen) als auch die Prozentzahlen (y-Achse) angegeben.

Code-Switching und Psycholinguistik

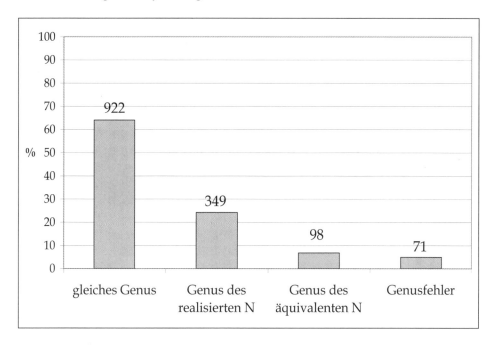

Abbildung 11.5:
Genus in der gemischten DP: Ein quantitativer Überblick

Die Abbildung (11.5) macht deutlich, dass die Anzahl der gemischten DPn überwiegt, in denen das Genus des Nomens und das Genus des entsprechenden Übersetzungsäquivalents gleich sind ((922) 64%). Darüber hinaus zeigen die Untersuchungsergebnisse, dass die bilingualen Kinder überwiegend das Genus des Nomens an D markieren und nicht das Genus des Äquivalents, da sich die Genusmarkierung an D in 349 Fällen (24,2%) nach dem Genus des Nomens und nur in 98 gemischten DPn (6,8%) nach dem Genus des jeweiligen Äquivalents richtet. Insgesamt werden 71 gemischte DPn (4,9%) als „Genusfehler" klassifiziert, da die Genusmarkierung an D weder dem Genus des Nomens in der gemischten DP noch dem Genus des Äquivalents entspricht (zum Genuserwerb bei den bilingualen Kindern siehe Hager 2014). Die Anwendung des Chi-Quadrat-Tests auf die Daten zeigt, dass der Unterschied zwischen dem Zugriff auf das Genus des Äquivalents und dem Zugriff auf das Genus des Nomens in der gemischten DP statistisch signifikant ist ($\chi^2 = 140.94$ df $=1$, $p<.001$).

In Kapitel 11.2 wurde die vorläufige Annahme formuliert, dass für die balancierten Kinder das Genus des äquivalenten Nomens für die Genuszuweisung irrelevant ist. Unabhängig davon, aus welcher Sprache das Nomen in der gemischten DP stammt, sollte für ein balanciertes Kind das Genus des Äquivalents nicht relevant sein. Darüber hinaus wurde vorläufig angenommen, dass die unbalancierten Kinder besonders häufig auf das Genus des Äquivalents aus der starken Sprache zugreifen, wenn sie ein Nomen aus der schwachen Sprache mischen. Die folgende Abbildung 11.6 stellt die Anzahl der gemischten DPn, die in der Kategorie (2) aufgetreten sind, für alle bilingualen Kinder in einer Rangfolge dar. Für die unbalancierten Kinder werden die gemischten DPn, in denen das Nomen aus der schwachen Sprache stammt, jeweils durch die weißen Säulen hervorgehoben.

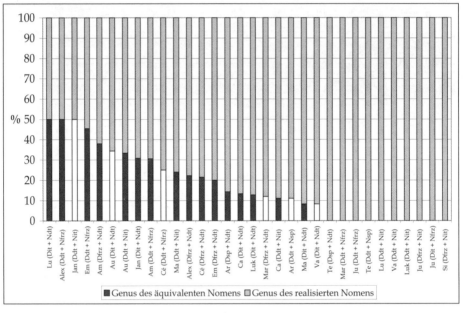

Abbildung 11.6:
Genus des Äquivalents und Genus des realisierten Nomens

Wenn die unbalancierten Kinder besonders häufig auf das Genus des jeweiligen Übersetzungsäquivalents aus der starken Sprache zugreifen, dann sollte man erwarten, dass sich die Ergebnisse der unbalancierten Kinder (weißen Säulen) besonders im linken Bereich der Abbildung befinden. Durch die Graphik wird jedoch die Verteilung der einzelnen Ergebnisse für die unbalancierten Kinder in der schwachen Sprache über die gesamte Rangfolge deutlich. Das deutsch-italienische Kind Aurelio (Au) entwickelt das Deutsche als schwache Sprache. Die Abbildung zeigt jedoch, dass die balancierten Kinder Luca (Lu) und Amélie (Am), die das Deutsche gerade nicht als schwache Sprache entwickeln, häufiger auf das Genus des romanischen Äquivalents zugreifen, als das unbalancierte Kind Aurelio. Die beiden Kinder Marie (Mar) und Valentin (Va) entwickeln ebenfalls das Deutsche als schwache Sprache. Die Ergebnisse machen deutlich, dass sie sehr selten auf das Genus der romanischen Entsprechung zugreifen, wenn sie ein deutsches Nomen mit einem romanischen D mischen. Für die Kinder Céline (Cé) und Arturo (Ar), die jeweils eine sprachliche Überlegenheit in der romanischen Sprache aufweisen, kann erneut festgestellt werden, dass überwiegend das Genus des romanischen Nomens die Genusmarkierung am deutschen D bestimmt und nicht das Genus des deutschen Äquivalents aus der starken

Code-Switching und Psycholinguistik

Sprache. Das deutsch-italienische Kind Jan entwickelt das Italienische als schwache Sprache. Insgesamt produziert er nur zwei gemischte DPn, in denen das Genus des italienischen Nomens von dem Genus der deutschen Entsprechung abweicht. Die Ergebnisse zeigen, dass die Genusmarkierung am deutschen D sowohl durch das Genus des italienischen Nomens als auch durch die Genusinformation der deutschen Entsprechung bestimmt wird. Durch die Abbildung wird auch deutlich, dass alle unbalancierten Kinder, bis auf Valentin und Marie, auf das Genus des Äquivalents in der schwachen Sprache zugreifen, wenn sie ein Nomen aus der starken Sprache mischen. Um zu überprüfen, ob die Unterschiede zwischen den balancierten und den unbalancierten Kindern mit Hinblick auf den Zugriff auf das Genus des Äquivalents statistisch signifikant sind, wurde erneut der Mann-Whitney-U-Test nach Bortz (1999:146 ff.) verwendet. Als Kriterium für die Gruppeneinteilung wurde der jeweilige Balanciertheitsgrad der einzelnen Kinder (balanciert vs. unbalanciert) zugrunde gelegt und die jeweilige Sprache, in der die Dominanz zu beobachten ist. Erwartungsgemäß sollten die Unterschiede zwischen den balancierten und den unbalancierten Kindern statistisch nicht signifikant sein, da die unbalancierten Kinder in der schwachen Sprache nicht häufiger auf das Genus des Äquivalents zugreifen[8].

(a) Kondition: Deutsch (balanciert vs. schwache Sprache)
    Gruppe 1: unbalancierte Kinder: Aurelio (Au), Valentin (Va), Marie (Mar)
    Gruppe 2: balancierte Kinder: Amélie (Am), Alexander (Alex), Emma (Em), Teresa (Te), Marta (Ma), Carlotta (Ca), Luca (Lu)
    $U = 5,5\ p = .192,\ p > 0.05$

(b) Kondition: Französisch (balanciert vs. schwache Sprache)
    Gruppe 1: unbalancierte Kinder: Céline (Cé)
    Gruppe 2: balancierte Kinder: Amélie (Am), Alexander (Alex), Emma (Em)
    $U = 0,\ p = .250\ p > 0.05$

(c) Kondition: Italienisch (balanciert vs. schwache Sprache)
    Gruppe 1: unbalancierte Kinder: Jan
    Gruppe 2: balancierte Kinder: Marta (Ma), Carlotta (Ca), Luca (Lu)
    $U = 1,\ p = .500\ p > 0.05$

Die ermittelten U- und p-Werte[9] bestätigen, dass kein statistisch signifikanter Unterschied zwischen den Ergebnissen der balancierten und unbalancierten Kinder im Hinblick auf den Zugriff auf das Genus des äquivalenten Nomens

---

[8] Da in der deutsch-spanischen Studie nur die Daten von zwei Kindern (Teresa, Arturo) vorliegen, kann keine Gruppenbildung für die Kondition „Spanisch (balanciert vs. schwache Sprache)" erfolgen.

[9] Der U-Wert gibt an, ob zwei Verteilungen A und B zu derselben Grundgesamtheit gehören (http://de.wikipedia.org/wiki/Wilcoxon-Mann-Whitney-Test, 15.12.2014). Der p-Wert nimmt Werte zwischen Null und Eins an und besagt, wie wahrscheinlich es ist, ein bestimmtes Ergebnis zu erhalten, wenn die Ausgangshypothese wahr ist.

besteht. Insgesamt lässt sich festhalten, dass sowohl bei den balancierten als auch bei den unbalancierten Kindern überwiegend das Genus von D durch das Genus des realisierten Nomens bestimmt wird. Ein kausaler Zusammenhang zwischen dem Anteil an gemischten DPn, in denen das Genus des Übersetzungsäquivalents die Genusmarkierung an D bestimmt und einer unbalancierten Zweisprachigkeit, ist somit ausgeschlossen.

11.5 Diskussion und Ausblick

In diesem Kapitel wurde der Sprachenwechsel aus einer psycholinguistischen Perspektive untersucht, indem die beiden Annahmen zur Genusrepräsentation im bilingualen Individuum (*Gender integrated hypothesis* und *Gender autonomous hypothesis*) anhand des intra-sententialen CS zwischen Determinante und Nomen unter besonderer Berücksichtigung des Genus analysiert wurden. Toribio (2001) behauptet, dass es sich beim Sprachenwechsel zwischen Determinante und Nomen um Entlehnung handelt. Die Autorin geht davon aus, dass bilinguale Kinder Nomina in das Lexikon der jeweils anderen Sprache entlehnen und diesen, auf der Basis des äquivalenten Nomens, Genus zuweisen (z. B. la$_{fem}$ Apfel$_{mask}$ frz. la$_{fem}$ pomme$_{fem}$). In Cantone und Müller (2008) wurde bereits dafür argumentiert, dass Entlehnung keine plausible Erklärung für die Genuszuweisung auf der Basis des äquivalenten Nomens liefert. Auch die Ergebnisse der vorliegenden Studie haben gezeigt, dass die bilingualen Kinder die jeweiligen Übersetzungsäquivalente in den meisten Fällen erworben haben. Wenn das Genus des äquivalenten Nomens die Genusmarkierung an D bestimmt und das Genus des Übersetzungsäquivalents bereits erworben wurde, warum sollte das bilinguale Kind dann entlehnen? Auch im Rahmen des Modells von MacSwan (1999, 2000) kann ausschließlich erklärt werden, warum die bilingualen Kinder überwiegend das Genus des realisierten Nomens an D markieren. Die Fälle, in denen das Genus des jeweiligen Übersetzungsäquivalents die Genusmarkierung an D bestimmt, können in diesem Modell jedoch nicht erklärt werden. Ein weiterer Erklärungsansatz wurde von den Autorinnen Cantone und Müller (2008) vorgeschlagen, welcher eine psycholinguistische Begründung für die Genuszuweisung in gemischtsprachlichen DPn liefert. Die Autorinnen gehen davon aus, dass die Genusmarkierung an D eine spezifische Art der Genusrepräsentation widerspiegelt, da der Zugriff auf das Genus des Nomens in der gemischten DP bzw. der Zugriff auf die Genusinformation des Äquivalents in Abhängigkeit von der Genusrepräsentation im bilingualen Individuum (*integrated* vs. *autonomous*) erfolgt. Die Autorinnen argumentieren dafür, dass bilinguale Kinder mit einer balancierten Sprachentwicklung Genus in autonomer Weise repräsentieren, während unbalancierte Kinder über ein einziges integriertes Genussystem verfügen, das sich vermutlich im Laufe der Entwicklung in ein autonomes System ausdifferenziert. Evidenz für diese Annahme liefert der empirische Befund, dass die Genuszuweisung zu dem jeweiligen Nomen in der gemischten DP bei den unbalancierten Kindern besonders häufig auf der Basis des Genus des Äquivalents erfolgt. Die Untersuchungsergebnisse der vorliegenden Studie können jedoch keinen kausa-

Code-Switching und Psycholinguistik

len Zusammenhang zwischen der Sprachbalance im bilingualen Kind und dem Anteil an gemischten DPn, in denen das Genus des Übersetzungsäquivalents das Genus an D bestimmt, nachweisen. Es ist also nicht der Fall, dass die schwache Sprache im bilingualen Kind den Zugriff auf das Genus des äquivalenten Nomens aus der starken Sprache fördert.

11.6 Aufgaben

1. Analysieren Sie die folgenden Beispiele bezüglich der Kategorien in 11.3.2.

   a. Deutsch-Französisch: une schlitten, le hund, le frosch, un uhr, ein arbre, eine fenêtre, ein balancoir, die klein [z]enfants, ein étoile, der große cheval, ein cadeau, un messer
   b. Deutsch-Spanisch: eine vaca, un hammer, un pflaster, un gefängnis, mein comida, die boca, die mariposa, der perrito, der caramelosuppe, die monos, un motorrad, un schmetterling, un mond
   c. Deutsch-Italienisch: ein pesce, die acqua, eine sole, un telefon, ein böser dottor, le füße, un blume, una schmetterling, il gabel, un geschenk, un gefährliches tier, un löffino, ein pannolino, ein letto
   d. Französisch-Italienisch: il bus, una frère, i perle, una robe, il mio couteau, i papillons, ma sedia, un renard

2. Betrachten Sie kritisch den Begriff des Übersetzungsäquivalents und suchen Sie nach Lösungen.
3. In die Betrachtungen des Kapitels ist nicht eingeflossen, wie die Determinante im Lexikon abgespeichert ist. Versuchen Sie, die beiden Genusrepräsentationsmodelle auf Determinanten zu übertragen und diskutieren Sie die in diesem Kapitel genannten Spracherwerbsbeispiele vor diesem Hintergrund. Was genau würde eine autonome bzw. integrierte Repräsentation des Genus an D für die Interpretation der Erwerbsdaten bedeuten?
4. Wenden Sie die Hypothesen von Radford et al. (2007) auf die Spracherwerbsbeispiele in 11.3.2 an. Kann der Ansatz durch diese Daten bestätigt bzw. widerlegt werden?

12 Literaturverzeichnis

Abney, S. (1987). *The English Noun Phrase in its Sentential Aspect*. Unveröffentlichte Dissertation, MIT.

Adli, A. (2004). *Grammatische Variation und Sozialstruktur*. Berlin: Akademieverlag.

Adli, A. (2006). French *wh*-in-situ questions and syntactic optionality: evidence from three data types. *Zeitschrift für Sprachwissenschaft* 25, 163-203.

Akoda, M. (2009). *Rahmenbedingungen für Kinder in gemischtsprachigen Familien: eine Fragebogenstudie*. Unveröffentlichte Magisterarbeit, Bergische Universität Wuppertal.

Albert, R. & C. J. Koster (2002). *Empirie in Linguistik und Sprachlehrforschung. Ein methodisches Arbeitsbuch*. Tübingen: Narr.

Albert, R. & N. Marx (2014). *Empirisches Arbeiten in Linguistik und Sprachlehrforschung. Quantitative Studien von der Planungsphase bis zum Forschungsbericht*. Tübingen: Narr.

Alexiadou, A. (2001). Adjective syntax and noun raising: word order asymmetries in the DPs as the result of adjective distribution. *Studia Linguistica* 55 (3), 217-248.

Alexiadou, A., L. Haegeman & M. Stavrou (2007). *Noun Phrase in the Generative Perspective*. Berlin: Mouton de Gruyter.

Arencibia Guerra, L. (2008). *Sprachdominanz bei bilingualen Kindern mit Deutsch und Französisch, Italienisch oder Spanisch als Erstsprachen*. Unveröffentlichte Doktorarbeit, Bergische Universität Wuppertal.

Arnaus Gil, L. (2013). *La selección copulativa y auxiliar: las lenguas romances (español – italiano – catalán – francés) y el alemán en contacto. Su adquisición en niños bilingües y trilingües*. Tübingen: Narr.

Arnaus Gil, L., N. Eichler, V. Jansen, M. Patuto & N. Müller (2012). The syntax of mixed DPs containing an adjective. Evidence from bilingual German-Romance (French, Italian, Spanish) children. In K. Geeslin & M. Díaz-Campos (Hgg.) *Selected Proceedings of the 14th Hispanic Linguistics Symposium*. Somerville: Cascadilla Press, 242-257.

Asher, N. & A. Lascarides (2003). *Logic of Conversation*. Cambridge: Cambridge University Press.

Auer, P. (1981). Einige konversationsanalytische Aspekte der Organisation von „Code Switching" unter italienischen Immigrantenkindern. *Revue de phonétique appliquée* 58, 126 – 148.

Auer, P. (1984). *Bilingual Conversation*. Amsterdam: Benjamins.

Auer, P. (1986). Kontextualisierung. *Studium Linguistik* 19, 22 – 47.

Auer, P. (1992). Introduction. 'John Gumperz' approach to contextualization. In P. Auer & A. Di Luzio (Hgg.) *The Contextualization of Language*. Amsterdam, Philadelphia: Benjamins, 1-37.

Auer, P. (1995). The pragmatics of code-switching: A sequential approach. In L. Milroy & P. Muysken (Hgg.) *One Speaker, Two Languages. Cross-disciplinary perspectives*. Cambridge: Cambridge University Press, 115-135.

Auer, P. (Hrsg.) (1998a). *Code-switching in Conversation: Language, interaction and identity*. London: Routledge.

Auer, P. (1998b). Introduction: Bilingual conversation revisited. In P. Auer (Hrsg.) *Code-switching in Conversation: Language, interaction and identity.* London: Routledge, 1-24.

Auer, P. (1999). From code-switching via language mixing to fused lects: toward a dynamic typology of bilingual speech. *International Journal of Bilingualism* 3 (4), 309-332.

Auer, P. (2009). Competence in performance: Code-switching und andere Formen bilingualen Sprechens. In I. Gogolin & U. Neumann (Hgg.) *Streitfall Zweisprachigkeit – The Bilingualism Controversy.* Wiesbaden: VS Verlag für Sozialwissenschaften, 91-110.

Austin, J. L. (1962). *How to Do Things with Words.* Oxford: Oxford University Press.

Belazi, H. M., J. E. Rubin, & J. A. Toribio (1994). Code switching and X-bar theory: the functional head constraint. *Linguistic Inquiry* 25 (2), 221-237.

Bentahila, A. (1995). Review of 'Duelling Languages. Grammatical Structure in Code-Switching' by Carol Myers-Scotton. *Language* 71 (1), 135-140.

Bentahila, A. & E. E. Davies (1983). The syntax of Arabic-French Code-switching. *Lingua* 59, 301-330.

Bentahila, A. & E. E. Davies (1992). Code-switching and language dominance. In R. J. Harris (Hrsg.) *Cognitive Processing in Bilinguals.* Amsterdam: Elsevier, 443-458.

Bentahila, A. & E. E. Davies (1995). Paterns of code-switching and patterns of language contact. *Lingua* 96 (2), 75-93.

Bergman, C. R. (1976). Interference vs. independent development in infant bilingualism. In G. D. Keller, R. V. Teschner & S. Viera (Hgg.) *Bilingualism in the Bicentennial and Beyond.* New York: The Bilingual Review Press, 86-96.

Berman, R. (1979). The re-emergence of a bilingual: a case study of a Hebrew-English speaking child. *Working Papers on Bilingualism* 19, 158-180.

Bernardini, P. & S. Schlyter (2004). Growing syntactic structure and code-mixing in the weaker language: the Ivy Hypothesis. *Bilingualism: Language and Cognition* 7, 49-69.

Bloomfield, L. (1933). *Language.* New York: Henry Holt and Company.

Bortz, J. (1999). *Statistik für Sozialwissenschaftler.* Berlin: Springer.

Bosque, I. (2001). Adjective position and the interpretation of indefinites. In J. Gutiérrez-Rexach & L. Silva-Villar (Hgg.) *Current Issues in Spanish Syntax and Semantics.* Berlin: Mouton de Gruyter, 17-37.

Brown, R. (1973). *A First Language: The early stages.* Cambridge, MA: Havard University Press.

Bucher, M. (2012). *Code-switching. Eine Elizitationsstudie mit deutsch-französischen Kindern im Grundschulalter.* Unveröffentlichte Staatsexamensarbeit, Bergische Universität Wuppertal.

Bullock, B. E. & A. J. Toribio (2009). Themes in the study of code-switching. In B. E. Bullock & A. J. Toribio (Hgg.) *The Cambridge Handbook of Linguistic Code-switching.* Cambridge: Cambidge University Press, 1-17.

Burling, R. (1959). Language development of a Garo and English speaking child. *Word* 15, 45-68.

Cantone, K. F. (2007). *Code-switching in Bilingual Children.* Dordrecht: Springer.

Cantone, K. F., T. Kupisch, N. Müller & K. Schmitz (2008). Rethinking language dominance in bilingual children. *Linguistische Berichte* 215, 307-343.

Cantone, K. F. & J. MacSwan (2009). Adjectives and word order. A focus on Italian-German codeswitching. In L. Isurin, D. Winford & K. de Bot (Hgg.) *Multidisciplinary Approaches to Codeswitching*. Amsterdam, Philadelphia: Benjamins, 243-277.

Cantone, K. F. & N. Müller (2005). Code-switching at the interface of language-specific lexicons and the computational system. *International Journal of Bilingualism* 9 (2), 205-225.

Cantone, K. F. & N. Müller (2008). *Un Nase* or *una Nase*? What gender marking within switched DPs reveals about the architecture of the bilingual language faculty. *Lingua* 118, 810-826.

Caramazza, A., M. Miozzo, A. Costa, N. Schiller & X.-F. Alario (2001). Lexical selection: a cross-language investigation of determiner production. In E. Dupoux (Hrsg.) *Language, Brain and Cognitive Development: Essays in honor of Jacques Mehler*. Cambridge, MA: MIT Press, 208-226.

Causa, M. (2002). *L'alternance codique dans l'enseignement d'une langue étrangère: stratégies d'enseignement bilingues et transmission de savoirs en langue étrangère*. Bern, Berlin, Bruxelles, Frankfurt am Main, New York, Oxford, Wien: Lang.

Chan, B. H.-S. (2003). *Aspects of the Syntax, the Pragmatics and the Production of Code-switching: Cantonese and English*. New York: Lang.

Chan, B. H.-S. (2004). Beyond 'Contextualization': Code-Switching as a 'Textualization Cue'. *Journal of Language and Social Psychology* 23 (1), 7-27.

Chan, B. H.-S. (2007). Code-switching, word order and the lexical/functional category distinction. *Lingua* 118 (6), 777-809.

Chan, B. H.-S. (2013). A diachronic-funtional approach to explaining grammatical patterns in code-switching: Postmodification in Cantonese-English noun phrases. *International Journal of Bilingualism*. Erscheint.

Chipere N. (2001). Native speaker variations in syntactic competence: Implications for first language teaching. *Language Awareness* 10, 107-124.

Chomsky, N. (1965). *Aspects of the Theory of Syntax*. Cambridge, MA: MIT Press.

Chomsky, N. (1981). *Lectures on Government and Binding*. Dordrecht: Foris.

Chomsky, N. (1986). *Barriers*. Cambridge: MIT Press.

Chomsky, N. (1999). *Derivation by Phase*. MIT Occasional Papers in Linguistics 18. Cambridge, MA: MIT Press.

Chomsky, N. (2000). Minimalist inquiries: The framework. In R. Martin, D. Michaels & J. Uriagereka (Hgg.) *Step by Step. Essays on Minimalist syntax in honor of Howard Lasnik*. Cambridge, MA: MIT Press, 89-151.

Cinque, G. (1990). Ergative adjectives and the lexicalist hypothesis. *Natural Language and Linguistic Theory* 8, 1-19.

Cinque, G. (1993). On the evidence of partial N-movement in the Romance DP. *University of Venice Working Papers in Linguistics* 3 (2), 21-40.

Cinque, G. (2005). The dual source of adjectives and XP vs. N-raising in the Romance DP. XXXI Incontro di. Grammatica Generativa. Universität Roma TRE.

Cinque, G. (2010). *The Syntax of Adjectives. A comparative study*. Cambridge, MA: MIT Press.

Clahsen, H. (1982). *Spracherwerb in der Kindheit. Eine Untersuchung zur Entwicklung der Syntax bei Kleinkindern*. Tübingen: Narr.

Clahsen, H. & K.-D. Smolka (1985). Psycholinguistic evidence and the description of V2 phenomena in German. In: H. Haider & M. Prinzhorn (Hgg.) *Verb Second Phenomena in Germanic Languages*. Dordrecht: Foris, 137-167.

Clark, E. V. (1986). Acquisition of Romance, with special reference to French. In D. I. Slobin (Hrsg.) *The Crosslinguistic Study of Language Acquisition*, Vol.I., The data. Hillsdale NJ: Erlbaum, 687-782.

Clark, E. V. (2003). *First Language Acquisition*.Cambridge: Cambridge University Press.

Clyne, M. (1967). *Transference and Triggering. Observations on the language assimilation of postwar German-speaking migrants in Australia*. Den Haag: Nijhoff.

Clyne, M. (1987). Constraints on code switching: how universal are they? *Linguistics* 25, 739-764.

Costa, A., A. Caramazza & N. Sebastián-Gallés (2000). The cognate facilitation effect: Implications for models of lexical access. *Journal of Experimental Psychology: Learning, Memory and Cognition* 26, 1283-1296.

Costa, A., A. Colomé & A. Caramazza (2000). Lexical access in speech production: the bilingual case. *Psicológica* 3, 403-435.

Costa, A., A. Colomé, O. Gomez & N. Sebastián-Gallés (2003). Another look at cross-language competition in bilingual speech production: Lexical and phonological factors. *Bilingualism: Language and Cognition* 6 (3), 167-179.

Costa, A., D. Kovacic, J. Franck & A. Caramazza (2003). On the autonomy of the grammatical gender systems of the two languages in a bilingual. *Bilingualism: Language and Cognition* 6 (3), 181-200.

Dąbrowska, E., 1997. The LAD goes to school: A cautionary tale for nativists. *Linguistics* 35, 735-766.

De Bot, K. (1992). A bilingual processing model: Levelt's speaking model adapted. *Applied Linguistics* 13, 1-24.

Demonte, V. (1994). On certain asymmetries between DOs and IOs. In G. Cinque, J. Koster, J.-Y. Pollock, L. Rizzi & R. Zanuttini (Hgg.) *Paths towards Universal Grammar*. Washington: Georgetown University Press, 111-121.

Demonte, V. (1999). A minimal account of Spanish adjective position and interpretation. In J. Franco (Hrsg.): *Grammatical Analyses in Basque and Romance*. Amsterdam: Benjamins, 45-75.

Demonte, V. (2008). Meaning-form correlations and adjective position in Spanish. In Ch. Kennedy & L. Mc Nally (Hgg.) *The Semantics of Adjectives and Adverbs*. Oxford: Oxford University Press, 71-100.

Deprez, C. (1999). *Les enfants bilingues: langues et familles*. Paris: Didier.

Di Sciullo, A.-M., P. Muysken & R. Singh (1986). Government and code-switching. *Journal of Linguistics* 22, 1-24.

Di Venanzio, L. (2013). Ein Dilemma – Der funktionale Kopf in deutschen Selbstreparaturen. *Linguistische Berichte* 233 (1), 23-49.

Döpke, S. (1992). *One Parent One Language: An interactional approach*. Amsterdam, Philadelphia: Benjamins.

Doron, E. (1983). On formal models of code switching. *Texas Lingustics Forum* 22, 35-59.

Ebert, S. (2008). *The Morphosyntax of Wh-questions: Evidence from Spanish-English code-switching*. PhD thesis, University of Illinois at Chicago.

Eichler, N. (2011). *Code-Switching bei bilingual aufwachsenden Kindern: Eine Analyse der gemischtsprachlichen Nominalphrasen unter besonderer Berücksichtigung des Genus*. Tübingen: Narr.

Eichler, N., M. Hager & N. Müller (2012). Code-switching within the DP and gender assignment in bilingual children: French, Italian, Spanish and German. *Zeitschrift für französische Sprache und Literatur* 122 (3), 227-258.

Eichler, N., N. Müller, A. Schmeißer & L. Arnaus Gil (2014). Mélanges interphrastiques chez des enfants bilingues français-allemands: vraiment du code-switching? *LIA Language, Interaction and Acquisition*. Eingereicht.

Ene, E. (2003). Romanian-English code-switching: a preliminary study. *Arizona Working Papers in SLAT* 8, 45-55.

Fantini, A. (1985). *Language Acquisition of a Bilingual Child: A sociolinguistic perspective*. San Diego: College Hill Press.

Ferguson, C. (1959). Diglossia. *Word* 15, 325-344.

Ferguson, C. (1985). 'Auf deutsch, duck': Language separation in young bilinguals. *Osmania Papers in Linguistics* 9/10, 39-60.

Ferreira, F. & J. M. Henderson (1991). Recovery from misanalyses of garden-path sentences. *Journal of Memory and Language* 25, 725-745.

Fishman, J. 1965. Who speaks what language to whom and when? *La Linguistique* 2, 67-88.

Franceschina, F. (2001). Morphological or syntactic deficits in near-native speakers? An assessment of some current proposals. *Second Language Research* 17 (3), 213-247.

Franceschini, R. (1998). Code-switching and the notion of code in linguistics: Proposals for a dual focus model. In P. Auer (Hrsg.) *Code-switching in Conversation: Language, interaction and identity*. London: Routledge, 51-75.

Gabriel, C. & N. Müller (2013²). *Grundlagen der generativen Syntax. Französisch, Italienisch, Spanisch*. Tübingen: Niemeyer.

Galasso, J. (2003). *The Acquisition of Functional Categories*. Indiana: IULC Publications.

García, E. E. (1983). *Early Childhood Bilingualism*. Albuquerque: New Mexico Press.

Gardner-Chloros, P. (2009). *Code-switching*. New York: Cambridge University Press.

Gawlitzek-Maiwald, I. & R. Tracy (1996). Bilingual Bootstrapping. *Linguistics* 34, 901-926.

Gawlitzek-Maiwald, I., R. Tracy & A. Fritzenschaft (1992). Language acquisition and competing linguistic representations: the child as arbiter. In: J. M. Meisel (Hrsg.) *The Acquisition of Verb Placement. Functional categories and V2 phenomena in language acquisition*. Dordrecht: Kluwer, 139-180.

Genesee, F. (2002). Portrait of a bilingual child. In V. Cook (Hrsg) *Portraits of the L2 User*. Clevedon: Multilingual Matters, 170-196.

Genesee, F., I. Boivon & E. Nicoladis (1996). Talking with strangers: A study of bilingual children's communicative competence. *Applied Psycholinguistics* 17, 427-442.

Genesee, F., E. Nicoladis & J. Paradis (1995). Language differentiation in early bilingual development. *Journal of Child Language* 22, 611-631.

Geveler, J. (in Vorb.). *Wh-Fronting und Wh-in-situ im monolingualen und bilingualen französischen Spracherwerb: Französisch, Italienisch, Spanisch und Deutsch*. Doktorarbeit, Bergische Universität Wuppertal.

Geveler, J. & N. Müller (2015). *Wh*-fronting and *wh*-in-situ in the acquisition of French: really variants? In K. Schmitz, P. Guijarro-Fuentes & N. Müller (Hgg.) *The Acquisition of French in its Different Constellations*. Bristol: Multilingual Matters.

Gnahs, D. (2011). *Competencies: How they are acquired and measured*. Opladen, Berlin, Farmington Hills MI: Budrich.

González-Vilbazo, K. E. (2005). *Die Syntax des Code-Switching. Esplugisch Sprachwechsel an der Deutschen Schule Barcelona*. Unveröffentliche Dissertation, Universität zu Köln.

González-Vilbazo, K. E. & L. López (2011). Some properties of light verbs in code-switching. *Lingua* 121, 832-850.

González-Vilbazo, K. E. & L. López (2012). Little v and parametric variation. *Natural Language and Linguistic Theory* 30 (1), 33-77.

Goodz, N. S. (1989). Parental language mixing in bilingual families. *Journal of Infant Mental Health* 10, 25-44.

Green, D. W. (1986). Control, activation and resource. *Brain & Language* 27, 210-223.

Green, D. W. (1993). Towards a model of L2 comprehension and production. In R. Schreuder & B. Weltens (Hgg.) *The Bilingual Lexicon*. Amsterdam, Philadelphia: Benjamins, 249-277.

Green, D. W. (1998). Mental control of the bilingual lexicosemantic system. *Bilingualism: Language and Cognition* 1 (2), 67–81.

Greenfield, P. M. & J. H. Smith (1976). *The Structure of Communication in Early Development*. New York: Academic Press.

Grice, P. (1989). Logic and conversation. In P. Grice (Hrsg.) *Studies in the Way of Words*. Cambridge, MA: Havard University Press, 22-40.

Grosjean, F. (1982). *Life with Two Languages. An introduction to bilingualism*. Cambridge, MA: Harvard University Press.

Grosjean, F. (1998). Studying bilinguals: methodological and conceptual issues. *Bilingualism: Language and Cognition* 1 (2), 131-149.

Grosjean, F. (2001). The bilingual's language modes. In J. L. Nicol (Hrsg.) *One Mind, Two Languages: Bilingual language processing*. Oxford, Malden, MA: Blackwell, 1-22.

Grosjean, F. (2010). *Bilingual. Life and reality*. Cambridge, MA: Havard University Press.

Grunert, C. & H.-H. Krüger (2006). *Kindheit und Kindheitsforschung in Deutschland. Forschungszugänge und Lebenslagen*. Opladen: Budrich.

Guasti, M. T. (2002). *Language Acquisition. The growth of grammar*. Cambridge, MA: MIT Press.

Gumperz, J. J. (1967). On the linguistic markers of bilingual communication. *The Journal of Social Issues* 23 (2), 137-153.

Gumperz, J. J. (1973). *The concersational analysis of interethnic communication*. In E. L. Ross (Hrsg.) *Interethnis Communication*. Athens: University of Giorgia Press, 13-31.

Gumperz, J. J. (1982). *Discourse Strategies*. Cambridge: Cambridge University Press.

Gumperz, J. J. (1992a). Contextualization and understanding. In A. Duranti & C. Goodwin (Hgg.) *Rethinking Context*. Cambridge: Cambridge University Press, 229-252.

Gumperz, J. J. (1992b). Contextualization revisited. In P. Auer & A. Di Luzio (Hgg.) *The Contextualization of Language*. Amsterdam, Philadelphia: Benjamins, 39-54.

Gumperz, J. J. (1996). The linguistic and cultural relativity of conversational inferences. In J. J. Gumperz & S. Levinson (Hgg.) *Rethinking Linguistic Relativity*. Cambridge: Cambridge University Press, 374-406.

Gumperz, J. J. & E. Hernández-Chavez (1969). Cognitive aspects of bilingual communication. *Working Papers of the Language Behavior Research Laboratory* 28, 1-19.

Hager, M. (2014). *Der Genuserwerb bei mehrsprachig aufwachsenden Kindern – Eine longitudinale Untersuchung bilingualer und trilingualer Kinder der Sprachenkombinationen deutsch-französisch/italienisch/spanisch, französisch-italienisch/spanisch und deutsch-spanisch-katalanisch*. Bergische Universität Wuppertal, http://elpub.bib.uni-wuppertal.de/edocs/dokumente/fba/romanistik/diss2014/hager/da1401.pdf.

Halamari, H. & W. Smith (1994). Code-switching and register shift: Evidence from Finnish-English child conversation. *Journal of Pragmatics* 21 (4), 427-445.

Halliday, M. (1978). *Language as Social Semiotic: The social interpretation of language and meaning*. London: Arnold.

Harding-Esch, E. & P. Riley (2003²). *La familia bilingüe: guía para padres*. Cambridge: Cambridge University Press.

Hart, B. & T. R. Risley (1995). *Meaningful Differences in the Everyday Experience of Young American Children*. Baltimore: Brookes.

Hart, B. & T. R. Risley (1999). *The Social World of Children Learning to Talk*. Baltimore: Brookes.

Hauser-Grüdl, N. & L. Arencibia Guerra (2007). Objektauslassungen im Spracherwerb unbalanciert deutsch-italienischer Kinder. In S. Doff & T. Schmidt (Hgg.) *Fremdsprachenforschung heute – Interdisziplinäre Impulse, Methoden und Perspektiven*. Frankfurt am Main: Lang, 57-71.

Hauser-Grüdl, N., L. Arencibia Guerra, F. Witzmann, E. Leray & N. Müller (2010). Cross-linguistic influence in bilingual children: can input frequency account for it? *Lingua* 120 (11), 2638-2650.

Heller, M. (1988). *Codeswitching: Anthropological and sociolinguistic perspectives*. Berlin, New York, Amsterdam: Mouton.

Heller, M. (1995). Language choice, social institutions, and symbolic dominantion. *Language in Society* 24 (3), 373-405.

Hinkel, E. (Hrsg.) (2011). *Handbook of Research in Second Language Teaching*. London: Routledge.

Hoffman, C. & A. Stavans (2007). The evolution of trilingual codeswitching from infancy to school age: The shaping of trilingual competence through dynamic language dominance. *International Journal of Bilingualism* 11 (1), 55-72.

Hymes, D. (1972). On communicative competence. In J. Pride & J. Holmes (Hgg.) *Sociolinguistics*. Harmondsworth, UK: Penguin Books, 269-293.

Jansen, V. (2015). *Dislokation im bilingualen Erstspracherwerb. Eine Untersuchung am Beispiel deutsch-französischer Kinder*. Berlin, München, Boston: de Gruyter.

Jansen, V., J. Müller & N. Müller (2012). Code-switching between an OV and a VO language: Evidence from German-Italian, German-French and German-Spanish children. *Linguistic Approaches to Bilingualism* 2 (4), 337-378.

Janssen, N. (1999). *Bilingual Word Production: The time course of lexical activation in a mixed language context*. Unveröffentlichte Masterarbeit. Universität Nijmegen, Niederlande.

Jisa, H. (2000). Language mixing in the weak language: evidence from two children. *Journal of Pragmatics* 32, 1363-1386.

Jones, M. A. (1996). *Foundations of French Syntax*. Cambridge: Cambridge University Press.

Jørgensen, J. N. (1998). Children's acquisition of code-switching for power wielding. In P. Auer (Hrsg.) *Code-Switching in Conversation. Language, interaction and identity*. London: Routledge, 237-261.

Joshi, A. (1985). Processing of sentences with intrasentential code switching. In D. R. Dowty, L. Karttunen & A. M. Zwicky (Hgg.) *Natural Language Parsing. Psychological, computational, and theoretical perspectives*. Cambridge: Cambridge University Press, 190-205.

Kayne, R. S. (1993). Toward a modular theory of auxiliary selection. *Studia Linguistica* 47, 3-31.

Kayne, R. S. (1994). *The Antisymmetry of Syntax*. Cambridge, MA: MIT Press.

Kielhöfer, B. & S. Jonekeit (2002[11]). *Zweisprachige Kindererziehung*. Tübingen: Stauffenburg.

Klavans, J. (1983). The syntax of code-switching: Spanish and English. In: L. D. King & C. A. Maley (Hgg.) *Proceedings of the 13th Annual Linguistic Colloquium on Romance Languages*. Amsterdam: Benjamins, 213-231.

Klenk, L. (2011). *Zum Erwerb der Negation im bilingualen Erstspracherwerb Französisch / Deutsch: eine Fallstudie*. Unveröffentlichte Staatsexamensarbeit, Friedrich-Alexander-Universität Erlangen-Nürnberg.

Knittel, M. L. (2005). Some remarks on adjective placement in the French NP. *Probus* 17 (2), 185-226.

Köppe, R. (1997). *Sprachentrennung im frühen bilingualen Erstspracherwerb Französisch/Deutsch*. Tübingen: Narr.

Kretschmer, K. (2013). *Beeinflussen soziale Faktoren grammatische Strukturen? Eine empirische Untersuchung zum Accord des Participe Passé bei Ausnahmeregeln*. Unveröffentliche Masterarbeit, Bergische Universität Wuppertal.

Kupisch, T. (2006). *The Acquisition of Determiners in Bilingual German-Italian and German-French Children*. München: Lincom Europa.

Labov, W. (2001). *Principles of Linguistic Change. Social Factors*. Malden, MA: Blackwell.

Laenzlinger, C. (2005). French adjectives ordering: perspectives on DP-internal movement types. *Lingua* 115, 645-689.

Lamarche, J. (1991). Problems for N-movement to NumP. *Probus* 3 (2), 215-316.

Lanza, E. (1992). Can bilingual two-year-olds code-switch? *Journal of Child Language* 19, 633-658.

Lanza, E. (1997). *Language Mixing in Infant Bilingualism: A sociolinguistic perspective*. Oxford: Clarendon Press.

Lederberg, A. & C. Morales (1985). Code-switching by bilinguals: evidence against a third grammar. *Journal of Psycholinguistic Research* 14 (2), 113-136.

Ledgeway, A. (2000). *A Comparative Syntax of the Dialects of Southern Italy: A Minimalist approach*. Oxford: Blackwell.

Leischner, S. (1990). *Die Stellung des attributiven Adjektivs im Französischen*. Tübingen: Narr.

Leopold, W. (1970). *Speech Development of a Bilingual Child*. New York: AMS Press.

Levelt, W. J. M. (1989). *Speaking. From intention to articulation*. Cambridge, MA: MIT Press.

Levelt, W. J. M. (2001). Spoken word production: A theory of lexical access. *PNAS. Proceedings of the National Academy of Sciences* 98 (23), 13464-13471.

Liceras, J., R. Fernández Fuertes, S. Perales, R. Pérez-Tattam & K. Todd Spradlin (2008). Gender and gender agreement in bilingual native and non-native grammars: A view from child and adult functional–lexical mixings. *Lingua* 118, 827-851.

Liceras, J., K. Todd Spradlin & R. Fernández Fuertes (2005). Bilingual early functional-lexical mixing and the activation of formal features. *International Journal of Bilingualism* 9 (2), 227-252.

Lindholm, K. J. & A. M. Padilla (1978). Language mixing in bilingual children. *Journal of Child Language* 5, 327-335.

Loconte, A. (2001). *Zur Sprachdominanz bei bilingual deutsch-italienischen Kindern*. Unveröffentlichte Magisterarbeit, Universität Hamburg.

López, L. (2007). *Locality and the Architecture of Local Dependencies*. New York: Palgrave Macmillan.

Losaby, H. A. (1998). A study of the effects of language switching and priming in a picture naming task. Unveröffentlichtes Manuskript, University of Oxford.

Low, B., M. Sarkar & L. Winer (2009). 'Ch'us mon propre Bescherelle': Challenges from the Hip-Hop nation to the Quebec nation. *Journal of Sociolinguistics* 13 (1), 59-82.

Lust, B., Y.-C. Chien & S. Flynn (1987). What children know: Methods for the study of first language acquisition. In B. Lust (Hrsg.) *Studies in the Acquisition of Anaphora. Applying the constraints*. Dordrecht: Reidel, 271-356.

MacSwan, J. (1999). *A Minimalist Approach to Intra-sentential Code-switching*. New York: Garland.

MacSwan, J. (2000). The architecture of the bilingual language faculty: Evidence from codeswitching. *Bilingualism: Language and Cognition* 3 (1), 37-54.

MacSwan, J. (2005). Codeswitching and generative grammar: A critique of the MLF model and some remarks on "modified minimalism." *Bilingualism: Language and Cognition* 8 (1), 1-22.

MacSwan, J. (2009). Generative approaches to code-switching. In B. E. Bullock & A. J. Toribio (Hgg.) *The Cambridge Handbook of Linguistic Code-switching*. Cambridge: Cambidge University Press, 309-335.

MacWhinney, B. (2000^3). *The CHILDES Project: Tools for analyzing talk*. Hillsdale, NJ: Erlbaum.

Mahlstedt, S. (1996). *Zweisprachigkeitserziehung in gemischtsprachlichen Familien*. Bern: Lang.

Mahootian, S. (1993). *A Null Theory of Code-switching*. Doktorarbeit, Northwestern University.

Mahootian, S. & B. Santorini (1996). Code-switching and the complement/adjunct distinction. *Linguistic Inquiry* 27 (3), 464-479.

Mallen, E. (1996). Attributive adjective agreement in Germanic and Romance & pro Identification. In K. Zagona (Hrsg.) *Grammatical Theory and Romance Languages: Selected papers from the 25th Linguistic Symposium on Romance Languages (LSRL XXV) Seattle*. Amsterdam: Benjamins, 168-181.

Mallen, E. (2001). Issues in the syntax of DP in Romance and Germanic. In J. Gutiérrez-Rexach & L. Silva-Villar (Hgg.) *Current Issues in Spanish Syntax and Semantics*. Berlin: Mouton de Gruyter, 39-63

Markmann, J. (2013). *Mögliche Auswirkungen des Geschlechts auf gemischtsprachliche Äußerungen von bilingualen Kindern mit einer romanischen Sprache als Erstsprache*. Unveröffentlichte Bachelor Thesis, Bergische Universität Wuppertal.

Mater, E. (1987^5). *Rückläufiges Wörterbuch der deutschen Gegenwartssprache*. Leipzig: Bibliographisches Institut.

McClure, E. (1981). Formal and functional aspects of the code-switched discourse in bilingual children. In R. Duran (Hrsg.) *Latino Language and Communicative Behavior*. New Jersey: Ablex, 69-94.

Meibauer, J. (2001²). *Pragmatik. Eine Einführung*. Tübingen: Stauffenburg.

Meisel, J. M. (1994). Code-switching in young bilingual children. The acquisition of grammatical constraints. *Studies in Second Language Acquisition* 16 (4), 413-439.

Mendicutti, E. (2008). *Ganas de hablar*. Barcelona: Tusquets Editores.

Meuter, R. F .I. (1994). *Language switching in naming tasks*. Unveröffentlichte Doktorarbeit, University of Oxford, U.K.

Meuter, R. F .I. & A. Allport (1999). Bilingual language switching in naming: asymmetrical costs of language selection. *Journal of Memory and Language* 40, 25-40.

Möhring, A. (2005). *Erst- und Zweitspracherwerb im Vergleich (Französisch/Deutsch): Der Erwerb der Wortstellung bei bilingualen Kindern und erwachsenen Lernern*. http://deposit.ddb.de/cgi bin/dokserv?idn=97516824X.

Müller, J. (2009). *Spracheneinfluss im Bereich der OV/VO-Stellung. Ein Vergleich von Deutsch mit Französisch*. Unveröffentlichte Magisterarbeit, Bergische Universität Wuppertal.

Müller, N. (1998). Transfer in bilingual first language acquisition. *Bilingualism: Language and Cognition* 1 (3), 151-171.

Müller, N. (2006). Emerging complementizers. German in contact with French/Italian. In C. Lefevre, L. White & C. Jourdan (Hgg.) *L2 Acquisition and Creole Genesis*. Amsterdam, Philadelphia: Benjamins, 145-165.

Müller, N. & K. F. Cantone (2009). Language mixing in young bilingual children: Code-switching? In B. E. Bullock & A. J. Toribio (Hgg.) *The Handbook of Code-Switching*. Cambridge: Cambridge University Press, 199-220.

Müller, N. & A. Hulk (2001). Crosslinguistic influence in bilingual language acquisition: Italian and French as recipient languages. *Bilingualism: Language and Cognition* 4 (1), 1-21.

Müller, N. & T. Kupisch (2003). Zum simultanen Erwerb des Deutschen und des Französischen bei (un)ausgeglichen bilingualen Kindern. *Vox Romanica* 62, 145-169.

Müller, N., T. Kupisch, K. Schmitz & K. F. Cantone (2011³). *Einführung in die Mehrsprachigkeitsforschung. Französisch, Italienisch*. Tübingen: Narr.

Müller, N. & M. Patuto (2009). Really competence-driven cross-linguistic influence in bilingual first language acquisition? The role of the language combination. In P. Bernardini, V. Egerland & J. Granfeldt (Hgg.) *Mélanges plurilingues offerts à Suzanne Schlyter à l'occasion de son 65ème anniversaire*. Lunds Universitet: Études Romanes de Lund 85, Språk-och litteraturcentrum Romanska, 299-319.

Müller, N. & A. Pillunat (2008). Balanced bilingual children with two weak languages: a French-German case study. In P. Guijarro-Fuentes, P. Larrañaga & J. Clibbens (Hgg.) *First Language Acquisition of Morphology and Syntax: Perspectives across languages and learners*. Amsterdam, Philadelphia: Benjamins, 269-294.

Müller, N. & B. Riemer (1998). *Generative Syntax der romanischen Sprachen. Französisch - Italienisch - Portugiesisch - Spanisch*. Tübingen: Stauffenburg.

Muysken, P. (1997). Code-switching processes: alternation, insertion and congruent lexicalization. In M. Putz (Hrsg.). *Language Choices : Conditions, constraints and consequences*. Amsterdam, Philadelphia: Benjamins, 361-380.

Muysken, P. (2000). *Bilingual Speech: A typology of code-mixing*. Cambridge: Cambridge University Press.

Myers-Scotton, C. (1992). Constructing the frame in intrasentential codeswitching. *Multilingua* 11 (1), 101-127.

Myers-Scotton, C. (1993a). Common and uncommon ground: social and structural factors in codeswitching. *Language in Society* 22, 475-503.

Myers-Scotton, C. (1993b). *Duelling Languages: Grammatical structure in codeswitching*. Oxford, New York: Oxford University Press.

Myers-Scotton, C. (1993c). *Social motivations for codeswitching: Evidence from Africa*. Oxford: Oxford University Press.

Myers-Sotton, C. (1999). Explaining the role of norms and rationality in codeswitching. *Journal of Pragmatics* 32, 1259-71.

Myers-Scotton, C. (2002). *Contact Linguistics: Bilingual encounters and grammatical outcomes*. Oxford: Oxford University Press.

Myers-Scotton, C. & J. L. Jake (2001). Explaining aspects of code-switching and their implications. In J. L. Nicol (Hrsg.) *One Mind, Two Languages: Bilingual language processing*. Oxford & Malden, MA: Blackwell, 84-116.

Neumann, A. (2000). *Sprachverarbeitung, Genus und Aphasie. Der Einfluss von Genustransparenz auf den Abruf von Genusinformation*. Unveröffentlichte Doktorarbeit, Humboldt-Universität Berlin.

Ninio, A. & C. Snow (1999). The development of pragmatics: Learning to use language appropriately. In T. K. Bhatia & W. C. Ritchie (Hgg.) *Handbook of Language Acquisition*. New York: Academic Press, 347-383.

Padilla, A. M. & E. Liebman (1975). Language acquisition in the bilingual child. *Bilingual Review* 2, 34-55.

Paradis, J., E. Nicoladis & F. Genesee (2000). Early emergence of structural constraints on code-mixing: evidence from French-English bilingual children. *Bilingualism: Language and Cognition* 3 (3), 245-261.

Paradis, M. (1981). Neurolinguistic organization of a bilingualism. *LACUS Forum* 7, 486-494.

Paradis, M. (1993). Linguistic, psycholinguistic, and neurolinguistic aspects of "interference" in bilingual speakers: The activation threshold hypothesis. *International Journal of Psycholinguistics* 26 (2), 133-145.

Paradis, M. (2004). *A Neurolinguistic Theory of Bilingualism*. Amsterdam, Philadelphia: Benjamins.

Parodi, T. (1998). *Der Erwerb funktionaler Kategorien im Deutschen: Eine Untersuchung zum bilingualen Erstspracherwerb und zum Zweitspracherwerb*. Tübingen: Narr.

Patuto, M. (2012). *Der Erwerb des Subjekts in (Nicht-)Nullsubjektsprachen: die Rolle des Spracheneinflusses und der Sprachdominanz bei bilingual deutsch-italienisch, deutsch-spanisch und französisch-italienisch aufwachsenden Kindern*. Tübingen: Narr.

Patuto, M., M. Hager, L. Arnaus Gil, N. Eichler, V. Jansen, A. Schmeißer & N. Müller (2014). Child-external and -internal factors in bilingual code-switching: Spanish, Italian, French and German. In A. Koll-Stobbe & S. Knospe (Hgg.) *Language Contact around the Globe. Proceedings of the LCTG3 conference*. Frankfurt am Main: Lang, 191-209.

Pearson, B. Z. & P. A. de Villiers (2005[2]). Child language acquisition: Discourse, narrative, and pragmatics. In K. Brown (Hrsg.) *Encyclopedia of Language and Linguistics*. Oxford, UK: Elsevier, 686-693.

Petersen, J. (1988). Word-internal code-switching constraints in a bilingual child's grammar. *Linguistics* 26, 479-493.

Picallo, C. (1991). Nominals and nominalization in Catalan. *Probus* 3 (3), 279-316.

Pfaff, C. (1979). Constraints on language mixing: intrasentential code-switching and borrowing in Spanish/English. *Language* 55, 291-318.

Platz-Schliebs, A., K. Schmitz, N. Müller & E. Merino Claros (2012). *Einführung in die Romanische Sprachwissenschaft*. Tübingen: Narr.

Poeppel, D. & K. Wexler (1993). The full competence hypothesis of clause structure in early German. *Language* 69, 365-424.

Poplack, S. (1980). Sometimes I'll start a sentence in Spanish y termino en español: toward a typology of code-switching. *Linguistics* 18, 581-618. Abgedruckt in L. Wei (Hrsg.) (2004), 221-256.

Poplack, S. (1981). Syntactic structure and social function of codeswitching. In R. Duran (Hrsg.) *Latino Language and Communicative Behavior*. New Jersey: Ablex, 169-184.

Poplack, S. (1988). Contrasting patterns of codeswitching in two communities. In M. Heller (Hrsg.) *Codeswitching. Anthropological and sociolinguistic perspectives*. Berlin: Mouton de Gruyter, 151-186.

Radford, A. (1997). *Syntax: a Minimalist introduction*. Cambridge: Cambridge University Press.

Radford, A., T. Kupisch, R. Köppe & G. Azzaro (2007). Concord, convergence and accomodation in bilingual children. *Bilingualism: Language and Cognition* 10 (3), 239-256.

Raposo, E. (1987). Case theory and Infl-to-Comp: The inflected infinitive in European Portuguese. *Linguistic Inquiry* 18 (1), 85-109.

Redlinger, W. & T.-Z. Park (1980). Language mixing in young bilinguals. *Journal of Child Language* 7, 337-352.

Redouane, R. (2005). Linguistic constraints on codeswitching and codemixing of bilingual Moroccan Arabic-French speakers in Canada. In J. Cohen, K. T. McAlister, K. Rolstad & J. MacSwan (Hgg.) *Proceedings of the 4th International Symposium on Bilingualism*. Somerville, MA: Cascadilla Press, 1921-1933.

Repetto, V. (2009). *L'acquisizione bilingue: l'ordine dei costituenti del frase e loro realizzazione morfologica in italiano e in tedesco*. Unveröffentlichte Doktorarbeit, Bergische Universität Wuppertal/Universität Neapel.

Ritter, E. (1991). Two functional categories in NPs: Evidence from Hebrew. In S. Rothstein (Hrsg.) *Syntax and Semantics* 26. New York: Academic Press, 37-62.

Rizzi, L. (1991). Residual verb second and the wh-criterion. *Geneva Generative Working Papers on Formal and Computational Linguistics* 2, 1-28.

Rizzi, S. (2013). *Der Erwerb von Adjektiven bei bilingual deutsch-italienischen Kindern*. Tübingen: Narr.

Rizzi, S., L. Arnaus Gil, V. Repetto, J. Geveler & N. Müller (2013). Adjective placement in bilingual Romance-Romance and Romance-German children with special reference to Romance (French, Italian and Spanish). *Studia Linguistica* 67 (1), 123-147.

Romaine, S. (1995²). *Bilingualism*. Oxford: Blackwell.

Ronjat, J. (1913). *Le développement du langage observe chez un enfant bilingue*. Paris: Champion.

Rothweiler, M. (1993). *Der Erwerb von Nebensätzen im Deutschen: Eine Pilotstudie.* Tübingen: Niemeyer.

Rowlett, P. (2007). *The Syntax of French.* Cambridge: Cambridge University Press.

Sankoff, D. & S. Poplack (1981). A formal grammar for code-switching. *Papers in Linguistics* 14, 3-45.

Santorini, B. & S. Mahootian (1995). Codeswitching and the syntactic status of adnominal adjectives. *Lingua* 96, 1-27.

Scarborough, H., L. Rescorla, H. Tager-Flugsberg, A. Flower & V. Sudhalter (1991). The relation of utterance length to grammatical complexity in normal and language disordered groups. *Applied Psycholinguistics* 12, 23-45.

Schlyter, S. (1993). The weaker language in bilingual Swedish-French children. In K. Hyltenstam & Å. Viberg (Hgg.) *Progression and Regression in Language.* Cambridge: Cambridge University Press, 289-308.

Schlyter, S. (1999). Évolution des types de mélanges entre deux et quatre ans chez quelques enfants bilingues. In V. Castellotti & D. Moore (Hgg.) *Alternance des langues et construction de savoirs.* Fontenay-aux-Roses: ENS, 117-136.

Schmeißer, A., L. Arnaus Gil, N. Eichler, J. Geveler, M. Hager, V. Jansen, M. Patuto & N. Müller (2015). Related but different: the two concepts of language dominance and language proficiency. In C. Silva-Corvalán & J. Treffers-Daller (Hgg.) *Language Dominance in Bilinguals: Issues of operationalization and measurement.* Cambridge: Cambridge University Press. Erscheint.

Schmeißer, A., J. Geveler & N. Müller (2012). Syntax und Diskurs: Sprachwandel auf der Schnittstelle. *Zeitschrift für französische Sprache und Literatur*. Eingereicht.

Schmeißer, A. & V. Jansen (2015). Finite verb placement in French language change and in bilingual German-French language acquisition. In K. Schmitz, P. Guijarro-Fuentes & N. Müller (Hgg.) *The Acquisition of French in its Different Constellations.* Bristol: Multilingual Matters. Erscheint.

Schmitz, K. (2006). *Zweisprachigkeit im Fokus. Der Erwerb der Verben mit zwei Objekten durch bilingual deutsch-französisch und deutsch-italienisch aufwachsende Kinder.* Tübingen: Narr.

Schriefers, H. (1993). Syntactic processes in the production of noun phrases. *Journal of Experimental Psychology, Learning, Memory, Cognition* 19, 841-850.

Schriefers, H. J. & E. Teruel (2000). Grammatical gender in noun phrase production: the gender interference effect in German. *Journal of Experimental Psychology* 26 (6), 1368-1376.

Schuchardt, H. (1890). Kreolische Studien IX: Über das Malaioportugiesische von Batavia und Tugu. *Sitzungsberichte der Kaiserlichen Akademie der Wissenschaften zu Wien* 122 (9), 1-256.

Searle, J. R. (1971). *Sprechakte: Ein sprachphilosophischer Essay.* Frankfurt am Main: Suhrkamp.

Silva-Corvalán, C. (1983). Code-Shifting patterns in Chicano Spanish. In L. Elías-Olivares (Hrsg.) *Spanish in the U.S. Setting. Beyond the Southwest.* Rosslyn, VA: National Clearing House for Bilingual Education, 69-86.

Slobin, D. I. & T. G. Bever (1982). Children use canonical sentence schemas. A crosslinguistic study of word order and inflections. *Cognition* 12, 229-265.

Strik, N. & A. T. Pérez-Leroux (2011). Jij doe wat girafe? Wh-movement and inversion in Dutch-French bilingual children. *Linguistic Approaches to Bilingualism* 1 (2), 175-205.

Tabouret-Keller (1963). L'acquisition du langage parlé chez un petit enfant en milieu bilingue. *Problèmes de Psycholinguistique* 8, 205-219.
Taeschner, T. (1983). *The Sun is Feminine: A study on language acquisition in bilingual children*. Berlin: Springer.
Timm, Lenora A. (1994). The limits of code switching constraints, with some evidence from Breton/French switching. *Journal of Celtic Languages* 3, 95-134.
Tomasello, M. (2000). The social-pragmatic theory of word learning. *Pragmatics* 10 (4), 401-413.
Toribio, A. J. (2001). On the emergence of bilingual code-switching competence. *Bilingualism: Language and Cognition* 4 (3), 203-231.
Tracy, R. & I. Gawlitzek-Maiwald (2005). The strength of the weak. Asynchronies in the simultaneous acquisition of German and English. *Zeitschrift für Linguistik und Literaturwissenschaft* 139, 28-53.
Treffers-Daller, J. (2009). Code-switching and transfer: an exploration of similarities and differences. In B. E. Bullock & A. J. Toribio (Hgg.) *The Cambridge Handbook of Linguistic Code-switching*. Cambridge: Cambidge University Press, 58-74.
Uhmann, S. (1998). Verbstellungsvariation in weil-Sätzen: Lexikalische Differenzierung mit grammatischen Folgen. *Zeitschrift für Sprachwissenschaft* 17 (1), 92-139.
Valian, V. (1990). Logical and psychological constraints on the acquisition of syntax. In L. Frazier & J. de Villiers (Hgg.) *Language Processing and Language Acquisition*. Dordrecht: Kluwer, 119-145.
Valois, D. (1991). The internal syntax of DP and adjective placement in French and English. *Proceedings of the 21st North Eastern Linguistic Society, NELS* 21. University of Massachusetts at Amherst: GLSA, 367–381.
Veh, B. (1990). *Syntaktische Aspekte des Code-Switching bei bilingualen Kindern (Französisch-Deutsch) im Vorschulalter*. Unveröffentlichte Staatsexamensarbeit, Universität Hamburg.
Veith, W. (2005). *Soziolinguistik. Ein Arbeitsbuch*. Tübingen: Narr.
Verschueren, J. (1999). *Understanding Pragmatics*. London, New York: Arnold Publishers.
Vihman, M. (1985). Language differentiation by the bilingual infant. *Journal of Child Language* 12, 297-324.
Vihman, M. (1998). A developmental perspective on codeswitching: Conversations between a pair of bilingual siblings. *International Journal of Bilingualism* 2 (1), 45-84.
Vila i Moreno, F. X. (1996). Language-in-education policies. In E. Boix-Fuster & M. Strubell i Trueta (Hgg.) *Language Policies in the Catalan Language Area*. Berlin: Springer, 119-149.
Volterra, V. & T. Taeschner (1978). The acquisition and development of language by bilingual children. *Journal of Child Language* 5, 311-326.
Wei, L. (1998). The 'why' and 'how' quesions in the analysis of conversational code-switching. In P. Auer (Hg.) *Code-switching in Conversation: Language, interaction and identity*. London: Routledge, 156-179.
Wei, L. (Hrsg.) (2004). *The Bilingualism Reader*. London: Routledge.
Weinreich, U. (1953). *Languages in Contact: Findings and problems*. New York: Linguistic Circle of New York.
Woolford, E. (1983). Bilingual code-switching and syntactic theory. *Linguistic Inquiry* 14 (3), 520-536.
Zagona, K. (2002). *The Syntax of Spanish*. Cambridge: Cambridge University Press.
Zentella, A. C. (1997). *Growing up Bilingual: Puerto Rican children in New York*. Oxford, Malden, MA: Blackwell.

Namenregister

A

Abney, Steven 179, 181
Adli, Aria 33, 116
Akoda, Melanie 36
Alario, F. Xavier 323
Albert, Ruth 29, 30, 43
Alexiadou, Artemis 254, 260, 262, 263, 265
Allport, Alan 319, 320, 321
Arencibia Guerra, Lastenia 34, 48, 52, 53, 54, 56, 61, 71, 104, 191, 193, 194, 195, 196, 223
Arnaus Gil, Laia 34, 55, 150, 159, 239, 287, 288
Asher, Nicolas 116
Auer, Peter 26, 75, 76, 117, 119, 120, 124, 125, 126, 127, 129, 130, 131, 137, 143, 145, 146
Austin, John Langshaw 122
Azzaro, Gabriele 330

B

Belazi, Hedi M. 179, 182, 183, 184, 198, 210
Bentahila, Abdelali 21, 26, 27, 218
Bergman, Carol 47
Berman, Ruth 45, 47
Bernardini, Petra 61
Bever, Thomas 49
Bloomfield, Leonard 16
Boivon, Isabelle 77
Bortz, Jürgen 347
Bosque, Ignacio 260
Brown, Roger 49, 51
Bucher, Maren 113
Bullock, Barbara 19, 20, 21, 30
Burling, Robbins 45, 46

C

Cantone, Katja 17, 31, 33, 34, 48, 54, 61, 62, 80, 184, 185, 186, 192, 193, 194, 196, 216, 219, 220, 221, 234, 238, 243, 269, 315, 327, 332, 336, 339, 348
Caramazza, Alfonso 321, 322, 323, 324, 325
Causa, Maria 21
Chan, Brian 119, 120, 121, 124, 127, 131, 132, 133, 134, 135, 147, 216, 217, 218, 220, 221, 234, 237, 244, 270, 271, 276, 283, 289, 290
Chien, Yu Chin 98
Chipere, Ngoni 32
Chomsky, Noam 31, 210, 221, 302, 328
Cinque, Guglielmo 254, 263
Clahsen, Harald 209
Clark, Eve 77, 209
Clyne, Michael 78, 251
Colomé, Angels 325
Costa, Albert 321, 322, 323, 324, 325, 326

D

Dąbrowska, Ewa 32
Davies, Eirlys 21, 26, 27
de Bot, Kees 19
de Villiers, Peter 140, 141, 142
Demonte, Violeta 169, 254, 255, 257, 258, 259, 260, 261, 263, 266, 290
Deprez, Christine 14
Di Sciullo, Anne-Marie 26, 198, 200, 201, 202, 210, 214, 294, 295, 296
Di Venanzio, Laura 106
Döpke, Susanne 34, 35, 74
Doron, Edit 250

E

Ebert, Shane 318
Eichler, Nadine 34, 54, 55, 72, 150, 184, 185, 195, 196, 222, 287, 334, 335, 336, 344
Ene, Estela 296

F

Fantini, Alvino 34
Ferguson, Charles 20, 47
Fernández Fuertes, Raquel 327, 328
Ferreira, Fernanda 31
Fishman, Joshua A. 75
Flower, Anne 50
Flynn, Suzanne 98
Franceschina, Florencia 329
Franck, Julie 321, 322
Franscheschini, Rita 146
Fritzenschaft, Agnes 209

G

Gabriel, Christoph 31, 300, 302, 303
Galasso, Joseph 330
García, Eugene E. 98
Gardner-Chloros, Penelope 156
Gawlitzek-Maiwald, Ira 35, 47, 60, 74, 209
Genesee, Fred 48, 58, 59, 77, 78, 98, 203, 269
Geveler, Jasmin 34, 116, 159, 305, 306, 308
Gnahs, Dieter 29
Gomez, Olga 325
González-Vilbazo, Kay E. 146, 218, 219, 220, 221, 238, 243
Goodz, Naomi 78, 97, 98
Green, David 319, 320
Greenfield, Patricia 50
Grice, Paul H. 127, 128
Grosjean, François 16, 22, 23, 27, 47, 62, 77, 319
Grunert, Cathleen 9
Guasti, Maria Teresa 209
Gumperz, John J. 17, 18, 21, 61, 75, 76, 78, 79, 81, 117, 118, 119, 120, 121, 122, 123, 124, 125, 127, 129, 130, 144, 156

H

Haegeman, Liliane 254, 260
Hager, Malin 34, 38, 52, 53, 55, 56, 67, 345
Halamari, Helena 78
Halliday, Michael 75
Harding-Esch, Edith 14
Hart, Betty 47
Hauser-Grüdl, Nicole 34, 48
Heller, Monica 14, 17, 21, 75
Henderson, John 31
Hernández-Chavez, Eduardo 17, 18
Hinkel, Eli 35
Hoffman, Charlotte 35
Hulk, Aafke 62
Hymes, Dell 77

J

Jake, Janice L. 336
Jansen, Veronika 34, 55, 209, 244, 251, 287, 312, 313, 315, 316
Janssen, Niels 324
Jisa, Harriet 78, 139, 140, 143

Jonekeit, Sylvie 36, 47
Jones, Michael Allen 244, 245, 299
Jørgensen, Jens N. 78
Joshi, Aravind K. 187, 188, 189, 190, 191, 192, 193, 198, 210, 211, 212, 213, 217, 233, 234, 243, 250

K

Kayne, Richard S. 245, 263, 264, 266
Kielhöfer, Bernd 36, 47
Klavans, Judith L. 193, 315, 316
Klenk, Lisa 185
Knittel, Ina 259, 263
Köppe, Regina 137, 209, 330
Koster, Cor 29, 30
Kovacic, Damir 321, 322
Kretschmer, Katharina 33
Krüger, Heinz-Hermann 9
Kupisch, Tanja 17, 33, 34, 48, 50, 62, 330

L

Labov, William 116
Lamarche, Jacques 254
Lanza, Elizabeth 58, 59, 79, 80, 81, 84, 86, 87, 88, 89, 90, 92
Lanzlinger, Christopher 259
Lascarides, Alex 116
Lederberg, Amy R. 270
Ledgeway, Adam 172
Leopold, Werner 45, 46
Leray, Estelle 34
Levelt, Willem J. M. 322, 324
Liceras, Juana M. 327, 328, 329, 330
Liebman, Ellen 47
Lindholm, Kathryn J. 98, 184, 186, 330
Loconte, Antonietta 48
López, Luis 115, 116, 218, 219, 220, 221, 238, 243
Losaby, Henry A. 319
Low, Bronwen 19
Lust, Barbara 98, 99, 100

M

MacSwan, Jeff 11, 31, 217, 218, 221, 234, 251, 332, 348
MacWhinney, Brian 50, 305
Mahlstedt, Susanne 36
Mahootian, Shahrzad 216, 218, 219, 221, 234, 237, 244
Maibauer, Jörg 122

Mallen, Enrique 263
Markmann, Julia 112
Marx, Nicole 29, 43
Mater, Erich 196
McClure, Erica 184, 186, 269
Meibauer, Jörg 117, 128
Meisel, Jürgen M. 203, 336
Mendicutti, Eduardo 20
Merino Claros, Emilia 25, 31
Meuter, Renata F. I. 319, 320, 321
Miozzo, Michele 323
Möhring, Anja 209
Morales, Cesáreo 270
Müller, Jasmin 209, 244, 251, 315, 316
Müller, Natascha 17, 24, 25, 31, 33, 34, 48, 49, 50, 51, 55, 62, 106, 116, 150, 157, 159, 162, 168, 181, 185, 186, 194, 209, 244, 251, 287, 300, 302, 303, 306, 308, 315, 316, 327, 332, 333, 334, 336, 339, 348
Muysken, Pieter 17, 18, 19, 20, 26, 198, 200, 201, 202, 210, 214, 218, 294, 295, 296
Myers-Scotton, Carol 125, 144, 217, 218, 221, 234, 243, 247, 248, 249, 250, 336

N

Neumann, Annette 322
Nicoladis, Elena 48, 58, 77, 203, 269
Ninio, Anat 140, 141, 142

P

Padilla, Amado M. 47, 98, 184, 186, 330
Paradis, Johanne 48, 58, 77, 203, 269
Paradis, Michel 22, 319, 321
Park, Tschang-Zin 184, 186
Parodi, Teresa 210
Patuto, Marisa 34, 54, 55, 67, 69, 97, 209, 237, 287
Pearson, Barbara Z. 140, 141, 142
Perales, Susana 327
Pérez-Leroux, Ana T. 309
Pérez-Tattam, Rocío 327
Petersen, Jennifer 58, 61, 330
Pfaff, Carol 18, 19, 293, 294
Picallo, Carme N. 263
Pillunat, Antje 48
Platz-Schliebs, Anja 25, 31, 117, 157, 158, 159, 164, 167, 168
Poeppel, David 209

Poplack, Shana 15, 17, 113, 146, 194, 197, 210, 211, 223, 291, 292, 293, 294, 295, 296, 313, 317, 318

R

Radford, Andrew 244, 330, 331, 349
Raposo, Eduardo 172
Redlinger, Wendy E. 184, 186
Redouane, Rabia 294, 295
Repetto, Valentina 159, 209
Rescorla, Leslie 50
Riemer, Beate 157, 162, 168, 181
Riley, Philip 14
Risley, Todd 47
Rizzi, Luigi 301, 302, 303
Rizzi, Silvana 159
Romaine, Suzanne 34, 36
Ronjat, Jules 29, 34
Rothweiler, Monika 209
Rowlett, Paul 244, 245
Rubin, Edward J. 179, 182, 183, 184, 198, 210

S

Sankoff, David 292
Santorini, Beatrice 216, 218, 219, 221, 234, 237, 244
Sarkar, Mela 19
Scarborough, Hollis 50
Schiller, Niels 323
Schlyter, Suzanne 47, 58, 59, 61
Schmeißer, Anika 34, 55, 63, 116, 150, 209
Schmitz, Katrin 17, 25, 31, 33, 34, 48, 216
Schriefers, Herbert 324
Schuchardt, Hugo 30
Searle, John R. 122
Sebastián-Gallés, Núria 324, 325
Silva-Corvalán, Carmen 11, 12, 13
Singh, Rakendra 26, 198, 200, 201, 202, 210, 214, 294, 295, 296
Slobin, Dan 49
Smith, Joshua 50
Smith, Wendy 78
Smolka, Klaus-Dirk 209
Snow, Catherine E. 140, 141, 142
Spradlin, Kenton Todd 327, 328
Stavans, Anat 35
Stavrou, Melita 254, 260
Strik, Nelleke 309

Sudhalter, Vickie 50

T

Tabouret-Keller, Andrée 35
Taeschner, Traute 16, 47, 62, 186, 269
Tager-Flusberg, Helen 50
Timm, Lenora A. 296
Tomasello, Michael 139
Toribio, Almeida Jacqueline 19, 20, 21, 30, 100, 179, 182, 183, 184, 198, 210, 333, 348
Tracy, Rosemarie 35, 47, 60, 74, 209
Treffers-Daller, Jeanine 23

U

Uhmann, Susanne 236

V

Valian, Virginia 106
Valois, Daniel 263

Veh, Birgitta 18, 184, 185, 186, 191, 192, 193, 194, 196, 201, 202
Veith, Werner H. 75
Verschueren, Jef 120, 121
Vihman, Marilyn 336
Vila i Moreno, Xavier 19
Volterra, Virginia 16, 47, 62

W

Wei, Li 119, 126
Weinreich, Uriel 30, 78
Wexler, Ken 209
Winer, Lise 19
Witzmann, Franziska 34
Woolford, Ellen 217

Z

Zagona, Karen 166, 175, 244, 245
Zentella, Ana 21

Sachregister

A

adjazent 175
Adjunkt 166, 167, 173
Adverb 12, 100, 116, 160, 239, 243
Akzeptabilität 31, 32
Alternation 17, 20, 144, 145
Alternativfrage 174
Andalusisch 20
Arabisch 21, 26, 27, 182, 295
Argumentstruktur 168
assertive Illokution 122
attributiv 159, 253, 255, 261, 262, 263, 265, 266, 271, 272, 273, 274, 277, 283, 288
Auxiliarverb 60, 164, 179, 232, 233

B

balanciert 48, 51, 52, 53, 54, 56, 59, 61, 62, 63, 64, 65, 66, 67, 68, 71, 72, 97, 107, 111, 182, 288, 321, 334, 337, 345, 346, 347, 348
Befragung 31, 32, 33, 42, 329
Beobachtung 29, 30, 31, 32, 33, 36, 43
bewertendes Adjektiv 258
binär 159, 168, 170, 216, 331, 343
Bretonisch 296

C

calques 19
Chinesisch 318, 320
c-Kommando 163, 199, 200
Code-Mixing 24
code-shifting 11, 12, 13, 14
Code-Switching Strategy 79, 80, 81, 84, 90, 91
c-Selektion 180

D

Dänisch 78
Defaultform 329
deiktisches Adjektiv 259
deskriptiv 11
Dialekt 11, 14, 19, 20, 75, 76
Diglossie 20
direktive Illokution 122
Diskurs 21, 115, 116, 117, 119, 120, 121, 125, 126, 132, 133, 135, 137, 139, 140, 141, 142, 143, 145, 146, 150, 151, 152
Diskurspartikel 134
Diskurspragmatik 115, 119, 136
Dislokation 312, 313, 314, 315
ditransitives Verb 167, 168
dominant 12, 47, 248
dominante Sprache 13, 46, 54, 58, 247, 307, 319
Dominanz 161, 162

E

Echofrage 298, 299, 304, 315
elatives Adjektiv 260
Elizitation 97, 98, 99, 107, 109
Elizitationstest 29, 30, 41, 42, 99, 112, 222, 231, 241
elizitieren 41, 100, 102, 104
Elizitierte Imitation 98, 99
entextualisieren 143
Entextualisierung 120, 121, 133, 134, 135, 140, 141, 143, 152
Entlehnung 18, 19, 151, 195, 196, 333, 348
epithetisches Adjektiv 258, 282
Erstsprache 12, 24, 45, 48, 60, 67, 71, 72, 73, 327, 336
Erstspracherwerb 45, 46, 58, 67, 140, 209, 239
Erwerbsstand 30
evaluatives Adjektiv 258, 268
Experiment 30, 31, 32, 41, 43, 100, 119, 319
Expletivum 294
explizite Proposition 116, 118, 128
Expressed Guess Strategy 79, 80, 81, 84, 87, 88
expressive Illokution 122

F

Familiensprache 34, 38, 47, 118, 122, 123
finit 49, 59, 60, 100, 165, 171, 172, 174, 175, 181, 182, 191, 193, 194, 205, 206, 207, 208, 209, 211, 213, 214, 216, 217, 219, 220, 221, 224, 236, 237, 238, 239,

240, 241, 242, 245, 250, 264, 294, 298, 299, 300, 301, 304, 310, 315, 316
Finitum 177, 178, 193, 194, 201, 219, 220, 237, 242, 243, 264, 292, 299, 300, 304, 313, 314, 316
Flexionsaffix 18, 58, 172
Französisch 335
f-selektieren 179, 182, 187, 210, 220, 235, 244, 245, 250
f-Selektion 179, 181, 182
funktionaler Kopf 179, 181, 182, 187, 205, 207, 210, 215, 218, 219, 220, 221, 233, 240, 243, 244, 245, 246, 251

G

garden-path 31, 32
Garoisch 45
Genusfehler 322, 332, 339, 341, 345
germanisch 62, 266
Gesprächsstrategie 75, 78, 79, 82, 83, 84, 85, 86, 87, 89, 90, 91, 92, 93, 94, 98, 108, 112, 115
Grammatikalisierung 147, 152
Grammatikalität 31, 32, 205, 211, 217, 224
Guaraní 20

H

Häsitationen 11, 12, 14, 20
Hebräisch 35, 47
Hindi 122, 123, 124, 295

I

illokutionärer Sprechakt 122, 123, 127, 130
illokutiv 134, 136
implikatieren 117, 118, 120, 121, 124, 125, 130, 132, 133, 134, 141, 152
implikatierte Illokution 130, 133, 136
Implikatur 128, 129, 130, 136, 140
Infinitiv 60, 171, 172, 175, 186, 206, 227, 313
Infinitivsatz 172, 175
Informationsfrage 174, 178, 296, 304
inhibieren 319, 320
Inhibition 319, 320, 321
inhibitorische Kontrolle 319, 320, 321
inhibitorischer Kontrollmechanismus 319, 321

Input 46, 47, 59, 232, 241, 302, 305, 306, 308
Insertion 17, 18, 20, 144
intensionales Adjektiv 257, 278
Interferenz 22, 23
intersektiv 255, 257, 258, 259, 260, 263, 265, 278, 279, 283, 284, 288
inter-sentential 15, 72, 82, 84, 100, 105, 108, 132, 144, 223
Interview 14, 31
intransitives Verb 158, 167
intra-sentential 15, 34, 61, 62, 63, 68, 69, 70, 71, 72, 75, 82, 84, 100, 105, 106, 107, 108, 109, 110, 111, 112, 113, 131, 132, 136, 144, 145, 157, 205, 215, 223, 250, 253, 269, 291, 330, 331, 336, 348
Irisch 296

K

Kantonesisch 270, 271, 318
Katalanisch 19, 323
kausativ 238
klassifizierendes Adjektiv 260, 261
Klitikon 239, 295
klitisch 175, 198, 294, 295, 299, 312
Knoten 161, 163, 194, 200, 233, 243, 250, 322, 325, 326, 333
kommissive Illokution 122
Kompetenz 13, 17, 18, 29, 31, 32, 36, 48, 51, 58, 62, 73, 74, 77, 78, 82, 83, 99, 106, 140, 141, 142, 143, 150, 151, 152, 209, 294, 329, 333
Kompetenzlücke 11, 13, 73
Kompetenzmangel 11, 24, 25, 270, 288, 336
Komplement 166, 167, 170, 171, 173, 176, 177, 179, 180, 181, 182, 183, 185, 187, 198, 199, 200, 201, 202, 205, 206, 207, 208, 210, 212, 214, 215, 216, 217, 219, 220, 224, 226, 227, 229, 230, 233, 234, 235, 237, 243, 244, 245, 246, 247, 250, 251, 264, 270, 271, 284
Komplementierer 184, 191, 192, 201, 214, 220, 221, 224, 236, 237, 238, 240, 241, 242, 243, 244, 245, 246, 247, 250, 251
kongruente Lexikalisierung 17, 19, 20
Konjunktion 100, 121, 134, 135, 136, 157, 164, 165, 174, 178, 181, 201, 205, 206, 207, 208, 210, 213, 215, 219, 220, 236,

237, 238, 239, 240, 241, 245, 250, 294, 299
Kontext 20, 21, 25, 30, 36, 37, 38, 75, 77, 81, 91, 98, 105, 106, 108, 109, 110, 111, 116, 117, 118, 119, 123, 125, 126, 128, 129, 133, 141, 142, 151, 183, 192, 196, 197, 248, 249, 278
Kontextsprache 79, 80, 81, 98, 105, 106, 110, 197, 248, 272
kontextualisieren 143, 152
Kontextualisierung 120, 121, 124, 126, 127, 130, 132, 133, 134, 140, 141, 143, 145, 152
kontextuell präsupponieren 124
kontextuelle Präsupposition 123, 124, 126, 130, 132, 133, 134, 135, 136, 140, 144
konversationelle Implikatur 128, 129, 130, 133
Konversationsmaxime 127, 128, 129, 130, 136, 140, 142
Konversationsstrategie 141, 142, 143
Kooperationsprinzip 127
Kopf 157, 163, 170, 177, 182, 196, 197, 198, 200, 214, 216, 219, 246, 263, 299, 301, 304
Kopfbewegung 300
Korpus 26, 30, 38, 60, 185, 270, 287
koverter Kopf 245, 251
Kroatisch 323, 325, 326

L

labeled bracketing 161
Landessprache 34, 46, 76, 112, 123, 125, 248
Längsschnittstudie 29, 104
language mixing 145, 146, 147, 150
language shifting 11
Lemma 324
Lexem 51, 131, 132, 146, 147, 160, 167, 250, 297, 315, 316, 324, 336
lexikalische Ebene 157
lexikalische Kategorie 58, 62, 63, 68, 71, 72, 73, 157, 160, 164, 168, 183, 210, 216, 235, 269, 270, 271, 329
lexikalische Lücke 13, 336
lexikalische Selektion 323
lexikalische Speicherung 322, 323
lexikalischer Abruf 323, 326
lexikalischer Kopf 216, 218, 219, 233, 270

lexikalisches Verb 134, 169, 175, 180, 181, 183, 205, 206, 207, 211, 212, 213, 215, 216, 217, 218, 224, 225, 226, 227, 228, 229, 231, 232, 233, 234, 235, 242, 246, 270, 292, 299, 313
Lexikonanstieg 51, 56, 57, 63, 64, 65, 66, 67
longitudinal 63, 68, 97
Longitudinalstudie 29, 33, 34, 38, 41, 43, 45, 61, 62, 63, 64, 67, 71, 73, 74, 75, 78, 82, 85, 88, 92, 97, 98, 221, 222, 223, 224, 231, 234, 235, 236, 242, 253, 283, 287, 305, 306, 316, 334, 335, 336, 340

M

Marathi 187, 189, 192
Matrixsprache 144, 146, 187, 188, 189, 190, 191, 192, 193, 211, 212, 213, 214, 217, 233, 243, 247, 248, 249, 250, 315, 316, 317

Mehrsprachigkeit 16, 33, 36, 46, 319, 321
mentales Lexikon 51, 321, 322, 324, 325, 333
metalinguistisch 20, 33
metaphorisches Code-Switching 76, 117, 118, 119, 121, 126, 131, 139, 140, 143, 152, 156
Minimal Grasp Strategy 79, 81, 84, 86, 87
Mischsprache 143, 146, 152
m-Kommando 163, 200
MLU 48, 49, 50, 51, 52, 53, 54, 55, 56, 63, 64, 65, 66, 67, 68, 71, 74, 104, 105, 307
modal-epistemisches Adjektiv 257
Modalverb 211, 215
monolingual 14, 16, 23, 25, 35, 37, 45, 59, 60, 70, 71, 73, 75, 77, 78, 79, 81, 83, 84, 85, 86, 87, 88, 92, 94, 97, 98, 99, 102, 104, 105, 106, 107, 108, 109, 110, 111, 112, 118, 128, 139, 140, 141, 143, 145, 146, 150, 151, 152, 209, 216, 222, 223, 305, 306, 308, 315, 319, 336
Mutterknoten 162
Muttersprache 24, 225, 248, 273, 283
Nahuatl 221

N

natürliches Geschlecht 326
Negation 175, 182, 185, 296

nichtintersektiv 255, 256, 257, 258, 259, 262, 265, 266, 283
nichtpermanente Eigenschaft 254
nichtrestriktiv 254, 255, 256, 257, 258, 265, 266
Norwegisch 59
Numerus 49, 60, 164, 165, 172, 232, 263, 328

P

Parameter 76, 82, 217
parenthetischer Ausdruck 157
Parser 32
Parsing 32
Partizip Perfekt 18, 169, 171, 172, 179, 183, 186, 206, 227, 310
Passivierung 169, 171
Performanz 22, 31, 48, 106, 142, 217, 290
permanente Eigenschaft 254
Person 18, 60, 165, 172, 206
phrasale Ebene 157
Phrase 18, 157, 159, 163, 164, 167, 170, 178, 199, 206, 212, 213, 219, 236, 264, 298, 300
Phrasenstrukturregel 159, 160, 161, 271, 297, 302
Plural 18, 51, 58, 195, 232
Portugiesisch 146, 172
Pragmatik 115, 119, 120, 124, 128
pragmatisch 24, 61, 75, 76, 77, 78, 116, 117, 118, 119, 120, 121, 126, 130, 133, 136, 137, 139, 140, 141, 142, 143, 152
präskriptiv 11, 33
präsupponieren 123, 124, 125, 141, 142
Präsupposition 124, 133, 142
Priming 321
Produktionstest 30
Proposition 116, 117, 121, 122, 124, 129, 130, 297
propositional 121, 122, 130, 133, 136
propositionale Implikatur 132
propositionaler Sprechakt 130, 132, 133
Prosodie 117, 118, 121, 145
Psycholinguistik 319, 321, 322, 324

Q

qualitatives Adjektiv 258
Quechua 18

Querschnittstudie 29, 34, 41, 43, 98, 104, 111, 112, 221, 222, 224, 231, 234, 235, 236, 241, 253, 279, 281, 282
Quotation 79, 81, 84, 90, 91, 92

R

Redefluss 48, 51, 55, 56, 63, 67, 68
Reflexivpronomen 41, 42
Regens 163, 198, 199, 200, 201, 202
regieren 162, 199, 200, 201, 202, 214
Register 14, 75, 76, 77, 140, 141, 142
Reiteration 76
Rektion 163, 199, 200
Repetition 80, 84, 88, 89
restriktiv 254, 255, 257, 258, 259, 263, 265, 278, 279, 283, 284, 288
restriktives Adjektiv 254, 258
Rumänisch 296

S

schwache Sprache 46, 57, 58, 59, 60, 61, 62, 71, 104, 105, 106, 111, 247, 308, 316, 319, 320, 321, 333, 334, 338, 345, 346, 347, 349
Schwedisch 47, 58, 61, 194
Schweizerdeutsch 146
Schwesterknoten 162
Selbstreparatur 106
Semantik 19, 77, 115, 128, 135, 309
semantisch 51, 323, 325
Semilinguismus 21
Setting 84, 97, 98, 108, 109, 110, 112
simultan 16, 24, 34, 35, 36, 45, 62, 308, 327, 328
Singular 49, 51, 165, 232
situativ 59, 76, 118, 119, 126, 131, 136, 137, 138, 139, 140, 143, 145, 146
soziolinguistisch 75, 140, 248
Spezifikator 173, 178, 200, 201, 202, 264, 289, 301, 303
Spontandaten 29, 327, 328, 329
Sprachdominanz 16, 45, 46, 47, 48, 50, 51, 56, 57, 58, 59, 61, 62, 63, 64, 68, 72, 73, 97, 104, 105, 111, 112, 316, 334, 344
Sprachentwicklung 9, 29, 34, 36, 41, 45, 47, 52, 57, 60, 61, 64, 65, 66, 72, 73, 75, 97, 106, 107, 143, 185, 288, 333, 334, 336, 348
Sprachmodus 75, 77, 319

Sachregister

Sprachproduktion 30, 41, 47, 320, 322, 323, 324, 325, 332
Sprachstil 11, 24, 75, 77
Sprachverstehen 30, 31, 32, 41, 47, 74, 150
Sprechakt 140, 141, 142
Sprechakttheorie 122
Sprecherziehungsmethode 34, 35, 36, 97, 109
s-Selektion 180, 181
Standardsprache 19, 20, 76
starke Sprache 46, 47, 48, 51, 52, 57, 58, 59, 60, 61, 62, 64, 97, 104, 105, 106, 111, 247, 248, 288, 319, 320, 321, 334
Stil 32, 33, 140, 141, 142
style shifting 14
Subkategorisierungsrahmen 167, 168
sukzessiv 16

T

tag-switching 17
Tempus 165, 169, 172, 192, 206, 300, 301
tempusbildendes Hilfsverb 164, 169, 171, 179, 180, 183, 185, 186, 202, 205, 206, 208, 210, 211, 214, 215, 217, 218, 221, 223, 224, 225, 226, 232, 233, 235, 244, 245, 248, 250, 251, 291
Terminalsymbol 162, 194
Testdaten 29
Textualisierung 121, 136, 137, 143, 145
theta-markieren 179, 181
Theta-Rolle 179, 180, 199
they-code 76, 123, 124, 125, 126, 129, 130, 131, 132, 133, 134, 144, 146
Token 51, 164, 274
Transfer 22, 23, 24, 59
transitives Verb 158, 167, 168
transkribieren 38, 99
Transkript 30, 37, 73, 93, 138, 143, 151, 154, 155

Transkription 150
trilingual 34, 38
Türkisch 78
Typ 51, 56, 57, 64, 65, 66, 274
Typen-Token-Analyse 51

U

Übersetzungsäquivalent 322, 323, 324, 325, 327, 328, 331, 332, 333, 334, 336, 337, 338, 339, 340, 341, 342, 344, 345, 346, 348, 349
Umgebungssprache 35, 45, 46, 47, 61, 64, 65, 68, 72, 97, 99, 110, 111, 112, 122, 123, 124, 125, 130
unbalanciert 45, 47, 48, 52, 57, 59, 61, 64, 65, 66, 71, 72, 75, 97, 105, 106, 107, 111, 247, 288, 316, 319, 321, 334, 337, 338, 345, 346, 347, 348
uninterpretierbares Merkmal 328
unmittelbare Dominanz 161, 162
Upper Bound 50

V

Varietät 14, 75, 76, 117, 143, 146, 170, 172
Verbalphrase 100, 157, 158, 206, 215, 226, 227, 230, 231, 233, 234, 235, 292, 293
Verstehenstest 30

W

we-code 76, 123, 124, 125, 126, 129, 130, 131, 132, 133, 134, 144, 145, 146

Z

Zweig 161
Zweitsprache 24

Natascha Müller / Tanja Kupisch
Katrin Schmitz / Katja Cantone

Einführung in die Mehrsprachigkeitsforschung

narr studienbücher
3., überarbeitete Auflage 2011
309 Seiten
€[D] 19,90/SFr 28,90
ISBN 978-3-8233-6674-4

Die Mehrsprachigkeitsforschung verdeutlicht, welche Chancen sich für Kinder bieten, die in einer mehrsprachigen Umgebung aufwachsen, und wie der Weg zu mehr als einer Muttersprache bewältigt werden kann. Insbesondere die genaue, wissenschaftlich fundierte Kenntnis dieses Wegs kann und soll es erleichtern, auf Kritik und vermeintliche Misserfolge während des Erwerbsprozesses richtig zu reagieren und den Kindern die Möglichkeit zu geben, mehrsprachig in die Schulzeit zu starten.

Das Arbeitsbuch hat daher zwei Hauptanliegen: Es wird einerseits in die aktuelle Mehrsprachigkeitsforschung eingeführt, andererseits das empirische Arbeiten mit Spracherwerbsdaten eingeübt. Der Fokus liegt auf der simultanen Mehrsprachigkeit.

Die Einführung richtet sich an Studierende der Romanistik (Französisch-Italienisch), Germanistik (Deutsch), Allgemeinen Sprachwissenschaft und Erziehungswissenschaften und soll dazu beitragen, die Thematik in die Ausbildung der zukünftigen Lehrer aufzunehmen.

Narr Francke Attempto Verlag GmbH+Co. KG · Dischingerweg 5 · D-72070 Tübingen
Tel. +49 (07071) 9797-0 · Fax +49 (07071) 97 97-11 · info@narr.de · **www.narr.de**

**Christoph Gabriel / Trudel Meisenburg
Maria Selig**

Spanisch:
Phonetik und Phonologie

Eine Einführung

narr studienbücher
2013, XII, 237 Seiten
€[D] 19,99/SFr 27,50
ISBN 978-3-8233-6722-2

Dieses Buch gibt Studierenden des Spanischen ein zugängliches und zugleich wissenschaftlich fundiertes Grundlagenwerk zur Lautlehre ihres Studienfachs an die Hand. Es verknüpft bewährtes Basiswissen mit neueren theoretischen Ansätzen (u.a. Merkmalsgeometrie, Optimalitätstheorie, Autosegmental-Metrisches Modell) und führt in den Umgang mit der Sprachanalysesoftware Praat ein. Ein besonderer Schwerpunkt liegt dabei auf prosodischen Phänomenen wie Silbe, Akzent, Rhythmus und Intonation. Spanisch wird hier nicht als homogene Sprache aufgefasst; amerikanische und europäische Varietäten erfahren vielmehr eine gleichberechtigte Darstellung. Ein vertiefter Einblick in die lautliche Struktur wird u.a. durch die Gegenüberstellung mit weiteren romanischen und nichtromanischen Sprachen sowie durch die Kontrastierung mit dem Deutschen ermöglicht.

Narr Francke Attempto Verlag GmbH+Co. KG • Dischingerweg 5 • D-72070 Tübingen
Tel. +49 (07071) 9797-0 • Fax +49 (07071) 97 97-11 • info@narr.de • **www.narr.de**

Jörg Roche

Mehrsprachigkeits-theorie

Erwerb - Kognition - Transkulturation - Ökologie

narr studienbücher
2013, X, 319 Seiten
€[D] 24,99/SFr 33,90
ISBN 978-3-8233-6697-3

Das Studienbuch behandelt die Aspekte der Spracherwerbs- und Mehrsprachigkeitsforschung, die besonders für das Lernen und das Lehren sowie das mentale Management von Sprachen relevant sind.
Mit seiner Fokussierung auf dynamische Prozesse der Kognition und der Transkulturation setzt es Akzente für eine grundlegende Neuausrichtung der Vermittlung von Sprachen und Kulturen auf die Perspektive der Lernerinnen und Lerner. Gleichzeitig unterzieht es tradierte Vorstellungen und Praktiken von Sprach- und Landeskundeunterricht einer kritischen Überprüfung.
Die Auswertung und Dokumentation einschlägiger Forschungsliteratur auch aus dem englischsprachigen Raum ermöglicht einen Zugang zu neuesten internationalen Entwicklungen.
Das Buch wendet sich an alle, die in Studium, Lehre, Forschung und Bildungsverwaltung mit Mehrsprachigkeit, Mehrkulturalität und Sprachvermittlung zu tun haben.

Narr Francke Attempto Verlag GmbH+Co. KG • Dischingerweg 5 • D-72070 Tübingen
Tel. +49 (07071) 9797-0 • Fax +49 (07071) 97 97-11 • info@narr.de • **www.narr.de**

Konstanze Marx / Georg Weidacher

Internetlinguistik

Ein Lehr- und Arbeitsbuch

narr studienbücher
2014, 240 Seiten,
€[D] 24,99 / SFr 34,70
ISBN 978-3-8233-6809-0

Rasante technologische Entwicklungen, die Zunahme online geführter Kommunikation und deren Auswirkungen auf Sprache kreieren einen dynamischen Datenpool für eines der spannendsten Teilgebiete der modernen Sprachwissenschaft: die Internetlinguistik. Ziel dieses Lehr- und Arbeitsbuches ist es, umfassend über diesen lebendigen Forschungsbereich zu informieren und zu zeigen, wie sprach- und kommunikationswissenschaftliche Methoden sinnvoll kombiniert werden können, um die Eigenheiten sprachlich-kommunikativen Handelns im Internet zu analysieren. Auf leserfreundliche Weise werden aktuelle Forschungsergebnisse mit zahlreichen Anwendungsbeispielen und Übungen didaktisch aufbereitet.

Das Buch ist als Einführung konzipiert und eignet sich gleichermaßen für die Seminargestaltung und das Selbststudium.

Narr Francke Attempto Verlag GmbH+Co. KG • Dischingerweg 5 • D-72070 Tübingen
Tel. +49 (07071) 9797-0 • Fax +49 (07071) 97 97-11 • info@narr.de • **www.narr.de**

Anja Platz-Schliebs
Katrin Schmitz / Natascha Müller / Emilia Merino Claros

Einführung in die Romanische Sprachwissenschaft

Französisch, Italienisch, Spanisch

narr studienbücher
2012, 334 Seiten
€[D] 19,99/SFr 28,90
ISBN 978-3-8233-6628-7

Speziell auf die Bedürfnisse von BA-Studierenden ausgerichtet, bietet dieses Studienbuch eine verständliche Einführung in die Sprachwissenschaft des Französischen, Italienischen und Spanischen. Neben den traditionellen Teildisziplinen der Sprachwissenschaft werden psycho-, neuro- und soziolinguistische Aspekte berücksichtigt und eigene Kapitel zur Pragmatik und den Berührungspunkten zwischen Sprach- und Literaturwissenschaft angeführt. Dabei ermöglicht die kontrastive Betrachtung der drei romanischen Sprachen einen tieferen Einblick in deren Struktur. Besondere Hilfestellung für das Studium gibt das abschließende Kapitel zu speziellen Arbeitstechniken für Linguisten.

Katrin Schmitz

Passivierung und Unakkusativität in den romanischen Sprachen Spanisch, Italienisch und Französisch

Eine Untersuchung aus synchroner und diachroner Perspektive

Tübinger Beiträge zur Linguistik, Band 525
2012, 331 Seiten, 25 Abb., 55 Tab.
€[D] 64,00/SFr 90,90
ISBN 978-3-8233-6625-6

Das vorliegende Buch leistet einen Beitrag zur wissenschaftlichen Erforschung des Sprachwandels im Bereich passivischer Konstruktionen. Dabei werden die drei romanischen Sprachen Spanisch, Italienisch und Französisch anhand von Chroniken aus drei Epochen vergleichend untersucht. Neben dieser empirischen Besonderheit liegt ein neuer theoretischer Beitrag in der Nutzung der Theorie des Generativen Lexikons von Pustejovsky (1995) für die Erarbeitung einer vom Lexikon ausgehenden Sprachwandeltheorie.

Narr Francke Attempto Verlag GmbH+Co. KG · Dischingerweg 5 · D-72070 Tübingen
Tel. +49 (07071) 9797-0 · Fax +49 (07071) 97 97-11 · info@narr.de · www.narr.de

Nadine Eichler

Code-Switching bei bilingual aufwachsenden Kindern

Eine Analyse der gemischtsprachlichen Nominalphrasen unter besonderer Berücksichtigung des Genus

Tübinger Beiträge zur Linguistik, Band 528
2011, 451 Seiten
€[D] 78,00/SFr 105,00
ISBN 978-3-8233-6683-6

Dieses Werk beschäftigt sich mit Sprachmischungen innerhalb der Nominalphrase bei bilingual aufwachsenden Kindern, die von Geburt an simultan zwei Erstsprachen erwerben. Der Sprachenwechsel ist ein besonderes Phänomen der Mehrsprachigkeit und gilt als das Sprachkontaktphänomen schlechthin. Die Frage nach einer Interaktion der beiden Sprachsysteme beim bilingualen Kind spielt eine zentrale Rolle in der bilingualen Erstspracherwerbsforschung. Diskutiert wird besonders das Genus in den beteiligten Sprachen (Deutsch, Französisch, Italienisch und Spanisch), das sich jeweils unterschiedlich auf den Sprachproduktionsprozess auswirkt. Die Hypothesen werden im Rahmen der generativen Grammatiktheorie entwickelt, wobei psycholinguistische Aspekte der Sprachverarbeitung berücksichtigt werden.

Narr Francke Attempto Verlag GmbH+Co. KG · Dischingerweg 5 · D-72070 Tübingen
Tel. +49 (07071) 9797-0 · Fax +49 (07071) 97 97-11 · info@narr.de · **www.narr.de**

Laia Arnaus Gil

La selección copulativa y auxiliar

Las lenguas romances (español – italiano – catalán – francés) y el alemán en contacto. Su adquisición en niños monolingües, bilingües y trilingües

Tübinger Beiträge zur Linguistik, Band 536
2013, IV, 467 Seiten
€[D] 88,00/SFr 117,00
ISBN 978-3-8233-6752-9

El siguiente trabajo presenta un estudio sobre la adquisición de los verbos copulativos y auxiliares por parte de niños monolingües (L1), bilingües (2L1) y trilingües (3L1) en edades tempranas. Las combinaciones lingüísticas son español-alemán, italiano-alemán, español-francés y español-alemán-catalán. Dada la variada naturaleza lingüística individual, se propone una tipología lingüística que destaca la importancia de la asimetría numérica copulativa y auxiliar en las lenguas maternas del individuo.

Narr Francke Attempto Verlag GmbH+Co. KG • Dischingerweg 5 • D-72070 Tübingen
Tel. +49 (07071) 9797-0 • Fax +49 (07071) 97 97-11 • info@narr.de • **www.narr.de**

Marisa Patuto

Der Erwerb des Subjekts in (Nicht-)Nullsubjektsprachen

Die Rolle des Spracheneinflusses und der Sprachdominanz bei bilingual deutsch-italienisch, deutsch-spanisch und französisch-italienisch aufwachsenden Kindern

Tübinger Beiträge zur Linguistik 534
2012, 489 Seiten
€[D] 78,00/SFr 97,90
ISBN 978-3-8233-6750-5

Der vorliegende Band untersucht den Erwerb des grammatischen (Null-)Subjekts bei bilingual aufwachsenden Kindern, die von Geburt an simultan zwei Erstsprachen erwerben, und greift aktuelle Forschungsergebnisse zum Spracheneinfluss und zur Sprachdominanz auf. Er geht insbesondere der Fragestellung nach, inwieweit bilinguale Kinder zwei separate Kompetenzen aufbauen und zwischen sprachspezifischen Strukturen unterscheiden können. Bei der Analyse des Subjekterwerbs in den Zielsprachen Deutsch, Französisch, Italienisch und Spanisch wird die Interaktion der beiden Sprachsysteme und die Einflussanfälligkeit der untersuchten Sprachkombinationen diskutiert. Dabei wird der Grad der sprachlichen Balanciertheit der bilingualen Population berücksichtigt und die bilinguale Studie durch monolinguale Langzeitstudien ergänzt. In einer empirischen Untersuchung wird spontan geäußertes Sprachmaterial von deutsch-italienisch, deutsch-spanisch und französisch-italienisch aufwachsenden Kindern im Rahmen der generativen Grammatiktheorie analysiert. Die Forschungsergebnisse zeigen deutlich, dass der Erwerb dieses bestimmten grammatischen Phänomens unabhängig von der sprachlichen Balance erfolgt und die syntaktischen Beschaffenheiten der koexistierenden Sprachsysteme für die Präsenz bzw. Absenz von Spracheneinfluss verantwortlich sind.

Narr Francke Attempto Verlag GmbH+Co. KG • Dischingerweg 5 • D-72070 Tübingen
Tel. +49 (07071) 9797-0 • Fax +49 (07071) 97 97-11 • info@narr.de • **www.narr.de**